教育部人文社科重点研究基地山东大学当代社会主义研究所组编

百年来中国共产党对科学社会主义理论与实践的创新发展

第四届全国科社与共运专业博士生学术论坛(2021 年)获奖论文集

蒋 锐 主编

山东大学出版社
SHANDONG UNIVERSITY PRESS
·济南·

图书在版编目(CIP)数据

百年来中国共产党对科学社会主义理论与实践的创新发展:第四届全国科社与共运专业博士生学术论坛(2021年)获奖论文集/蒋锐主编.—济南:山东大学出版社,2022.12

ISBN 978-7-5607-7744-3

Ⅰ.①百… Ⅱ.①蒋… Ⅲ.①科学社会主义理论—学术会义—文集②中国特色社会主义—学术会议—文集
Ⅳ.①D0-0②D616-53

中国国家版本馆CIP数据核字(2023)第002286号

责任编辑 谭学秋
封面设计 张 荔

百年来中国共产党对科学社会主义理论与实践的创新发展:
第四届全国科社与共运专业博士生学术论坛(2021年)获奖论文集
BAINIAN LAI ZHONGGUOGONGCHANDANG DUI KEXUE SHEHUI ZHUYI LILUN YU SHIJIAN DE CHUANGXIN FAZHAN

出版发行 山东大学出版社
社 址 山东省济南市山大南路20号
邮政编码 250100
发行热线 (0531)88363008
经 销 新华书店
印 刷 济南华林彩印有限公司
规 格 720毫米×1000毫米 1/16
16.25印张 365千字
版 次 2022年12月第1版
印 次 2022年12月第1次印刷
定 价 58.00元

目　录

专题一　马克思主义科学社会主义理论

专题二　建党百年来马克思主义中国化历程

专题三　中国共产党百年建设的历史经验

专题四　中国特色社会主义理论与实践的创新发展

专题五　大变局中的世界社会主义

《哥达纲领批判》和《1891 年社会民主党纲领草案批判》的溯源及其对国际共运的影响

周玉婉

（中国人民大学国际关系学院博士研究生）

对《哥达纲领批判》和《1891 年社会民主党纲领草案批判》内容的解读与阐释离不开对其背景知识的熟练掌握。目前学术界对这两份批判文本背景知识的掌握基本无误，但也不乏一些学者弄错、混淆或者无视背景知识，从而影响对正式纲领评价的现象存在。之所以出现这些问题，根源在于对相关文本的产生过程不了解。因此，通过对相关文本追根溯源，详细梳理一下各个文本产生的过程及各自的关系，有助于更好地理解这两份纲领性文献及其在国际共运史上的地位。

一、《哥达纲领批判》的产生背景

对《哥达纲领批判》的由来进行梳理须厘清纲领草案与正式纲领之间的关系。《哥达纲领批判》不仅包括《德国工人党纲领批注》，即马克思对由社会民主工党（爱森纳赫派）的领导人威·李卜克内西和全德工人联合会（拉萨尔派）的领导人哈赛尔曼等负责起草的提交哥达合并代表大会的纲领草案的批评意见，也包括马克思在 1875 年 5 月 5 日给威廉·白拉克的信。[①]

1863 年，在德国工人阶级的要求下，莱比锡中央委员会建立了全德工人联合会，选举拉萨尔为首任主席，以拉萨尔学说作为党的指导思想。1869 年，以白拉克为首的全德工人联合会成员因不满党内拉萨尔主义的消极影响及党支持王权的行为选择退出该党，并与德国工人运动中的积极分子李卜克内西和奥古斯特·倍倍尔等人联合组建了新的政党——德国社会民主工党，以社会主义与民主主义作为党的指导思想。恩格斯后来在《德国的社会主义》中认为这个党是一个公开宣布了 1848 年《共产党宣言》

① 参见《马克思恩格斯文集》第 3 卷，人民出版社 2009 年版，第 678 页注释 211。

原则的工人政党。[①] 19世纪70年代，德国完成国家统一，资本主义迅速发展，无产阶级与资产阶级之间的矛盾愈加激化，工人运动此起彼伏。为了适应工人运动统一的形势、加强对工人运动的统一领导以及增加在帝国国会中的席位，拉萨尔派和爱森纳赫派两派领导人走上了谋求合并之路。1875年2月14～15日，在德国哥达举行了两党合并代表大会的预备会议，会议责成盖布、哈森克莱维尔、哈赛尔曼和李卜克内西组成纲领起草委员会。1875年3月7日，两派以《德国工人党纲领》的名称将纲领草案分别发表在各自创立的机关刊物《人民国家报》和《新社会民主党人报》上。

从恩格斯写于1875年3月18～28日回复倍倍尔的信中得知，无论是合并的具体事宜还是纲领草案的发布，作为爱森纳赫派的理论指导者，马克思和恩格斯都未收到作为党的领袖之一的李卜克内西的告知信息。直到纲领公布后的3月10日前后，马克思和恩格斯才收到纲领草案，对此，恩格斯表示"不能原谅他(指李卜克内西——引者注)"[②]。马克思、恩格斯不反对两派合并建立德国统一的工人阶级政党，只是认为这时合并的时机并不成熟，如果非要合并，爱森纳赫派也要恪守自己的原则，即党在理论原则和政治上不能向拉萨尔派妥协，但发布的纲领草案却处处表现出对党自身原则的违背。正如恩格斯所说，这个纲领草案的每一个字都是应当加以批判的。如果这个纲领被通过，马克思和他永远不会承认建立在这个基础上的新党。[③] 马克思也认为这个纲领草案"极其糟糕"，"会使党精神堕落"。[④] 与实际运动相比，马克思、恩格斯并非将政党纲领视为神圣不可侵犯的戒律，两者都曾在信中说过相似的话语，即政党的纲领没有实际行动重要，但一个原则性纲领就是一面公开树立起来的旗帜，外界用它来判定党的运动的水平。在4月底至5月7日期间，为了在人们面前更好地树立起德国工人阶级政党的界碑，马克思以负责的态度详细地对纲领草案进行了长篇批判性批注，这个批注便是《德国工人党纲领批注》。随后，马克思将这份批注与他5月5日写给白拉克的信一起邮寄给了白拉克。

1875年5月22～27日，社会民主工党和全德工人联合会正式召开合并大会，统一将党的名称改为德国社会主义工人党(SAP)。原纲领草案经过稍加改动后便在合并大会上通过，通过的正式纲领实质上并未借鉴马克思的相关批判意见。正如弗·梅林所说，马克思的意见仅"使得纲领草案(此处应是正式纲领——引者注)的个别论点写得更清楚明确，但丝毫没有改变事情的本质"[⑤]。马克思和恩格斯在正式纲领公布前曾以强硬的措辞表示，如果纲领草案不经修改就正式发布，他们将会发表一个简短的声明，以示自身与这份原则性纲领毫不相关，从而打消某些人的"他俩在秘密地领导

---

① 参见《马克思恩格斯文集》第4卷，人民出版社2009年版，第427页。
② 《马克思恩格斯文集》第3卷，人民出版社2009年版，第416页。
③ 参见《马克思恩格斯文集》第3卷，人民出版社2009年版，第415页。
④ 《马克思恩格斯文集》第3卷，人民出版社2009年版，第426页。
⑤ [德]弗·梅林：《德国社会民主党史》第4卷，青载繁译，生活·读书·新知三联书店1966年版，第87页。

爱森纳赫党的运动”及应对纲领负责的认知[①]，但合并大会后他们并未发表相关声明。从 1875 年 10 月 12 日恩格斯致倍倍尔的信中得知，有两个原因让他们放弃了发表声明的做法：一是资产阶级方面并未对纲领提出批判，反而严肃地对待纲领，并对其作出了共产主义的解释；二是德国工人们期待两派合并，对纲领领会出了其中所没有的东西。仅仅是由于以上情况，马克思和恩格斯才没有公开发表不同意这个纲领的声明，而选择了沉默。[②] 之后，《哥达纲领批判》被搁置一边，直到 16 年后，即 1891 年 1 月才由恩格斯冲破阻力将其发表在《新时代》上。该批判文本在恩格斯生前没有再版，根据路易莎·考茨基的手抄副本译出的《哥达纲领批判》全文，于 1932 年在苏联第一次发表。截至目前，中文版《哥达纲领批判》从摘译到全译不一而足，具有代表性的罗列如下：中文版全译本《哥达纲领批判》最早由熊得山译出，1922 年发表在北京《今日》杂志第 1 卷第 4 号(马克思特号)。[③] 1939 年延安解放社出版了何思敬、徐冰的中译本。[④] 中文版《马克思恩格斯全集》第 19 卷(1963 年版)中的《哥达纲领批判》是根据《马克思恩格斯文选》两卷集 1953 年柏林狄茨出版社德文版第 2 卷译出。[⑤] 中文版《马克思恩格斯文集》第 3 卷(2009 年版)中的《哥达纲领批判》是根据《马克思恩格斯全集》历史考证版第 1 部分第 25 卷并参考《马克思恩格斯全集》德文版第 19 卷译出。[⑥]

《哥达纲领批判》不仅包括《德国工人党纲领批注》，也包括马克思在 1875 年 5 月 5 日写给白拉克的信。对这一背景知识的了解不充分，带来了三个问题：一是出现了相关学术领域中的张冠李戴现象，即没有弄清楚纲领草案、批判文本与正式纲领之间的关系。《哥达纲领批判》是对两派公布的合并草案的批判，而非对合并后正式公布的纲领的批判。二是忽略了马克思致白拉克的信也包括在《哥达纲领批判》中。三是影响了对正式纲领的评价。

二、《1891 年社会民主党纲领草案批判》的产生背景

《1891 年社会民主党纲领草案批判》同样因为纲领草案、批判文本与正式纲领之间的关系未得到清晰掌握而在学术领域中出现了张冠李戴现象。在中文版《马克思恩格斯全集》中，这份文献的译名为《1891 年社会民主党纲领草案批判》[⑦]，也有学者称其为《爱尔福特纲领草案批判》，只有部分学者将其称为《爱尔福特纲领批判》，但也有部分学者虽然名称上没有弄混，却在论述相关的背景知识时将其默认为是对正式纲领的批判，殊不知无论是在行文表达上还是在结构安排上，纲领草案与正式纲领之间都有

---

① 参见《马克思恩格斯文集》第 3 卷，人民出版社 2009 年版，第 425 页。

② 参见《马克思恩格斯文集》第 10 卷，人民出版社 2009 年版，第 405～406 页。

③ 熊得山将其译为《哥达纲领批评》，结构安排为：恩格斯序言、致白拉克书、德国劳动党纲领旁批。

④ 这份中译本将其名称正式译为《〈哥达纲领〉批判》，其结构安排为：恩格斯序言、马克思给白拉克的信、德国工人党纲领评注、恩格斯论《哥达纲领》、列宁论《哥达纲领》。

⑤ 其结构安排为：给威廉·白拉克的信、对德国工人党纲领的几点意见。

⑥ 其结构安排为：恩格斯写的 1891 年版序言、给威廉·白拉克的信、德国工人党纲领批注。

⑦ 参见《马克思恩格斯全集》第 22 卷，人民出版社 1965 年版，第 263 页。

着巨大的差异。在正式的《爱尔福特纲领》公布之前，至少存在6个草案，而《1891年社会民主党纲领草案批判》即是对其中最早的一个纲领草案进行的批判。[①]

1878年10月19日，在俾斯麦的积极鼓动与运作下，国会通过了《反对社会民主党企图危害治安法令》，简称《反社会党人法令》或“非常法”，10月21日正式执行。起初规定该法令的有效期为两年半，但直到1890年，即12年后才被最终取消。在“非常法”时期，德国社会主义工人党于艰难处境中缓慢前行，党的中央组织及地方各级组织皆转入秘密斗争状态。1880年8月20～23日，该党在瑞士苏黎世召开了“非常法”实施以来的首次代表大会(维登大会)，将《哥达纲领》第二部分“力求用一切合法手段来争取自由国家和社会主义社会”中的“合法”一词删去，改为从现在起将“以一切手段”来达到党的目的。1887年10月2～6日，该党又召开了圣加仑代表大会，大会提出了制定新的纲领以替代《哥达纲领》的要求。1890年10月1日，在德国工人阶级的强力抗争下，帝国国会正式废除了“非常法”，德国社会主义工人党重新取得合法地位。10月12～18日，该党在德国哈雷召开“非常法”废除后的首次代表大会(哈雷大会)。在这次代表大会上，通过了新党章，重申了制定党的新纲领的要求，责成党的执行委员会负责起草纲领，在下届党代会召开前三个月提交全体党员讨论。同时，此次大会将党的名称改为德国社会民主党(SPD)。

为了帮助党制定具有科学社会主义性质的纲领，清除党内残存的拉萨尔主义思想，掐灭重新抬头的机会主义幻想，反击李卜克内西在哈雷大会上对《哥达纲领批判》为己所用的摘录却不公布原稿完整版的做法，恩格斯冲破重重阻力以《马克思遗著：对社会民主党纲领的批判》为题将《哥达纲领批判》及为其写的序言发表在1890～1891《新时代》杂志第9卷第1册第18期上。鉴于杂志出版者约·亨·威·狄茨和编辑卡·考茨基的要求，在不影响问题实质的情况下，恩格斯对文本中的针对个别人的言辞过激之处以及其他一些无关紧要部分删去。因此，世人熟知的这份批判纲领与马克思原本撰写的还有些微差距。1891年2月1日和3日，《前进报》第27、28号附刊(1)对批判纲领全文进行了转载，但没有刊登恩格斯为它写的序言。之所以说恩格斯冲破重重阻力，是因为“除了警察当局以外，可能还有某些人不赞成”[②]此批判纲领的公布，这里的“某些人”主要指的是社会民主党议会党团及以党领袖李卜克内西为首的部分社会民主党人士。而事实也如恩格斯所料。倍倍尔多次致信考茨基和恩格斯，抗议批判纲领中出现的“那些伤害个人和使个人声誉扫地”[③]的词语，而这些不涉及纲领实质的东西应该全被删去。李卜克内西甚至公开以社论的形式在2月13日的《前进报》上

---

① 张世鹏教授认为这份批判纲领是对7月份公布的草案(第二份草案)的批判，参见张世鹏译：《社会民主党纲领汇编》，吉林人民出版社2005年版，第19页；《马克思恩格斯文集》第4卷相关文献结尾处显示该文本写于6月18～29日，由此可推知是对第1份草案的批判，由中央编译局编译的相关文本注释中也认为这是对第1份草案的批判，参见《马克思恩格斯文集》第4卷，人民出版社2009年版，第421、638页。

② 《马克思恩格斯全集》第38卷，人民出版社1972年版，第5页。

③ 中共中央编译局资料室编译：《研究〈哥达纲领批判〉参考史料》，生活·读书·新知三联书店1978年版，第208页。

发表题为《马克思关于纲领的一封信》，为其当初作出合并的决定辩解，并表示不赞成"以目前这种方式发表"[①]马克思的批判意见。

1891年6月18日，理·费舍以党的执行委员会的名义将李卜克内西最初起草、倍倍尔进行了修改、李卜克内西根据倍倍尔的修改意见重新写成、党的执行委员会经过一系列会议最终讨论确定的德国社会民主党纲领草案寄给了恩格斯以及工人运动和社会主义运动的其他活动家，寄给恩格斯的那份纲领草案手抄稿迄今尚未找到。[②]恩格斯在6月18～29日对草案进行了认真研究和详细分析，分三个部分撰写出的批判草案即是后来为人所熟知的《1891年社会民主党纲领草案批判》。德国社会民主党执行委员会在收到恩格斯的批判意见之后，经过部分吸收整合，于7月4日将其发表在《前进报》第153号上，同时号召全党参加新党纲草案的讨论。据统计，在1980年7～10月，德国社会民主党召开了400多次党的公开的群众性会议，讨论新党纲草案。8月份，由考茨基和伯恩施坦起草的新党纲草案以编辑部的名义发表在《新时代》1891年49～52期上。

10月6日，党的执委会在《前进报》上公布了四份纲领草案，其中就包括由考茨基和伯恩施坦共同起草的草案。这份草案虽得到了恩格斯的认可，但恩格斯也提出了一些批评意见，尤其对其中突然出现的"反动的一帮"一词，提出了严厉的批评[③]，随后这一词语被考茨基删去。以李卜克内西为首的纲领起草委员会对这份草案稍加修改完善后便将其提交到10月14～21日召开的爱尔福特代表大会上。大会成员几乎未进行讨论修改就一致通过了这份草案。由此，后来成为其他大部分国家社会民主党纲领典范的《爱尔福特纲领》正式出炉。《1891年社会民主党纲领草案批判》直到1901年才在李卜克内西的遗物中找到，随后由考茨基发表在1901～1902年《新时代》杂志第21卷第1册第1期上。列宁在《国家与革命》中首次提到这一批判文本，并对其中的某些部分进行了解说。1927年，李春蕃(柯柏年)将《国家与革命》全文翻译出来，从1月5日起连载于汕头的《岭南民国日报》副刊《革命》，也让中国人首次了解了恩格斯的这一批判文本。中文版《马克思恩格斯全集》第22卷(1965年版)中的《1891年社会民主党纲领草案批判》是根据《马克思恩格斯全集》德文版第22卷翻译而来。

---

① 中共中央编译局资料室编译:《研究〈哥达纲领批判〉参考史料》，生活·读书·新知三联书店1978年版，第236页。

② 1891年6月18日，德国社会民主党执行委员会也将该草案作为机密文件寄给了考茨基以征求意见，这份文件于1967年被民主德国历史学家霍尔斯特·巴特尔在荷兰阿姆斯特丹国际社会史研究所存放的考茨基档案中所发现，并将其发表在该所出版的刊物《国际社会史评论》上，根据各种资料可以证明，执行委员会寄给恩格斯的也是这样一个草案，参见中共中央编译局编:《马列主义研究资料》1982年第1辑，人民出版社1982年版，第193～196页。

③ 参见《马克思恩格斯全集》第38卷，人民出版社1972年版，第152～153页。

三、《哥达纲领批判》和《1891年社会民主党纲领草案批判》坚持的原则

(一)无产阶级的实际运动与科学纲领的统一

在马克思、恩格斯看来，实际运动与科学纲领是一种相辅相成的关系。一方面，共产主义就是消灭现存状况的实际运动。只有通过无产阶级革命等手段夺取政权，实行无产阶级专政，才能实现社会主义改造，最终实现自由人联合体的共产主义目标。另一方面，实现共产主义离不开科学纲领的指引，不能仅有纲领而无实际行动，也不能只关注行动而忽视科学纲领。德国两个工人阶级政党的合并由于未厘清实际运动与科学纲领的关系问题，不仅未制定出一份具有科学社会主义性质的纲领作为行动的指南，也未指明实现共产主义目标所需的无产阶级专政和无产阶级革命问题。因此，被用于哥达合并大会的纲领草案出来后，恩格斯首先对其展开了批判，认为德国社会民主党[①]的领导者错失了用科学社会主义理论武装工人运动的良机。党在理论方面，即在对纲领有决定意义的方面，绝对没有什么要向拉萨尔派学习的，但最后出炉的纲领草案却充满了拉萨尔式的口号和学说。[②] 虽然“一般说来，一个政党的正式纲领没有它的实际行动那样重要。但是，一个新的纲领毕竟总是一面公开树立起来的旗帜，而外界就根据它来判断这个党”，因此，恩格斯告诫倍倍尔“新的纲领无论如何不应当像这个草案那样比爱森纳赫纲领还倒退一步”，否则将会给本国和其他国家的工人及其运动带来理论混乱。[③] 作为爱森纳赫派的共同领导者，倍倍尔和白拉克表示不能接受李卜克内西参与起草的这个纲领，但李卜克内西却认为合并比纲领更重要。他在回复恩格斯的信中多次辩称恩格斯的责怪是完全多余的，所指出的纲领的一些缺点并未超出党能接受的范围，“只要不想使合并的协商破裂，这些缺点在代表会议上就是不能避免的……合并是拉萨尔主义的死亡”，并赌气说“要么就是这个纲领，要么就没有合并”。[④] “如果没有合并，我们也许会制订一个更加急进的纲领，但对我来说，这个带有合并的不完美的纲领却比没有合并的最完善的纲领要胜过一千倍。”[⑤]李卜克内西并非觉得纲领不重要，他也认为纲领是标志着党根本要求的旗帜，党应当在这面旗帜下，抛开特殊欲望和特殊利益向前迈进，但纲领不是僵硬的教条，不是纸上的教皇，如果有必要，它是可以修改的，不能让一成不变的纲领作为枷锁来束缚自己。[⑥] 这一点与马克思、恩格斯的基本观点是一致的，但他更退一步认为哥达代表大会召开的目的是两

① 德国社会民主党几经改名，文中无特别说明处统一使用德国社会民主党。

② 参见《马克思恩格斯文集》第3卷，人民出版社2009年版，第411页。

③ 参见《马克思恩格斯文集》第3卷，人民出版社2009年版，第415页。

④ 中共中央编译局资料室编译：《研究〈哥达纲领批判〉参考史料》，生活·读书·新知三联书店1978年版，第161页。

⑤ 中共中央编译局资料室编译：《研究〈哥达纲领批判〉参考史料》，生活·读书·新知三联书店1978年版，第164页。

⑥ 参见中共中央编译局资料室编译：《研究〈哥达纲领批判〉参考史料》，生活·读书·新知三联书店1978年版，第52页。

派的合并，不是制定科学的纲领。①

在运动与纲领的关系方面，马克思与恩格斯持相同的观点，他在致白拉克的信中同样认为“一步实际运动比一打纲领更重要……但是，制定一个原则性纲领（应该是把这件事情推迟到由较长时间的共同工作准备好了的时候），这就是在全世界面前树立起可供人们用来衡量党的运动水平的里程碑”②。为了避免不明所以或者故意为之的人士将纲领草案中充满拉萨尔学说的问题怪责于自己和恩格斯，马克思以眉批的形式写了系统的批评意见，以此批判爱森纳赫派以牺牲原则换合并的做法，并建议两派在合并条件不成熟时不如缔结一个反对共同敌人的行动协定。

为了坚持无产阶级的实际运动与科学纲领的统一，恩格斯在“非常法”废除后、德国社会民主党新纲领出炉前就立即公布了马克思的《哥达纲领批判》，试图使该党的理论以科学社会主义为基准。虽然之后起草的新纲领草案大大优于之前的正式纲领，拉萨尔学说和庸俗社会主义论调也几乎消失殆尽，但恩格斯还是详细列出了纲领的不足之处，如在政治要求部分，草案没有提出根本的政治要求，即在德国首先实现民主共和国的要求，也没有基于德国落后的政治现实提出无产阶级革命的可能性的要求。“如果没有说本来应当说的东西”，即使其他要求都实现了，“我们固然会多得到些达到主要政治目标所需的不同手段，但这个主要目标本身却决不能达到”。③ 恩格斯的言外之意在于，没有明确的科学纲领作指引，即便有多重的实际行动，也可能达不到欲到达的目标。

（二）无产阶级革命必须结成广泛的同盟

马克思、恩格斯通过对资本主义社会阶级结构的分析，认为在同资产阶级对立的一切阶级中，只有无产阶级是真正革命的阶级，其余的中间阶级都将随着大工业的发展而日趋没落和灭亡。④ 这些中间阶级具有两重性，作为维护旧的生产方式的阶级，它们是反动的，但作为同盟者加入无产阶级队伍中的阶级，它们又是革命的。在社会形态变革中，目前看来是反动的阶级，也曾作为革命的力量存在过。因此，对于加入无产阶级革命中来的一切阶级，工人阶级政党都可与之结盟。拉萨尔及其支持者对此却有不同的看法，他们认为劳动的解放应当是工人阶级的事情，对它来说，其他一切阶级只是“反动的一帮”。他们之所以提出“反动的一帮”主要出于两个方面的考量：一是团结工人阶级，建立属于工人阶级自己的政党。工人阶级是现代社会中唯一有生命力的因素，它能够单独地完成自己的使命。⑤ 二是他们认为自己代表了一个站在革命发展

① 参见中共中央编译局资料室编译：《研究〈哥达纲领批判〉参考史料》，生活·读书·新知三联书店 1978 年版，第 233 页。

② 《马克思恩格斯文集》第 3 卷，人民出版社 2009 年版，第 426 页。

③ 《马克思恩格斯文集》第 4 卷，人民出版社 2009 年版，第 413 页。

④ 参见《马克思恩格斯文集》第 2 卷，人民出版社 2009 年版，第 41 页。

⑤ 参见中共中央编译局资料室编译：《研究〈哥达纲领批判〉参考史料》，生活·读书·新知三联书店 1978 年版，第 54 页。

的真正高度的政党，其余的政党都是同无产阶级相敌对的，而小资产阶级将自然地被这两大阶级吞噬掉。[①] 马克思认为这种观点是“荒谬的”，因为他们忽略了阶级的动态发展。如对于资产阶级来说，作为大工业的体现者，在反对那些力求保持过时的生产方式所创造的一切社会阵地的封建主和中间阶级时，它是革命者；对于中间阶级来说，如果它们最终转向了无产阶级的队伍，它们也是革命的。马克思甚至认为，拉萨尔及其支持者之所以咬着“反动的一帮”不放，是“为了粉饰他同专制主义者和封建主义者这些敌人结成的反资产阶级联盟”[②]。在李卜克内西看来，“反动的一帮”的提法是容易忍受的，因为事实上目前只有两大互相敌对的阶级，即有产者阶级和无产者阶级；一切站在两者之间的阶级都在消失。小市民和小农实际上是属于工人阶级的，所以不得不和工人一道走。此外，迄今所有的一切阶级，特别是中间阶级，只有在它们本身取得统治以前，才是革命的。[③]

恩格斯也认为不能静态地看待阶级构成，应根据其他阶级在历史发展过程中的作用、改造程度以及基于阶级同盟的需求来判定其他阶级。对于考茨基起草的纲领草案中重提“反动的一帮”一词，恩格斯表示“甚为惊异”，他认为“这一鼓动性的词句，犹如一个刺耳的不谐和音，破坏了措辞简明的科学原理的全部和音。要知道，这是一个鼓动性的词句，而且又是极端片面的，它只有用这种武断的和绝对的形式才能给人留下印象，所以是完全错误的”。[④] 其所以错误，一是在于它把本身是正确的历史倾向当作既成的事实，在事实发生之前，党还不能像阐述纲领的其他原理那样说得很肯定。二是在于当党还未强大到足以夺取政权并实现自身原则以前，就谈不上什么“反动的一帮”，不然，整个民族就会分为反动的多数和无力的少数。[⑤] 因此，“反动的一帮”“只有在个别的例外场合才是正确的”[⑥]。在恩格斯的提议下，《爱尔福特纲领》删除了“反动的一帮”一词。后来在给考茨基的信中，恩格斯对此表示“特此祝贺”[⑦]。

(三)无产阶级的国际主义原则

马克思、恩格斯认为，无产阶级的国际合作是其解放的首要条件。在解放斗争中，无产阶级首先须在国内作为阶级组织起来，反抗本国资产阶级的统治，取得自身统治。其次，无产阶级要重视各国工人之间应当存在的兄弟团结，须摈弃民族偏见，联合瓦解世界范围内的资本主义体系。马克思、恩格斯一直在为践行这一原则而努力。早在

---

① 参见[德]拉萨尔：《告柏林工人书草稿节录》，载《拉萨尔言论》，生活·读书·新知三联书店1976年版，第223页。

② 《马克思恩格斯文集》第3卷，人民出版社2009年版，第438页。

③ 参见中共中央编译局资料室编译：《研究〈哥达纲领批判〉参考史料》，生活·读书·新知三联书店1978年版，第47页。

④ 《马克思恩格斯文集》第10卷，人民出版社2009年版，第618页。

⑤ 参见《马克思恩格斯文集》第10卷，人民出版社2009年版，第618～619页。

⑥ 《马克思恩格斯文集》第3卷，人民出版社2009年版，第411页。

⑦ 《马克思恩格斯全集》第38卷，人民出版社1972年版，第188页。

1847～1848 年为共产主义者同盟起草的纲领中，就提出了“全世界无产者，联合起来”的口号。在这一口号的指引下，马克思又于 1864 年起草了国际工人协会成立宣言和协会临时章程。在协会成立宣言中，着重强调了工人阶级的解放要求工人们兄弟般的合作。“过去的经验证明：忽视在各国工人间应当存在的兄弟团结，忽视那应该鼓励他们在解放斗争中坚定地并肩作战的兄弟团结，就会使他们受到惩罚，——使他们分散的努力遭到共同的失败。”[①]在协会临时章程中同样强调了，无论是经济解放还是劳动解放，都需要每个国家里各个不同劳动部门的工人彼此间团结与亲密的联合。[②] 爱森纳赫派在组建政党时，延续了这种无产阶级的国际主义观。1875 年，在爱森纳赫派与拉萨尔派为合并而起草的纲领草案中，无产阶级的国际主义原则已被具有资产阶级口号性质的“各民族的国际的兄弟联合”所替代。恩格斯在看到草案相关条款时认为，“工人运动的国际性原则实际上在当前完全被抛弃，而且是被五年来在最困难的情况下一直极其光荣地坚持这一原则的人们所抛弃”[③]。“当各国政府极力镇压在某一组织内实现这一原则的任何尝试，而各国工人到处都极力强调这个原则的时候”，德国社会民主党却抛弃这一原则，仅保留对未来的“各民族的国际的兄弟联合”的希望。[④] 恩格斯理解由于党所处的国内政治环境不宜提出过激的条款，但也认为应当明确表达党“意识到自己和各国工人的团结一致，并且始终准备着一如既往继续履行由这种团结一致所带来的义务”。“例如，在罢工时进行援助并阻止本国工人移居国外，设法使德国工人通过党的机关刊物了解国外的运动的情况，进行宣传反对日益迫近的或正在爆发的王朝战争，在这种战争期间采取 1870 年至 1871 年所模范地实行过的策略等等。”[⑤]对于纲领草案绝口不提无产阶级的国际主义原则以及党应当承担的国际责任与义务等行为，马克思认为这是一种追随拉萨尔以狭隘的民族观来对待工人运动的表现。工人阶级在本国内展开阶级斗争是首要的，但也不能忽视国际工人运动的任务和义务，这些任务和义务在必要时须超越民族利益。“各民族的国际的兄弟联合”不是经过合法斗争就能带来的自然而然的结果，而是需要工人阶级政党在帮助其他国家的工人运动或反抗资产阶级统治时主动承担责任。[⑥] 在马克思、恩格斯的批判下，德国工人阶级政党开始意识到自身在国际工人运动中须加强主动性和承担义务，这在《哥达纲领》中有清晰的体现。

19 世纪 80～90 年代，无产阶级的国际联合需求愈加强烈，在此背景下成立了第二国际。受此影响，德国社会民主党对于马克思、恩格斯所提倡的无产阶级的国际主义原则有了更为深入的认识。关于党在国际工人运动中须承担的责任，《爱尔福特纲

---

① 《马克思恩格斯文集》第 3 卷，人民出版社 2009 年版，第 14 页。
② 参见《马克思恩格斯文集》第 3 卷，人民出版社 2009 年版，第 226 页。
③ 《马克思恩格斯文集》第 3 卷，人民出版社 2009 年版，第 411 页。
④ 《马克思恩格斯文集》第 3 卷，人民出版社 2009 年版，第 411～412 页。
⑤ 《马克思恩格斯文集》第 3 卷，人民出版社 2009 年版，第 412 页。
⑥ 参见《马克思恩格斯文集》第 3 卷，人民出版社 2009 年版，第 439 页。

领》规定为："在所有拥有资本主义生产方式的国家，工人阶级的利益是相同的。随着世界交通和为世界市场的生产的扩大，任何一个国家工人的状况都越来越依赖于其他国家工人的状况，工人阶级的解放因此是所有文明国家工人平等参与的事业。基于这种认识，德国社会民主党感到并且宣布，自己与所有其余国家具有阶级觉悟的工人保持一致。"①从这个条款可以看出，德国社会民主党更为清晰地认识到了自身的责任。无论在系列纲领草案中还是正式纲领中，恩格斯对这一部分都没有提出异议和修改意见，说明他对党坚守了无产阶级的国际主义原则还是相当满意的。

四、《哥达纲领批判》和《1891年社会民主党纲领草案批判》对国际共产主义的影响

1.坚决地捍卫了无产阶级革命和无产阶级专政学说

恩格斯在接到《爱尔福特纲领》的第一份草案时就认为这份草案大大优于《哥达纲领》。② 对于几乎未经过修改就在爱尔福特代表大会上通过的由考茨基和伯恩施坦起草的纲领草案，他甚至认为"在初读以后，提不出更多的意见"，"马克思的批判（指《哥达纲领批判》——引者注）发挥了充分的作用。拉萨尔主义最后的残余也已肃清"。③可无论是《哥达纲领》及其系列草案还是《爱尔福特纲领》及其系列草案都没有提到无产阶级革命和无产阶级专政的问题。这是否暗示恩格斯接受了德国社会民主党所主张的"和平长入社会主义"的论调？

其实早在全德工人联合会成立之初就确定了德国社会民主党所走的以和平与合法方式实现社会过渡的基调，即便后来受科学社会主义所影响的李卜克内西和倍倍尔在组建爱森纳赫派工人阶级政党时也没能跳出这个基调，这也是拉萨尔派和爱森纳赫派得以顺利合并的原因所在，更是充斥着拉萨尔学说的《德国工人党纲领》得以产生的原因。这种温和的基调使马克思和恩格斯保持了高度的警惕。对于纲领草案中仅有形式并无实质内容的"现代国家""现代社会"等词汇，马克思指出德国的工人阶级政党如果不首先实现现在存在于不同文明国度中的现代资本主义社会，就谈不上建立"现代国家"或"现代社会"的目标，并且"现代国家"或"现代社会"只有在特定的社会形态里才有意义。对于纲领中存在的拉萨尔式的超阶级的国家观以及回避共产主义社会的国家制度等问题，他更是直接提出："在资本主义社会和共产主义社会之间，有一个从前者变为后者的革命转变时期。同这个时期相适应的也有一个政治上的过渡时期，这个时期的国家只能是无产阶级的革命专政。"④无产阶级掌握政权才能为经济过渡和社会形态上的革命转变提供政治保障，而在德国社会民主党看来，社会主义的实现可以在资本主义内部进行，不需要无产阶级革命和无产阶级专政。马克思理解德国工

---

① 张世鹏译：《德国社会民主党纲领汇编》，吉林人民出版社2005年版，第21页。

② 参见《马克思恩格斯文集》第4卷，人民出版社2009年版，第407页。

③ 《马克思恩格斯全集》第38卷，人民出版社1972年版，第180页。

④ 《马克思恩格斯文集》第3卷，人民出版社2009年版，第445页。

人阶级政党因本国恶劣的政治环境而不宜在纲领中明确提出向共产主义过渡的具体目标和实现目标的手段，但当它们企图在一个以议会形式粉饰门面、混杂着封建残余、已经受到资产阶级影响、按官僚制度组织起来并以警察来保卫的、军事专制制度的国家实现那些只能在特定社会形态才能提上日程的目标，并保证以“合法手段”争得这类目标时，马克思认为这种纲领要求“既不‘诚实’也不体面”①。

恩格斯在《1891年社会民主党纲领草案批判》中也直接指出了草案未提出主要的政治目标以及达到目标的可能的革命手段和无产阶级专政这些问题，而在德国当时的政治制度下并不具备以和平方式实现社会过渡的条件。在那些代议机关拥有实权、只要取得大多数人民支持就能按宪法行事的民主共和国，是可能实现旧社会和平长入新社会的。但是在德国，帝国政府几乎拥有绝对权威，帝国国会及其他一切代议机关毫无实权，仅是专制制度的遮羞布。在这种半专制制度的、混乱得不可言状的政治制度的桎梏中，德国社会民主党企图以和平方式实现党的一切要求是如此的荒谬。即便“现代的社会正在长入社会主义”的可能得以实现，社会主义也会像虾要挣破自己的旧壳那样必然要从它的旧社会制度中长出来，而这个过程需要用暴力来炸毁旧壳。因此，德国社会民主党的首要政治目标是建立作为无产阶级专政的特殊形式的民主共和国。如果这一要求因政治形势而无法在纲领中体现，也要把最低的政治要求写进纲领，即做到把一切政治权力集中于人民代议机关之手。恩格斯并非不理解德国社会民主党所处的尴尬境况，也认为“非常法”刚废除不久在纲领中谈论这些问题很危险，但问题总是要解决，企图以和平的方式将问题掩盖起来只会把党引入迷途。他更是提出把一般的抽象的政治问题提到首要地位，从而把那些在重大事件一旦发生、政治危机一旦来临就会自行提到日程上来的迫切的具体问题掩盖起来，只能使党在突然决定性时刻束手无策，从而使其在具有决定意义的问题上由于从未进行过讨论而认识模糊和意见不一致。② 因政治环境而绝口不提党的主要政治目标或无产阶级革命的做法，是一种危险的机会主义的表现。这种做法只会起到替专制政府“揭去专制制度的遮羞布，自己去遮盖那赤裸裸的东西”③的作用。

2.无情地打击了德国工人阶级政党中的机会主义倾向

反对暴力革命，主张和平长入社会主义的机会主义观点在德国工人运动史上曾经多次出现过。早在19世纪40年代，科学社会主义刚刚产生之初，德国就出现了以海尔曼·克利盖和卡尔·格律恩为代表的“真正的”社会主义者，他们将社会主义的要求同政治运动对立起来，以哲学思辨的形式展开对资本主义生产方式的控诉，以“博爱”“人道”作为社会主义的基础，宣称自身超乎任何阶级斗争之上，标榜通过阶级和平的道路来实现社会主义，反对所谓的共产主义的“野蛮破坏”的倾向。④

① 《马克思恩格斯文集》第3卷，人民出版社2009年版，第445页。

② 参见《马克思恩格斯文集》第4卷，人民出版社2009年版，第414页。

③ 《马克思恩格斯文集》第4卷，人民出版社2009年版，第414页。

④ 参见《马克思恩格斯文集》第2卷，人民出版社2009年版，第58～60页。

19 世纪 60 年代初，德国资本主义经济迅速发展，工业进程骤然加快，而工人阶级无论在经济领域还是政治领域，境遇并无多大改善，新兴产业工人迫切要求维护自身的福利权益。这时，很多工人鉴于 1848 年革命失败的教训，感到通过暴力革命夺取政权实现社会主义或共产主义已经难以实现，他们大都要求解决现实问题，要求建立工人阶级政党，为争取工人福利权益而斗争。① 在此背景下，拉萨尔宣扬的一套学说获得了很多工人的追随和拥护，这套学说认为工人阶级的贫困是由于“铁的工资规律”造成的，要废除这个规律，就必须建立国家资助的生产合作社，为了得到国家的资助，工人必须争得普遍、平等和直接的选举权，而要争得选举权，就必须建立工人阶级自己的政党来进行和平的与合法的斗争。② 拉萨尔的学说并不是从生产力和生产关系的演进以及工人阶级的革命主动性来推导社会主义或共产主义必然性的，而是从工人所处的具体处境和德国的现实政治出发，通过不触动专制制度的和平与合法方式来为工人谋求经济和政治利益作为其行事逻辑，而在马克思主义者看来这是一种机会主义的、改良主义的和宗派主义的立场。

在马克思、恩格斯的支持下，以李卜克内西和倍倍尔为首的马克思主义者与这种立场展开了斗争。相较于全德工人联合会的纲领，在社会民主工党纲领中，直接公开地提出了工人阶级的主要目标就是消灭资本主义生产方式，强调了德国工人阶级的国际义务以及将自己视为国际工人协会的一个分支等。从这个层面上来看，这个政党可称得上是一个马克思主义的政党。③ 但是，从后来全德工人联合会和社会民主工党为合并而发布的纲领草案和正式纲领中可得知，拉萨尔式的机会主义学说并未完全消除。马克思逐条逐句对纲领草案展开了批判，指出草案充满了拉萨尔式机会主义学说的同时，进一步阐述了科学社会主义的基本原理，并首次提出共产主义两个阶段的原理和从资本主义向共产主义过渡时期必须坚持无产阶级专政的原理。恩格斯将拉萨尔式机会主义学说视为“卡夫丁轭形门”，爱森纳赫派“从这下面爬向神圣拉萨尔的赫赫声名”。④ 这是一种“为了眼前暂时的利益而忘记根本大计，只图一时的成就而不顾后果，为了运动的现在而牺牲运动的未来”的做法，“这种做法可能也是出于‘真诚的’动机。但这是机会主义，始终是机会主义，而且‘真诚的’机会主义也许比其他一切机会主义更危险”。⑤

“非常法”的实施使得德国社会民主党采取了从合法斗争转向秘密斗争与合法斗争相结合的战略。“非常法”的废除和统治阶级策略的改变，却使得党在取得合法斗争

---

① 参见高放：《世界上第一个社会主义政党德国社会民主工党首建垂范》，载《中国延安干部学院学报》2014 年第 4 期。

② 参见何宝骥、李应柴：《国际共产主义运动历史长编》第 1 卷（1830～1871），吉林人民出版社 1987 年版，第 243～244 页。

③ 参见何宝骥、李应柴：《国际共产主义运动历史长编》第 1 卷（1830～1871），吉林人民出版社 1987 年版，第 257 页。

④ 《马克思恩格斯文集》第 10 卷，人民出版社 2009 年版，第 405 页。

⑤ 《马克思恩格斯文集》第 4 卷，人民出版社 2009 年版，第 414～415 页。

的条件下，在以革命还是改良的方式实现社会过渡的问题上变得小心翼翼，尤其在获得广泛的工人阶级支持及议席增加后，党内的机会主义倾向更加明显。恩格斯也认识到了以普选为基础的代议制在资本主义民主国家中所起的重要作用，他也积极主张德国社会民主党应根据德国的实际情况来调整斗争策略。如果这一时期适合采取合法的议会斗争来宣传群众，聚集和组织力量，那么恩格斯是不反对这样做的。他反对的是一味地将所有的希望完全寄托在和平与合法斗争策略上，而放弃暴力革命的可能性的做法。这一时期的德国并非如美、英那般早已实现了资产阶级民主革命，实际上仍是一个半专制的封建帝国，政府几乎拥有绝对权威，帝国议会的权力受到极大限制。如果在这样的政治环境中还期待以和平的方式长入社会主义，那将是多么的异想天开？因此，在《1891 年社会民主党纲领草案批判》中，恩格斯对德国社会民主党内的机会主义倾向进行了批判，指出了“和平长入社会主义”的荒谬性与不合理性。

面对恩格斯的批判与建议，该党部分领袖并未足够重视，导致在爱尔福特代表大会上不仅出现了主张党在对内对外政策上与统治阶级合作、党要根据政府路线制定任务和策略、实行改良主义的福尔马尔等右倾机会主义分子，也出现了不顾政治形势变化而一味反对利用合法斗争形式、反对党参加议会选举和利用议会讲坛的“青年派”等左倾机会主义分子。恩格斯早在代表大会召开前就批评过福尔马尔，称其“对官方人士表示了完全多余的殷勤，而且未经任何人授权，又做了多余的保证”①。在代表大会后，恩格斯又提醒倍倍尔让其注意，党和福尔马尔之间的事情“还远未了结，而且情况越紧张，对他就越要密切注意”②。对于“青年派”，恩格斯多次写文章和信件对其展开批判，认为这一派别不仅在理论上把马克思主义歪曲得面目全非，也在实践上提出了将使党毁灭的轻率策略。③ 爱尔福特代表大会最终作出了将“青年派”两位领袖开除出党的决议。恩格斯认为“对这帮无耻的大学生和掮客的处决，是十分必要的。这批人很快就会销声匿迹”④。虽然在大会上也批判了福尔马尔，他也当场表示放弃其观点，但恩格斯依旧认为右派机会主义比左派机会主义更危险。右倾机会主义后来演变为党内的修正主义，最终造成了党在政治上的破产。

作为国际共运史上非常重要的两份纲领性文献，《1891 年社会民主党纲领草案批判》延续了《哥达纲领批判》中坚持的原则，共同捍卫了马克思主义基本原理，不仅为工人阶级政党的构建树立了典范，也对国际共运理论和工人运动产生了重要的影响。

---

① 《马克思恩格斯全集》第 38 卷，人民出版社 1972 年版，第 121 页。

② 《马克思恩格斯全集》第 38 卷，人民出版社 1972 年版，第 182 页。

③ 参见胡瑾、闵宝利:《国际共产主义运动历史长编》第 2 卷(1872～1917)，吉林人民出版社 1987 年版，第 148 页。

④ 《马克思恩格斯全集》第 38 卷，人民出版社 1972 年版，第 192 页。

恩格斯的基督教历史研究及其政治隐喻

韦冲霄

(北京大学国际关系学院博士研究生)

基督教是欧洲的主要宗教，欧洲早期的许多社会主义运动也与基督教相关联。所以，帮助无产阶级和无产阶级政党正确认识基督教是马克思和恩格斯的革命活动中的重要工作之一。恩格斯在漫长的革命生涯中写作了许多有关基督教的著作，对不同时期的基督教的历史都作了分析和研究，但是，在部分学者尤其是西方学者看来，恩格斯对基督教的研究是比较粗浅的，他们认为恩格斯的基督教研究缺乏足够的材料支撑，只依靠唯一的学术权威，这影响了恩格斯对基督教的理解。① 本文认为，具体的史料收集并不是恩格斯的基督教研究的重点，恩格斯有关基督教历史的研究重在"以古喻今"，主要是在借用基督教的历史来隐喻现实政治，表达具体的政治观点，如果过分关注史实争议，那就相当于舍本逐末，忽视了恩格斯基督教研究的真实用意。

一、早期基督教的起源与流行——底层群众革命运动的胜利

早期基督教是恩格斯的基督教历史研究的重点之一。1882年布鲁诺·鲍威尔去世之后，恩格斯基于鲍威尔对基督教的研究，结合其他文化人类学的材料，对早期基督教的历史作了梳理与总结，其成果体现在《布鲁诺·鲍威尔和早期基督教》《启示录》《论早期基督教的历史》等几篇文章中。

对于早期基督教的起源，恩格斯基本接受了布鲁诺·鲍威尔的观点，即认为基督教的哲学教义"是讽喻体的唯理论的犹太传说和希腊哲学即斯多葛派哲学的混合物"②，也就是说，基督教的教义融合了犹太教的一神论和古希腊斯多葛派的庸俗哲学，后两者的内容已经"包含着基督教全部的本质观念——原罪、逻各斯(这个词是神所有的并且本身就是神，它是神与人之间的中介)、不是用牺牲而是把自己的心奉献给

---

① David Mclellan, *Marxism and Religion*:*A Description and Assessment of the Marist Critique of Christianity*, London: The Macmillan Press, 1987, p.57.

② 《马克思恩格斯全集》第19卷，人民出版社1963年版，第328～329页。

神的忏悔”[①]。不过，恩格斯认为鲍威尔的唯心主义立场阻碍了他对基督教起源的进一步研究，鲍威尔只是单纯地从哲学教义出发研究基督教的起源，而没有从更根本的社会制度、生存环境、经济基础的角度进行深入剖析。

恩格斯对鲍威尔有关早期基督教材料的引用是有争议的，有学者认为鲍威尔的“所有有关基督教和斯多葛主义的研究(和他的早期作品相反)值得高度怀疑，对于圣经学研究毫无贡献”[②]，这就让大量引用鲍威尔的基督教史料的恩格斯的基督教研究缺乏足够的史实依据。不过，本文认为，恩格斯的基督教研究本身的目的并不是给圣经学的学术研究作出贡献，在研究早期基督教历史时，恩格斯想要强调的是早期基督教教义对底层人民的吸引力，而鲍威尔对早期基督教的论述也恰好符合恩格斯的这一思路。

鲍威尔所指出的早期基督教的哲学起源包括了犹太教的一神论和斯多葛派庸俗哲学中的原罪论、神的代言人和忏悔论，而这些教义也正是恩格斯所认为的能够吸引底层人民的教义。比如在《布鲁诺·鲍威尔和原始基督教》中，恩格斯就这样解释基督教原罪论对底层人民的吸引力：“面对世界的败坏，基督教的原罪论给予了这样的回答：‘事情就是这样，也不可能不这样，世界的堕落，罪在于你，在于你们大家，在于你和你们自己内心的堕落！’哪里会有人说这是不对的呢？Mea culpa(罪在我)。承认每个人在总的不幸中都有一分罪孽，这是无可非议的，这种承认也成了基督教同时宣布的灵魂得救的前提。并且，这种灵魂得救的安排，使每个旧宗教团体的成员都易于理解。”[③]从以上文本可以看出，恩格斯认为基督教的原罪论为底层群众所面临的现实苦难找到了一个容易接受也相对合理的解释，可以让他们选择摆脱崩坏的现实社会，转而去寻求灵魂的拯救和升华，从而获得思想上的慰藉。

从本质上来说，恩格斯想要把早期基督教当成一种属于底层人民的、能够广泛吸引一般信众的宗教，这才是恩格斯对早期基督教研究最重要的用意。而恩格斯之所以想要把早期基督教描述成这样的一种宗教，是想用它来隐喻19世纪的社会主义运动。

在《论早期基督教的历史》中，恩格斯更加具体地分析了早期基督教运动和社会主义运动在领袖权威、群众的信心和宗派的复杂性等问题上的共性。恩格斯认为：第一，基督教的“先知”与早期社会主义者的领袖都有很高的个人权威和个人魅力，被他们的信徒所热爱和拥戴；第二，早期基督教的信徒和社会主义者一样，面对着政府的打击和压制，但是，两者都没有对未来失去希望，坚定与政府对抗和斗争，并有信心获得最后的胜利；第三，早期基督教和社会主义都是一场自发的群众运动，两者都有群众运动初期的混乱性和矛盾性，都形成了许多宗派，并一直在内部进行激烈的宗派斗争。[④] 因

① 《马克思恩格斯全集》第19卷，人民出版社1963年版，第329页。

② David Mclellan, *Marxism and Religion: A Description and Assessment of the Marist Critique of Christianity*, London: The Macmillan Press, 1987, p.42.

③ 《马克思恩格斯全集》第19卷，人民出版社1963年版，第335页。

④ 参见《马克思恩格斯全集》第22卷，人民出版社1965年版，第531～541页。

此，恩格斯认为早期基督教运动和社会主义运动相似度很高。

当然，恩格斯对早期基督教活动与社会主义运动的相似性进行论证，不是为了证明基督教与社会主义的本质一致，而是想用基督教的发展历史作为政治隐喻，暗示社会主义运动未来的必然胜利。《论早期基督教的历史》写作于1894年，这时候正是德国废除《反社会党人非常法》后不久德国社会民主党党员人数增加、组织蓬勃发展的时期，恩格斯用乐观的语气叙述了早期基督教的信徒们的斗争，赞扬他们有一种“正在进行一场对全世界的斗争以及这一斗争必将胜利的感觉，有斗争的欢悦和胜利的信心”[①]，而这种现象又何尝不是过去经历了德国政府的严厉打击的德国社会主义者的缩影。恩格斯的这番话无异于在表明：既然早期基督徒们能够在罗马帝国的打压下把基督教发展成罗马帝国的国教和世界性宗教，那么社会主义者自然也可以做到让社会主义思想成为欧洲大陆的主流。

恩格斯的这种以早期基督教活动隐喻社会主义运动的态度在同一时期写作的《1848年至1850年的法兰西阶级斗争导言》中体现得更加明显。在《导言》中，恩格斯把《反社会党人非常法》与罗马皇帝戴克里先颁布的禁止基督教的法律进行了对比：“戴克里先皇帝不能再无动于衷地看着他军队中的秩序、服从和纪律败坏下去。他趁着还不太迟的时候采取了坚决措施，他颁布了一道反对社会党人的(请原谅，我该说反对基督徒的)法律。颠覆者被禁止举行集会，他们的集会场所被封闭或者甚至被捣毁了，基督教的徽章——十字架等等——一概被禁止了，正像在萨克森禁止了红手帕一样。基督徒被剥夺了担任国家职务的权利，他们甚至不能充当上等兵。”[②]从恩格斯的描述中可以看出，罗马帝国禁止基督教的法律相比起德国的《反社会党人非常法》的严格程度有过之而无不及，但是，这种限制只是暂时的，仅仅在17年之后，罗马的新皇帝君士坦丁一世就把基督教确认为国教。同样，《反社会党人非常法》也在实施12年之后失效，德国社会民主党获得了合法的活动权。恩格斯通过论述这两个类似的事实所表达的观点十分清晰：与早期基督教的活动一样，社会主义运动会受到挫折，可能会遭到打压，但是，正如同基督教最后战胜了罗马帝国政府的迫害一样，社会主义运动也终将取得胜利。

总而言之，恩格斯的早期基督教研究的本质目的是用早期基督教的历史来喻指社会主义的发展史。在恩格斯看来，早期基督教运动和社会主义运动都是属于底层人民的运动，那么，既然早期基督教最终战胜了来自政府的压迫和控制，并最终成为罗马帝国公民们普遍信仰的宗教，同样，社会主义运动也将战胜欧洲大陆上的反动势力的攻击，最终成为欧洲大陆上的主流。这种类似的“以古喻今”的做法在恩格斯的其他有关基督教的著作中也屡见不鲜，在恩格斯早期的作品《德国农民战争》中，恩格斯就展现了这种写作技巧。

---

① 《马克思恩格斯全集》第22卷，人民出版社1965年版，第537页。

② 马克思：《1848年至1850年的法兰西阶级斗争》，人民出版社2014年版，第23页。

二、宗教改革时期的新教运动——资产阶级在革命中的软弱性

《德国农民战争》是恩格斯写作于1850年的一部作品，文中介绍了16世纪宗教改革时期以闵采尔为领导人的德国农民战争的历史，除了闵采尔以外，德国宗教改革的主要领导人马丁·路德也是文章中的一个重要人物。恩格斯在这篇文章中记叙了马丁·路德在宗教改革中由革命到保守的变化，以他的这种表现来喻指1848年革命中的德国资产阶级。

恩格斯把马丁·路德当成了德国资产阶级的代表。在恩格斯看来，在德国的宗教改革中，路德的支持者是"是反对派中的有产分子，大量低级贵族、市民阶级，甚至有一部分希望没收僧侣产业以肥已并欲乘机脱离帝国羁绊而扩大独立地位的世俗诸侯"[①]，恩格斯把这些人当成是早期资产阶级。另一方面，恩格斯认为路德的新教思想也同样带有资产阶级色彩，"他们要求恢复原始基督教的简单教会制度，要求取消独霸的僧侣等级。若要廉价的设施，就得取消修道士，取消高级僧侣，取消罗马宫廷，一言以蔽之，就得取消教会中一切糟蹋钱的事情"[②]。也就是说，恩格斯认为，新教要求简化教会的要求和资产阶级勤俭节约的美德相符，是一种符合资产阶级利益的宗教。

马克思主义者把基督教新教与资本主义联系起来的论述十分常见，马克思在《资本论》中就把新教视为最适应资本主义生产关系的宗教："在商品生产者的社会里，一般的社会生产关系是这样的：生产者把他们的产品当作商品，从而当作价值来对待，而且通过这种物的形式，把他们的私人劳动当作等同的人类劳动来互相发生关系。对于这种社会来说，崇拜抽象人的基督教，特别是资产阶级发展阶段的基督教，如新教、自然神教等等，是最适当的宗教形式。"[③]恩格斯自己也曾经在《社会主义从空想到科学的发展》的英文版导言中解释过新教加尔文宗与资本主义的联系。恩格斯认为加尔文宗的"先定论"符合自由资产阶级所提倡的自由主义思想。资产阶级信奉自由主义，认为经济运作应当遵循市场经济的规律，而不是人类的主观意志，加尔文的先定学说也认为"在商业竞争的世界中，成功或失败不取决于个人的活动或才智，而取决于不受他支配的情况。起决定作用的不是一个人的意志或行动，而是未知的至高的经济力量的摆布"[④]，这完美地符合了自由主义市场经济规律的理论。除此以外，恩格斯还认为，加尔文宗要求建立民主和共和的教会组织，这与资产阶级要求建立共和国、打压王权的政治诉求相符。因为，"在上帝的王国已经共和化了的地方，人间的王国还能够仍然从属于君王、主教和领主吗？"[⑤]最后，恩格斯指出，新教兴起的时期也是欧洲君主专制加强的时期，欧洲的集权君主们引用以霍布斯和洛克为代表的英国唯物主义者的观点

---

① 《马克思恩格斯全集》第7卷，人民出版社1959年版，第405～406页。

② 《马克思恩格斯全集》第7卷，人民出版社1959年版，第402页。

③ 马克思：《资本论》第1卷，人民出版社2004年版，第97页。

④ 《马克思恩格斯全集》第22卷，人民出版社1965年版，第349页。

⑤ 《马克思恩格斯全集》第22卷，人民出版社1965年版，第349页。

否定中世纪宗教，加强王权，巩固君主专制。为了在意识形态上对抗这些支持君主专制的唯物主义者，资产阶级就要反过来信仰宗教，在传统的天主教被人普遍诟病的时候，新教成为他们的理想选择。

然而，相比起以上的论述，《德国农民战争》中实际上并没有对马丁·路德与资本主义的联系作太多的着墨。虽然恩格斯也在文中提到了马丁·路德的信徒的阶级属性，以及新教思想和资产阶级要求的相似性，但是，相比起恩格斯本人在《社会主义从空想到科学的发展》的英文版导言中所着重强调的那种新教加尔文宗在教义上与资产阶级的意识形态和世界观的联系，马丁·路德与资产阶级的联系更像是一种泛泛而谈。在恩格斯的表述中，马丁·路德的新教理论与中世纪就存在的反教权主义的天主教异端没有太多的区别，路德宗最重要的“因信称义”的教义也没有提及，在这种情况下，恩格斯直接把马丁·路德视为德国资产阶级的代表，认为德国的新教改革运动“与稍后时期英国和法国的国内冲突完全一样，是一场阶级斗争”①，这样的说法也极具争议。当时德国的市民阶层到底能不能被称为“资产阶级”并没有明确的结论，但可以确定的是，当时德国资本主义发展明显落后于英、法、意等其他欧洲国家，在这种情况下，德国率先爆发一场阶级斗争的说法也并不可信。

然而，这种具体的史实考证显然不是恩格斯写作《德国农民战争》的主要目的。恩格斯的写作重点不是马丁·路德的新教与资本主义的联系。恩格斯之所以强调路德是德国资产阶级的代表，就是要用路德在德国农民战争中从革命到保守的退步表现来展现资产阶级的软弱性：最初，路德为了与天主教正宗信仰对抗，用最坚定的革命魄力把所有异教反对派分子团结了起来，代表所有反对派分子与天主教正宗信仰对抗；不过，随着新教信徒与天主教正宗的矛盾开始激化，并发展出暴力斗争的可能性时，路德就退缩了，他开始反对暴力，试图用温和的方式确保宗教改革的成果，成为市民改良派的代表人物；最后，在德国农民战争爆发，以闵采尔为代表的德国农民想要通过暴力手段改变现有的社会制度，彻底冲破了路德所期待的改良的范畴之后，路德也就摇身一变成为革命的反对者，主张毫不留情地镇压农民战争。《德国农民战争》写作于1850年，文中路德的行为就是在隐喻刚刚结束的1848欧洲革命中德国资产阶级的行为。如同恩格斯本人所言：“路德在1517到1525这几年间所经历的转变，恰恰就是现代德国君主立宪派从1846到1849年所经历的转变，恰恰就是一切资产阶级党派经历的转变。资产阶级党派总是在领导运动时，一转眼就被站在它背后的平民党派或无产阶级党派抛到后面去了。”②所以，德国革命刚开始时，资产阶级还联合了无产阶级反对君主专制，但随着沙皇俄国的军事介入和无产阶级对革命的积极参与，德国资产阶级最后没有把革命坚持下去，他们反而与贵族联合了起来，成为镇压革命的刽子手。

因此，与对早期基督教的历史的研究一样，尽管恩格斯在《德国农民战争》中对宗

① 《马克思恩格斯全集》第7卷，人民出版社1959年版，第400页。
② 《马克思恩格斯全集》第7卷，人民出版社1959年版，第406页。

教改革时期的新教运动进行了详细的探究，但他的本质目的是很清晰的，16 世纪德国农民战争的历史就在隐喻 1848 年德国革命历史，而以马丁·路德为代表的德国新教改革派就是德国革命中的资产阶级党派，讽刺马丁·路德面对农民战争洪流的退缩，恰恰就是在讽刺德国革命浪潮中资产阶级的软弱。当然，同样值得注意的是，从《德国农民战争》的全文来看，结合恩格斯的其他研究基督教新教的作品，恩格斯并没有彻底否认这一时期的资产阶级以及新教对社会发展的积极作用，虽然资产阶级面对革命会变得并不坚定，但这个时候的资产阶级至少还是革命的一方，对比封建王公和僧侣贵族，资产阶级依然更加先进，新教在这一时期也在一定程度上起到了推动社会进步的作用。但这种情况到了 19 世纪就不复存在，在恩格斯有关 19 世纪基督教的作品中，基督教就彻底成为落后、保守的存在。

三、19 世纪的基督教复兴——资产阶级的衰弱

恩格斯认为在资产阶级崛起的过程中，新教发挥了重要的作用。不过，从整体而言，17 世纪之后，基督教在欧洲的影响力呈现了下降的趋势。尤其是在经历了启蒙运动的洗礼之后，欧洲大陆上普遍盛行理性主义和科学主义的思潮，科学的发展解释了许多过去一般人无法理解的现象，也揭穿了一些传教者虚伪的面具，这一度让基督教在欧洲的影响力陷入了低谷。以英国为例，18 世纪时，英国每百人中领取复活节圣餐的人数都在 9 人以上，但进入 19 世纪之后，这一数字就开始逐渐下降，到 1831 年达到最低的 7.2 人。不过，从 19 世纪中后期开始，基督教的影响力又逐渐开始恢复，同样以英国每百人中领取复活节圣餐的人数为例，1831 年之后这一数据出现了明显的回升，到 1861 年已经增长到 8.3 人，1901 年已经达到 9.4 人，已经恢复到了 18 世纪的水平。[①] 恩格斯也同样观察到了这一现象，不过，他把这种情况当成是资产阶级垂死挣扎的结果。

在《社会主义从空想到科学的发展》英文版导言中，恩格斯辛辣地批判了当时欧洲主要国家的资产阶级面对工人阶级的崛起而被迫求助于宗教的狼狈形象。恩格斯首先描述了英国的情况，英国的保守主义势力比较强大，在英国资产阶级彻底战胜土地贵族之前，工人阶级就已经登上了英国的政治舞台，并通过宪章运动等政治运动取得了一定的成果。在这一历史背景下，恩格斯指出，英国的资产阶级为了控制人民，“年复一年地继续把成千上万的金钱花在向下层等级宣传福音方面；他不满足于他本国的宗教机关，还求助于当时宗教买卖的最大组织者‘琼生大哥’，从美国输入了基督复活派，穆迪和桑基之流；最后他还接受了‘救世军’的危险的帮助”[②]。恩格斯的这番描述展现了 19 世纪英国宗教界混乱的情况，除了英国国教之外，各种基督教新教的“不从国教派”不断涌现，恩格斯认为这正体现了英国资产阶级为了控制人民不择手段地寻

① A. D. Gilbert, *Religion and Society in Industrial England, Church, Chapel and Social Change, 1740—1914*, New York: Longman, 1976, p.28.

② 《马克思恩格斯全集》第 22 卷，人民出版社 1965 年版，第 356 页。

求各种基督教教派的帮助的现象。

相比起英国，恩格斯认为欧洲大陆上的法国和德国资产阶级受自由主义影响更深，最初不屑于采用宗教手段控制群众。然而，恩格斯指出，当英法资产阶级逐渐发现法国和德国的工人被社会主义思想所"蛊惑"，开始成为"叛乱者"之后，他们也不得不采取之前被他们嗤之以鼻的宗教来控制群众："嘲笑宗教的人，一个一个地在外表上变成了笃信宗教的人，他们毕恭毕敬地谈论教会、它的教条和仪式，甚至在实在不得已的时候，自己也行起这些仪式来了。法国资产者每逢星期五进 maigre(素食)，德国资产者每逢星期日就坐在教堂的椅子上耐心地听完新教的冗长的布道。他们已经吃了唯物主义的苦头。Die Religion muss dem Volk erhalten werden——'必须为人民保存宗教'，这是拯救社会于完全毁灭的唯一的和最后的手段。"①所以，恩格斯认为，到了最后，受自由主义影响更深的法国和德国资产阶级与相对保守的英国资产阶级选择的道路殊途同归，都在利用宗教来麻痹无产阶级。

恩格斯对欧洲资产阶级与基督教的合作的这番论述看似只是在描述一种当时的客观现实，但只要我们把这个时候的资产阶级与16～17世纪刚刚崛起时期的资产阶级相对比，就可以明显发现其中的不同。宗教改革时期，资产阶级信仰新教是为了反抗旧的压迫势力，这个时候的资产阶级本身就是革命、向上发展的，新教只不过是因为其教义和主张"恰好"符合资产阶级的世界观而得到了他们的青睐，从这个角度说，新教对于这时的资产阶级并不是必要的，它可以被其他意识形态所代替，是新教为了生存与资产阶级合作。但到了19世纪，情况却已经完全不同，这个时候的资产阶级成为有求于基督教的一方，天主教和新教在教义和派别上的区别已经不再重要，资产阶级对待基督教的各个教派的态度却都是一致的。英国是一个新教国家，法国是一个天主教国家，德意志各邦国天主教与新教并存。然而，这些国家的资产阶级对待宗教的态度完全一致，他们迫切地想要利用宗教本身来麻痹无产阶级，对于资产阶级来说，宗教反而成为必需品，宗教已经从"资产阶级利益的宗教外衣"变成"资本主义社会的保护物"②。

对比恩格斯对不同时期的资产阶级和基督教关系的表述，我们可以发现资产阶级和宗教的关系已经发生了逆转。过去的革命的、积极向上的资产阶级现在不得不低下头来与他们曾经不屑正眼看待的基督教合作，这背后所蕴含的意义是19世纪中后期资产阶级的衰弱，资产阶级已经不再是宗教改革时期的那个代表了历史进步一面的革命力量，从他们选择与宗教合作开始，他们就成为消极的保守势力，19世纪中后期宗教信徒人数的增加，实际上是资产阶级走投无路的一种表现。

对于恩格斯来说，资产阶级和基督教的合作所展现出来的未来社会是乐观的，虽然短时间内资产阶级的这种做法会使信徒人数增加，有助于巩固资产阶级的统治，但从长远的角度看，这无异于是饮鸩止渴。因为"除非我们相信超自然的奇迹，否则，我

---

① 《马克思恩格斯全集》第22卷，人民出版社1965年版，第359页。

② 《马克思恩格斯全集》第22卷，人民出版社1965年版，第360页。

们就必须承认，任何宗教教义都不足以支持一个摇摇欲坠的社会”[①]。无产阶级会逐渐摆脱资产阶级有神论的欺骗，把无神论当成是自己的世界观，“人们的一切法律、政治、哲学、宗教等等观念归根结底都是从他们的经济生活条件、从他们的生产方式和产品交换方式中引导出来的。由此便产生了适合于无产阶级的生活条件和斗争条件的世界观；和工人无财产相适应的只能是他们头脑中无幻想”[②]。这种现象在恩格斯看来已经从欧洲的工人政党的变化中体现了出来：“在我们时代，当个无神论者幸而并不稀奇。在欧洲各工人政党中无神论已经成为不言而喻的事……至于德国绝大多数的社会民主党工人，则甚至可以说，无神论在他们那里已成了往事；这个纯粹否定性的术语对他们已经不适用了，因为他们已经不只是在理论上，而且在实践上根本不相信神了；他们干脆把神打倒，他们在现实世界中生活和思考，因此他们是唯物主义者。在法国情况也是如此。”[③]

总体上看，恩格斯以一种轻蔑的、略带嘲讽的笔触讽刺了 19 世纪的欧洲资产阶级对基督教的求助。在恩格斯看来，基督教成为维系资本主义社会运转和资产阶级统治的保护伞，这实际上体现了资产阶级的衰弱和保守。与之相对的是，无产阶级面对资产阶级的“洗脑”，却展现出了对未来的极度乐观的态度，越来越多的无产阶级“把神打倒”，接受了无神论，而这实际上也就意味着无产阶级意识到了资产阶级对自己的欺骗。这样一来，恩格斯通过介绍 19 世纪的基督教在欧洲的发展所体现出来的政治倾向就十分清晰：资产阶级求助于宗教的庇护是资产阶级逐渐变得保守的表现，这实际上意味着资产阶级的衰弱，无产阶级才是那个代表了未来的发展方向的阶级，依靠宗教对无产阶级进行蛊惑的资产阶级注定无法长久地维持自己的统治。

四、恩格斯基督教研究中的政治隐喻

唯物史观是恩格斯的基督教历史研究的根本方法论。恩格斯对基督教历史的研究从公元 1 世纪基督教初创开始，直到 19 世纪恩格斯所处时代的基督教，时间跨度长达将近 2000 年，在此期间，基督教的形式、内容、社会地位等都发生了巨大的变化。在恩格斯的笔下，基督教也经历了从“底层人民的运动”到“封建等级制度的宗教”、再到“资产阶级利益的宗教外衣”、最后到“资本主义社会的保护物”的转变。然而，无论基督教怎么变化，它的本质都没有改变，它都是适应当时的社会制度和经济关系的一种意识形态。基督教的这种随着时代的发展而变化的现象，也充分体现了基督教作为一种意识形态，“这些材料所发生的变化是由造成这种变化的人们的阶级关系即经济关系引起的”[④]。所以，恩格斯对基督教历史的研究虽然分散在不同作品当中，但其中的方法论内核一以贯之，这也让这一研究成为用马克思主义宗教观研究宗教的范例。

---

① 《马克思恩格斯全集》第 22 卷，人民出版社 1965 年版，第 360 页。
② 《马克思恩格斯全集》第 21 卷，人民出版社 1965 年版，第 548 页。
③ 《马克思恩格斯全集》第 18 卷，人民出版社 1964 年版，第 583 页。
④ 《马克思恩格斯全集》第 21 卷，人民出版社 1965 年版，第 351 页。

不过，恩格斯的基督教研究的不足也是显而易见的。恩格斯研究早期基督教的材料主要来自鲍威尔，德国宗教学者斐迪南·贝纳里1841年在柏林大学的讲学对恩格斯对《启示录》的研究也有许多借鉴，此外，恩格斯有关德国农民战争的历史材料几乎全部源于德国历史学家威尔赫姆·戚美尔曼的《农民战争通史》。[①] 所以，有学者提出，恩格斯所使用的材料并不丰富，在一些事实的认定上也存在争议，这一观点并不算偏颇。事实上，恩格斯的基督教历史研究并没有太多超出同时代其他研究基督教学者的地方，然而，作为一名政治活动家，恩格斯有关基督教历史的研究中更值得人关注的应该是其中的政治隐喻。

通过阅读恩格斯的基督教历史研究，我们可以很清晰地认知到他想要传达给读者的政治观点。无论是早期的《德国农民战争》中用路德的表现来暗讽德国资产阶级在1848年革命中的表现，还是在晚年的《早期基督教的历史》以及《1848年至1850年的法兰西阶级斗争导言》等文章中用早期基督教的历史来佐证社会主义革命胜利的必然性，又或者是在《社会主义从空想到科学的发展》英文版导言中所描绘的衰弱的资产阶级所展现出来的求助于宗教的丑态，恩格斯有关基督教历史的研究中都展现出了他鲜明的政治观点，那就是：在与资产阶级的斗争中，无产阶级尽管会遭到打压，会遇到短期的挫折，但是从长远的角度来说，无产阶级必将取得革命的胜利。

恩格斯对于基督教历史的研究虽然是在19世纪的条件下进行的，但依然可以为我们当下的宗教研究提供许多借鉴。

首先，历史唯物主义是马克思主义者研究宗教的基本方法论。恩格斯对基督教不同时期的历史的研究有不同的侧重点：在研究早期基督教和16～17世纪的基督教新教时，恩格斯比较关注具体的基督教教义以及被教义吸引的阶级；研究19世纪基督教时，他就更关注基督教和资产阶级的关系。不过，在这些具体研究内容背后，时代背景、社会制度的变化带来的基督教的变化才始终是恩格斯研究的核心。诚然，我们今天在回看恩格斯的基督教历史研究时，会发现他的研究中的许多史实认定都存在争议，但如果我们因此就否定了恩格斯的基督教历史研究，这就是犯下“本本主义”的错误。我们要接受的不是恩格斯给我们提供的史料本身，而是恩格斯的基督教研究中所体现出来的唯物史观。在我们当下的宗教研究中，无论是研究历史上还是现实当中的宗教问题，首先都要认识到宗教的本质是一种意识形态。正如恩格斯在《反杜林论》中所指出的那样：“一切宗教都不过是支配着人们日常生活的外部力量在人们头脑中的幻想的反映，在这种反映中，人间的力量采取了超人间的力量的形式。”[②]因此，要研究宗教，就首先要关注相应宗教产生与发展的历史背景，即它与它所处时代的现实的经济发展、社会制度和政治文化的联系。从宗教文本的角度来理解宗教固然十分重要，

---

① 贝纳里对恩格斯的影响，参见恩格斯：《启示录》，载《马克思恩格斯全集》第21卷，人民出版社1965年版，第13页。恩格斯对戚美尔曼的借鉴，参见恩格斯：《〈德国农民战争〉第二版序言》，载《马克思恩格斯全集》第16卷，人民出版社1964年版，第446页。

② 《马克思恩格斯全集》第20卷，人民出版社1971年版，第341页。

但如果过分执着于文本本身，就会像恩格斯评价的鲍威尔的基督教研究那样陷入唯心主义的误区，这无益于帮助研究者理解宗教的本质。

其次，研究宗教，还要关注宗教在不同的历史时期所服务的阶级，以区分宗教在不同历史时期所起到的作用。部分学者在进行宗教研究时，可能会简单地把宗教当成是一种“封建迷信”，视为一种注定消失的落后的意识形态，这是一种过于粗暴的判断方式，也不符合恩格斯的基督教历史研究所传递给我们的信息。恩格斯从来没有简单地把基督教视为一种落后的存在，他对早期基督教给予了高度评价，也肯定了宗教改革时的新教对推动资本主义发展的积极作用，只是到了19世纪，目睹了基督教的一系列“怪相”之后，才单独对这一时期的基督教作出了否定。恩格斯对不同时期的基督教给予的不同评价是因为他认知到了不同时期的基督教在不同时期的阶级属性，它的先进与否很大程度上取决于它在相应历史时期所服务的阶级。同样，在我们进行当下的宗教研究时，也要关注宗教所服务的对象，如果宗教能够服务于在历史发展过程中的进步阶级，那它也能够为社会的进步起到作用。在一定的历史时期内，宗教的存在必有其存在所依赖的社会基础，马克思曾指出：“只有当实际日常生活的关系，在人们面前表现为人与人之间和人与自然之间极明白而合理的关系的时候，现实世界的宗教反映才会消失。”①所以，在现实的政治中，我们没有必要把宗教视为洪水猛兽，在宗教还存在的当下，有效地引导宗教为现实的社会主义建设服务才是比较合理的看待宗教的方式。

最后，马克思主义者的宗教研究要为现实服务。从纯粹的基督教历史学学科的角度来说，恩格斯的基督教历史研究并不出彩，但是，纯粹基于史料的历史学研究从来就不是恩格斯研究基督教历史的本质目标。在19世纪社会主义运动风起云涌的大背景下，恩格斯的基督教历史研究不但帮助社会主义者厘清了社会主义和宗教的关系，还用辛辣的笔触讽刺了软弱的资产阶级，给予了当时不懈斗争的无产阶级革命最终胜利的信心和勇气，这才是恩格斯的这些文献起到的最大效果。正如马克思在《关于费尔巴哈的提纲》中所指出的那样：“哲学家们只是用不同方式解释世界，而问题在于改变世界。”②马克思主义者在进行哲学研究的同时，始终关注着推动社会的进步。所以，如果我们当下的宗教研究只是纯粹的文本分析和形而上的哲学考察，那就忽视了宗教研究对社会的警醒和预示作用，这无异于失去了马克思主义宗教观的灵魂。新时代的研究者所面对的21世纪的各种宗教的发展情况与恩格斯所处的19世纪相比有了很大的变化，中国国内的宗教构成也与欧洲的宗教构成有显著的区别。但是，始终不变的应该是马克思主义者在宗教研究中对现实意义的追求。只有把宗教研究与当前的社会环境和大背景联系起来，积极鼓励与现实有关、能够对现实提供警示、有助社会主义建设和社会主义宗教管理的宗教研究，才能够真正做到让宗教研究为现实所用，让宗教研究变得鲜活起来，让它起到真正“改变世界”的作用。

---

① 马克思：《资本论》第1卷，人民出版社2004年版，第97页。

② 《马克思恩格斯全集》第3卷，人民出版社1960年版，第6页。

列宁继承和发展马克思主义国家观的三重逻辑
——以《国家与革命》为中心

冯华南

(中国人民大学国际关系学院博士研究生)

就目前有关《国家与革命》中列宁对马克思主义国家观阐发的已有研究来看，国内研究者的视角主要聚焦于对个别章节、段落或语句进行具体阐发，着重挖掘经典著作的当代新义，学习列宁的创作方法，为当代社会主义国家建设提供理论依据和路径依循；国外研究者则试图通过截取马克思恩格斯及列宁的个别论述，蓄意割裂列宁与马克思恩格斯之间的承继关系，达到输出自身阶级意识、破坏社会主义国家理论根基的深层目的。[①] 从研究重点和目的上来看，国内研究无法对国外研究进行直接有效的回应和反击，究其原因在于，前者缺失了宏观视野，将目光局限于文本之一隅，无法建构起列宁与马克思恩格斯之间的理论脉络。因此，开展对《国家与革命》的整体性考察，成为厘清列宁继承和发展马克思主义国家观内在逻辑的基本前提。

事实上，列宁对马克思主义国家观的阐发浓缩于《国家与革命》，其主体内容和核心思想全部来自于马克思恩格斯有关国家问题的论述以及世界无产阶级革命经验。在时间、地点和条件都已改变的前提下，相较于分析列宁如何诠释马克思恩格斯的国家学说，厘清和掌握列宁继承和发展马克思主义国家观的逻辑理路更具有重要意义。这不仅有助于立足中国特色社会主义伟大实践，构建具有中国特色的马克思主义国家观，而且能够为当代世界社会主义运动和社会主义国家建设提供理论指南。

一、理论逻辑：整体性与具体性相结合

坚持整体性与具体性相结合是列宁继承和发展马克思主义国家观的理论逻辑。整体性是指拒绝肢解马克思恩格斯的相关文本，全面完整地理解马克思主义。具体性

---

① 国外学者对《国家与革命》的研究与国内有很大不同，多是质疑和批判列宁背离了真正的马克思主义国家观。比如，雅克·泰克西埃、尼尔·哈丁、诺曼·莱文、罗伯特·丹尼尔斯、不破哲三等学者认为列宁歪曲了马克思主义国家观。出现这种差异的根本原因在于西方意识形态的阶级性和研究的碎片化，他们带着意识形态眼镜，刻意将文本割裂为孤立的句群和段落，肢解了马克思主义。

是指在马克思主义俄国化的过程中，列宁将马克思主义国家观具象为可操作的一系列措施。

首先，坚持马克思主义国家观的整体性，完整准确地理解相关概念。当代一些西方学者声称列宁歪曲了马克思主义，他们认为列宁曲解了马克思恩格斯的相关文本。事实上，这些对列宁的质疑在本质上属于机会主义的现代变种。比如，马克思在《法兰西内战》中谈到工人阶级如何处理国家机器时有这样一段表述："但是，工人阶级不能简单地掌握现成的国家机器，并运用它来达到自己的目的。"[①]就此番表述，日本共产党前议长不破哲三认为列宁将其解释为打碎国家机器是错误的。在他看来，马克思在这里是指工人阶级应当首先对旧的国家机器进行改造，而非"打碎"。[②] 是打碎还是改造？其实马克思已经给出了答案。他在1871年给路德维希·库格曼的信中写道："如果你查阅一下我的《雾月十八日》的最后一章，你就会看到，我认为法国革命的下一次尝试不应该再像以前那样把官僚军事机器从一些人手里转到另一些人手里，而应该把他们打碎，这正是大陆上任何一次真正的人民革命的先决条件。"[③]马克思清晰地表明，对待资本主义的国家机器，正确的方式就是"打碎"它，而"打碎"就是指破坏和摧毁。然而不破哲三声称马克思在重大革命问题上的态度不会如此模糊，以至于人们要到私人信件中寻找答案。于是他又在恩格斯那里找到为自己观点佐证的材料——恩格斯在1883年给菲利浦·范派顿的信中写道："但是，无产阶级在取得胜利以后遇到的唯一现成的组织正是国家。这个国家或许需要作一些改变，才能完成自己的新职能。但是在这种时刻破坏它，就是破坏胜利了的无产阶级能用来行使自己刚刚夺取的政权、镇压自己的资本家敌人和实行社会经济革命的唯一机构，而不进行这种革命，整个胜利最后就一定归于失败，工人就会大批遭到屠杀，巴黎公社以后的情形就是这样。"[④]在此段论述中，似乎恩格斯的看法与马克思相反，认为无产阶级不应该打碎旧的国家机器，而是去接收并改造它。事实上，不破哲三是断章取义，歪曲了恩格斯的本意。只要通读这封信件的全文便可明白，恩格斯的这段话针对的是无政府主义者，他批判的是无政府主义者要求立即废除国家的主张。恩格斯认为，"工人阶级应当首先掌握有组织的国家政权并依靠这个政权镇压资本家阶级的反抗和按新的方式组织社会"[⑤]，然后随着阶级分化和对立的消失，国家权力的必要性也就消失。恩格斯不仅没有反对打碎资本主义国家机器，而且指出在无产阶级取得胜利后，"这个国家或许需要作一些改变，才能完成自己的新职能"[⑥]。这种"改变"就是指将资产阶级国家机器更换为无产阶级国家机器。因此，不破哲三才是真正地曲解了马克思主义。在西方学者

---

① 《马克思恩格斯文集》第3卷，人民出版社2009年版，第151页。

② 参见曹天禄、殷向阳：《不破哲三：列宁对马克思恩格斯国家观的误读》，载《社会主义研究》2006年第5期。

③ 《马克思恩格斯文集》第10卷，人民出版社2009年版，第352页。

④ 《马克思恩格斯文集》第10卷，人民出版社2009年版，第507页。

⑤ 《马克思恩格斯文集》第10卷，人民出版社2009年版，第506页。

⑥ 《马克思恩格斯文集》第10卷，人民出版社2009年版，第507页。

中，诸如此类的言论还有很多，基本上都是采用肢解马克思恩格斯相关文本的手段，不具有科学性和可信性。

其次，坚持理论应用的具体性，将马克思主义国家观与各国实际相结合。正如恩格斯所言，“起义也正如战争或其他各种艺术一样，是一种艺术，它要遵守一定的规则……这些规则是从各政党的性质和在这种情况下所要对待的环境的性质中产生的逻辑推论”[①]。列宁对马克思主义国家观的运用并不是教条主义的，而是在马克思主义俄国化的过程中对其补充完善。马克思主义的俄国化具有深刻的世界历史背景：一是在世界范围内，资本主义已经发展到了帝国主义和垄断资本主义阶段。二是帝国主义之间为了瓜分世界和重新划分势力范围战争不断。这是列宁运用马克思主义国家观解决俄国革命问题时所面临的客观环境和先决条件，因此列宁判断“帝国主义是无产阶级社会主义革命的前夜”[②]。此外，俄国的国情决定了它是资本主义世界链条中的最薄弱的一环：政治上，沙皇政府坚持反动政策，俄国社会民主工党等党派团体一直处于非法或半合法状态。具有议会性质的国家杜马被大地主阶级和官僚特权阶层所掌握，普通民众既没有被选举权也没有选举权。经济上，与西欧国家相比，俄国资本主义起步较晚，小农经济顽固，加上多年穷兵黩武，导致经济惨淡民生凋敝。军事上，俄国在对外战争中接连落败，军事力量衰弱，士兵们也对战争产生了抵触情绪，期望早日结束战争。国际国内两方面条件的叠加，为俄国无产阶级革命的爆发提供了基础。在《国家与革命》中，列宁根据马克思主义国家观分析和总结了巴黎公社失败的经验教训，提出“工人阶级应当打碎、摧毁‘现成的国家机器’”[③]，取而代之的是“废除常备军，一切公职人员完全由选举产生并完全可以罢免”[④]；还要摆脱议会制，“把代表机构由清谈馆变为‘实干的’机构”[⑤]；通过集中制“使各公社自愿统一为一个民族”[⑥]。列宁将这些经验教训与俄国实际相结合。十月革命期间，列宁发动武装革命打碎了旧的国家机器，用工农苏维埃取代了资产阶级临时政府，建立了无产阶级专政。十月革命后，列宁吸收了巴黎公社的经验，用人民选举的代表取代传统官吏，限制行政人员的薪资，贯彻“廉价政府”理念；废除了常备军，组建了用来镇压反革命势力和保卫社会主义政权的无产阶级工农红军；按照自愿平等原则组织苏维埃社会主义共和国联盟；等等。

二、历史逻辑：必然性与偶然性相结合

坚持必然性与偶然性相统一是列宁继承和发展马克思主义国家观的历史逻辑。必然性是指资本主义必然要被社会主义所取代的历史规律。偶然性是指资本主义被

---

① 《马克思恩格斯文集》第2卷，人民出版社2009年版，第446页。
② 《列宁选集》第2卷，人民出版社2012年版，第582页。
③ 列宁：《国家与革命》，人民出版社2015年版，第39页。
④ 列宁：《国家与革命》，人民出版社2015年版，第44页。
⑤ 列宁：《国家与革命》，人民出版社2015年版，第48页。
⑥ 列宁：《国家与革命》，人民出版社2015年版，第55页。

社会主义完全取代的这一历史现象，在时间和方式上具有不确定性。

首先，国家形态的变革具有历史必然性。必然性与偶然性的辩证统一规律不仅是马克思主义者认识并改造世界的重要工具，也是分析国家问题的基本前提。马克思与恩格斯在《共产党宣言》中指出："资产阶级的灭亡和无产阶级的胜利是同样不可避免的。"[①]资本主义的灭亡和社会主义的建立是人类社会发展的必然趋势，相对落后的社会制度被相对先进的社会制度所取代是人类社会的历史规律。历史同时表明，实现社会制度的更替必须首先完成国家形态的更替，也就是将资产阶级的国家机器更换为无产阶级的国家机器。马克思在《路易·波拿巴的雾月十八日》中对法国1848年2月24日到1851年12月所经历的革命闹剧进行了彻底的分析和总结，指出巴黎无产阶级革命失败的原因就在于"不去利用旧世界自身所具有的一切强大手段来推翻旧世界"，而是"每当无产阶级上面的某个社会阶层进入革命动荡时，无产阶级就跟它缔结同盟，从而分享了各个政党依次遭受的全部失败"[②]。马克思在这里清楚地表明，这种跟在资产阶级屁股后面的具有妥协性和依附性的"尾巴主义"，被六月起义的失败证明是错误的，无产阶级不能将革命的主导权交给资产阶级或其他阶级，必须通过彻底的不妥协的革命来推翻旧世界。马克思指出，虽然六月起义的失败为建立资产阶级共和国做好了准备，但"共和国一般只是资产阶级社会的政治变革形式"[③]，它的作用也只是对除统治阶级以外的其他阶级进行无限制的专制，其作为阶级统治工具的本质并没有变。把民主共和国当作千年王国的庸俗民主派，"他们完全没有想到，正是在资产阶级社会的这个最后的国家形式里阶级斗争要进行最后的决战"[④]。恩格斯同样认为，尽管资产阶级民主共和国并没有消除两大阶级的对立，但"正是它才提供了一个为解决这一对立而斗争的地盘"[⑤]。也就是说，在马克思和恩格斯看来，资产阶级民主共和国已经是资产阶级国家形态的终点了。列宁进一步指出，"民主共和制是资本主义所能采用的最好的政治外壳"，资产阶级利用这个"政治外壳"能够更加可靠地保护"财富"的无限权力，"无论人员、无论机构、无论政党的任何更换，都不会使这个权力动摇"。[⑥] 列宁不仅深刻理解了马克思恩格斯对资产阶级国家形态的分析与批判，而且指明了资产阶级共和国已经是资产阶级国家的最高形态和最终形态。因此也就清楚地表明，无论资产阶级国家内部如何自我调整，都无法超越自身当前的政治体制。在这个意义上说，资产阶级国家必然要被社会主义国家所取代，这是由相对落后的国家形态进化为相对先进的国家形态的历史必然性。

其次，国家形态的变革也兼具历史偶然性。马克思恩格斯通过考察人类历史发

---

① 《马克思恩格斯文集》第2卷，人民出版社2009年版，第43页。
② 《马克思恩格斯文集》第2卷，人民出版社2009年版，第478页。
③ 《马克思恩格斯文集》第2卷，人民出版社2009年版，第479页。
④ 《马克思恩格斯文集》第3卷，人民出版社2009年版，第446页。
⑤ 《马克思恩格斯文集》第4卷，人民出版社2009年版，第88页。
⑥ 列宁：《国家与革命》，人民出版社2015年版，第15页。

现，国家形态的变革既是历史规律，也需要历史合力。民主共和国作为资产阶级国家的最高形态，并不会自觉进化为社会主义国家，而是在历史合力的作用下变革为社会主义国家。历史合力包含内因与外因，宏观地说，内因是人类社会不断前进的必然性，外因是加速和延缓这种趋势的偶然性。人类历史的发展不是匀速运动，而是变速运动。马克思指出："如果斗争只是在机会绝对有利的情况下才着手进行，那么创造世界历史未免就太容易了。另一方面，如果'偶然性'不起任何作用的话，那么世界历史就会带有非常神秘的性质。这些偶然性本身自然纳入总的发展过程中，并且为其他偶然性所补偿。但是，发展的加速和延缓在很大程度上是取决于这些'偶然性'的，其中也包括一开始就站在运动最前面的那些人物的性格这样一种'偶然情况'。"[①]可见，偶然性对人类历史进程起到"加速"和"延缓"的作用，是历史作变速运动的原因。恩格斯也指出，"根据唯物史观，历史过程中的决定性因素归根到底是现实生活的生产和再生产"，但经济状况只是基础，并不是唯一决定性的因素，"这里表现为这一切因素间的相互作用，而在这种相互作用中归根到底是经济运动作为必然的东西通过无穷无尽的偶然事件向前发展"。[②] 因此，能否发现和利用历史进程的偶然性，对无产阶级革命具有重要影响。列宁在《国家与革命》中深刻分析了恩格斯关于国家"自行消亡"的观点，指出现代社会党人将这一观点模糊化了，把国家消亡解释成缓慢的、平稳的、逐渐的自发过程，这种解释是对马克思主义的粗暴歪曲和庸俗化。列宁在科学分析的基础上，对恩格斯的观点进行了补充，指出国家作为统治阶级压迫被统治阶级的工具，从资产阶级国家变革为无产阶级国家，"这样一种更替是决不能通过'自行消亡'来实现的"[③]，因为资产阶级是不会坐视无产阶级用国家这样一种"特殊的镇压力量"来对他们进行统治的。国家自行消亡指的是"社会主义革命以后无产阶级国家制度残余"[④]，而资产阶级国家只能被革命"消灭"。因此，从较低级的国家形态变革到较高级的国家形态必须经过革命。革命的爆发又因为各国历史传统、经济状况、党派团体等具体因素的不同而具有偶然性。恩格斯晚年在谈论俄国问题时，指出俄国社会因其农村仍保留原始氏族公社的残余而具有原始公有制的特征，"可以利用公有制的残余和与之相适应的人民风尚作为强大手段，来大大缩短自己向社会主义社会发展的过程，并避免我们在西欧开辟道路时所不得不经历的大部分苦难和斗争"[⑤]。这是恩格斯运用必然性与偶然性相统一的基本规律具体分析不同国家革命道路的佐证。后来的历史表明，资本主义固有矛盾的不可调和决定了社会主义定将胜利的必然性，而俄国矛盾交织的特殊国情决定了通过暴力革命迅速建立无产阶级专政的偶然性，充分把握和利用好这两种不同因素，是十月革命得以胜利的关键。

---

① 《马克思恩格斯文集》第 10 卷，人民出版社 2009 年版，第 354 页。
② 《马克思恩格斯文集》第 10 卷，人民出版社 2009 年版，第 591～592 页。
③ 列宁：《国家与革命》，人民出版社 2015 年版，第 19 页。
④ 列宁：《国家与革命》，人民出版社 2015 年版，第 18 页。
⑤ 《马克思恩格斯文集》第 4 卷，人民出版社 2009 年版，第 459 页。

三、实践逻辑:革命性与灵活性相协调

革命性与灵活性相协调是列宁继承和发展马克思主义国家观的斗争逻辑。革命性是指暴力革命是无产阶级夺取政权的基本道路。灵活性是指在不具备暴力革命的条件时,革命队伍要善于变通,利用议会民主制度逐渐增强自身实力。

首先,坚持无产阶级解放道路的革命性。无产阶级取代资产阶级成为国家和社会的主人只能通过暴力革命,"这就是马克思和恩格斯全部学说的基础"①。马克思恩格斯不止一次地指出,"暴力是每一个孕育着新社会的旧社会的助产婆"②,"它是社会运动借以为自己开辟道路并摧毁僵化的垂死的政治形式的工具"③。有些学者根据恩格斯晚年所写的《卡尔·马克思〈1848年至1850年的法兰西阶级斗争〉一书导言》(以下简称《导言》)中的某些论述,断言恩格斯晚年思想转变为民主社会主义,不再支持暴力革命。这里必须指明,恩格斯在《导言》中的确表达了对早期无产阶级革命手段的反思,但不能由此推断其否定暴力革命。19世纪末,西欧国家无产阶级斗争条件发生了一些变化:资产阶级政府改善了议会制度,使得越来越多的无产阶级政党成员能够进入议会;普选权也不断普及,使得议会中的无产阶级政党有了不断强大的支持力量;由于统治阶级持续扩张军队以及武器装备的改进,使得无产阶级进行暴力斗争变得愈发艰难。但恩格斯并未否认暴力革命的作用,而是认为议会民主是特殊时期下保存和发挥无产阶级队伍力量的特殊手段。恩格斯在1884年给爱德华·伯恩斯坦的信中写道:"照我的意见,应当这样说:无产阶级为了取得政权也需要民主的形式,然而对于无产阶级来说,这种形式和一切政治形式一样,只是一种手段。"④显然,恩格斯的意思是无产阶级在夺取政权的过程中也应当利用民主形式,但它只能是起辅助作用的"手段",无法取代暴力革命。恩格斯指出,"整个欧洲现有的政治制度,都是革命的产物","任何一个政党,要是不撒谎的话,都不曾否认过在一定的情况下有进行武装反抗的权利。从来没有一个政党会放弃这种权利"。⑤ 因此,既然资产阶级通过暴力革命缔造了当前的资本主义世界,无产阶级也应当有权利发动新的革命来创造社会主义世界。况且,德国的"选举已经表明:对敌对者采取顺从和让步的方法,我们什么也得不到。只有通过顽强的抵抗,我们才能迫使人们尊重我们,才能成为一支力量"⑥。在1889年给友人的信件中,恩格斯再次表达了这个观点:"无产阶级不通过暴力革命就不可能夺取自己的政治统治,即通往新社会的大门,在这一点上,我们的意见是一致的。"⑦此外,在《导言》中,恩格斯也表达了对暴力革命的认可:"这是不是说,巷战在将来就不会

---

① 列宁:《国家与革命》,人民出版社2015年版,第22页。
② 《马克思恩格斯文集》第5卷,人民出版社2009年版,第861页。
③ 《马克思恩格斯文集》第9卷,人民出版社2009年版,第191～192页。
④ 《马克思恩格斯文集》第10卷,人民出版社2009年版,第514页。
⑤ 《马克思恩格斯文集》第10卷,人民出版社2009年版,第528页。
⑥ 《马克思恩格斯文集》第10卷,人民出版社2009年版,第529页。
⑦ 《马克思恩格斯文集》第10卷,人民出版社2009年版,第578页。

再起什么作用了呢？绝不是。这只是说，自1848年以来，各种条件对于民间战士已经变得不利得多，而对于军队则已经变得有利得多了。所以说，将来的巷战，只有当这种不利的情况有其他的因素来抵消的时候，才能达到胜利。"[①]

其次，保持无产阶级适时而动的灵活性。如前所述，恩格斯在《导言》中指出，资本主义国家在民主制度上的改进以及军事力量的增强使得暴力革命变得愈发困难，所以无产阶级有必要利用议会民主制积蓄力量。对于西欧无产阶级来说，本国的代议制相对完善，无产阶级政党具有合法性，具备通过议会民主逐渐执政的客观条件。但是，应当认清这种执政只会是短期内的偶然现象，不可能是常态、长期的状态。列宁指出，资产阶级民主具有很大的局限性，它实质上是富人的民主、少数人的民主，是"每隔几年决定一次由统治阶级中什么人在议会里镇压人民、压迫人民"[②]。议会制作为资产阶级民主的一种主要形式，被少数的统治阶级掌控，成为他们攫取利益的工具。因此必须摆脱议会制，"把代表机构由清谈馆变为'实干的'机构"[③]，实现真正的民主。无产阶级民主是无产阶级专政的另一面。在社会主义国家中，"代表机构仍然存在，然而议会制这种特殊的制度，这种立法和行政的分工，这种议员们享有的特权地位，在这里是不存在的"[④]。无产阶级民主与资产阶级民主的最大区别在于：前者是实质民主，不仅贯彻了程序民主，而且将民主的成果惠及全体人民，而后者只注重形式民主，维护的是少数统治集团的利益。在资产阶级国家内，无产阶级一方面要不断寻找机会发动革命，另一方面也要组织政党利用议会民主为自身争取有利地位，扩大无产阶级的政治影响力，为革命积蓄力量。但是"甚至在俄罗斯共和国这个资产阶级民主共和国里，在还没有来得及建立真正的议会以前，议会制的所有这些毛病就已经显露出来了"[⑤]。二月革命后，俄国资产阶级临时政府没有响应工农兵的号召，"和平、面包和土地"的承诺依然没有实现。苏维埃中的孟什维克、社会革命党和某些布尔什维克还坚持革命护国主义的立场，计划继续投身一战。事实表明，资产阶级的革命民主政府维护的只是地主资产阶级的利益，抛弃了工农利益。因此，对于俄国广大工农群众来说，通过暴力革命推翻资产阶级临时政府，建立无产阶级专政已经迫在眉睫。暴力是马克思主义国家观的核心要素，民主是无产阶级专政的题中之义。马克思指出，资产阶级利用殖民制度，"也就是利用集中的、有组织的社会暴力，来大力促进从封建生产方式向资本主义生产方式的转化过程，缩短过渡时间"[⑥]。那么，无产阶级就要利用社会暴力来缩短从资本主义社会向社会主义社会的过渡时间，建立无产阶级专政，实现更高阶段的真正的民主。

---

① 《马克思恩格斯文集》第4卷，人民出版社2009年版，第548～549页。
② 列宁：《国家与革命》，人民出版社2015年版，第47页。
③ 列宁：《国家与革命》，人民出版社2015年版，第48页。
④ 列宁：《国家与革命》，人民出版社2015年版，第49页。
⑤ 列宁：《国家与革命》，人民出版社2015年版，第48页。
⑥ 《马克思恩格斯文集》第5卷，人民出版社2009年版，第861页。

四、余论

综上所述，以整体性视角重读《国家与革命》，必须统筹兼顾三大“整体性”：列宁主义与马克思主义之间的整体性、俄国历史与世界历史之间的整体性、俄国革命与世界革命之间的整体性。

第一，坚持列宁主义与马克思主义之间的整体性。研究列宁如何继承和发展马克思主义国家观，必然离不开对《国家与革命》的考察；而分析研究《国家与革命》，又必然离不开对马克思恩格斯相关文本的考察。首先，在创作《国家与革命》之前，列宁曾细致研读了马克思恩格斯的《哥达纲领批判》《路易·波拿巴的雾月十八日》《法兰西内战》《家庭、私有制与国家的起源》等相关文献，并整理出著名的“蓝皮笔记”(《马克思主义论国家》)。这本笔记不仅详细记录了列宁研读马克思恩格斯国家学说所呈现出的思想动态和精辟洞见，同时也复现了马克思恩格斯与列宁之间的知识传递过程，彰显了马克思主义与列宁主义之间的内在一致性。其次，《国家与革命》在论证方法上坚持了以唯物史观为指导思想，在论述方式上坚持了对马克思恩格斯原典的引证结合，在主体内容上对马克思恩格斯的国家学说进行了系统总结，在核心思想上以马克思恩格斯的国家学说为基础进行了深化创新，展现了列宁对马克思恩格斯国家学说的充分吸收和科学发展。

第二，坚持世界历史与俄国历史之间的整体性。正如马克思所言：“人们自己创造自己的历史，但是他们并不是随心所欲地创造，并不是在他们自己选定的条件下创造，而是在直接碰到的、既定的、从过去承继下来的条件下创造。”[①]列宁对马克思主义国家观的继承和发展，同样是在当时“直接碰到的、既定的、从过去承继下来的”条件下进行的。1904 年日俄战争和 1914 年第一次世界大战、1905 年俄国革命和 1917 年二月革命，一方面彻底暴露了沙俄帝国的腐朽与衰落，另一方面也使布尔什维克和广大人民群众经受了战争与革命的洗礼，不仅使革命队伍在精神品质和革命斗志上得到了彻底的锤炼，而且丰富了动员和组织群众和士兵的经验。可以说，在主观方面，布尔什维克已经具备了发起革命、影响革命、引导革命的能力。紧接着的问题是，俄国到底该如何进入社会主义？换句话说，究竟是走议会民主的改良主义道路，还是走打碎国家机器的暴力革命道路？当时，通过议会制逐步掌握政权进而“和平长入社会主义”的改良主义思潮一度在布尔什维克党内占据了上风，而列宁始终坚持暴力革命建立无产阶级革命专政。1917 年十月革命前，列宁隐居于拉兹里夫湖畔，着手撰写《国家与革命》，论证了在俄国通过暴力革命的方式建立无产阶级革命专政的必要性和必然性。尽管在十月革命前《国家与革命》尚未出版，但此书的完成标志着列宁无产阶级专政思想已经成熟。

第三，坚持世界革命与俄国革命之间的整体性。自 1848 年《共产党宣言》问世以

① 《马克思恩格斯文集》第 2 卷，人民出版社 2009 年版，第 470～471 页。

来，资本主义制度的腐朽性和落后性得到充分的揭露和批判，无产阶级明确了自身最近的历史任务就是建立无产阶级专政，取代落后的资产阶级政权。西欧革命进程的推进使马克思和恩格斯把无产阶级革命胜利的希望寄托于西欧几个较发达的国家身上，认为只有在资本主义发展水平较好的国家才具备过渡到共产主义的生产力前提。但随着资本主义的进一步发展，马克思的观点也有了改变。马克思在给查苏利奇的复信初稿中提到，与其他欧洲国家相比，俄国的农村公社传统使它有可能跨越卡夫丁峡谷，无需经过资本主义革命从而直接进入社会主义。尽管马克思最终在正稿中删去了这段论述，但这反映了马克思的确思考过俄国革命潜在的特殊性。20世纪初，列宁根据资本主义发展到帝国主义的基本事实，以及收集的大量关于资本主义国家政治经济发展状况的资料，分析总结出资本主义世界经济政治发展不平衡的绝对规律，并在此基础上得出了社会主义可能在一国首先胜利的结论。俄国的政治经济发展状况表明，它正是世界资本主义链条中最脆弱的那一部分，无产阶级革命有可能在此取得突破。在二月革命后，布尔什维克党内一度出现了支持资产阶级临时政府的思想倾向，这种倾向反映了部分马克思主义者对马克思主义的僵化理解，他们将马克思恩格斯在某一时期的判断当作万能的金科玉律，试图用静止的理论去指导运动着的实践，忽视了时间、地点、条件的发展变化。

世界经济与社会主义的内在逻辑和现实向度
——基于列宁“世界经济体系”论的分析

陈　婷

（北京大学马克思主义学院博士研究生）

世界经济是人类历史发展到一定阶段的产物，是在国际分工的基础上各国之间形成的相互联系、相互依赖的有机整体。“世界经济体系”由参与国际分工的各个经济体构成，是体现着一定经济关系的客观实体。列宁基于世界经济体系的形成背景来把握社会主义革命，思考社会主义的发展命运，为全球化时代社会主义以及国际社会的发展问题提供了重要启示。

一、世界经济的形成与资本主义世界经济体系的确立

人类的生产活动经历了一个漫长的历史过程发展到世界经济的阶段，它由工业革命和资本主义生产方式创立，伴随着资本主义的发展而逐步形成。马克思指出：“资本主义时代是从16世纪才开始的。”[①]16～18世纪，是资本原始积累时期，也是封建社会向资本主义社会过渡的时期，这不仅是生产力和生产关系矛盾发展的必然结果，也受到了15世纪末16世纪初地理大发现的强有力推进。马克思和恩格斯在《共产党宣言》中指出：“美洲的发现、绕过非洲的航行，给新兴的资产阶级开辟了新天地。”[②]“新航路”开辟以后，西欧各国加紧对外侵略和对殖民地人民的剥削，把殖民地变成了它们工业品的销售市场和农业原料附庸，开始了血腥的资本原始积累过程。同时，“新航路”的开辟也使世界交往范围骤然变大，跨洋贸易成为可能，欧洲建立起与美洲和亚洲的经济联系，一国的产品越来越多地进入他国的市场中，商品贸易的国际范围迅速扩大。与资本扩张的本性相适应，资产阶级要求摧毁一切地域限制，要求到处开发、到处建立联系，甚至“夺得整个地球作为它的市场”[③]。随着新的生产工具和交通工具的不断出现，资本主义不仅有了对外扩张的需要，而且有了对外扩张的能力。资产阶级在

① 《马克思恩格斯文集》第5卷，人民出版社2009年版，第823页。
② 《马克思恩格斯文集》第2卷，人民出版社2009年版，第32页。
③ 《马克思恩格斯全集》第46卷下册，人民出版社1980年版，第33页。

它取得统治的地方将一切闭关自守和自给自足的状态彻底打破，使乡村逐渐从属于城市，未开化和半开化的国家逐渐从属于资本主义国家，一切民族甚至是最野蛮的民族都被卷入"文明"中。世界市场加速形成，世界范围的经济联系慢慢建立起来，"一切国家的生产和消费都成为世界性的了"①，人类历史真正进入了"历史转变为世界历史"的时代。

随着产业革命的推进和科学技术的革新，更多的资本主义国家得以形成，资本主义工业发展的速度日益加快，规模不断扩大，资本主义生产方式进一步向全球扩张，世界市场在广度和深度上都在加速拓展。一直到19世纪末20世纪初，资本主义生产方式呈现出一系列新特征，从"旧"资本主义阶段进入"新"资本主义阶段。为了最大限度地整合资源、提高利润，资本主义的生产和资本高度集中，垄断资本制度确立、金融资本形成，国际卡特尔、托拉斯、辛迪加等垄断组织不断涌现，竞争进一步加剧，争夺经济领土的斗争成为"金融资本的经济政策"②。资产阶级为了不至在竞争中破产，就要为自己找寻大量的商品市场、原料产地和投资场所，为此就必须不断开发新的地方，展开激烈的殖民地争夺。这样导致的结果就是，资本统治范围的急剧扩张，资本主义的资本和货币布满全球，把成千上万分散的经济统一在资本主义经济体系的范畴内，"在世界市场内部，地球上所有有居民的地带，同时互为生产者、互为生产物的消费者，作为席卷全世界的同一经济的参与者而进行共同劳动"③。

卢森堡把这些疯狂进行殖民地争夺的资本主义国家称作"帝国主义"，即"用来表达在争夺尚未被侵占的非资本主义环境的竞争中所进行的资本积累"④。列宁给"帝国主义"下了一个明确的定义，即"帝国主义是资本主义的垄断阶段"⑤，并指出这一阶段资本主义发展的突出特点就是：确立垄断资本和金融资本的统治，以资本输出为主要手段，通过国家垄断组织瓜分世界市场，"把非资本主义的古老国家卷入世界经济的漩涡"⑥，建立起"对世界上绝大多数居民实行殖民压迫和金融扼杀的世界体系"⑦。世界已被几个最大的资本主义国家瓜分完毕，"无主的土地"已经没有了，包括侵占所有非资本主义国家的世界殖民体系在内的资本主义世界经济体系逐渐形成。从发达资本主义国家扩展至一切非资本主义国家，几乎所有的国家都成为资本主义的殖民地、半殖民地或各种形式的附属国，在实际上都被纳入资本主义的交换分工体系之中，被资本主义"金融和外交方面的依附关系的罗网缠绕着"⑧，甚至最落后的民族也以非常沉重的代价被卷入了世界经济体系的洪流。正如布哈林所看到的："'国民经济有机

① 《马克思恩格斯文集》第2卷，人民出版社2009年版，第35页。
② [德]鲁道夫·希法亭：《金融资本》，福民译，商务印书馆1994年版，第502页。
③ [德]罗莎·卢森堡：《国民经济学入门》，彭尘舜译，生活·读书·新知三联书店1962年版，第256页。
④ [德]罗莎·卢森堡：《资本积累论》，彭尘舜译，生活·读书·新知三联书店1959年版，第359页。
⑤ 《列宁全集》第27卷，人民出版社2017年版，第401页。
⑥ 《列宁全集》第3卷，人民出版社2013年版，第546页。
⑦ 《列宁全集》第27卷，人民出版社2017年版，第327页。
⑧ 《列宁全集》第27卷，人民出版社2017年版，第398页。

体'早已不是一个与世隔绝的单位……它们是一个广阔得多的领域，即世界经济的一个构成部分。正像每个企业都是'国民经济'的一个部分一样，每个'国民经济'也都囊括在世界经济体系之中。"①单个国家或民族的经济不再是一个个独立存在的单位，而变成了世界经济整体链条中的一个环节，各国之间的经济联系更加密切，"整个世界正在融合为一个单一的经济机体"②。

从世界市场到资本主义"世界经济体系"的形成，"人类的整个经济、政治和精神生活在资本主义制度下就已经愈来愈国际化了"③。整个人类社会已经成为"世界历史性的存在"，从而也就完全打破了旧经济体系孤立和封闭的社会状态，打破了以往政治、经济、精神生活的狭隘性，将世界上几乎所有国家和民族联结成了一个统一的经济整体。

二、世界经济体系"链条论"与社会主义革命

在资本主义世界经济体系形成的背景下，列宁认为，应当根据世界经济的状况来考察社会主义革命的条件。在帝国主义阶段，资本主义的发展是没有秩序的，处于极度混乱竞争中的无政府状态，是"不平衡的""跳跃式的"。而事实上，资本主义的"发展过程从来都是不平衡的"④，经济和政治发展的不平衡是资本主义发展的普遍规律。早在自由资本主义阶段，资本主义发展的不平衡性就已经明显体现出来。资本主义曾先后在意大利、葡萄牙、西班牙、英国等国处于领先地位，资本主义国家之间争夺霸主地位的斗争从未停止过，这种不平衡性在垄断资本主义阶段体现得更为明显。"新资本主义"阶段，世界经济体系形成了国际社会共同的经济联系，为后发国家迅速追赶上并超过老牌的资本主义国家创造了有利条件，新的资本主义强国形成，重新瓜分世界的狂潮再次掀起。不仅老牌资本主义国家加紧对外扩张，新兴资本主义国家也登上了争夺殖民地和势力范围的舞台。整个世界经济产生了不平衡的发展结构，全世界被划分成了两个部分，一部分是少数几个拥有巨大财富和强大军事实力的压迫民族，一部分是为数众多的被压迫民族，而"被压迫民族至少占全世界人口的70%"⑤。

重新瓜分殖民地的斗争"必然导致以火和剑来解决争论问题"⑥，战争成为帝国主义掠夺财富和争夺殖民地的主要手段。一些欧洲资产阶级思想家曾提出建立欧洲联邦共同体，以建立小范围的联盟来避免战争，然而，这些高喊"和平"的资产阶级思想家们没有看到，殖民地是帝国主义生存和发展的"必需品"，各帝国主义之间存在着"经济利益上的最深刻的、无法消除的矛盾"⑦，在资本主义制度下，这种联合"不是无法实现

---

① [俄]尼古拉·布哈林：《世界经济和帝国主义》，蒯兆德译，中国社会科学出版社1983年版，第1页。
② 《列宁全集》第26卷，人民出版社2017年版，第294页。
③ 《列宁全集》第23卷，人民出版社2017年版，第332页。
④ 《列宁全集》第36卷，人民出版社2017年版，第292页。
⑤ 《列宁全集》第40卷，人民出版社2017年版，第73页。
⑥ [俄]尼古拉·布哈林：《世界经济与帝国主义》，蒯兆德译，中国社会科学出版社1983年版，第113页。
⑦ 《列宁全集》第40卷，人民出版社2017年版，第101页。

的，便是反动的”[①]。到19世纪末期，几个资本主义强国所占的殖民地几乎已占全球的一半。因此，要它们放弃这种争夺实现联合是不可能的。战争不可避免，1914～1918年的第一次世界大战就是帝国主义为了瓜分和重新瓜分世界而进行的战争。

争夺殖民地的战争不仅使得帝国主义相互削弱，彼此对立，而且也造成了对世界经济的破坏，革命危机日益发展，资本主义世界经济体系链条上出现了薄弱环节。一般来说，在相对落后国家，阶级矛盾、民族矛盾都异常尖锐，革命最易爆发，因此，相对落后国家有可能突破这个薄弱环节，取得社会主义革命的胜利。虽然单个国家或民族的经济已成为世界经济整体链条中的一个环节，各国无产阶级之间的联系也日渐紧密起来，但是各国的经济发展和政治发展并不处于同一水平，阶级矛盾冲突程度并不一致，各国无产阶级革命力量大小并不相同，革命准备程度也有所差异。因此，社会主义革命不可能同时在所有资本主义国家取得胜利，“它将首先在一个或者几个国家内获得胜利，而其余的国家在一段时间内将仍然是资产阶级的或资产阶级以前的国家”[②]。这就将相对落后国家进行社会主义革命与世界经济体系的关系作为一个崭新的课题提了出来。

俄国作为世界经济体系链条上的一环，自1861年农奴制改革后，资本主义得到了较快发展，一直到进入“最新资本主义”时代，垄断组织已分布在俄国的各个经济部门，金融寡头控制着俄国主要的经济命脉。但是，一直到20世纪初，俄国经济仍然比较落后。在俄国，阶级矛盾和民族矛盾都空前尖锐。俄国既是西方帝国主义瓜分殖民地的同盟者，是“把西方金融资本和东方殖民地联结起来的最重要的支柱”[③]，同时也是西方帝国主义掠夺和压迫的对象。在俄国，内有资产阶级和无产阶级、农民和地主、人民大众和沙皇专制统治的矛盾，外有与被压迫民族的矛盾，各种矛盾错综复杂地交织在一起。加上一战造成的有利形势，帝国主义国家忙于战争而暂时放松了对俄国的干涉，从而使得沙皇俄国成为帝国主义各种矛盾的焦点，成为帝国主义链条中最薄弱的一个环节，使得帝国主义的链条有可能在俄国率先被突破。在此背景下，列宁提出了“变帝国主义战争为国内战争”的策略口号，将广大人民群众团结起来，将反对战争、反对帝国主义与争取民族独立、争取社会主义革命胜利的斗争结合起来，在社会主义革命各方面条件已经成熟的形势下，取得了1917年十月革命的伟大胜利，率先突破帝国主义的链条，打破了资本主义一统天下的局面。

三、社会主义的发展离不开世界共同的经济联系

十月革命的胜利开辟了世界历史的新纪元，社会主义第一次成为制度现实，世界经济体系不再具有单一的资本主义性质，加入了社会主义的因素，“两制并存”的世界

① 《列宁全集》第26卷，人民出版社2017年版，第365页。
② 《列宁全集》第28卷，人民出版社2017年版，第88页。
③ 《斯大林选集》上卷，人民出版社1979年版，第190页。

经济体系形成。但是,“现在世界经济仍然是资本主义经济”[①],社会主义制度的建立并没有割断以资本主义经济为基础的世界市场,世界经济统一体也并没有消失。

对于苏俄社会主义来说,它产生于世界经济体系之中,它的发展必然也离不开全世界共同的经济联系,和平的环境是发展社会主义经济的重要条件。在资本主义列强还在对新生的苏维埃政权进行武装干涉时列宁就表示:“俄罗斯社会主义联邦苏维埃共和国希望同各国人民和平相处,把自己的全部力量用来进行国内建设。”[②]经过三年的国内战争,国内外资产阶级反动派扼杀苏维埃政权的企图没有得逞。帝国主义虽然比新生的苏维埃政权强大得多,但是却没有能力消灭它。国际关系出现了某种“均势”,即“整个国际资产阶级与苏维埃俄国之间的均势”[③]。这种均势虽然“极不稳定”“不可靠”,但确已是国际关系中的事实。在战争中遭遇重创的帝国主义国家在短时间内不可能再次发动对苏俄社会主义的战争,资本主义也需要一个和平的环境来恢复和发展经济。因此,苏维埃政权是可以在资本主义国家的包围下生存下去的。在这一判断的基础上,列宁将苏俄工作的重心逐渐转移到国内建设上来,把经济建设放在中心地位,集中力量发展落后的经济,并主张建立起与资本主义世界的经济联系。

在世界社会主义发展史上,列宁首次提到了社会主义国家与资本主义发展经济往来的必然性和必要性。世界是一个整体,无论社会主义国家还是资本主义国家,无论先进国家还是落后国家,都属于世界经济体系的组成部分。任何国家都不可避免地与世界发生联系,任何国家的经济发展都离不开世界经济发展的轨道。对于新生的苏俄社会主义共和国来说,“不同世界发生联系是不能生存下去的,在目前情况下应当把自己的生存同资本主义的关系联系起来”[④],建立并且利用好与世界各国共同的经济联系。从世界经济的角度来看,苏俄社会主义与资本主义存在共同的利益和发展需要,在经济意义上可以说存在相互依赖的关系,因此,建立正常的经济联系对双方都有利。

对于资本主义来说,“世界共同的经济关系”迫使它们走上了同社会主义往来的道路,因为“经济问题,如果不是从国际的角度,而是从个别国家或一些国家的角度来考察,那是不可能解决的。欧洲没有俄国,便不能恢复元气。而欧洲衰弱了,美国的情况就会危急起来。如果美国不能用它的财富换取它所需要的东西,那它的这些财富对它又有什么用处呢?美国积累的黄金既不能吃,也不能穿,不是吗?”[⑤]俄国地大物博,不仅是欧洲许多国家商品的最大供应者,而且为很多国家的工业品提供了广阔的消费市场,在世界经济中占有非常重要的地位。西方资本主义国家要实现经济的复苏和发展,要摆脱严重的经济危机,就不得不把俄国作为一个重要的市场加以重视。“俄国有小麦、亚麻、白金、钾碱和很多矿产,世界终究会到我们这里来要这些东西,不管我们这

---

① 《列宁全集》第40卷,人民出版社2017年版,第81页。

② 《列宁全集》第37卷,人民出版社2017年版,第359页。

③ 《列宁全集》第42卷,人民出版社2017年版,第43页。

④ 《列宁全集》第41卷,人民出版社2017年版,第177页。

⑤ 《列宁全集》第38卷,人民出版社2017年版,第173页。

里实行的是布尔什维主义或者不是布尔什维主义。”[①]这种共同的经济利益联系，迫使资本主义不得不正视与社会主义往来的问题，从而也就奠定了社会主义国家和资本主义国家和平交往的基础。

对于苏维埃政权来说，社会主义必须建立在现代大工业的基础之上，因为只有建立以现代机器大工业为基础的生产，才会有巩固的社会主义和无产阶级专政的国家政权。而现代大工业只能来自西欧资本主义国家，资本主义拥有先进的生产技术、成熟的经营方式和丰富的管理经验，吸收和引进资本主义的文明成果对于发展社会主义现代大工业至关重要。因此，苏俄社会主义的发展离不开世界共同的经济联系，它必须向资本主义学习，苏俄能否建成社会主义，关键就在于“把苏维埃政权和苏维埃管理组织同资本主义最新的进步的东西结合得好坏”[②]，那种认为不向资本主义学习也能建成社会主义的观点只不过是一种“中非居民的心理”罢了。

从根本上来说，社会主义本身就是一种对外开放的制度体系，而不是一种封闭的制度体系，建立对外经济联系是保持社会主义生命力的重要因素。苏俄社会主义发展对外经济联系用一个公式来概括，那就是：“贸易关系和对外联系的和＝我国大工业的振兴。”[③]发展对外贸易、融入世界经济成为苏俄社会主义对外经济开放的主要内容。列宁主张发展对外贸易，主张“同一切国家有生意往来”[④]，尤其是要与资本主义国家做生意，而且只要资本主义还存在，就必须同它“做生意”，利用资本主义来建设社会主义。尽管列宁反复强调社会主义制度与资本主义制度的冲突和差异，社会主义必然会取代资本主义，但在对世界经济和两制关系的把握上，列宁认识到社会主义的发展离不开全球共同的经济联系，并成功地领导了世界上第一个社会主义国家与资本主义国家交往的初步实践。

四、全球化时代世界经济和社会主义的走向与发展

随着世界反法西斯战争的胜利，帝国主义殖民体系开始瓦解，民族解放运动再次掀起高潮，许多取得民族独立的国家作为新兴力量开始登上世界历史的舞台。一系列社会主义国家先后诞生，社会主义从一国发展到多国，形成了社会主义和资本主义两大对立阵营，社会主义国家成为世界经济中的一支重要力量，两大阵营的斗争构成了战后世界经济发展的主要特点，决定着世界形势的基本走势。囊括全球的资本主义世界经济体系不复存在，世界经济体系成为涵盖发达资本主义国家、社会主义国家、民族独立国家的统一体。

斯大林认为，“两个对立阵营的存在所造成的经济结果，就是统一的、无所不包的

---

① 《列宁全集》第38卷，人民出版社2017年版，第173～174页。
② 《列宁全集》第34卷，人民出版社2017年版，第170～171页。
③ 《列宁全集》第42卷，人民出版社2017年版，第525页。
④ 《列宁全集》第38卷，人民出版社2017年版，第167页。

世界市场瓦解了，因而现在就有了两个平行的也是互相对立的世界市场”①，即资本主义世界市场和社会主义世界市场，在社会主义世界市场内部，各国拥有实现经济发展所需要的一切条件，并“不需要从资本主义国家输入商品”②。从一定意义上讲，这一判断有利于当时社会主义国家之间的团结，但是，将社会主义国家与资本主义国家的经济关系割裂开来却不符合世界经济的发展规律，也不利于社会主义经济的发展。虽然当时两种社会制度经济的内部运行方式有着根本区别，一个是市场经济体制，一个是计划经济体制，但世界市场并未瓦解，两个市场并未隔绝，世界经济仍然是以商品交换和国际分工为基础，“社会主义国家和发达资本主义国家的实力对比大体是：各占世界领土的26%，分别占世界人口的32%和20%、世界国民收入的28%和58%、世界工业生产的35%和58%、世界对外贸易的10%和68%，人均国民收入分别为1100美元和4100美元”③。因此，不能简单地将两个世界市场与两大阵营对立的政治格局联系起来，不能简单地以社会制度的性质来对世界经济进行分割。

由于复杂的历史原因，20世纪90年代初，两大阵营的对抗结束，东欧剧变，苏联解体。在世界范围内，大多数非资本主义国家开始推行市场经济的改革，以中国为代表的少数几个社会主义国家也实行改革和开放，发展社会主义市场经济或社会主义定向的市场经济。发展市场经济成为世界经济体系的一个鲜明特色，和平与发展成为世界经济体系的主色彩，全球化进程加速推进成为世界经济体系的主背景，一个崭新的、具有新内涵的统一世界经济体系正在形成。它与单一的资本主义世界经济体系有着本质的不同，整个世界不仅是包括社会主义和资本主义两种制度因素的统一经济体，而且尤为突出的是，以中国社会主义市场经济为显著特点的经济因素不仅占有一席之地，而且发挥着越来越大的影响。

历史已然转变成了世界历史，这是不以任何人的意志为转移的。无产阶级和社会主义都已成为“世界历史性的存在”，而且，也只有在这个意义上才能存在。在深化发展的经济全球化面前，各国经济与整个世界经济发生着实际的联系，没有哪一个国家可以回避这一现实，“任何一个国家要发展，孤立起来，闭关自守是不可能的”④。总结和反思世界社会主义的经验教训，邓小平把握马克思和列宁考察全球整体联系的方法和思想精髓，站在世界历史的高度来思考社会主义与世界经济的发展问题，抓住全球化的历史机遇，实行科学的发展战略，大胆推行改革开放政策，自觉地融入世界经济体系中。

中国经济是世界经济体系的重要构成部分，“中国的发展离不开世界”⑤。改革开放以来，特别是在2001年加入世界贸易组织之后，中国逐步全面地参与到经济全球化

① 《斯大林文集》，人民出版社1985年版，第620页。
② 《斯大林文集》，人民出版社1985年版，第621页。
③ “本书编写组”：《一百五十年大变化》，人民出版社2002年版，第79页。
④ 《邓小平文选》第3卷，人民出版社1993年版，第117页。
⑤ 《邓小平文选》第3卷，人民出版社1993年版，第78页。

的进程中，积极参与国际分工和国际交换，优势互补，坚持“引进来”和“走出去”相结合，坚持国内市场和国际市场的全方位接轨，引进国际上的资金技术和先进管理经验，增强中国经济与国际经济的互动互通，推动经济持续稳定快速地向前发展。经过40多年的发展，中国逐渐从一个“贫穷社会主义”国家成为世界第二大经济体，创造了世界经济史上的发展奇迹。中国经济的发展既得益于世界经济，也必将回馈世界经济。中国经济在深度融入世界经济的过程中，对全球经济也作出了巨大贡献，极大地推动了世界经济的增长。据统计，自2002年以来，中国对世界经济增长的平均贡献率接近30%①，成为推动世界经济增长的重要引擎。中国经济一步步融入世界经济的大海，既利用这种全球的全面生产、全面依存关系来发展自己，同时也“为各国创造更广阔的市场和发展空间，为世界经济带来更多正面外溢效应”②，促进各国经济共同繁荣、共同进步，与各国共享经济全球化“红利”。

进入21世纪以来，和平、发展、合作、共赢的时代潮流更加强劲，“各国相互联系、相互依存的程度空前加深”③。同时，世界经济也充满了不确定性，在世界经济的大海中，机遇日益增多，挑战层出不穷，各国在共享全球化带来的福利时也要共同承担全球化带来的负面影响。从“世界的角度”来看，人类面临的经济、政治、文化、生态等问题越来越具有全球性，国际金融危机、霸权主义、恐怖主义、网络安全、生态危机等国际问题相互交织，全球治理的迫切性摆在了人类面前。“一荣俱荣，一损俱损”“共享”“共治”是全球化时代世界经济体系给各国提出的新课题。面对21世纪世界经济的发展问题，中国提出的方案是“构建人类命运共同体，实现共赢共享”④。人类命运共同体，不是搞小范围的结盟，不是搞小型政治俱乐部，而是顺乎世界经济发展趋势，统筹中华民族伟大复兴战略全局和世界百年未有之大变局，聚焦整个人类文明福祉的共同体。人类命运共同体的构建，将不仅为中国经济与世界经济的接轨搭建新的桥梁，也将为各国互联互通、交流互鉴提供一个全新的环境，创建一种共赢共享的全球经济合作新秩序和新模式，推动世界经济朝着共赢的方向前进。

---

① 参见国务院新闻办公室：《中国与世界贸易组织》，人民出版社2018年版，第18页。

② 《习近平谈治国理政》，外文出版社2014年版，第337页。

③ 《习近平谈治国理政》，外文出版社2014年版，第272页。

④ 《习近平谈治国理政》第2卷，外文出版社2017年版，第539页。

从"革命的意识"到"意识的革命"
——马克思主义灌输论的逻辑演变

张胜男

（北京大学国际关系学院博士研究生）

无产阶级是社会主义革命的主体，其阶级意识的形成发展，同社会主义运动和无产阶级斗争的状况及水平密切相关。阶级意识的觉醒是无产阶级革命主体性发挥的前提，只有当无产者意识到自己的贫困和异化的状态、意识到自己必然且必须要消灭私有制的历史使命，它才成为真正意义上的无产阶级，即由"自在阶级"（class-in-itself）转变为"自为阶级"（class-for-itself）。"私有财产在自己的国民经济运动中自己使自己走向瓦解，但是私有财产只有通过不以它为转移的、不自觉的、同它的意志相违背的、为事物的本性所决定的发展，只有当私有财产造成作为无产阶级的无产阶级，造成意识到自己在精神上和肉体上贫困的那种贫困，造成意识到自己的非人化从而自己消灭自己的那种非人化时，才能做到这一点。"①

那么，无产阶级的阶级意识从何而来？马克思没有直接给出明确的答案，在后来的马克思主义者之间也存在不同的看法。② 一方面，以考茨基、列宁为代表的马克思主义者认为无产阶级意识来自外部的"灌输"，并分别提出了自己的灌输理论。葛兰西也认为资本主义使劳动者被剥夺掉了"人的内容"，在其意识中已经察觉不到自己在生产中的主人公地位，因此便需要有觉悟的革命者加以启发。"把团结和组织性因素灌输到这些群众中去，是为了把他们的行动同社会党的活动结合起来，是为了给予他们的本能和激情以理性的表达并提高政治觉悟。"③

另一方面，也有马克思主义者不赞同"外部灌输"的观点，认为无产阶级的阶级意识是从工人内部自发产生的。例如，卢森堡认为无产阶级的阶级意识作为"认识到资产阶级与无产阶级之间的原则对立，认识到政府的阶级性质，认识到同资产阶级和政

---

① 《马克思恩格斯文集》第 1 卷，人民出版社 2009 年版，第 261 页。

② Kathy E. Ferguson, "Class Consciousness and the Marxist Dialectic: The Elusive Synthesis," *The Review of Politics*, Vol.42, No.4, 1980, pp.504-532.

③ 《葛兰西文选（1916～1935）》，中央编译局译，人民出版社 1992 年版，第 90 页。

府作斗争的绝对必要性”[①]的“阶级觉悟”，它只能在工人自己的斗争中、从工人阶级内部涌现出来，运动中的知识分子不能赋予工人阶级以阶级意识或替他们规划革命。柯尔施也认为革命“不可能通过纯粹良好的愿望、正确的理论或者富有战斗力的革命组织去取代”[②]，因此当工人运动与理论出现裂隙时只能用运动来修正理论，而不是反之将理论灌输到运动中去。

那么，灌输论究竟是发挥无产阶级革命主体性的必然要求，还是“马克思主义的主观主义的蜕变”[③]？对这一问题的认识，还应从灌输论产生与演变的逻辑理路中探寻答案。

一、灌输论的理论起点：“使无产阶级形成为阶级”

在探究灌输论的理论来源时，众多国内学者在文本分析的基础上将其追溯至马克思和恩格斯。这种观点对“灌输”的界定较为宽泛，将马克思和恩格斯强调理论宣传教育重要性的论述纳入了灌输论的范畴之中。持这一观点的学者认为，马克思和恩格斯多次从不同角度强调了使工人阶级掌握“精神武器”、使社会主义理论转变为“物质力量”的意义，以及无产阶级政党在理论宣传方面的作用使命，这实际上已体现了灌输论的思想。[④] 譬如，马克思在《〈黑格尔法哲学批判〉导言》中强调了理论对于工人运动的意义，指出“批判的武器当然不能代替武器的批判，物质力量只能用物质力量来摧毁。但是理论一经掌握群众，也会变成物质力量”[⑤]，以及马克思、恩格斯在《共产党宣言》中提出的“在实践方面，共产党人是各国工人政党中最坚决的、始终起推动作用的部分；在理论方面，他们胜过其余无产阶级群众的地方在于他们了解无产阶级运动的条件、进程和一般结果”[⑥]。

诚然，马克思、恩格斯多次强调无产阶级政党要对工人进行理论宣传，将其视为加速无产阶级由“自在阶级”走向“自为阶级”的推手，但尚未将其视为无产阶级阶级意识的唯一启蒙手段。换言之，即便没有向工人灌输其阶级意识，他们也能在斗争中靠自身来获得，成为自觉的革命的阶级。

无产阶级是变革资本主义的主体，其主体力量的发挥需要在阶级斗争中经历由“自在阶级”向“自为阶级”的转变。经济条件是阶级得以形成的最为根本性的条件，在

---

① 《卢森堡文选》上卷，中央编译局译，人民出版社1984年版，第4页。

② ［德］柯尔施：《马克思主义和哲学》，王南湜等译，重庆出版社1989年版，第161页。

③ ［德］柯尔施：《马克思主义和哲学》，王南湜等译，重庆出版社1989年版，第67页。

④ 参见孙来斌：《“灌输论”思想源流考察》，载《武汉大学学报(哲学社会科学版)》2004年第1期；王建华：《试析关于“灌输论”首创者的几种观点——兼论马克思主义灌输理论的形成》，载《思想教育研究》1994年第5期；王启文：《“灌输论”是谁最早提出来的?》，载《国际共运史研究》1988年第2期；王建中、王静波：《论“灌输论”——兼与李佩龙、金重、余源培等同志商榷》，载《东北师大学报》1987年第6期；金重：《“灌输论”的首创者不是考茨基而是马克思恩格斯》，载《北京大学学报(哲学社会科学版)》1986年第6期。

⑤ 《马克思恩格斯文集》第1卷，人民出版社2009年版，第11页。

⑥ 《马克思恩格斯文集》第4卷，人民出版社2009年版，第324页。

资本主义的生产关系中无产阶级成为客观意义上的“自在的阶级”。“经济条件首先把大批的居民变成劳动者。资本的统治为这批人创造了同等的地位和共同的利害关系。所以这批人对资本来说已经形成一个阶级,但还不是自为的阶级。”[①]现实境遇的不堪忍受催生了无产阶级的反抗斗争,但作为“自在的阶级”的无产阶级往往只能够采取捣毁机器、反对个别资本家的自发斗争。当无产者在斗争中意识到他们有共同的地位和利益,认识到分散的自发反抗并不能改变自身被压迫的处境、必须团结起来为自己的共同利益而斗争时,他们便具有了阶级意识,进而由“自在的阶级”走向“自为的阶级”[②]。无产阶级成为“自为阶级”是其实现历史使命的重要前提,由此他们才能认识到“迄今为止的世界制度的实际解体,只不过是揭示自己本身存在的秘密,因为它就是这个世界制度的实际解体”[③]。正如雷蒙·阿隆(Raymond Aron)所言:“马克思理论的一个主要观点,社会阶级只有当它具有自我意识时才真正存在,但倘若不承认阶级斗争就不可能有阶级意识。一个阶级只有当它发现要对其他阶级进行斗争的时候,它才具有自我意识。”[④]

在阶级斗争的过程中,随着不同阶级成员逐渐产生阶级意识,相应地组成代表本阶级利益的政党同对立阶级展开政治斗争。无产阶级政党也是无产阶级的政治斗争发展到一定阶段的产物,它由无产者中具有本阶级自觉的先进成员组成。马克思在《哲学的贫困》中指出:“在斗争(我们仅仅谈到它的某些阶段)中,这批人联合起来,形成一个自为的阶级。他们所维护的利益变成阶级的利益。而阶级同阶级的斗争就是政治斗争。”[⑤]这一阶段意味着产生了具有阶级意识的无产阶级,他们组成代表无产者利益的政党并展开政治斗争。[⑥] 因此,无产阶级政党作为工人自觉性的代表,通过理论的宣传使无产者认识到自己的地位与使命,进而推动革命的进程,便是其主要任务之一,即《共产党宣言》中所指出的:“使无产阶级形成为阶级,推翻资产阶级的统治,由无产阶级夺取政权。”[⑦]针对魏特林(Wilhelm Christian Weitling)等人认为共产主义通过人们自发本能就可以实现的言论[⑧],马克思和恩格斯在《共产党宣言》中强调对无产阶级进行理论教育的重要性,指出:“共产党一分钟也不忽略教育工人尽可能明确地意识到资产阶级和无产阶级的敌对的对立。”[⑨]

但是从根本上看,工人阶级意识的产生是资本主义生产关系下的必然结果。在马

---

① 《马克思恩格斯文集》第1卷,人民出版社2009年版,第654页。

② 马克思在《哲学的贫困》中以英国工人阶级与资本家的斗争为例,说明了无产者由自在阶级向自为阶级转换的过程。参见《马克思恩格斯文集》第1卷,人民出版社2009年版,第654页。

③ 《马克思恩格斯文集》第1卷,人民出版社2009年版,第17页。

④ [法]雷蒙·阿隆:《阶级斗争——工业社会新讲》,周以光译,译林出版社2003年版,第15页。

⑤ 《马克思恩格斯文集》第1卷,人民出版社2009年版,第654页。

⑥ 参见《马克思恩格斯文集》第2卷,人民出版社2009年版,第44页。

⑦ 《马克思恩格斯文集》第2卷,人民出版社2009年版,第44页。

⑧ 恩格斯在《共产党宣言》1888年英文版序言中指出:魏特林的共产主义思想“还是颇为粗糙的,尚欠修琢的,纯粹出于本能的一种共产主义”。

⑨ 《马克思恩格斯文集》第2卷,人民出版社2009年版,第66页。

克思与恩格斯那里，资本主义的生产方式必然会造成无产阶级与资产阶级的对立。只要这一基础不被颠覆，无产阶级出于对资本主义运行规律的理性自觉及其异化状态的生存体验，终将使其萌发阶级意识，“它的目标和它的历史使命已经在它自己的生活状况和现代资产阶级社会的整个组织中明显地、无可更改地预示出来了。英法两国的无产阶级中有很大一部分人已经意识到自己的历史任务，并且不断地努力使这种意识完全明确起来”①。马克思在《〈黑格尔法哲学批判〉导言》中确实指出“理论只要说服人，就能掌握群众”②并转化为物质力量，但他也紧接着点明“而理论只要彻底，就能说服人。所谓彻底，就是抓住事物的根本。而人的根本就是人本身”③。所以，恩格斯曾告诫美国的社会主义者：“越少从外面把这种理论硬灌输给美国人，而越多由他们通过自己亲身的经验(在德国人的帮助下)去检验它，它就越会深入他们的心坎。”④

由此可见，阶级意识的觉醒是无产阶级革命主体性发挥的前提，也是社会主义革命得以实现的保证。这是马克思、恩格斯重视理论宣传的根本原因，也是后来的马克思主义者提出灌输论的逻辑起点。但在马克思、恩格斯看来，无产阶级由“自在阶级”走向“自为阶级”是资本主义逻辑之下的必然结果，无产阶级政党的理论宣传或教育、“灌输”则是借由社会现实的揭示加速这一进程的到来。

二、灌输论的初步形成：社会主义与阶级斗争的并列关系

马克思和恩格斯认为阶级意识的萌发是生产关系层面矛盾运动的必然结果，是无产阶级形成革命行动的关键要素。雷·帕尔(Ray Pahl)将其归纳为“阶级结构(class structure)—阶级意识(class consciousness)—阶级行动(class action)”的链式理论(SCA)，认为其中存在一定的“断层”(theoretical rift)。⑤ 的确，马克思生前未曾围绕“阶级意识”展开系统论述，其内容只是零星地出现在不同论著之中，对于一些相关问题也没有给出直接的答案。例如，无产阶级在斗争中形成的“阶级意识”是否必然指向社会主义？实践中社会主义运动与工人运动相分离的状况该如何解释？考茨基的灌输论正是基于对上述问题回答的尝试。

通过对社会主义和工人运动历史发展的考察，考茨基认为社会主义意识和无产阶级的阶级斗争都是资本主义经济关系的产物。“作为一种学说，社会主义在现代经济关系中有它的根源，就像无产阶级的阶级斗争有其根源一样，并且像后者那样，产生于反对资本主义所造成的大众贫困和苦难的斗争。”⑥但是，二者是并列而非隶属的关系，因为它们分别在不同的前提下产生：社会主义的前提是现代科学知识，而无产阶级

---

① 《马克思恩格斯文集》第1卷，人民出版社2009年版，第262页。

② 《马克思恩格斯文集》第1卷，人民出版社2009年版，第8页。

③ 《马克思恩格斯文集》第1卷，人民出版社2009年版，第11页。

④ 《马克思恩格斯文集》第10卷，人民出版社2009年版，第562页。

⑤ R. E. Pahl, “Is the Emperor Naked? Some Questions on the Adequacy of Sociological Theory in Urban and Regional Research,” *International Journal of Urban and Regional Research*, Vol.13, No.4, 1989, pp.709-720.

⑥ Karl Kautsky, *The Class Struggle*, Socialist Labor Party of America, 2005, p.22.

斗争的前提则是无产者的贫困化。

在考茨基看来，无产阶级在资本主义社会中存在上升和下降两种趋势。为了应对经济地位和精神层面的堕落，无产阶级必须进行斗争，并在斗争中不断提高。“资本主义及其生产方式的发展趋势是使无产阶级日益沦落。只有通过对这种趋势和代表它的资本家展开斗争，无产阶级的新生才有可能实现。”[①]但社会主义与无产阶级斗争并非同步产生，“社会主义比无产者的阶级斗争历史更长……社会主义的最早根源，是上层阶级的慈善家们对于生活穷苦和不幸之人的同情”[②]。这种伦理上的慈悲在科学知识的基础上发展为社会主义，然而“科学的代表人物并不是无产阶级，而是资产阶级知识分子；现代的社会主义学说也就是从这一阶层的个别人物的头脑中产生出来的，他们把这个学说传给了才智出众的无产者，后者又在条件许可的地方把它灌输到无产阶级的阶级斗争中去”。由此，考茨基指出：“社会主义意识是一种从外面灌输到无产阶级的阶级斗争中去的东西，并不是从这个斗争中自发产生出来的东西。”[③]

工人运动与社会主义的结合并非一开始就存在。“无产者在战斗初期是无知和愚昧的……他们对本阶级的地位和任务往往缺乏明确的认识，他们的阶级本能使他们不信任一切来自资产阶级的东西，因而也就不信任当时的社会主义和资产阶级的慈善事业。”[④]但社会主义学说对于无产阶级斗争的作用是非常明显的。它能够“启发无产阶级的自觉意识，提高本阶级的威信，加强他们的团结”[⑤]，进而使无产阶级的阶级斗争获得新的性质和新的力量，能够使无产阶级明确认识自己的斗争目标和历史任务。以魏特林为代表的工人运动思想家曾试图在工人运动同社会主义之间构建联系，但由于其缺乏深刻的科学理论认识，终究没有使工人运动摆脱空想的自发倾向。[⑥] 马克思在创立科学社会主义的过程中，“完成了资产阶级古典政治经济学所开始的工作”[⑦]，对现代生产方式和阶级斗争的发展进行了深入的科学研究。他通过证明社会主义是经济发展的必然结果，使社会主义“慈悲者的幻想变成了严肃的斗争目标”[⑧]。正是在这样的基础上，社会主义从空想变为科学，实现了同工人运动的结合。

在阶级斗争中，社会民主党作为“战斗的无产阶级的有觉悟的部分”[⑨]，应当在工人运动中发挥积极的作用，通过将社会主义传播到工人中去唤醒他们的阶级自觉，即考茨基所指出的“从政治上把无产阶级组织起来，把认识无产阶级地位及其任务的意

---

① Karl Kautsky, *The Class Struggle*, Socialist Labor Party of America, 2005, p.9.

② Karl Kautsky, *The Class Struggle*, Socialist Labor Party of America, 2005, p.22.

③ [德]柯尔施：《马克思主义和哲学》，王南湜等译，重庆出版社 1989 年版，第 68 页。

④ Karl Kautsky, *The Class Struggle*, Socialist Labor Party of America, 2005, p.23.

⑤ Karl Kautsky, *The Class Struggle*, Socialist Labor Party of America, 2005, p.28.

⑥ Karl Kautsky, *The Class Struggle*, Socialist Labor Party of America, 2005, p.25.

⑦ [德]考茨基：《唯物主义历史观》第 5 分册，《哲学研究》编辑部编译，上海人民出版社 1965 年版，第 335 页。

⑧ Karl Kautsky, *The Class Struggle*, Socialist Labor Party of America, 2005, p.26.

⑨ Karl Kautsky, *The Class Struggle*, Socialist Labor Party of America, 2005, p.17.

识灌输到无产阶级中去，使之在精神上和体力上具有战斗力并保持这种战斗力”①。但这并不是说无产阶级政党塑造着工人的意识和运动，无产阶级的解放最终还是要由其自身争得。理论灌输的作用在于通过提高无产阶级意识使其更明确自己的历史任务，进而推动社会主义运动的进程。“社会主义者不必自上而下地拯救无产阶级，使它摆脱贫困，而应当支持它的阶级斗争，提高它的阶级觉悟，帮助它的政治组织和经济组织，以便使它自己解放自己的时日能够迅速而没有痛苦地到来。”②

由此可见，考茨基在马克思、恩格斯阶级意识理论的基础上提出了灌输论。他进一步区分了无产阶级的自发意识与社会主义意识，阐释了工人运动与社会主义运动的关系，提出了由社会民主党向无产者灌输社会主义意识、唤醒无产阶级阶级意识的基本思想。但从根本立场上看，考茨基同马克思、恩格斯是一致的，即认为：由于资本逻辑必然性，无产阶级的阶级斗争不可避免地会使无产者意识到自己的阶级地位并产生阶级意识，外部的灌输则是推动这一进程、加速无产阶级解放的手段。

三、灌输论的逻辑推演：阶级意识与俄国革命

考茨基在辨析社会主义与阶级斗争关系的基础上提出了灌输论，但他在肯定意识灌输的同时并没有否定工人阶级自发的阶级斗争。在1907～1908年回答“无产阶级怎么实现社会主义?”时，考茨基给出的答案是“通过劳动运动”③。考茨基既认为无产阶级意识的形成需要社会民主党的灌输，又认为无产阶级阶级斗争本身也会提高无产阶级意识，这在一定程度上体现了考茨基理论中的模糊性。

列宁的灌输论是在考茨基的影响下形成的，集中体现了他关于唤起无产阶级阶级意识的思想。而他对于这个问题的思考和论述，始终是围绕俄国革命这一核心来进行的。由于俄国的特殊性，列宁赋予革命者的灌输工作以更加积极的作用和更为重要的地位。在列宁那里，“灌输”在社会主义革命中的意义超越了考茨基所认为的“催化剂”作用，而是发动革命的必要前提。

在同“经济派”的论战中，列宁重申考茨基的灌输论，并结合俄国革命问题对其进行了拓展与重释。针对“经济派”醉心于改良主义的经济斗争，列宁指出“经济派”认为可以从“工人经济斗争内部发展工人的阶级政治意识……这种看法是根本错误的”④。他引用了考茨基关于灌输的论断，认为它是考茨基所说的“十分正确而重要的话”，并再次强调“工人本来也不可能有社会民主主义的意识。这种意识只能从外面灌输进去”。⑤ 在此基础上，列宁把考茨基的“社会主义不能从无产阶级的阶级斗争中产生出

① 中央编译局：《国际共运史研究》第4辑，人民出版社1988年版，第125页。

② [德]卡尔·考茨基：《爱尔福特纲领解说》，陈冬野译，生活·读书·新知三联书店1963年版，第186页。

③ John H. Kautsky, *Karl Kautsky: Marxism, Revolution, and Democracy*, London: Transaction Publishers, 1994, p.60.

④ 《列宁全集》第6卷，人民出版社2013年版，第76页。

⑤ 《列宁全集》第6卷，人民出版社2013年版，第29页。

来”的论断具体化为“社会主义不能从无产阶级的经济斗争中产生出来”，指出“阶级政治意识只能从外面灌输给工人，即只能从经济斗争外面，从工人同厂主的关系范围外面灌输给工人”。[①] “经济派”否定政治斗争，实际上是崇拜工人的自发性和不觉悟性，但工人的自发斗争只能产生工联主义意识，即“确信必须结成工会，必须同工厂主斗争，必须向政府争取颁布对工人是必要的某些法律，如此等等”[②]。列宁认为“工人阶级的工联政治也就是工人阶级的资产阶级政治”[③]，因此无产阶级的斗争如果只停留在“经济派”所主张的自发阶段，那么工人最终仍囿于资产阶级思想体系的支配之中。[④]

既然工人的自发斗争最终指向的是资产阶级性质的工联主义，那么由先进的革命知识分子将社会主义意识灌输给工人群众，就不仅是考茨基所认为的加速革命的辅助因素，更是革命胜利的决定性因素。基于对俄国国情和革命形势的分析，列宁认为，由于俄国的落后，一方面人民面临着资本主义与封建主义的双重剥削，俄国已经具备了革命的形势；另一方面，由于工人文化素质和组织程度的欠缺，没有先进理论唤醒他们的阶级意识，工人的反抗斗争只能停留在“自发性”的阶段。在这种形势下，对于俄国来说，没有革命的理论、没有理论的灌输，就没有革命的行动。

列宁在分析俄国历史与现实情况的基础上指出：“历史表明，社会主义思想脱离劳动阶级先进人物的现象，在俄国要比其他国家厉害得多，因此俄国革命运动必然软弱无力。”[⑤]二月革命后俄国出现的两个政权并存的局面，正是这一情况的例证。由于无产阶级的软弱和向资产阶级的妥协，二月革命尽管“超出了一般的资产阶级民主革命的范围，但是还没有到达‘纯粹的’无产阶级和农民的专政”[⑥]。造成这种局面的原因有两个：其一是因为小资产阶级的势力强大。由于俄国是欧洲各国中最富有小资产阶级性的国家，“它不仅在数量上而且在思想上压倒了觉悟的无产阶级”，并且以“小资产阶级的政治观点感染了和俘虏了非常广大的工人群众”[⑦]，这也即是工兵代表苏维埃同临时政府妥协的阶级根源。其二是由于俄国无产阶级的阶级觉悟和组织程度不够。列宁指出，“我们还没有十分明确的阶级意识，而且不仅没有十分明确的阶级意识，甚至我们的阶级意识还没有资产者先生们的明确”[⑧]，这是造成两个政权并存的思想根源。面对这种严峻形势，“除了提高群众的阶级意识加强群众的团结、用政治发展的经验教育群众以外，没有而且也不可能有别的办法”[⑨]。

---

① 《列宁全集》第 6 卷，人民出版社 2013 年版，第 76 页。

② 《列宁全集》第 6 卷，人民出版社 2013 年版，第 29 页。

③ 《列宁全集》第 6 卷，人民出版社 2013 年版，第 80 页。

④ 参见张光明：《布尔什维主义与社会民主主义的历史分野》，中央编译出版社 1999 年版，第 89 页。

⑤ 《列宁全集》第 4 卷，人民出版社 2013 年版，第 339 页。

⑥ 《列宁全集》第 29 卷，人民出版社 2017 年版，第 154 页。

⑦ 《列宁全集》第 29 卷，人民出版社 2017 年版，第 156 页。

⑧ 《列宁全集》第 38 卷，人民出版社 2017 年版，第 246 页。

⑨ 《列宁全集》第 14 卷，人民出版社 2017 年版，第 267 页。

现实情况已经充分表明，对俄国来说主观因素不仅制约着革命的走向，甚至制约着革命的发生。仅仅具备了革命形势，并不必然就发生革命。“因为不是任何革命形势都会产生革命，只有在上述客观变化再加上主观变化的形势下才会产生革命，即必须再加上革命阶级能够发动足以摧毁(或打垮)旧政府的强大的革命群众行动，因为这种旧政府，如果不去‘推’它，即使在危机时代也决不会‘倒’的。”①因此，当革命的客观条件已经出现的时候，主观条件就成为革命爆发的首要的、决定性的因素。社会民主党作为工人自觉性的代表，正是阶级意识的人格形象，它的主要任务之一便是“把社会主义思想和政治自觉性灌输到无产阶级群众中去”②，“就是要反对自发性，就是要使工人运动脱离这种投到资产阶级羽翼下去的工联主义的自发趋势，而把它吸引到革命的社会民主党的羽翼下来”③。

可以说，列宁不是简单地继承了考茨基的灌输思想，而是在领导俄国革命的过程中赋予了它新的意蕴。它本身就是革命的一部分，并且是具有决定作用的关键部分；它“好像‘只是’一种宣传工作。其实这是最实际的革命工作，不如此就不能把革命推向前进”④。从马克思、恩格斯至考茨基，“灌输”意味着通过理论的宣传促进工人的自觉性，唤醒无产者内在的“革命的意识”；而在列宁那里，“灌输”的目的在于实现“意识的革命”，即通过先进的社会主义意识，借由无产阶级政党的力量，将潜藏在俄国尖锐的矛盾斗争之下的革命形势转化为革命现实。

四、结语

马克思和恩格斯之后，经由考茨基和列宁，灌输论的概念经历了从抽象到具体的发展，阶级意识灌输的作用也经历了由“辅助”到“决定”的演变。自列宁的灌输论提出以来便饱受争议，不仅受到马克思主义反对者的抨击(例如以马尔丁诺夫为首的“经济派”多次抨击其“轻视发展过程中的客观成分或自发成分的意义”，“夸大思想的作用”，“夸大自觉成分的作用”⑤)，也引发了众多马克思主义者的批判。

普列汉诺夫认为列宁强调灌输是“认为知识分子和工人阶级对立”，是“新版本的英雄和群氓的理论”⑥。卢森堡也是灌输论的坚决反对者，在她看来，“真正革命的工人运动所犯的错误，同一个最好的‘中央委员会’不犯错误相比，在历史上要有成果得多和有价值得多”⑦。在后来的西方马克思主义者中，灌输论的批判者也大有人在，如柯尔施认为这是一种“主观的与感情用事的、任意加速革命进程的希望”⑧，马尔库塞

① 《列宁全集》第26卷，人民出版社2017年版，第230页。
② 《列宁全集》第4卷，人民出版社2013年版，第339页。
③ 《列宁全集》第6卷，人民出版社2013年版，第38页。
④ 《列宁全集》第29卷，人民出版社2017年版，第156页。
⑤ 《列宁全集》第6卷，人民出版社2013年版，第38页。
⑥ 《普列汉诺夫机会主义文选》上册，虚容译，生活·读书·新知三联书店1964年版，第103页。
⑦ 《卢森堡文选》上卷，中央编译局编译，人民出版社1984年版，第518页。
⑧ [德]柯尔施：《马克思主义和哲学》，王南湜等译，重庆出版社1989年版，第90页。

以它是“唯意志论”为理由而展开批判[①]，等等。那么，社会主义革命究竟能不能在主观意志下催生？列宁的灌输论究竟是精英对群众革命意志的塑造，还是立足于革命现实的必然？

在这一问题上，卢卡奇的分析是较为理性的。卢卡奇认为，若革命已经成为一种现实趋向，党必须“要自觉、主动地促进这些经验进一步的发展”，“必须向群众解释他们自身的行动”[②]，否则便会与革命的时机失之交臂。“如果时代的基本特点是革命的，那么尖锐的革命形势任何时刻都会爆出来。确实的时间和环境总是难以精确规定的，不过，导致革命的趋势和在革命开始时采取正确行动进程的基本路线，因此越发可以加以确定。”[③]此时，手持先进理论的政党便可以通过灌输或鼓动，促使革命趋势和革命主体走向成熟。尤其是在俄国相对落后、人民的认识水平和组织程度相对不足时，“党的任务就是公开地和自觉地——首先是对自身而言——寻求它的必然途径，以便可以在破坏的危险变成现实以前改造自身，并通过这种改造促进群众的改造和前进”[④]。正如卢卡奇所言：“列宁不但从来都没有变成政治上的乌托邦主义者，而且对他周围的人物也从来都没有抱过任何幻想。”[⑤]可以说，列宁的灌输论本质上是建立在俄国革命现实性之上的合理判断，而非精英政治动员的主观臆造。

回看当下，随着资本主义的不断发展，资本主义国家的生产方式和阶级结构也在不断进行着调整重构。虽然工人阶级所处的时代背景已经发生了翻天覆地的变化，但全球化的持续推进、科技革命的发展、产业结构的更迭，工人阶级实际上仍处于资本逻辑的剥削之中。与此同时，工人的阶级身份却在逐渐模糊，其阶级意识也在不断淡化。从某种程度上看，他们似乎已经从“自为阶级”退回到了“自在阶级”。众多西方学者就此提出，如今作为整体的工人阶级已经瓦解[⑥]，工人阶级意识已经走向庸俗的“追求或多或少理性地增加对自己金钱的回报”[⑦]。在此背景下，重新理顺马克思主义关于唤醒工人阶级意识的灌输理论，也就具有了一定的现实意义。毕竟“只有工人阶级不断发展和强化阶级意识、提高组织化水平，才有可能实现社会主义，社会主义才是必然的。因此，这必须成为社会主义者当前战略和策略的核心工作”[⑧]。

---

① 参见[美]马尔库塞：《苏联的马克思主义》，张翼星等译，中国人民大学出版社 2012 年版，第 29 页。

② [匈]卢卡奇：《列宁》，张翼星译，(台北)远流出版事业股份有限公司 1991 年版，第 52 页。

③ [匈]卢卡奇：《列宁》，张翼星译，(台北)远流出版事业股份有限公司 1991 年版，第 48 页。

④ [匈]卢卡奇：《列宁》，张翼星译，(台北)远流出版事业股份有限公司 1991 年版，第 48 页。

⑤ [匈]卢卡奇：《列宁》，张翼星译，(台北)远流出版事业股份有限公司 1991 年版，第 48 页。

⑥ Andre Gorz, *Farewell of the Working Class: An Essay on Post-Industrial Socialism*, London: Pluto Press, 1982, p.60.

⑦ John H. Goldthorpe, *Social Mobility and Class Structure in Modern Britain*, Oxford: Oxford University Press, 1987.

⑧ [英]菲尔·赫斯：《“自在”还是“自为”：工人阶级的阶级意识瓦解了吗？》，罗丽平摘译，载《马克思主义研究》2009 年第 10 期。

中国马克思主义与民粹主义百年交锋的历史镜鉴

杨静轩

（北京大学马克思主义学院博士研究生）

在马克思主义中国化的视域下，马克思主义基本原理同中国革命、建设和改革实践相结合的过程，始终伴随着与民粹主义的交融和交锋。但是长期以来中国民粹主义被刻上深重的“俄式”烙印，学者常用“非黑即白”的直线式思维剪裁历史事实，失去了学术应有的客观和公允，致使民粹主义被贴上污名的标签、泛化和滥用。当今时代，国际民粹主义异军突起，网络民粹主义波澜正兴，我国治理现代化面临新的挑战。值此马克思主义中国化百年的时机，用实事求是的态度整体审视马克思主义和民粹主义的关系，总结历史的经验和教训，或可为新时代推进马克思主义中国化提供独特的视角。

一、马克思主义和民粹主义的百年交锋

民粹主义作为一种全球性的思潮，是“近代化”和“现代化”时期的“常见病”和“多发病”，因此在救亡图存中艰难转型的中国就成为民粹主义的沃土。[①] 19 世纪中后期，民粹主义成为最早传入中国的社会主义思潮，并且深刻影响了后来的其他社会主义思潮。[②] 回顾五四运动以来的历史，马克思主义和民粹主义共有四次交锋。

1.第一次交锋：民粹主义的困境和贡献

此次交锋集中在“五四”新文化运动时期，民粹主义与中国的国情日益结合，在知识分子中逐渐形成了一种推崇劳工主义、重视平民主义、痛恨资本主义、尝试新村主义、萌动反智主义的民粹主义倾向[③]，其代表人物包括章太炎、章士钊、鲁迅、刘师培、

---

① 参见李伟：《关于国内民粹主义研究的几点讨论》，载《马克思主义研究》2003 年第 1 期。

② 参见鲁法芹、蒋锐：《俄国民粹主义在中国的初始传播及其特点》，载《当代世界社会主义问题》2018 年第 1 期。

③ 参见左玉河：《论五四时期的民粹主义》，载《晋阳学刊》2010 年第 1 期。

梁漱溟等人。但是在后“五四”时期，这种文化民粹主义却在理论到实践的过程中陷入了自我反对的窘境：一方面，知识分子作为“启蒙者”主观建构民众生活和传播文化知识；另一方面，在情感上他们向民众进行学习，却被民众疏远和隔离。①

此次交锋体现在知识精英从民粹主义者转为马克思主义者，李大钊便是典型个例。莫里斯·迈斯纳教授在《李大钊与中国马克思主义的起源》中认为李大钊在1919年2月所著《青年与农村》是“对俄国早期民粹主义精神最准确的表达”②，李泽厚则认为由于中国的民粹主义思潮没有受到过在俄国那样系统的批判，因此李大钊所接受和传播的马克思主义渗入了“民粹主义色彩”。③ 但是更多学者认为李大钊无愧是马克思主义中国化的“第一人”。王素梨指出，李大钊认识并超越了民粹主义，他运用政治理性思考中国的革命道路，主张发展现代化工业大生产，重视农民的作用同时强调工农联盟。④王晓荣和张楠认为，李大钊充分重视农民的利益，肯定农民阶级的重要性，剖析农民阶级的局限性，不仅不是民粹主义的观点，还比同时期党内其他同志的认识深刻得多。⑤ 陈桂香则系统地反驳了迈斯纳的观点，认为民粹主义思想对李大钊的影响被有意无意地放大。⑥ 由此可见，李大钊正是在批判、继承、超越民粹主义的过程中转变成为马克思主义者。

此次交锋还体现在其他马克思主义者自觉运用科学社会主义的方法批判民粹主义思潮，深化对中国基本国情和革命道路选择的认识，推动马克思主义的发展和传播。⑦ 如瞿秋白批判“孙中山主义”和章士钊的“民粹主义”是跨越阶段的冒进，杨明斋反驳主张“以农立国”、建立非工业国家的民粹思想是逆流而动的空想。

综观“五四”新文化运动时期，民粹主义在三个方面推动了马克思主义的传播：第一，中国民粹主义产生于帝国主义、封建主义和官僚资本主义共存的半殖民地半封建社会中，使得知识分子在情感上向往消灭资本主义的弊端，以期实现国家独立、民族复兴和现代化。因此，中国民粹主义者在道德上猛烈批判资本主义，寄希望于跨越资本主义的阶段来实现平等的社会理想，这就为人们接受科学社会主义主张的消灭资本主义私有制、建立社会主义公有制奠定了基础。但是，他们的批判又是极其有限的，诸如“劳工神圣”“经济平等”这样的人道主义道德直觉，只能流于小资产阶级的空想。第二，中国民粹主义将俄国民粹派思想与中国基本国情相结合，尤其是民粹主义在寻找

---

① 参见林红：《文化民粹主义：后五四时期的知识分子立场》，载《浙江社会科学》2017年第7期。

② [美]莫里斯·迈斯纳：《李大钊与中国马克思主义的起源》，中共北京市委党史研究室编译组译，中共党史资料出版社1989年版，第95页。

③ 参见李泽厚：《中国现代思想史论》，东方出版社1987年版，第155～157页。

④ 参见王素莉：《五四时期李大钊对民粹主义思潮的认识与超越》，载《中共党史研究》1991年第1期。

⑤ 参见王晓荣、张楠：《李大钊与马克思主义中国化》，载《社会主义研究》2010年第2期。

⑥ 参见陈桂香：《关于李大钊与民粹主义关系的辨析——重读〈青年与农村〉》，载《中共党史研究》2012年第1期。

⑦ 参见王素莉：《马克思主义中国化的社会转变道路与近现代民粹主义思潮》，载《中共党史研究》1998年第3期。

中国变革的动力时清楚地认识到农村和农民的重要作用，如李大钊被认为是最早学习民粹派提出“到农村去”的中国马克思主义者。[①] 这为马克思主义的中国化提供了宝贵遗产，帮助共产党人认识到农民在中国革命中的主力军地位。但是，他们大多是给农民赋予高于其他阶级的天然道德身份，天真地设想在资本主义世界体系的洪流中组成孤立的“村社”、工读互助团，甚至想号召“劳动团体为反抗资本家资本主义而战”，严重脱离了中国国情。第三，中国民粹主义者的新村试验和勤工俭学运动促使一大批知识青年转变为马克思主义者。他们放弃了改良主义的政治主张，接受了科学社会主义的革命思想，如毛泽东、恽代英、邓中夏、沈泽民等人转变为马克思主义者就是这次转化的结果。民粹主义在实践上的失败还推进了马克思主义基本原理与工人运动相结合，进步青年与工农群众紧密结合，他们逐步组建马克思主义研究会、共产党早期组织和青年团，为马克思主义的传播提供了组织基础和干部力量。[②]

2.第二次交锋：民粹主义的嵌入与批判

这次交锋在时间上从中国共产党成立前后延续到新中国成立。其特征是：第一，党外民粹主义日趋式微，党内民粹主义悄然抬头。第二，马克思主义中国化取得飞跃性的发展，提出了新民主主义理论，形成了毛泽东思想，党在理论和实践上严厉批判民粹主义。第三，在武装夺取政权的斗争中，党正确对待民族资产阶级，及时遏制破坏商业和提倡平均主义的农业社会主义思想，确保了新民主主义革命取得胜利。

该时期在时间上又可以划分为1921～1939年和1939～1949年[③]两个阶段。就第一个阶段而言，有学者认为在毛泽东青年时期崇拜底层的造反模式，他开创的井冈山道路是民粹主义的尝试。[④] 还有学者指出中共领导土地革命和共产主义运动，在社会基础、革命目标、底层动员方式和革命行为等方面都带有民粹主义特征。[⑤] 也有学者指出，在土地革命时期党内三次“左”倾错误中“毕其功于一役”“御敌于国门之外”等主张，混淆了民主革命和社会主义革命的界限，有明显的民粹主义倾向。[⑥] 但是笔者认为，这些观点有待商榷。我们应当回到历史语境进行评析，不可否认红极一时的民粹主义思潮此时对党内的革命实践仍有残存影响，如胡绳认为，毛泽东在七大批判的急于消灭资本主义的“急性病”就是在20世纪30年代遗留下来的。[⑦] 但是，这并不意味着党所开创的农村包围城市、武装夺取政权、最后取得全国胜利的革命道路就是民

---

① 参见程恩富、张奕阳：《民粹主义的理论与现实辨析》，载《教学与研究》2017年第11期。

② 参见聂长久、高仁立、张敏：《近代中国民粹主义与马克思主义的早期传播》，载《社会主义研究》2008年第3期。

③ 以1939年划界是因为毛泽东在1939年末到1940年初接连发表《中国革命与中国共产党》《新民主主义论》，解决了中国革命的性质、动力、道路、对象、任务等重大理论问题，使民粹主义混淆民主革命和社会主义革命、神化农民阶级身份的观点失去了受众。

④ 参见朱学勤：《风声·雨声·读书声》，生活·读书·新知三联书店1994年版，第59～67页。

⑤ 参见汪亭友：《对“民粹主义”问题的一些看法——三种语境的不同解读》，载《世界社会主义研究》2016年第2期。

⑥ 参见左玉河：《抗战时期毛泽东对民粹主义的批判》，载《北京党史》2017年第4期。

⑦ 参见胡绳：《毛泽东的新民主主义论再评价》，载《中国社会科学》1999年第3期。

粹主义性质的。其一，正是党把马克思主义基本原理与中国革命实践紧密结合，不断推进马克思主义中国化，才能克服民粹主义的空想和臆断。其二，讨论"左"倾错误的原因不能忽视共产国际外部干预的因素，将其完全归咎于原发的民粹主义泛起有违史实。

第二阶段被胡绳称为"毛泽东一生最辉煌的时期之一"，毛泽东能够在理论和实践两个方面鲜明地、坚定地、透彻地反驳民粹主义，"是我们党内的第一人"。① 学界目前在毛泽东该阶段坚决反对民粹主义的观点上基本达成了共识，但是也有学者认为，毛泽东在延安文艺座谈会上提倡工农兵大众文学、改造知识分子、张扬"深入生活"的口号等观点是民粹主义的。② 笔者认为这种观点脱离了新民主主义革命时期的历史语境，用建设时期的话语苛责革命时期的话语有强人所难之嫌。

党在该阶段主要由毛泽东对民粹主义进行严厉批判。首先，毛泽东批判了超越资本主义发展阶段的观点。他强调要发挥资本主义的作用。在《论联合政府》中，毛泽东说，拿资本主义的发展代替帝国主义和封建主义的压迫，是一种进步，是不可避免的，更有利于无产阶级。③ 在七大口头报告中，毛泽东更是鲜明指出，民粹主义"就是要直接由封建经济发展到社会主义经济，中间不经过发展资本主义的阶段"，"他们'左'得要命，要更快地搞社会主义，不发展资本主义"，结果变成了"反革命"。④ 其次，毛泽东批判了在小生产的基础上建设社会主义的观点。1944 年，毛泽东与斯坦因会面时指出，小农经济是封建专制的基础，工业必须是新民主主义社会的主要经济基础。⑤ 同年 8 月 31 日，毛泽东在致秦邦宪的信中揭示了民粹主义和马克思主义的基本区别，即"新民主主义社会的基础是工厂（社会工厂，公营的与私营的）与合作社（变工队在内）"，民粹主义的经济基础是"家庭农业和家庭手工业"。⑥ 毛泽东更是要求"逐步地建立重工业和轻工业，使中国由农业国变为工业国"⑦。最后，毛泽东批判了农民平均主义和农业社会主义的观点。他认为要充分肯定农民对中国革命的作用和重要性，但是也要批判其局限性和民粹主义倾向，不能与之"混同"。⑧ 如毛泽东指出："现在农村中流行的一种破坏工商业、在分配土地问题上主张绝对平均主义的思想，它的性质是反动的、落后的、倒退的。我们必须批判这种思想。"⑨

纵观这一阶段，共产党人对民粹主义的批判推动了马克思主义中国化。第一，建构话语体系，陈昌丰等认为中共的"人民"话语包括农民、工人、小资产阶级和民族资产

---

① 胡绳：《毛泽东的新民主主义论再评价》，载《中国社会科学》1999 年第 3 期。

② 参见吕周聚：《论〈在延安文艺座谈会上的讲话〉中的民粹主义思想》，载《东岳论丛》2013 年第 3 期。

③ 参见《毛泽东选集》第 2 卷，人民出版社 1991 年版，第 1060 页。

④ 《毛泽东文集》第 3 卷，人民出版社 1996 年版，第 322～323 页。

⑤ 参见《毛泽东文集》第 3 卷，人民出版社 1996 年版，第 183～184 页。

⑥ 《毛泽东书信选集》，人民出版社 1983 年版，第 238～239 页。

⑦ 《毛泽东选集》第 3 卷，人民出版社 1991 年版，第 1080～1081 页。

⑧ 参见左玉河：《抗战时期毛泽东对民粹主义的批判》，载《北京党史》2017 年第 4 期。

⑨ 《毛泽东选集》第 4 卷，人民出版社 1991 年版，第 1314 页。

阶级，主要是“限制民粹主义在人民的名义下发挥作用”[①]。第二，重视农民地位。民粹主义认为农民具有天然的共产主义美德的观点纵然是空想，但是切中了中国革命动力的关键。毛泽东则强调既要发挥农民的作用，又要批判其局限性，把他们改造成为布尔什维克主义者。第三，坚持群众路线。民粹主义“以民为粹”“藏粹于民”，直面群众进行革命动员。毛泽东则提炼出了群众路线，像土地革命这样的社会运动借鉴了民粹主义的群众动员方式，且收效良好。[②]

3.第三次交锋：民粹主义的“暗礁”与“幽灵”

第三次交锋始于1949年新中国成立，终于1976年“文化大革命”结束。该阶段的特征是：中共不再猛烈批判党内的民粹主义思想，毛泽东在社会主义建设的节奏上急于求成，“曾染上过民粹主义色彩”，但是民粹主义和科学社会主义的界限依然清晰。

学界目前仍然对毛泽东在新中国成立后是否有民粹主义思想的问题争论不休。毛泽东与民粹主义的议题最开始由莫里斯·迈斯纳在《马克思主义、毛泽东主义和乌托邦主义》中提出，他认为“民粹主义的影响成为毛主义的解释马克思的一个不可缺少的组成部分”[③]。他还指出，新中国成立后“民粹主义思想和要求还深刻地影响了他(指毛泽东——引者注)修改和运用马克思的方法”[④]。施拉姆、史华慈、沃马克等西方学者都持这种观点。

中国学界争论高潮的导火索是胡绳的《社会主义和资本主义的关系：世纪之交的回顾和前瞻》[⑤]与《毛泽东的新民主主义论再评价》两篇文章。文章认为，新中国成立后毛泽东“曾染上过民粹主义色彩”，在国家生产力水平仍然低下、小生产占据着绝对的主导地位、资本主义的作用没有充分发展的前提下，毛泽东贸然推动社会主义改造，急于向共产主义过渡，过度强调社会主义积极性的作用，这与毛泽东曾经批判的民粹主义有异曲同工之妙。反对者则以沙健孙为代表，认为如果承认毛泽东具有民粹主义的倾向，那就意味着毛泽东的思想在一定意义上是“小资产阶级的社会主义”[⑥]，在事实上站不住脚，在政治思想上引起混乱。毛泽东在实现工业化的目标和道路上与民粹主义截然不同。更为激进的学者认为，毛泽东“结结实实地搞了一场民粹主义的大实验”，在实践中通向“文化大革命”。[⑦]

笔者认为，“曾染上过民粹主义色彩”的说法更能经得起推敲，这表示毛泽东只是在某个历史时期内受到过民粹主义的感染，个别的、部分的问题不能否认毛泽东思想

---

① 陈昌丰、朱映雪：《新世纪以来国内学术界关于“人民”概念的研究述评》，载《社会主义研究》2018年第3期。

② 参见刘成志：《对“毛泽东与近代中国民粹主义关系”的再认识与思考》，载《世纪桥》2016年第9期。

③ [美]莫里斯·迈斯纳：《马克思主义、毛泽东主义和乌托邦主义》，张宁、陈铭康等译，中国人民大学出版社2005年版，第88页。

④ [美]莫里斯·迈斯纳：《毛泽东的中国及其发展》，杜蒲等译，社会科学文献出版社1992年版，第51页。

⑤ 参见胡绳：《社会主义和资本主义的关系：世纪之交的回顾和前瞻》，载《北京党史》1999年第4期。

⑥ 沙健孙：《坚持科学地评价毛泽东和毛泽东思想》，载《真理的追求》1999年第3期。

⑦ 参见刘建国：《民粹主义思想与“文化大革命”运动》，载《炎黄春秋》2015年第11期；朱学勤：《民粹主义与“文化大革命”》，载《探索与争鸣》1989年第1期。

整体上的科学性，更不能由此质疑社会主义道路的必然性。但是整体考察新中国成立前后毛泽东的思想，赵平之用“暗礁”的政治隐喻来揭示民粹主义在毛泽东思想中的存在[①]，周建伟则用“幽灵”的隐喻来表示民粹主义“空心化”的特征，如变色龙一般因势而变。[②]

要厘清马克思主义与民粹主义的关系，还有几点需要说明。第一，民粹主义的共同特征是“以非理性的方式表达了社会下层劳苦人民大众利益与愿望”[③]，它与马克思主义并非简单的反对关系，马克思主义会沾染上民粹主义的色彩，民粹主义亦会折射出马克思主义的科学成分。第二，毛泽东的思想不能简单地套用俄国民粹主义的特征进行比附，没有直接的证据说明二者之间的关系。另外，中国传统文化中的平均主义和大同思想也影响深远，如毛泽东在1958年曾批印《张鲁传》，指出“五斗米道”和人民公社颇为相近。第三，毛泽东思想从整体上看，“在中国政治发展的路径规划上与民粹主义思潮间是格格不入的”[④]，西方学者更多是从精英主义的视角夸大英雄人物的作用，而毛泽东坚持的人民史观和群众路线却与民粹主义有本质区别。

4.第四次交锋：民粹主义的转向与流变

新时期以来，中国在改革开放的进程中完成了从“富起来”到“强起来”的历史性飞跃，同时“两极分化公平难”“价值共识整合难”“权力腐败监督难”“资本平衡驾驭难”的问题渐次呈现，但是理应建立在小生产基础上的民粹主义却长存不息。

在社会转型时期，民粹主义实现了向政治思潮、社会运动、政治策略的转变[⑤]，突破了承袭自俄国民粹主义“资社”“工农”之争，在全球视野和世界政治的维度被重新审视。《人民论坛》问卷调查中心的年度重大思潮报告显示，近十年来民粹主义始终排在各大思潮前列，在2014年位居第4名，2016年更是独占鳌头。当前中国民粹主义呈现出“三仇”“两求”“两过”的新特点，即“仇官、仇富、仇专家”，“求民生、求民权”，“过均、过急”。[⑥]

中国共产党始终在推出马克思主义中国化的最新成果，“五位一体”全面发力，“四个全面”整体推进、稳妥推进政治体制改革，推进国家治理能力和治理体系现代化等，都有效地化解了民粹主义的危机。但是仍然需要看到，时下中国的民粹主义与生产方式的关联度减少，“更多地与群体、民族利益和心理联系在一起”[⑦]。政治民粹主义、文化民粹主义、民族民粹主义呈现多样，民族主义、民主主义、民粹主义思潮多方合流，这就为马克思主义中国化提出了新的命题。尤其是信息时代网络媒体技术的更新升级，

---

① 参见赵平之：《毛泽东和民粹思想暗礁——兼论马克思主义小生产理论的意义》，载《毛泽东邓小平理论研究》2003年第2期。

② 参见周建伟：《民粹主义与马克思主义中国化》，载《华南师范大学学报（社会科学版）》2010年第4期。

③ [英]保罗·塔格特：《民粹主义》，袁明旭译，吉林人民出版社2005年版，第3页。

④ 师泽生、林毅：《试论毛泽东政治思想的理论品格》，载《政治学研究》2013年第6期。

⑤ 参见俞可平：《现代化进程中的民粹主义》，载《战略与管理》1997年第1期。

⑥ 参见陶文昭：《中国民粹主义新特点："三仇"、"两求"与"两过"》，载《人民论坛》2016年第13期。

⑦ 李济时、侯恩宾：《刍议国内民粹主义研究路径与主题的流变》，载《江汉论坛》2019年第2期。

促使治理网络民粹主义成为当务之急。

网络民粹主义是民粹主义和网络社会结合的产物，以微博、微信、QQ等网络平台为动员工具，可以被视为极端民粹主义。其大体呈现出“革命话语”、娱乐话语、民族主义话语等表征[①]，在特殊条件共同作用下，甚至会发展成为群体性事件，表现出强大的动员性、危害性、弥散性。如贵州瓮安事件，正是在政府部门缺乏处理应急管理经验的条件下，由民粹主义思潮诱导下产生的严重事件。[②]

毛泽东曾强调，我们不能只会做抽象的“革命工作”，要反对空头的“革命家”，学习推动中国工业化的技术知识。[③] 今天我们推进马克思主义中国化，防范民粹主义的危害，也要时刻关注现实中出现的新情况和新问题，不断在实践中检验和发展真理。

二、坚持科学社会主义基本原则、防范民粹主义危害的历史经验

学界关于何为科学社会主义基本原则的问题争论颇多，李君如、吴雄丞、高放、李景治、蒲国良、周新城等名家都进行过论述。[④] 但是，高放等《科学社会主义的理论与实践》中提出的六点说，从国际共产主义运动的历史和人类社会发展的必然规律出发，更具有原则性和根本性的规定，故本文采取这种说法。结合马克思主义中国化与民粹主义的四次交锋，我们可以总结百年交锋的经验和教训。

第一，“人类社会从资本主义发展到社会主义、共产主义是一个客观的、自然的历史过程”[⑤]。这就意味着“既不能跳过也不能用法令取消自然的发展阶段”[⑥]，因此民粹主义希望跨过资本主义的“卡夫丁峡谷”，在原始村社的小生产基础上建立共产主义，在价值、理想和实践中都会陷入唯心。1938年，梁漱溟和毛泽东在延安进行畅谈，被看作是正在走向中国化的马克思主义与较为完备的文化民粹主义的一次正面交锋。[⑦] 梁漱溟认为中国现代化的出路在于“以农立国”，毛泽东则认为应当致力于实现工业化；前者的方案理论完善但现实中行不通，后者的方案却是现实的共产主义运动的方

---

① 参见夏忠敏：《转型中国的网络民粹主义：话语形态与风险治理》，载《湖北社会科学》2018年第6期。

② 参见吴传毅：《民粹主义思潮诱导下群体性事件的演变逻辑——以贵州瓮安事件为例》，载《湖南社会科学》2016年第6期。

③ 参见《毛泽东文集》第3卷，人民出版社1996年版，第146～147页。

④ 参见李君如：《伟大旗帜：中国特色社会主义》，载《实事求是》2008年第1期；吴雄丞：《坚持科学社会主义基本原则 走中国特色社会主义的道路》，载《科学社会主义》2008年第1期；周新城：《必须坚持〈共产党宣言〉阐述的科学社会主义基本原则》，载《中共石家庄市委党校学报》2013年第3期；严书翰：《科学社会主义基本原则与鲜明的中国特色》，载《科学社会主义》2007年第6期；蒲国良：《科学社会主义基本原则的首次系统阐发——纪念马克思诞辰200周年暨〈共产党宣言〉发表170周年》，载《社会科学研究》2018年第2期；孙立冰、丁堡骏：《论中国特色社会主义及其基本经济原则》，载《马克思主义研究》2017年第5期等。至今学界在此问题上争鸣不休，虽官方频繁使用该词，但还没有明确定调。

⑤ 高放、李景治、蒲国良：《科学社会主义的理论与实践》(第六版)，中国人民大学出版社2014年版，第59页。

⑥ 《马克思恩格斯选集》第2卷，人民出版社2012年版，第83页。

⑦ 参见陈金龙等：《近代中国社会思潮与马克思主义中国化》，人民出版社2013年版。

案。[①] 因此，在马克思主义中国化的过程中，必须始终将“两个必然”和“两个决不会”有机结合，避免民粹主义的急躁冒进和唯意志论的影响，正视资本主义生命力依然顽强的事实，充分利用资本主义来发展社会主义，使社会主义拥有比资本主义高得多的生产力，真正建成社会主义现代化强国，防范像“大跃进”和人民公社化运动那样的空想共产主义运动。

第二，“人类社会由资本主义向社会主义、共产主义的进化，必须经过工人阶级和人民大众自觉的、长期的斗争才能实现”[②]。这就意味着不能敲锣打鼓地建设社会主义，要把发挥主观能动性和尊重客观规律结合起来。但是，人民创造历史不是随心所欲地创造的，民粹主义者以悲悯的情怀赋予农民天然的共产主义美德，纵然认识到农民阶级在中国这样落后的国家中的地位，但是没有认识到无产阶级才是代表先进生产力、最有前途的阶级。因此，在推进马克思主义中国化的过程中，必须要实事求是地进行社会阶层的分析，发挥工人阶级的领导作用，联合最广大的人民群众，与农民建立坚定的“同盟军”，对中间阶层“团结—批评—团结”，通过长期的斗争实现社会主义、走向共产主义。

第三，“人类社会从资本主义发展到社会主义、共产主义的目标是实现人的解放”[③]。这就意味着无产阶级要实现自身和全人类的解放，最终实现“自由人的联合体”，“在那里，每个人的自由发展是一切人的自由发展的条件”。[④] 民粹主义也要建设一种“人民”的共同体，但是这种共同体“由作为大多数社会较低阶层构成”[⑤]，带有强烈的抽象性、神圣性、虚构性，其根本目的是假借“人民”之名而推行专制之实。因此，推动马克思主义中国化，要给人民看得见的利益，将短期利益与长期利益、个人利益与集体利益紧密结合，增强人民的安全感、获得感、幸福感。

第四，“人类社会从资本主义发展到社会主义、共产主义必须要有社会主义、共产主义政党的正确领导”[⑥]。这就意味着要不断增强无产阶级政党的政治建设、思想建设、组织建设、纪律建设、作风建设，把制度建设贯穿其中，贯彻民主集中制，发扬民主作风。“民意党”“虚无党”虽然也具有较高的活动能力和动员能力，但是这些党大多是建立在职业政治家的密谋举事基础上，缺少民主的制度和程序，最终必然导致党的分裂和钝化。因此，推进马克思主义中国化，必须要坚持马克思主义的科学理论指导，不断完善党内民主制度，健全纠错机制和权力制约机制，避免无产阶级的政党蜕变成为部分精英的、个人专断的政党，不断增强马克思主义政党长期执政的本领和能力。

第五，“人类社会要从资本主义发展到社会主义、共产主义，工人阶级和劳动人民

---

① 参见林育川：《毛泽东的中国现代化方案：马克思主义的还是民粹主义的？——从毛泽东与梁漱溟的分歧看》，载《现代哲学》2007 年第 6 期。

② 高放、李景治、蒲国良：《科学社会主义的理论与实践》（第六版），中国人民大学出版社 2014 年版，第 61 页。

③ 高放、李景治、蒲国良：《科学社会主义的理论与实践》（第六版），中国人民大学出版社 2014 年版，第 70 页。

④ 《马克思恩格斯选集》第 1 卷，人民出版社 2012 年版，第 422 页。

⑤ 杨陈：《论宪法中的人民概念》，载《政法论坛》2013 年第 3 期。

⑥ 高放、李景治、蒲国良：《科学社会主义的理论与实践》（第六版），中国人民大学出版社 2014 年版，第 64 页。

必须掌握政权”[①]。这就意味着“工人革命的第一步就是使无产阶级上升为统治阶级，争得民主”[②]，无产阶级政党不能变“人民当家作主”为“一党大权独揽”，要发展党内民主、党际民主、人民民主，真正使人民成为国家的主人。民粹主义则更多的是在野的政治精英无法通过制度化的途径获得权力，因此通过克里斯马型领导人动员底层民众、激发政治运动，最终实现达成某个精英集团政治利益的目标，反建制、反民主、反制度成为重要特征。因此，推动马克思主义中国化，必须要禁止对任何领导人的个人崇拜，通过制度化的利益表达方式、权力更替方式、社会治理方式，实现国家的长治久安和民族复兴。

第六，“工人阶级和劳动人民掌握政权后，还要经历几个历史阶段才能逐步建成社会主义、共产主义”[③]。这就意味着民主主义革命、社会主义革命到最终实现共产主义不是一蹴而就的，而是在曲折前进中推进社会的进步。毛泽东在新中国成立后之所以带有民粹主义的色彩，正是由于他用线性的方式理解社会形态的演进，通过提高社会主义生产关系来逆向推动生产力的发展，急于“跑步进入共产主义”。因此，推进马克思主义中国化，必须要科学认识社会基本矛盾运动的规律，调动一切积极因素，解放和发展生产力，在此基础上不断缩小两极分化和资本剥削，最终实现共同富裕和人的解放，进入更高的社会发展阶段。

三、新时代推进马克思主义中国化防范民粹主义危害的治理启示

2017年10月，党的十九大提出了习近平新时代中国特色社会主义思想，这是马克思主义中国化的最新成果，也是全党全国各族人民为实现中华民族伟大复兴而奋斗的行动指南。要持续推进党的理论创新，必须要防范民粹主义的危害。

1.坚持习近平新时代中国特色社会主义思想对各种社会思潮的引领作用

习近平总书记曾说：“中国特色社会主义，是科学社会主义理论逻辑和中国社会发展历史逻辑的辩证统一，是根植于中国大地、反映中国人民意愿、适应中国和时代发展进步要求的科学社会主义，是全面建成小康社会、加快推进社会主义现代化、实现中华民族伟大复兴的必由之路。”[④]在中国这样的大国里，社会主义市场经济发展造成的价值多样化是事实存在，因此我们对民粹主义应当客观辩证地看待。一方面应当看到，民粹主义的洪波涌起反映出中国在经济社会发展中出现了结构性、深层次的问题，为此应当以问题为导向，实事求是地研究、分析和解决问题，大兴调研之风。另一方面，民粹主义思潮在网络社会中容易转化为现实中的群体性事件，为此应当加强制度和法律的建设，疏通民意表达机制，建设回应型政府，提高行政效能，疏导而非消灭某种社会思潮。这就需要坚持“四个自信”、推动“四个全面”，调动一切积极因素，弘扬社会主

① 高放、李景治、蒲国良：《科学社会主义的理论与实践》(第六版)，中国人民大学出版社2014年版，第66页。
② 《马克思恩格斯选集》第1卷，人民出版社2012年版，第421页。
③ 高放、李景治、蒲国良：《科学社会主义的理论与实践》(第六版)，中国人民大学出版社2014年版，第68页。
④ 中共中央文献研究室编：《十八大以来重要文献选编》，中央文献出版社2014年版，第118页。

义核心价值观，发挥习近平新时代中国特色社会主义思想对这些思潮的引领作用。

2.消除社会阶层两极分化的制度根源，逐步实现全体人民的共同富裕

当代中国民粹主义的经济根源很大程度上是社会阶层收入两极分化。西方经济学家在研究1978～2015年中国收入和财富的不平等趋势时指出："20世纪70年代末，中国曾经比欧洲更加平等——大约与最平等的北欧国家一样平等，改革开放以来，收入和财富不平等明显加剧，中国目前的不平等水平已经直追美国。"①当前中国不平等的原因是多样的：一方面是城乡二元体制导致城乡差距显著，农民阶层在权利和福利上得不到相应的保障，成为社会弱势群体，成为民粹主义的重要来源；另一方面，中国市场经济体制不完善，以行政权力为核心的资源分配方式影响社会公平，容易产生以权谋私、官商勾结的现象，引发民众对政府和官员的不信任，成为萌生民粹主义的导火索。因此，要不断健全市场经济的法制与制度，消除城乡二元体制带来的不公平现象，缩小脑体差距、城乡差距和工农差距，减少民粹主义滋生的土壤。

3.推进更高水平的改革开放，引领全球化方向，避免中国中心主义的出现

在纪念改革开放40周年大会上，习近平总书记指出："建立中国共产党、成立中华人民共和国、推进改革开放和中国特色社会主义事业，是五四运动以来我国发生的三大历史性事件，是近代以来实现中华民族伟大复兴的三大里程碑。"②改革开放不仅是中华民族改变命运的关键一招，还是中国社会从经济根源上消解民粹主义思潮的重要措施。在上合峰会和博鳌论坛上，中国领导人多次申明要推动更高水平的改革开放，引领全球治理和全球化进程。当前，民族主义和民粹主义紧密黏合，历史上俄国民粹主义亦是如此，他们将自己排除在世界历史之外，过于强调俄国社会发展道路的特殊性，在根本上背离了历史唯物主义的基本观点。因此，我们必须反对"中国第一"的论调和中国中心论③，以人类命运共同体的开放和包容面向世界，在文化的多样性中求得统一性。

4.必须不断解放和发展生产力，正视"两个必然"实现的长期性和条件性

马克思恩格斯承认自己是不断发展论者，他们强调："现代社会主义力图实现的变革……不但需要有能实现这个变革的无产阶级，而且还需要有使社会生产力发展到能够彻底消灭阶级差别的资产阶级。……只有在社会生产力发展到一定程度，发展到甚至对我们现代条件来说也是很高的程度，才有可能把生产提高到这样的水平，以致使得阶级差别的消除成为真正的进步，使得这种消除可以持续下去，并且不致在社会的生产方式中引起停滞甚至倒退。但是生产力只有在资产阶级手中才达到了这样的发

① 《皮凯蒂论中国收入和财富的不平等，1978～2015》，https://www.sohu.com/a/274363047_733526，2018-11-09。

② 习近平：《在庆祝改革开放40周年大会上的讲话》，http://cpc.people.com.cn/n1/2018/1218/c64094-30474794.html，2018-12-18。

③ 参见蔡拓、赵可金、张胜军、杨雪冬、刘雪莲、蔡翠红、高奇琦：《"百年未有之大变局"：重识中国与世界的关键》，载《探索与争鸣》2019年第1期。

展程度。可见，就是从这一方面说来，资产阶级正如无产阶级本身一样，也是社会主义革命的一个必要的先决条件。”[①]因此，我们必须遵循“五大发展理念”，在不断解放和发展生产力的历史进程中逐渐实现共产主义的最高理想。

从思想激荡的“五四”风云，到攻坚克难的改革伟业，马克思主义与民粹主义在中国的百年交锋归根到底是以实践为指向和检验标准的。但无论民粹主义如何融合流变，只要将马克思主义基本原理与中国特色社会主义的伟大实践紧密结合，就会使21世纪的科学社会主义不断焕发新的生机。

① 《马克思恩格斯选集》第3卷，人民出版社2012年版，第323页。

唯物辩证法与中国社会主义百年发展

徐伟轩

（复旦大学马克思主义学院博士研究生）

理论与实践合规律、合目的地发展离不开科学的思维方法和工作方法，中国共产党之所以能够精准把握社会发展过程中的内在联系和必然趋势，一个重要经验就是世界观和方法论的科学性。作为“中国共产党人的世界观和方法论”[①]，唯物辩证法不仅是辩证唯物主义和历史唯物主义的精髓，也是马克思主义政党最高阶思维的标识，体现了中国这样的东方大国对“什么是社会主义，怎样发展社会主义”命题的自觉反映和主动回应。一段时期以来，学界对这一问题进行的研究，一方面，着眼于重要人物，考察马克思主义经典作家和中国共产党历代领导人运用唯物辩证法发展科学社会主义的开创性贡献；另一方面，从具体学科视角阐释唯物辩证法在中国社会主义物质、政治、精神、社会、生态文明等领域的具象化表现。在中国共产党迎来百年历史之际，结合学界研究成果，考察和总结中国共产党运用唯物辩证法发展科学社会主义的基本经验，对以新的视野认识和把握共产党执政规律、社会主义建设规律、人类社会发展规律，拓展科学社会主义发展方法论、规律论研究具有重要意义。

一、唯物辩证法：中国社会主义百年规律性发展的根本方法

作为与形而上学相对立的范畴，唯物辩证法是“关于自然界、人类社会和思维的运动和发展的普遍规律的科学”[②]，是“马克思主义的活的灵魂”[③]。恩格斯认为：“辩证法恰好是最重要的思维形式，因为只有辩证法才为自然界中出现的发展过程，为各种普遍的联系，为一个研究领域向另一个研究领域的过渡提供类比，从而提供说明方法。”[④]在《马克思主义哲学全书》中，唯物辩证法被解释为“通过概念、判断、推理等思

① 习近平：《辩证唯物主义是中国共产党人的世界观和方法论》，载《求是》2019年第1期。

② 《马克思恩格斯选集》第3卷，人民出版社2012年版，第520页。

③ 《列宁选集》第2卷，人民出版社2012年版，第278页。

④ 《马克思恩格斯选集》第3卷，人民出版社2012年版，第874页。

维形式对客观事物辩证发展过程的正确反映和主观运用"[①]。凡此种种,表明唯物辩证法是基于自然、社会和思维的不同圈层,集中表现生活世界深层关系和必然趋势的逻辑体系;是以联系的、发展的、矛盾的观点,作为透视"事物的真实面目及其产生情况"[②]的认识范式;是以对实体内容的批判意识,提供给人类解释世界和改变世界的行动要领。从本质上说,唯物辩证法不仅是区别于知性、经验的高层次的哲学思维,更以方法论的意义成为考察和改造自然界和社会历史的基本原则。

在经典作家生活的时代,唯物辩证法就被视为嵌含在寻求人类解放的社会主义叙事中的"最锐利的武器"[③]。一方面,正如马克思强调的,"我的辩证方法,从根本上来说,不仅和黑格尔的辩证方法不同,而且和它截然相反"[④]。唯物辩证法在祛除被绝对精神包裹的神秘外衣的过程中,本身就代表了一种新唯物主义的世界观和方法论,使无产阶级在自我活动的社会生活、政治生活和精神生活中积极探索新社会形态的可能性。另一方面,正是通过对辩证法"头足倒置"的政治经济学批判,马克思得以发现资本主义"财富积累的一极"与"贫困积累的另一极"的剥削状态,以"剥夺者就要被剥夺了"的社会革命揭示了劳动与资本、工人与资本家之间不可避免的对抗性矛盾及其结果,以对经验主义和实证主义藩篱的超越"把握住运动着的全部'表象'"[⑤]。亨佩尔认为:"科学的系统化,要求运用定律或理论原理,在借科学概念来描述的经验世界的不同方面之间,建立各种各样的关联。"[⑥]从科学社会主义发生学的角度来说,以唯物辩证法洞察和解决人类社会或普遍或具体的问题,使社会主义理论形态、制度形态和运动形态"不再被看做某个天才头脑的偶然发现"[⑦],而是如同"从简单范畴的辩证运动中产生出群一样,从群的辩证运动中产生出系列,从系列的辩证运动中又产生出整个体系"[⑧],为无产阶级及其先进政党的解放事业提供了逻辑严整的现实依据。

回顾中国社会主义百年发展历程,唯物辩证法是实现党的理论和时代同行的深层艺术。从毛泽东思想到中国特色社会主义理论体系,党的指导思想是马克思主义基本原理与中国具体实际相结合的产物,是党的历代领导人接续发展马克思主义既有的理论成果的结晶。在新民主主义革命时期,面对党内存在的照搬书本的"八股风",以及将布尔什维克模式套用到中国革命的宿命论倾向,毛泽东明确提出要"善于应用马克思列宁主义的立场、观点和方法,善于应用列宁斯大林关于中国革命的学说,进一步地从中国的历史实际和革命实际的认真研究中,在各方面作出合乎中国需要的理论性的

① 李淮春:《马克思主义哲学全书》,中国人民大学出版社1996年版,第37页。
② 《马克思恩格斯选集》第1卷,人民出版社2012年版,第156页。
③ 《马克思恩格斯选集》第4卷,人民出版社2012年版,第250页。
④ 《马克思恩格斯选集》第2卷,人民出版社2012年版,第93页。
⑤ 《列宁全集》第55卷,人民出版社1990年版,第197页。
⑥ [美]卡尔·亨佩尔:《自然科学的哲学》,张华夏译,中国人民大学出版社2006年版,第143页。
⑦ 《马克思恩格斯选集》第4卷,人民出版社2012年版,第796页。
⑧ 《马克思恩格斯选集》第1卷,人民出版社2012年版,第221页。

创造”[①]，正是在对唯物辩证法活学活用的意义上，寻找到新民主主义革命的理论生长点。改革开放初期，邓小平旗帜鲜明地将毛泽东晚年在思想、行动上的错误同毛泽东思想相区别，高度肯定了毛泽东思想作为党的指导思想的伟大意义，为马克思主义中国化的第二次理论飞跃奠定了坚实基础。历史与现实充分证明，离开唯物辩证法，必然使社会主义滑向经验主义、教条主义的窠臼，酿成思想僵化、迷信盛行的后果。反之，只有坚持唯物辩证法，才能使中国社会主义在现实的客观性、能动性和历史性中永葆生命力。

其次，唯物辩证法是推动中国社会主义现代化事业砥砺前行的重要法宝。1921年，当“推翻资本家阶级的政权”“消灭社会的阶级区分”“消灭资本家私有制”被赫然镌刻在中国共产党的一大纲领时，这就意味着作为历史性创举的中国社会主义必须经历彻底的社会革命的洗礼，同马克思恩格斯在《共产党宣言》中所表述的“世界历史”的现代化构成必然的、本质的联系。百年来，中国这样的历史悠久、文化独特、人口众多的发展中大国、古国所以实现从“站起来”到“富起来”再到“强起来”的现代化飞跃，乃至显露令人慨叹的世界意义，就在于它不是重蹈美国的、法国的、日本的、俄国的现代化道路，而是“在积极地占有现代文明成果的同时，正在开启出一种新文明类型的可能性”[②]，立足社会主义初级阶段这一基本国情和最大实际的基础上，发掘和激活后发国家现代化的相对优势。在这个波澜壮阔的伟大事业中，唯物辩证法与中国的社会主义现代化的结合不断显露和深化，唯物辩证法既为建设社会主义现代化国家提供了内在依据，是这一历史性实践的不竭动力，又作为其丰硕成果突出表现出来，成为关系社会主义现代化成色的显性要素。

最后，唯物辩证法是锻造党的革命实践品质和治国理政能力的看家本领。无论是重难险阻的克服，还是不朽功业的实现，决定社会主义前途命运的关键在党，关键在人。唯物辩证法作为中国社会主义百年规律性发展的方法论，最直接的表现就在于它是广大党员及人民群众的学习方法和工作方法，是中国共产党人俯看世界的“望远镜”和“显微镜”。在党的历史上，不断提高战略思维、历史思维、辩证思维、创新思维和底线思维的运用能力，按照唯物辩证法办事，是党建设具有革命性、先进性的干部队伍一以贯之的要求。党的历代领导人一直强调全党多一些辩证法、少一点形而上学，用唯物辩证法分析问题、解决问题。毛泽东认为：“辩证法唯物论对于指导革命运动的干部人员，尤属必修的科目。”[③]习近平曾说：“坚持唯物辩证的思想方法，对于做好领导工作十分重要。”[④]对党的干部进行唯物辩证法教育，用唯物辩证法武装人的头脑，是中国共产党正确判断形势、应对环境变化、解决复杂问题的必然过程。从更深层的价值来说，这种统筹兼顾、点面结合的方法有力提升了中国社会主义抵御形形色色的形而

---

① 《毛泽东选集》第3卷，人民出版社1991年版，第820页。

② 吴晓明：《马克思主义中国化与新文明类型的可能性》，载《哲学研究》2019年第7期。

③ 《毛泽东著作专题摘编》，中央文献出版社2003年版，第343页。

④ 习近平：《辩证唯物主义是中国共产党人的世界观和方法论》，载《求是》2019年第1期。

上学方法的自觉性，激发了人民群众投身社会主义的能动性和创造性，是党领导社会主义事业尤为鲜明的思想优势和政治优势。

恩格斯曾说："为了使社会主义变为科学，就必须首先把它置于现实的基础之上。"[①]社会主义所以成为科学，并要求人们把它当作科学来对待，相当程度上就在于其以唯物辩证法的反映和运用折射出无产阶级政党合规律、合目的地认识和改造世界，在于其为实现人类的自由发展提供了应当遵循和可供检验的哲学基础和行动规范。中国社会主义百年历程既是马克思主义中国化、社会主义现代化辩证发展的百年，也是中国共产党人学习唯物辩证法、运用唯物辩证法的百年。唯物辩证法以一种逻辑、一种路径、一种智慧呈现在国家制度、社会生活、道德观念等广泛而具体化的实践层面，在道路、理论、制度和文化的运动轨迹中提示出科学社会主义在中国的生命活力。总结中国社会主义百年发展经验和规律，很重要的一个环节就是要深入理解中国共产党是如何遵循马克思主义哲学精神的，是如何以唯物辩证法实现当代中国社会现实演进的，从而为中国特色社会主义创新发展提供自觉的方法论原则。

二、唯物辩证法在中国社会主义百年规律性发展中的表现形态

在中国共产党和中国社会主义百年历史中，一个无可争辩的事实是唯物辩证法作为变革现实社会、创造美好生活的方法论，它的表现形式并非一成不变的，而是一直处于适时转化的状态。一方面，这是唯物辩证法的"合理形态"的本质规定，在马克思那里，唯物辩证法的"正反合"不是带有神秘主义色彩的把戏，与之相反，它的一般运动形式必须进入富有实体性内容的社会主义叙事中，随着社会矛盾的客观情境和现实的人的主观需要的改变而不断调整自身样态。另一方面，从中国社会主义的发展环境来说，无论是中国共产党自诞生之日起所肩负的为民族求解放、为国家图富强、为世界谋大同的使命之艰巨，还是五四运动以来的中国在巨大时空跨度中面对时代主题、重大问题的考验，这些都决定了植根在科学社会主义百年发展中的唯物辩证法在运用方式上的灵活性、多变性和复杂性。纵览中国共产党领导的革命、建设和改革的全过程，唯物辩证法在其中不同程度表现为"否定辩证法""建设辩证法""和合辩证法"。需要强调的是，这些具体形态不是局限在特定的历史阶段，也不存在否定彼此、相互替代的关系，而是贯穿于各个时期的相互联系、耦合共进的有机体。它们既反映了唯物辩证法是无产阶级政党认识世界和改造世界的"助推器"，又是唯物辩证法在社会形态的历史性展开的"说明书"，进而体现了科学社会主义在中国百年发展的显要特征。

1.辩证发展的否定形态

在社会主义从空想到科学、从理论到实践、从一国到多国的演化中，"否定辩证法"是一个具有原初意义的表现形态，是社会主义得以孕育、生发和结实的根本动力。马克思恩格斯对黑格尔辩证法的神秘性的消解，就是将之作为"对现存事物的必然灭亡

---

① 《马克思恩格斯选集》第4卷，人民出版社2012年版，第789页。

的理解"[①]。他们在《共产党宣言》中说道："共产主义革命就是同传统的所有制关系实行最彻底的决裂；毫不奇怪，它在自己的发展进程中要同传统的观念实行最彻底的决裂。"[②]作为共产党人所不屑隐瞒的观点和意图，"两个最彻底的决裂"清楚表达了社会主义决不盲从于任何一种既成的形式，而是从它的暂时性方面，具体而言，是从资本主义的所有制关系及社会意识形态的暂时性方面来理解。从更广阔的视域看，倘若没有否定性的存在，那么人类社会的所有技术形态、制度形态、理论形态及其构成的历史发展形态都将永远停留在肯定阶段而得不到丝毫前进。

回溯中国共产党对社会主义的百年探索，无论是坚决肃清机会主义、冒险主义的荼毒，推翻国民党反动派的统治，还是毅然冲破"两个凡是"的思想桎梏，摆脱"苏联社会主义"的模式束缚，抑或是着力消除一切有损党的先进性和纯洁性的因素，整饬形式主义、官僚主义作风，可以发现，这一历史就是中国共产党以"破字当头"的立场，革除和消灭旧的生产方式、旧的社会势力、旧的文化观念的历史，就是中国共产党以直面问题的态度，勇于动刀施药、刮骨疗毒，敢于自我检视、自我净化的历史。毛泽东曾说："无产阶级领导的，人民大众的，反对帝国主义、封建主义和官僚资本主义的革命，这就是中国的新民主主义的革命，这就是中国共产党在当前历史阶段的总路线和总政策。"[③]习近平指出："我们要以勇于自我革命的气魄、坚忍不拔的毅力推进改革，敢于向积存多年的顽瘴痼疾开刀，敢于触及深层次利益关系和矛盾，坚决冲破思想观念束缚，坚决破除利益固化藩篱，坚决清除妨碍社会生产力发展的体制机制障碍。"[④]毫无疑问，斗争性是中国共产党运用"否定辩证法"的集中体现，在特定的历史阶段以不同的斗争对象、方式和精神蕴含在社会革命和自我革命中。对于中国社会主义和中国共产党来说，辩证发展的否定形态锻造了内生的革命性和自主性，是在"走中国自己的道路""变革创新的潮流滚滚向前"的发展大势下，既不会走僵化封闭的老路，也不可能走改旗易帜的邪路的内在机理。

2.辩证发展的建设形态

马克思认为，社会革命以生产力和生产关系的矛盾运动为基础，这不仅仅是一场破除旧的经济基础和上层建筑的社会运动，还是一场使生产方式和人类社会由低级形态通向高级形态的社会建设运动。政治哲学家阿伦特同样为我们理解社会主义改变世界的特性提供了启发性的思路，在她看来，革命与造反不同，后者只是对旧秩序的颠覆和破坏，前者具有在废墟上重建的意向。中国社会主义理论和实践的百年发展所以具有强大的改造力和认同力，实现了中华民族和中华文明整体面貌的质变，就在于它不仅仅被运用并表现为一种"否定辩证法"，而且以"使世界革命化"的实践为衬托，在对旧世界的批判中勾勒出一个新世界。毛泽东评价道："自从有了中国共产党，中国革

---

① 《马克思恩格斯选集》第2卷，人民出版社2012年版，第94页。

② 《马克思恩格斯选集》第1卷，人民出版社2012年版，第421页。

③ 《毛泽东选集》第4卷，人民出版社1991年版，第1316～1317页。

④ 《习近平谈治国理政》第2卷，外文出版社2017年版，第39页。

命的面目就焕然一新了。"[①]这种"敢叫日月换新天"的豪情凸显的正是科学社会主义在中国"否定旧世界"和"建设新世界"的相得益彰。从这个意义上说,"建设辩证法"既是新民主主义革命和社会主义革命的内在要求,也是社会主义建设和改革时期的实现形式。中国共产党在探索社会主义现代化的过程中出现失误乃至留下深刻教训,恰恰由于只注意到社会主义辩证发展的否定形态,忽视了科学社会主义辩证发展的建设形态,使党的路线、方针和政策偏离了正确方向。

科学社会主义在中国的历史运动充满"建设辩证法"。理解"建设辩证法"在中国社会主义的百年运用不仅是对科学社会主义既破又立、固本培元的特质的肯认,也是以全方位、长时段、整体性的大历史观把握党史、新中国史、改革开放史和社会主义发展史的应有之义。"从半殖民地半封建社会到民族独立、人民当家作主新社会的历史性转变,从新民主主义革命到社会主义革命和建设的历史性转变,从高度集中的计划经济体制到充满活力的社会主义市场经济体制、从封闭半封闭到全方位开放的历史性转变"[②],上述三个"历史性转变"及其对应的中国共产党革命、建设和改革的阶段虽然经历了主题的"变奏",但从"建设新世界"的意义看,都"是一个接续奋斗的历史过程,是一项救国、兴国、强国,进而实现中华民族伟大复兴的完整事业"[③]。依照社会主义百年发展的"建设辩证法",我们就不可能简单地把"站起来""富起来""强起来"视为相互取代、彼此分离的历史时期。进一步说,不懂得中国社会主义百年发展的"建设辩证法",就不可能认识到革命、建设和改革的连续性、关联性和因果性,自然会对三个历史时期的转折性产生割裂式、拼盘式理解,也就不可能真正把握中国社会主义的基本发展规律。

3.辩证发展的和合形态

社会主义社会是一个对立统一的矛盾运动过程。在这个命题中,党性与人民性、解放思想与实事求是、以经济建设为中心与以人民为中心从来都是不可分割的统一整体。一般认为,辩证法要求一分为二地把握事物本质。不过,社会主义理论与实践发展之所以彻底超越二元对立思维的认知能力,就在于它不但注重各种矛盾的斗争性,而且不忽视对立面的同一性。在以唯物辩证法把握中国社会主义百年发展过程中,"和合辩证法"既是一个同中国传统典籍的"和合文化"相联系而有着鲜明中国印记的历史范畴,也是一个由社会主义自身矛盾特点所决定的表现形式。一方面,自先秦以来,"和合"就是先贤达人以朴素辩证法谋划天、地、人发展的智识,并以"万物并育而不相害,道并行而不相悖"表现为一种内外有序的境界,承载着对未来美好社会的价值追求和理想寄托。另一方面,唯物辩证法的广泛运用离不开矛盾在自然事物和人类历史中的普遍存在,离不开矛盾在社会主义发展形态中的长期存在。其中,矛盾不仅呈现相互否定、相互排斥、相互对抗的特点和面向,还包含相互依存、相互吸引、相互贯通的

① 《毛泽东选集》第4卷,人民出版社1991年版,第1357页。

② 中共中央文献研究室编:《十七大以来重要文献选编》(中),中央文献出版社2011年版,第206～207页。

③ 中共中央文献研究室编:《十八大以来重要文献选编》(上),中央文献出版社2014年版,第694页。

特性和趋势。在马克思的语境中，社会主义作为属人的自然的社会，作为人类新的社会关系的存在，其要义就在于经过一系列矛盾运动，使生产关系与生产力、上层建筑与经济基础相适应、相协调，达到“人和自然界之间、人和人之间的矛盾的真正解决”①。“和合辩证法”不仅规定了社会主义的统一性建立在冲突性的基础之上，从而与浅显粗糙的折中辩证法相区别，也以对“大同世界”的自由人联合体的映射指明了科学社会主义的目标和方向。

中国社会主义百年发展时刻离不开“和合辩证法”，具备运用“和合辩证法”的哲学意识和行动品格是中国共产党从一个胜利走向又一个胜利的保证。从 20 世纪 50 年代以“百花齐放，百家争鸣”发展科学文化事业，以“长期共存，互相监督”建立政治协商制度，到社会主义新时期通过“两手都要硬”“多方面的综合平衡”施策改革开放，从党的十六届四中全会提出“社会主义和谐社会”这一概念，到党的十八大以来相继提出“四个全面”战略布局、“五位一体”总体布局、推动构建人类命运共同体等一系列新思想新理念，“和合辩证法”被几代中国共产党人创造性地运用到中国社会主义发展事业中，生动反映了中国共产党对马克思主义辩证法的原创性贡献、对社会主义的规律性发展。正如有论者指出的，“这一辩证法作为社会主义社会辩证法的基本形态，是社会主义社会这一崭新的社会历史时代的‘时代精神的精华’”②。正是注重从辩证发展的和合形态着眼科学社会主义在中国的理论与实践、特殊与一般、理想与现实等重大关系，实现了基本原理与中国具体实际、中国特色与社会主义本色、最高理想与社会共同理想的“合奏”。

三、新时代中国特色社会主义的辩证发展逻辑

马克思曾形象地指出：“人体解剖对于猴体解剖是一把钥匙。”③党的十八大以来，以习近平同志为核心的党中央立足社会主义发展的新方位、新矛盾和新挑战，深刻揭示出当代中国社会现实的发展趋势，科学规制了科学社会主义在中国的发展路径，精准把握到中国特色社会主义的发展主轴。作为科学社会主义在中国百年发展的最新形态，习近平新时代中国特色社会主义思想蕴含丰富的马克思主义思维逻辑，是运用唯物辩证法分析和解决重大时代课题、推动理论和实践发展的范本。从这个意义上说，关于唯物辩证法与中国社会主义规律性发展的讨论，不单是从百年的时间跨度回顾这一世界观和方法论的历史意义，更有必要在新时代中国特色社会主义的视域下审视唯物辩证法的现时作用场景，即显露出来的“现实世界的辩证运动的自觉的反映”④。这既是对唯物辩证法作为推进和领会中国特色社会主义的基本方法的诠释，又是昭示新时代中国特色社会主义辩证发展逻辑，据此把握中国社会主义百年发展深

---

① 《马克思恩格斯文集》第 1 卷，人民出版社 2009 年版，第 185 页。

② 杨晓平：《和谐辩证法新论》，载《西南大学学报（社会科学版）》2011 年第 1 期。

③ 《马克思恩格斯文集》第 8 卷，人民出版社 2009 年版，第 29 页。

④ 《马克思恩格斯选集》第 4 卷，人民出版社 2012 年版，第 250 页。

层逻辑的必由之路。

1.民族复兴的全局和百年未有变局的辩证分析

科学研判中国和世界发展的时代方位和历史使命，直接关系到中国共产党对党情、国情和世情的基本认识和整体部署，是中国社会主义在百年历史进程中必须回答的首要问题。习近平新时代中国特色社会主义思想以历史纵向发展和国际横向比较的大格局，深刻阐明了“统筹中华民族伟大复兴战略全局和世界百年未有之大变局”的问题，从人类文明进步和世界秩序变革的大历史观出发，深刻阐明了社会主义中国所肩负的奋斗目标和面对的发展大势。首先，正如习近平强调的，“我国发展仍然处于重要战略机遇期，但面临的国内外环境正在发生深刻复杂变化”①。作为新时代中国特色社会主义认识和改造世界的立论依据，作为对社会主义发展阶段、发展环境和发展条件的战略判断，“两个大局”一方面道出了中国之变的程度和世界之变的烈度，反映了新时代中国特色社会主义比以往任何时期都更接近伟大梦想的实现，体现了世界经济新旧动能转换、国际力量对比加速演变、全球治理秩序重塑的全方位变化；另一方面也蕴含着对中国仍然处于并将长期处于社会主义初级阶段、和平与发展仍然是时代主题等不变因素的认识。其次，“两个大局”既代表了难得的发展机遇，也充满了未有的巨大挑战。习近平关于“在危机中育新机，于变局中开新局”的重要论述，其着眼点就是在正视中国正前所未有靠近世界舞台中心、中华民族伟大复兴正展现出前所未有的光明前景的同时，也要清醒认识到“中华民族伟大复兴绝不是轻轻松松、敲锣打鼓就能实现的”，“我们必须把防风险摆在突出位置，‘图之于未萌，虑之于未有’，力争不出现重大风险或在出现重大风险时扛得住、过得去”②。再者，“两个大局”不是彼此孤立的，而是相辅相成、密不可分的。中华民族伟大复兴的实现不可能游离于世界历史之外，世界百年未有之大变局的触发同样离不开中华民族的伟大复兴，尤其是新时代中国特色社会主义取得的历史性成就、实现的历史性变革、产生的历史性影响，构成了世界百年未有之大变局的关键变量。

“两个大局”是习近平新时代中国特色社会主义思想深化发展的重要成果，也是以唯物辩证法增强党在新时代各项事业和工作的原则性、系统性、预见性和创造性的总体写照。它界定了中国特色社会主义历史方位的“变”和时代坐标的“不变”，阐述了在战略机遇期的大背景和防范风险的大前提下以确定性应对不确定性的要求，以联系的、发展的、矛盾的观点消除了一些人在基本国情、基本理论和基本方略的判断上，将“新时代”“新发展阶段”“社会主义初级阶段”和“世界大变局”“时代主题”“资社格局”或混淆或颠倒的偏误。这不仅说明唯物辩证法为辨清“两个大局”的内在关系及其性质发挥了方法论的功能，也鲜明地反映出唯物辩证法作为对新时代中国特色社会主义“细心观望的望远镜”的意义，彰显了中国社会主义所固有的可能性和必然性、渐进性

---

① 习近平:《关于〈中共中央关于制定国民经济和社会发展第十四个五年规划和二〇三五年远景目标的建议〉的说明》，载《人民日报》2020年11月4日。

② 中共中央文献研究室编:《十八大以来重要文献选编》(中)，中央文献出版社2016年版，第833页。

和飞跃性、前进性和曲折性相统一的发展规律。

2.国家治理体系和治理能力现代化的系统推进

科学社会主义的一个重要主题就是通过无产阶级专政的形式解决治理和发展的问题,实现物质生产极大发展和人类社会全面进步。党的十八大以来,社会主义在当代中国的一个主题就是将“完善和发展中国特色社会主义制度,推进国家治理体系和治理能力现代化”作为全面深化改革的总目标,作为全党一项重大战略任务。这一对社会主义的长远谋划和布局既蕴含丰富的辩证思维,又是以唯物辩证法理解中国共产党治国理政的场域,深刻体现了唯物辩证法为新时代中国特色社会主义提供的方法指引。

一方面,唯物辩证法是满足国家治理体系和治理能力现代化要求的有效武器。新时代的“中国之治”具有许多新的内涵和特点,其中很重要的一点就是对改革的系统性、整体性、协同性要求更强,相应地建章立制、构建体系的任务更重。无论是习近平多次谈到“有了好的国家治理体系才能提高治理能力,提高国家治理能力才能充分发挥国家治理体系的效能”[①],还是中国共产党在明确国家制度和治理体系建设的路线图和时间表、总原则和总目标的同时大力弘扬“枫桥经验”“浦东精神”,都表明这样一个道理,即“中国之治”所以行得通、有力量、含韧性,正得益于党和国家以体系与能力的相互驱动助力国家治理现代化,以“摸着石头过河”与顶层设计的结合发挥国家治理效能。如何理顺治理体系和治理能力的关系,如何实现各领域、各层次治理的良性运转,如何将制度优势转化为治理效能,这是摆在新时代中国特色社会主义面前的重大课题,中国共产党通过对唯物辩证法的善用、活用,科学回答了这些问题。

另一方面,唯物辩证法是洞察和领悟“中国之治”整体思路及其逻辑的“指南针”。从方向上说,“中国之治”不是着力于限制政府的权力,试图形成一个抽象的“公民社会”,而是从激发建构秩序的活力和形成充满活力的秩序两方面突显中国特色社会主义制度功能和治理绩效。倘若对“中国之治”的目标缺乏辩证思维的认识,那么,自然陷入西方治理的话语陷阱中,将稳定与发展、秩序与活力视为非此即彼的矛盾,也就难以把握“中国之治”何以实现经济快速发展和社会长期稳定的“两大奇迹”。从方略上说,“中国之治”建立在高度的制度自信的基础上。“制度自信不是自视清高、自我满足,更不是裹足不前、故步自封,而是要把坚定制度自信和不断改革创新统一起来。”[②]这就为新时代国家治理体系和治理能力现代化谋定了未来路线:不是把当前的国家治理视为尽善尽美之物,而是如恩格斯说的,“‘社会主义社会’不是一种一成不变的东西,而应当和任何其他社会制度一样,把它看成是经常变化和改革的社会”[③]。从方式上说,“中国之治”的关键是制度之治,但制度不是一成不变的,不是无所不能的,要在发挥制度的全局性、长期性、根本性作用的同时,处理好制度存量和制度增量的关系,

---

① 中共中央文献研究室编:《十八大以来重要文献选编》(上),中央文献出版社2014年版,第548页。

② 《习近平谈治国理政》第2卷,外文出版社2017年版,第289页。

③ 《马克思恩格斯选集》第4卷,人民出版社2012年版,第601页。

注重依法治国和以德治国的相互补充、制定制度和执行制度的共同发力。只有坚持和运用辩证唯物主义和历史唯物主义的世界观和方法论，才能全面、深刻地践行和理解“构建系统完备、科学规范、运行有效的制度体系”中的制度治理逻辑。

3.21世纪马克思主义的守正创新

中国道路之所以具有深厚的历史底蕴和独特的发展优势，关键之处就是在理论向实践的转化中，不是采取机械搬用条条框框的方法，生硬地将经典著作的只言片语和中国的现实生活对号入座，而是使马克思主义“随时随地都要以当时的历史条件为转移”①。在同党内教条主义的斗争中，毛泽东认为：“马克思主义一定要向前发展，要随着实践的发展而发展，不能停滞不前。停止了，老是那么一套，它就没有生命了。”②面对“马克思主义过时论”一度甚嚣尘上，在改革开放向何处去的关键时刻，邓小平提出“老祖宗不能丢”③，“必须根据现在的情况，认识、继承和发展马克思列宁主义”④。围绕中国特色社会主义是不是社会主义这一重大问题，习近平指出：“我们党始终强调，中国特色社会主义，既坚持了科学社会主义基本原则，又根据时代条件赋予其鲜明的中国特色。”⑤从毛泽东到习近平，“守信仰”和“说新话”相结合是以马克思主义指导中国革命和中国共产党治国理政的根本原则。矢志不渝地守正和创新马克思主义，是以唯物辩证法的“代数学”推进党和人民事业的要义，是中国社会主义百年行稳致远、中国共产党百年风华正茂的要诀。

伟大的时代提出伟大的命题。作为新时代中国特色社会主义理论建设乃至文明发展的“主旋律”“宣言书”，21世纪马克思主义已经同习近平新时代中国特色社会主义思想紧密联系在一起，其关系的规定性就是马克思主义、社会主义的根本立场、基本原理和理论品格在21世纪中国大地正以继往开来、接续发展的方式，承载着改变中国和改变世界的意义。如前所述，中国特色社会主义进入新时代，但这一历史巨变只是社会主义初级阶段中的“小时代”的飞跃，而绝非社会制度意义上的“大时代”的更替，当代中国的社会现实仍然处在马克思主义所指明的历史时代。面对中国社会主要矛盾的深刻转化，资本逻辑的现代化的发展限度及其不适应性，面对世界发展鸿沟和科技鸿沟的持续扩大，冷战思维和强权政治的日渐抬头，新时代中国特色社会主义既要用马克思主义的“真经”续写中国方案，以科学社会主义基本原则的具体展开完成新的百年奋斗目标，也要以发展的观点理解马克思主义，用鲜活的社会主义中国实践回应人类的发展诉求，解答21世纪的时代课题。

在“全面建设社会主义现代化国家”的新时代，摆在百年中国共产党面前的、摆在百年中国社会主义面前的，就是如何在历史前进的逻辑中为21世纪马克思主义作出

① 《马克思恩格斯选集》第1卷，人民出版社2012年版，第376页。

② 《毛泽东文集》第7卷，人民出版社1999年版，第281页。

③ 《邓小平文选》第3卷，人民出版社1993年版，第369页。

④ 《邓小平文选》第3卷，人民出版社1993年版，第291页。

⑤ 中共中央文献研究室编：《十八大以来重要文献选编》(上)，中央文献出版社2014年版，第109页。

新贡献，如何在时代发展的潮流下开辟21世纪马克思主义新境界。正如习近平指出的，“社会主义并没有定于一尊、一成不变的套路，只有把科学社会主义基本原则同本国具体实际、历史文化传统、时代要求紧密结合起来，在实践中不断探索总结，才能把蓝图变为美好现实”[①]。21世纪马克思主义之所以绽放并折射出新时代中国特色社会主义在历史趋势中不断推进历史发展进程，不仅仅归结于守正与创新之间的辩证关系，也在于其中同样蕴含着理论与实践、科学与价值、共性与个性、理想与现实等多层面多方位的矛盾法则。这就需要我们充分认识到21世纪马克思主义在新时代中国特色社会主义叙事中的辩证性，在增强理论自信和战略定力的过程中彰显改革开放广泛而深刻的社会变革力量，在实事求是的解放和发展生产力的过程中坚持以人民为中心的发展理念，在拥抱现代性的过程中书写具有原创意义的现代性的中国样本，在贯彻党的基本纲领的过程中胸怀共产主义的最高纲领，最终在守正和创新的互动统一中开创新文明的中国形态。

① 《习近平谈治国理政》第3卷，外文出版社2020年版，第76页。

中国共产党百年来对国际主义认识的演进研究

於天禄

(清华大学马克思主义学院博士研究生)

国际主义不仅是一种价值理念，也是国际共运中的一条重要实践准则。在百年的革命、建设和改革实践中，中国共产党对国际主义的认识日渐深化和成熟，既充分借鉴和吸收了经典作家的无产阶级国际主义思想，又结合中国革命的实际，顺应世界形势的变化，逐步转变了激进的“世界革命”斗争策略，探索出以坚持独立自主的和平外交政策与构建人类命运共同体为主要内涵的新型国际主义理念。理论的产生和发展必然伴随着实践的变化，更深刻映衬着党对国际主义认知的曲折发展历程。在当今世界处于百年未有之大变局的现实背景下，从历史角度回溯这一认识历程并总结经验教训，不仅对新时代中国深化发展对外关系意义重大，更为国际共运中正确处理政党间关系提供重要的历史借鉴。

一、从学习苏俄到保卫苏联：党对国际主义认识的生成与偏转(1921～1930 年)

十月革命胜利后，列宁认为俄国革命最终成功的关键在于国际问题，“只有当目前到处都在成熟起来的世界社会主义革命完全成熟的时候，我国革命所遇到的一切困难才能被战胜”，因此“必须唤起国际革命，必须从我们仅仅一国的革命转变成世界革命”。[①] 而已取得革命胜利的民族应坚持无产阶级国际主义原则，“有能力有决心为推翻国际资本而承担最大的民族牺牲”[②]。列宁还提出，俄国开创的革命事业，不仅需要英、法、德等国无产阶级的巩固，还需要“东方各民族劳动群众的援助”[③]，强调必须“同其他国家的无产者联合起来共同斗争”[④]。在列宁的领导下，共产国际建立并进行对外革命援助工作。其中，特别重视中国革命问题，先后派出维经斯基、马林等与李大钊、陈独秀联络，中国共产党就是在这样的外部背景下筹备成立的。

① 《列宁全集》第 34 卷，人民出版社 2017 年版，第 9、6 页。
② 《列宁全集》第 39 卷，人民出版社 2017 年版，第 167 页。
③ 《列宁全集》第 39 卷，人民出版社 2017 年版，第 329 页。
④ 《列宁全集》第 37 卷，人民出版社 2017 年版，第 329 页。

1.建党前夕对国际主义的初步介绍与认知

马克思主义在中国的早期传播对知识界特别是青年知识分子产生了深刻影响，其中的国际主义理念更备受关注。1918 年，李大钊在系统介绍俄国革命时就重点强调了其世界主义的特质，认为俄国革命是世界革命的先声，是“立于社会主义上之革命，是社会的革命而并著世界的革命之采色者也”，代表着“二十世纪全世界人类普遍心理变动之显兆”，因此，中国要想有民族立足之地，“想在世界上当一个庶民，应该在世界上当一个工人”。[①] 与此同时，国内进步刊物在介绍国际共运理论与实践经验的同时，对国际主义也进行了初步宣传，“国际主义”一度成为社会主义的代名词。

1920 年，青年毛泽东与蔡和森在通信中也重点讨论了这一问题，认为“这种世界主义，就是四海同胞主义，就是愿意自己好也愿意别人好的主义，也就是所谓社会主义。凡是社会主义，都是国际的”[②]。世界主义要求“做事又并不限定在中国”，“固应该有人在中国做事，更应该有人在世界做事”。[③] 可见，国际主义作为一种新潮流，对建党前夕的青年知识分子如何看待世界和思考问题产生了初步却深刻的影响。究其原因，一方面源于十月革命前后马克思主义的广泛和深入传播，特别是经过俄共(布)的宣传和奔走努力，从一开始就将国际主义作为马列主义的标志性内容加以继承和突出弘扬；另一方面，民族救亡的诉求又推动着青年知识分子不断学习国外先进的革命经验和斗争策略，中俄国情的相似性与俄国革命的成功又为中国革命提供了一个有效的参照模式，加之对“全世界无产者联合起来”与共产主义社会的美好憧憬，国际主义成为中国青年直观理解社会主义和自主探索救亡图存道路的必然选择。

2.建党初期至大革命时期对国际主义的简单理解与接纳

建党初期，中国共产党对世界革命和国际主义具有强烈的感情，这与共产国际的引导和支持密不可分，特别是中国共产党作为共产国际一个东方支部的性质更强调了坚持国际主义与国际联合的价值。

1921 年，党的一大通过的纲领中指出要“联合第三国际”，在决议中强调“党中央委员会应每月向第三国际报告工作”，必要时“应派代表赴远东各国，以便商讨发展和配合今后阶级斗争的进程”。[④] 国际主义理念第一次由理论演变成实践尝试，党不仅认识到接受共产国际领导的重要性，更开始重视对远东各国无产阶级革命运动的考察与联合。1922 年，党的二大提出“远东产业幼稚的国家，更是要和世界无产阶级联合起来，才足以增加革命的效力”，还进一步响应共产国际提出的全世界无产阶级建立联合战线的主张，强调苏俄“是无产阶级的祖国，是劳苦群众的祖国”，“全世界的劳动阶

① 《李大钊全集》第 2 卷，人民出版社 2013 年版，第 330、332、359 页。

② 《毛泽东书信选集》，中央文献出版社 2003 年版，第 2 页。

③ 《毛泽东书信选集》，中央文献出版社 2003 年版，第 3 页。

④ 中共中央文献研究室、中央档案馆编：《建党以来重要文献选编(1921～1949)》第 1 册，中央文献出版社 2011 年版，第 1、6 页。

级和劳苦群众应该尽力保护苏维埃俄罗斯”，以与世界帝国主义对抗。[①] 在这里，祖国观念开始让位于国际主义理念，“保卫苏俄”成为革命口号。1923年，党的三大提出应通过中国的国民革命来谋求世界革命，解放世界被压迫的民族和阶级。1925年，党的四大进一步提出要“由民族革命引导到无产阶级的世界革命”[②]，特别强调了国际主义与民族主义的区别。陈独秀在1926年也提出中国革命者“更要懂得本国和所处的世界之革命的关系是什么一种形势”[③]，才能制定符合实际的革命策略。由此可见，国际主义理念已经开始初步与中国革命实践相结合，但这种结合还具有一定的僵化和原始性，特别是中国革命与世界革命的关系还有待进一步厘清。

3.大革命失败后对国际主义的认识出现偏转与失误

1927年的“四一二”反革命政变严重破坏了国共合作的统一战线，也让党的活动被迫转入地下，党的五大正是在这种严峻的形势下召开的。值得关注的是，此后党对国际主义的认知并未有所改变，反而变得更为激进，这与世界局势的发展和共产国际对中国革命形势的判断分不开。

党的五大虽然纠正了陈独秀的右倾错误，但在处理国际问题上仍然保有一贯的观点，提出要“去和世界无产阶级及被压迫民族，结合更密切的联盟”，“中国革命现在成为世界革命主要的势力之一”。[④] 在联共(布)和共产国际看来，国民革命的失败反而意味着中国革命进入更高阶段，革命形势正持续高涨。受此影响，1928年党的六大通过的政治决议案中提出，由于“要有极巨大的、具有世界的历史意义的事变到来”，世界革命将进入新的历史阶段，“中国革命的国际意义更加增高起来。他本来是总的世界革命过程中主要的组成部分之一”。[⑤] 六大还进一步提出了要“建立工农兵代表会议(苏维埃)政府”和“联合世界无产阶级和苏联”的政治纲领。由于革命形势的极端困难状况，此时党更加需要苏联和共产国际的支持，因此对国际主义的认知也较以往更为激进，甚至出现了明显的偏差和失误，主要表现在1929年“中东路事件”后，中央通告中提出“武装保护苏联……与党之争取群众反对军阀战争准备武装暴动的任务已成为不可分离的路线”[⑥]。由此执行的立三路线不仅忽视民族情感，更盲目推行城市暴动，严重脱离了中国革命实际，给党的事业造成了重大损失。尽管代价是惨痛的，但党对这一错误根源的认识和全面调整还需要一个较长的过程。

---

① 中共中央文献研究室、中央档案馆编：《建党以来重要文献选编(1921～1949)》第1册，中央文献出版社2011年版，第141、136页。

② 中共中央文献研究室、中央档案馆编：《建党以来重要文献选编(1921～1949)》第2册，中央文献出版社2011年版，第216页。

③ 《陈独秀文集》第3卷，人民出版社2013年版，第448页。

④ 中共中央文献研究室、中央档案馆编：《建党以来重要文献选编(1921～1949)》第4册，中央文献出版社2011年版，第227页。

⑤ 中共中央文献研究室、中央档案馆编：《建党以来重要文献选编(1921～1949)》第5册，中央文献出版社2011年版，第376页。

⑥ 中共中央文献研究室、中央档案馆编：《建党以来重要文献选编(1921～1949)》第6册，中央文献出版社2011年版，第671页。

二、从因循教条到理论联系实际：党对国际主义认识的调整与重构（1931～1948年）

在抗日战争与解放战争时期，党对国际主义的认识发生了重要转变，由对国际主义的僵化教条化理解逐步转变为注重与中国革命实际相结合。影响这一转变的主要因素包括党的指导思想的确立、中国革命的新特点、共产国际影响的势微和世界形势的变化特别是国际反法西斯统一战线的建立等。

1.将苏联经验和共产国际决议教条化神圣化

1930年，米夫受委派担任共产国际执委远东局负责人，赴上海指导中国革命。在米夫的大力支持下，王明从莫斯科回国并于1931年党的六届四中全会上取得中央领导权。六届四中全会虽然批判了立三路线的盲动主义错误，但对待共产国际的指示却更加僵化教条，强调要"对共产国际铁一般的忠实"，提出"国际在纠正路线和克服中央一切错误中，是有绝对作用的"，党内出现的严重状态是由于"忽视国际执委的指令和预先警告的结果"。[①] 正是在这样的气氛下，在党内王明"左"倾错误的影响下，党对国际主义的认识逐渐演变为对马克思主义的教条化理解和将苏联经验无原则的神圣化，对共产国际的决议和指示无条件地接受与机械性执行。

1931年9月党的中央机关遭到破坏后，王明赴苏联担任中共驻共产国际代表，中央工作交由博古负责，共产国际远东局代表李德担任军事顾问，在政治和军事上仍然奉行王明的教条主义路线，认为坚持国际主义就是一切以共产国际指示为准，不对现实国情进行深入系统的调查研究，不注重听取他人的意见，甚至生搬硬套在苏联有效但在中国却完全行不通的战略战术，使党的行动处处受限，最终导致第五次反围剿失利，红军被迫进行战略转移，党的革命事业一度危在旦夕，直到遵义会议胜利召开后才逐渐扭转了形势。历史和实践证明，国际主义是一种崇高道义和伟大理念，也曾是指导世界社会主义运动蓬勃发展的重要原则，但绝不是条条框框，更不是盲目以自我为中心指挥他国革命的工具，历史的教训值得深刻反思。

2.将国际主义与爱国主义相结合

1935年的遵义会议实际上确立了毛泽东的中央领导地位，实现了独立自主地运用马列主义基本原理解决中国革命的实际问题，不仅打破了教条主义的桎梏，更为党重新认识和理解国际主义提供了新思路。与此同时，国际国内形势骤变，1936年西安事变、1937年日本全面侵华战争相继爆发。在国共合作与解救民族危机成为压倒一切的现实背景下，共产国际和中国共产党及时调整了世界革命策略，党对国际主义的认识自然也发生了重大改变。

1935年，共产国际七大作出了建立反法西斯统一战线的决议，受此鼓舞，中国共

---

① 中共中央文献研究室、中央档案馆编：《建党以来重要文献选编（1921～1949）》第8册，中央文献出版社2011年版，第23、5～6页。

产党在《八一宣言》中突出强调："中国是我们的祖国！中国民族就是我们全体同胞！"[①]与以往提出的"保卫世界无产阶级的祖国的苏联"的观点大相径庭。这恰恰反映出爱国主义与国际主义的并行不悖。在1935年底召开的瓦窑堡会议上，党一方面强调"世界革命是中国革命有力的帮手"，另一方面也提出要"组织千千万万民众进入伟大的民族革命战场上去"，号召建立最广泛的抗日民族统一战线。[②] 1938年，毛泽东在六届六中全会上就这一问题进行了全面阐释，指出只有民族解放才有无产阶级和劳动人民的解放，"爱国主义就是国际主义在民族解放战争中的实施"，爱国主义的行为和努力都是"国际主义在中国的实现，一点也没有违背国际主义"。[③] 因此，将国际主义与爱国主义结合不仅是马克思主义中国化的重要体现，更彰显出党在解救民族危机过程中高度的政治智慧和高超的战略应变能力。

3.坚持独立自主与国际团结互助相统一

全民族抗战开始后，党对国际主义的认识和态度是复杂又统一的。一方面，对中国革命领导权和抗日救亡的需要，使党对独立自主的要求格外强烈。这突出体现在1943年共产国际宣布解散时党的反应："共产国际之解散，是比较其继续存在，更加有利的。"同时，还提出党的成立是"中国工人运动发展的结果，是近代中国历史发展的结果"。更重要的是，虽然"曾经获得共产国际许多帮助"，但党"已能够完全独立地根据自己民族的具体情况和特殊条件，决定自己的政治方针、政策和行动"。此外，更特别强调"中国共产党人是中华民族最优秀的子孙，他们将继续英勇地站在抗日战争的最前线"。[④] 由此可见党对独立自主的强烈需求和抗日战争必胜的信念。

另一方面，中国共产党是坚持马列主义的无产阶级政党，在当时的国际环境下自然肩负着世界革命的重任，而对中国革命胜利的诉求更加剧了对国际团结互助的渴望。1945年，党的七大就提出："国际无产阶级的援助一定要来的，不然马克思主义就不灵了，不是只有外国援助我们，我们也援助外国。"[⑤]在毛泽东看来，"中国革命是世界革命的伟大的一部分"[⑥]，中国革命这个"伟大的事变""对于正在斗争的欧洲和美洲各国的被压迫人民，也是一种援助"[⑦]。同时，党也清晰地认识到，争求民族解放和独立，从国际大势上看，"取得苏联及世界无产阶级和共产党人的援助，乃是胜利的最重

① 中共中央文献研究室、中央档案馆编：《建党以来重要文献选编(1921～1949)》第12册，中央文献出版社2011年版，第264页。

② 中共中央文献研究室、中央档案馆编：《建党以来重要文献选编(1921～1949)》第12册，中央文献出版社2011年版，第534、535页。

③ 《毛泽东选集》第2卷，人民出版社1991年版，第521页。

④ 中共中央文献研究室、中央档案馆编：《建党以来重要文献选编(1921～1949)》第20册，中央文献出版社2011年版，第317～318页。

⑤ 中共中央文献研究室、中央档案馆编：《建党以来重要文献选编(1921～1949)》第22册，中央文献出版社2011年版，第504页。

⑥ 《毛泽东选集》第2卷，人民出版社1991年版，第671页。

⑦ 《毛泽东选集》第4卷，人民出版社1991年版，第1244页。

要的条件”[①]。因此，在解放战争时期，党既重视自力更生，又与苏联加强国际主义团结协作，先后取得了三大战役的胜利，为新中国的成立奠定了坚实基础。

三、从“一边倒”到“世界革命”：党对国际主义认识的巩固与强化（1949～1976年）

从新中国成立到改革开放前，是国际主义理念高度强化并与中国革命全面融合的时期。这一时期党对国际主义的认识受到社会主义阵营内部关系、国内发展状况及党对世界革命和亚洲革命形势的判断等多重因素的影响。可以说，国际主义既为新中国的发展提供了有效帮助，又带来了诸多干扰，党对国际主义的认识在曲折中进行艰难的调适。

1.一边倒向苏联和推进亚洲民族解放运动

新中国成立前夕，毛泽东在总结中国革命经验时指出：“中国人不是倒向帝国主义一边，就是倒向社会主义一边”，因此，“我们在国际上是属于以苏联为首的反帝国主义战线一方面的，真正的友谊的援助只能向这一方面去找”。[②] 这是当时党对国际主义认识的一种直观体现，原因在于冷战格局的极端对立与中国战后恢复和经济发展的迫切需要，使党不得不一边倒向苏联社会主义阵营。同时，这种“一边倒”并不是无原则的，一是要坚持独立自主，二是援助的互助性，即“我们受人帮助，也要时刻准备帮助别人。这就是国际主义”[③]。新中国成立后，苏联的支持在国内经济发展和工业化建设方面发挥了重要作用，1957年“一五”计划的提前超额完成标志着我国社会主义建设已经取得了初步成效。

在国内经济建设顺利开展的同时，党也开始积极援助和推进亚洲民族解放运动，提出“中国工人阶级应该具有充分的国际主义的精神”，“在国际上还要担负援助世界各资本主义国家特别是亚洲、澳洲各殖民地半殖民地国家的工人阶级和劳动人民的繁重的责任”。[④] 党开始尝试支持亚洲革命事业，国际主义热情逐渐被激活，主要表现为援助朝鲜和越南的民族解放运动。随着1953年斯大林去世与亚洲各国革命相继受挫，党再一次调整了国际主义斗争策略。1955年，党的全国代表会议提出“争取一个较长时期的和平国际环境是可能的”，同时强调“要警惕和防止中国革命经验的死板的机械的‘输出’”，亚洲国家的兄弟党“仍然必须独立地解决他们本国的革命问题”。[⑤] 这表明，党对国际主义的认识正在趋于理性，逐渐将注意力转移到国内各项建设上来，但对世界革命的探索仍在继续。

---

① 刘少奇：《论国际主义与民族主义》，新华书店1949年版，第17页。

② 《毛泽东选集》第4卷，人民出版社1991年版，第1473、1475页。

③ 《毛泽东文集》第5卷，人民出版社1996年版，第262页。

④ 中共中央文献研究室、中央档案馆编：《建国以来刘少奇文稿》第1册，中央文献出版社2005年版，第177页。

⑤ 中共中央文献研究室、中央档案馆编：《建国以来刘少奇文稿》第7册，中央文献出版社2008年版，第138、127页。

2.中苏论战与“反修防修”

1956 年相继发生的苏共二十大“秘密报告”事件与“波匈事件”让中国共产党始料未及，虽仍以最大努力维护社会主义阵营内部的团结，但中苏之间的分歧也就此出现。1957 年的莫斯科会议后，中苏关于对内对外政策的争论和分歧逐渐公开化，这不能不促使党开始重新思考和调整国际主义策略，而 1956～1966 年的中苏论战就集中体现了这种认识的转变。

在论战中，中国共产党指出，苏共已经成为“现代修正主义者”，正在“企图用和平竞赛来代替一切被压迫人民和被压迫民族的革命斗争”，而发生这种蜕变和妥协的原因是“为了掩饰他们自己反对全世界被压迫人民和被压迫民族的革命，也反对别人支持这种革命”。① 这意味着苏共已经实际上放弃了国际主义原则和世界革命的理想。同时，中国共产党还批评了苏共的“上级党”行为，如“粗暴地干涉其他兄弟党和兄弟国家的内政，强行改变别的兄弟党的领导，以便把自己的错误路线强加给别的兄弟党”②，认为这种做法已经背离了国际主义的初衷，是大国沙文主义、宗派主义和分裂主义的表现。因此，中国共产党提出，必须反对和防范这种修正主义，国际共产主义运动必须沿着“全世界无产者联合起来……实现无产阶级世界革命的完全胜利”③的总路线前进。在党看来，既然苏共已经成为修正主义政党，那么世界革命责任自然转移到中国，中国将继续秉承无产阶级国际主义原则支援亚非拉国家的民族解放运动，同帝国主义和修正主义进行坚决斗争。

尽管中苏交恶后中国处于内外交困的孤立局面，但这一时期中国共产党对国际主义和世界革命的追求始终不渝，几乎以一己之力扛起革命重任，也为“文化大革命”期间更为激进的国际主义斗争策略埋下了伏笔。

3.世界革命与改善对外关系的并轨

“文化大革命”的爆发标志着党的世界革命战略达到顶峰。在激进的革命语境下，1966 年党的八届十一中全会提出无产阶级国际主义是中国对外政策的最高指导原则。在晚年的毛泽东看来，国际形势仍极端对立，而中国已成为世界革命的坚强堡垒，世界革命必须走“农村包围城市”的道路。西欧北美是世界的“城市”，而亚非拉是世界的“农村”，因此支援亚非拉人民进行反帝反修斗争、推进世界革命是国际共运的核心议题。在这一原则指导下，中国一度将极左国际主义与外交关系捆绑起来，更加强了对东南亚等国共产党的革命援助。与此同时，由于中苏间的严重对立和局部冲突，党也开始考虑改善同西方国家的关系。1972 年尼克松访华、中美关系解冻标志着党的世界革命战略开始解体，毛泽东也开始对国际主义原则进行一定程度的修正。1973 年、1974 年，毛泽东分别提出“一条线”和“一大片”外交战略，目的在于联合周边国家共同抵抗苏联。1974 年，毛泽东进一步提出划分“三个世界”的战略构想，提出中国是

---

① 中央档案馆、中共中央文献研究室编：《中共中央文件选集》第 43 册，人民出版社 2013 年版，第 245 页。
② 中央档案馆、中共中央文献研究室编：《中共中央文件选集》第 43 册，人民出版社 2013 年版，第 258 页。
③ 中央档案馆、中共中央文献研究室编：《中共中央文件选集》第 43 册，人民出版社 2013 年版，第 227 页。

第三世界国家，主张依靠第三世界国家、联合第二世界国家共同反对霸权主义和国际强权。这些都体现出党对国际主义的认识开始超越意识形态和社会制度的差异和分歧，成为被世界大多数国家所接受和认可的外交理念。

综上，这一时期是世界革命和改善对外关系的双轨并行时期，党对国际主义的认识从极度激进调整为趋于理性务实。尽管这种调整是有弹性和限度的，但背后有着更深层次的现实诉求，即打破外交困局和维护国家安全。这也为改革开放后党能够正确认识和理解国际主义提供了空间，同时由此而生的诸多经验和教训更值得借鉴与反思。

四、从“不结盟”到“承担国际义务”：党对国际主义认识的转轨与发展（1978～2012 年）

改革开放新时期的到来实现了党对国际主义认识的全面转轨。党认识到激进的国际主义给中国发展带来的负面影响，抛弃了国际共运的“中心理论”，提出“不结盟、不称霸、不当头”的外交战略。党的十四大后，随着综合国力的提升，中国更多地参与到维护区域稳定与世界和平的事业中，积极承担国际义务，履行国际责任。可以说，这种认识不再受到传统意识形态的束缚，更加立足现实，既解放了思想，又推动了中国特色社会主义外交理论的形成和发展。

1.独立自主与国际共运策略的全面调整

1978 年党的十一届三中全会进行了拨乱反正，将党和国家的工作重心从“阶级斗争”转移到“经济建设”，对外政策也随之全面调整。1984 年，邓小平提出：“中国的对外政策是独立自主的，是真正的不结盟。”“中国对外政策的目标是争取世界和平。”① 1990 年，他又进一步提出：“中国永远不称霸，中国也永远不当头。”②这表明党已经走出了激进国际主义的藩篱，摒弃了冷战对立思维，能够更加成熟理性地看待和处理国际关系，努力为中国发展营造出和平稳定的国际环境。

同时，党对推进国际共产主义运动的策略也进行了全面调整。邓小平指出：“各国的情况千差万别，人民的觉悟有高有低，国内阶级关系的状况、阶级力量的对比又很不一样，用固定的公式去硬套怎么行呢？”③因此，“我们历来主张世界各国共产党根据自己的特点去继承和发展马克思主义，离开自己国家的实际谈马克思主义，没有意义。所以我们认为国际共产主义运动没有中心，不可能有中心。我们也不赞成搞什么‘大家庭’，独立自主才真正体现了马克思主义。”④从 1978 年始，中国逐渐停止了对东南亚共产党的援助，转为道义上的支持，鼓励他们根据本国实际进行革命斗争。对此，邓小平强调中国不会输出革命，更不会在世界任何地方谋求势力范围。20 世纪 90 年代

---

① 《邓小平文选》第 3 卷，人民出版社 1993 年版，第 57 页。
② 《邓小平文选》第 3 卷，人民出版社 1993 年版，第 363 页。
③ 《邓小平文选》第 2 卷，人民出版社 1994 年版，第 318 页。
④ 《邓小平文选》第 3 卷，人民出版社 1993 年版，第 191 页。

苏东剧变后，国际共运陷入低潮，中国共产党能够顶住压力、开创中国特色社会主义新局面，很重要的原因之一就在于坚持了独立自主地发展社会主义。实践证明，任何试图干预和影响他国社会主义发展的霸权主义行为都是违背国际主义原则的，推进国际共产主义运动的根本前提在于尊重各国国情，坚持独立自主地制定适合本国人民的社会主义发展策略。综上，党对国际主义的认识就此实现了转轨，开始呈现出全新特质。

2.倡导建立国际新秩序与开展全方位外交

1992 年党的十四大对国际形势进行了深刻分析，指出："当今世界正处在大变动的历史时期。两极格局已经终结，各种力量重新分化组合，世界正朝着多极化方向发展。"[①]新形势下如何巩固和发展有利于中国的和平国际环境、如何维护国家安全与世界和平成为党关注的重点。对此，江泽民提出要"建立和平、稳定、公正、合理的国际新秩序"，这种新秩序强调要尊重各国发展道路的多样性，处理国家间关系必须"遵照联合国宪章和国际法准则"，坚决反对霸权主义与强权政治对国际关系的操纵。[②] 他还提出要推进国际关系民主化和"建立适应时代需要的新安全观"，"新安全观的核心，应该是互信、互利、平等、协作"。[③] 这些理念不仅有效推动了国际对话与交流合作，更促进了国际公平正义的发展。

在对外关系方面，中国积极开展全方位外交，主动融入国际社会。江泽民提出："中国愿意在和平共处五项原则的基础上，同所有国家发展友好合作关系。社会制度和意识形态的差别，不应成为发展国家关系的障碍。"[④]中国不仅努力改善同周边国家关系，还大力发展与世界各国的伙伴关系，这种伙伴关系是"不结盟、不称霸、不当头"政策的贯彻与延续，更不针对第三方，极大拓宽了中国外交的层次和领域。此外，中国还积极响应联合国裁军倡议，先后参与到联合国维和行动与国际反恐合作中，特别是 2001 年加入世贸组织，标志着中国在世界舞台上的作用更加重要。综上，这一时期更为理性包容的新型国际主义理念开始与外交工作深度融合，中国以更开放的姿态参与到各项国际议题中，成为世界和平的坚定维护者。

3."和谐世界"理念的提出与加强同发展中国家的合作

进入 21 世纪，中国发展处于重要战略机遇期，如何维护和利用好这一机遇期极为关键。同时，引人瞩目的发展成就也让国际社会开始更多地关注到中国的对外方略，中国正逐渐走向世界舞台的核心区域。在这一国际国内背景下，胡锦涛在党的十七大报告中提出，应"共同分享发展机遇，共同应对各种挑战……各国人民携手努力，推动建设持久和平、共同繁荣的和谐世界"[⑤]。"和谐世界"理念直面人类政治经济文化安全和环保议题，提出要以民主和睦协作共赢的精神对待和处理国际关系，共同维护世

---

① 《江泽民文选》第 1 卷，人民出版社 2006 年版，第 241 页。

② 《江泽民文选》第 1 卷，人民出版社 2006 年版，第 243 页。

③ 《江泽民文选》第 2 卷，人民出版社 2006 年版，第 312、313 页。

④ 《江泽民文选》第 1 卷，人民出版社 2006 年版，第 244 页。

⑤ 《胡锦涛文选》第 2 卷，人民出版社 2016 年版，第 649～650 页。

界的和平稳定。可以说,“和谐世界”理念是马克思主义国际主义思想在新世纪新阶段的发展与赓续,是党对国际主义的认识在新形势下的集中体现。

随着经济快速发展与综合国力的提升,中国开始承担起更多的国际责任和义务。胡锦涛在党的十七大报告中提出:“将继续加强同广大发展中国家的团结合作,深化传统友谊,扩大务实合作,提供力所能及的援助,维护发展中国家的正当要求和共同利益。”①这一时期的合作援助较以往更为全面深入,主要包括从以区域为整体转变为结合国家差异、因地制宜加强合作援助,从主要以国家安全合作转变为政治经济文化多领域多层次的深度务实合作,从双边合作转变为多边同步统筹合作等。中国立足于发展中国家的定位,坚持共同发展和普遍繁荣的原则,通过对受援国的科技与基础设施领域进行重点支持,逐步加强其自主发展能力。应该说,积极承担国际责任与义务、加强同发展中国家团结合作,是新形势下新型国际主义理念在外交实践上的生动体现,彰显了中国始终不渝坚持共同发展和维护世界和平的态度和决心。

五、从命运共同体到全球治理:党对国际主义认识的深化与创新(2012 年至今)

党的十八大以来,党对国际主义认识的视野更广、格局更大、境界更深,中国参与国际事务的广度、深度、强度更前所未有。习近平在准确研判世界形势的基础上,提出了构建人类命运共同体的外交理念,全面丰富和发展了马克思主义国际主义思想,成为新时代国际主义理论中国化的重大创新成果。同时,习近平还积极推进全球治理,加强“一带一路”建设,推动构建新型国际关系。特别在新冠疫情暴发后,党领导全国人民高效应对、严密防控,不仅打赢了疫情防控阻击战,更为全球抗疫提供了中国方案,用实际行动向国际社会展现出中国负责任的大国形象。

1.百年变局与人类命运共同体理念的生成

党对国际主义的认识始终离不开对世界形势的判断。近年来,世界正处于新一轮大发展大变革大调整的时期,人类发展仍面临诸多不确定性和不稳定性。特别是新一轮科技与产业革命兴起,全球化趋势增强,在带来新发展的同时更深刻改变着世界的政治经济文化社会生态面貌。此外,局部地区的冲突仍在持续,世界区域性发展仍然极端不平衡,生态治理、改善贫困和重大疾病预防等问题更需要世界的共同应对。基于对上述问题的冷静分析和深刻洞察,习近平提出“当今世界正在经历百年未有之大变局”的重大判断,指出在百年变局中,“和平与发展仍然是时代主题”。② 但传统与非传统问题的剧烈转换和复杂交织正在严重威胁世界的和平稳定,世界将向何处去,都需要国际社会共同讨论和应对。

人类命运共同体理念的提出就是对这一问题的深刻回应。党的十九大报告提出:

① 《胡锦涛文选》第 2 卷,人民出版社 2016 年版,第 651 页。

② 《习近平谈治国理政》第 3 卷,外文出版社 2020 年版,第 460 页。

“构建人类命运共同体，建设持久和平、普遍安全、共同繁荣、开放包容、清洁美丽的世界。”①这一理念主张在政治外交上构建伙伴关系，在国际安全上加强合作治理，在经济发展上实现共赢普惠，在文化交流上促进兼容并蓄，在生态保护上推进绿色可持续。同时，还提倡在追求本国利益的同时要兼顾他国利益，坚持包容共享而非利己排他，打破对立冲突的壁垒，加强对话与合作，以沟通解决国际分歧。综上，人类命运共同体理念正体现了党的宽广博大的世界眼光和国际格局，饱含对人类前途命运的关切，揭示了人类社会发展的客观规律，不仅直面人类发展的突出问题，强调维护人类共同福祉，更提供了一种国际交往的全新思路，成为新时代党的国际主义理论的集大成。

2.“一带一路”倡议与新型国际关系的构建

推进“一带一路”建设是人类命运共同体理念在经济建设领域的重要体现，为世界共同发展和繁荣提供了中国智慧。党的十八届三中全会提出，要“推进丝绸之路经济带、海上丝绸之路建设，形成全方位开放新格局”②。中国从国家战略层面提出“一带一路”倡议，旨在为区域合作与国际范围内的经贸合作提供更多支持。同时，习近平还重点强调推进“一带一路”建设的目的在于促进多层次的商贸往来与多领域的交流合作，为世界发展提供一种互利共赢的新模式，而“不会干涉他国内政，不会输出社会制度和发展模式，更不会强加于人”③。因此，“一带一路”倡议是中国坚定奉行独立自主外交理念与不断扩大对外开放实践的有机统一。

另一方面，中国还积极推动构建新型国际关系。党的十九大报告提出：“中国将高举和平、发展、合作、共赢的旗帜……推动建设相互尊重、公平正义、合作共赢的新型国际关系。”④新型国际关系以相互尊重为根本前提，以维护国际公平正义为基本准则，以推进合作共赢为核心理念，坚决反对各种形式的霸权主义，拒绝零和博弈思维，旨在推动形成更加公正合理的国际秩序。党的十八大以来，中国不仅始终坚持独立自主，“任何人、任何事、任何理由都不能动摇中国走和平发展道路的决心和意志”⑤。同时，积极发展与周边国家关系，“坚持睦邻、安邻、富邻，突出体现亲、诚、惠、容的理念”⑥，更通过深化务实合作、拓宽共同利益，构建出健康稳定的大国关系框架。中国已经同世界各国一道，为构建新型国际关系而共同努力，而中国的和平发展之路更为此作出了突出贡献。

3.全球治理与新冠疫情下的中国方案

全球治理是全球化时代提出的全新课题，同时也是应对全球问题的必然选择。

---

① 《习近平谈治国理政》第3卷，外文出版社2020年版，第46页。

② 中共中央文献研究室编：《十八大以来重要文献选编》(上)，中央文献出版社2014年版，第526页。

③ 《习近平谈治国理政》第2卷，外文出版社2017年版，第514页。

④ 习近平：《决胜全面建成小康社会　夺取新时代中国特色社会主义伟大胜利——在中国共产党第十九次全国代表大会上的报告》，人民出版社2017年版，第58页。

⑤ 习近平：《共倡开放包容　共促和平发展——在伦敦金融城市长晚宴上的演讲》，人民出版社2015年版，第8页。

⑥ 《习近平谈治国理政》第1卷，外文出版社2014年版，第297页。

随着中国越来越紧密地融入国际社会，中国在推进全球治理体制机制变革方面的作用也越来越重要。习近平提出，作为具有国际视野的大党，党始终要“把促进世界和平与发展视为自己的神圣职责”，“中国将积极参与全球治理体系建设，努力为完善全球治理贡献中国智慧”，在此基础上提出了以“共商共建共享”为核心的全球治理观，获得国际社会的广泛认可。[①] 这表明，中国不仅是全球治理的倡导者，更是变革者和领航者。

突如其来的新冠疫情更是对全球治理能力的重大考验。中国防疫的有力举措在凸显中国制度优势的同时，也为全球防疫事业提供了中国经验与中国方案。习近平在二十国集团领导人特别峰会上呼吁国际社会要团结合作，共同应对这场公共危机，还特别提出“愿同各国分享防控有益做法，开展药物和疫苗联合研发，并向出现疫情扩散的国家提供力所能及的援助”[②]。据不完全统计，中国先后向全球150余个国家和地区提供抗疫援助，暂停了77个有关发展中国家的债务偿还，承诺新冠疫苗优先支持发展中国家，这些都展现了中国在全球抗疫中的表率作用和担当精神，而中国抗疫中展现出的制度优势和经验更为全球治理提供了诸多借鉴。正如习近平指出的：“今日之中国，不仅是中国之中国，而且是亚洲之中国、世界之中国。”[③]党不仅立志为民族和国家谋复兴，更矢志为人类共同福祉而奋斗。中国方案在全球治理中的突出作用，既展现出党的天下情怀与世界眼光，更深刻映衬着新型国际主义理念在新时代焕发出的生机与活力。

六、结语

国际主义曾深刻影响了中国革命，一部党史，就是一部党对国际主义的认识由革命激进走向理性成熟的历史。通过回溯百年思想认识的巨变，可总结如下经验：第一，共产主义运动具有国际性，但必须坚持与本国实际相结合，坚持独立自主地探索适合自身革命与发展的道路。任何所谓的“中心论”“阵营论”都是站不住脚的。第二，对国际主义的认识必须结合世界形势与历史现实。经典作家关于国际主义与世界革命的论述有其特殊的历史背景，而放置于现有条件下却存在一定的历史局限性。历史也证明，当党的国际主义理念符合现实发展时，革命事业就会取得成功；当党对国际主义的认识变得激进和非理性时，革命事业就会遭遇挫折。因此，必须坚持理论联系实际，坚持在实践中正确认识和发展国际主义理论。第三，对国际主义的认识需要超越社会制度与意识形态的分歧，坚持将新型国际主义理念与中国外交深度融合。改革开放以来，特别是党的十八大以来，党对国际主义认识的转轨、调整与创新，无不体现出理性与务实的一面，人类命运共同体理念的提出更极大地促进了中国对外关系的发展，这

---

① 《习近平谈治国理政》第2卷，外文出版社2017年版，第41页。

② 习近平：《携手抗疫　共克时艰——在二十国集团领导人特别峰会上的发言》，人民出版社2020年版，第3页。

③ 《习近平谈治国理政》第3卷，外文出版社2020年版，第471页。

对当代中国融入世界和参与全球治理是极为重要的。总之，经历了百年沧桑与曲折探索，党对国际主义的认识已经足够成熟，“站在新的历史起点，中国开放的大门只会越开越大”，无论国际风云如何变幻，“中国始终是世界和平的建设者、全球发展的贡献者、国际秩序的维护者”。[①]

① 《习近平谈治国理政》第3卷，外文出版社2020年版，第210、194页。

阶级分析的三个层次

——从毛泽东、孙中山、梁漱溟对中国社会的认识分歧说开去

杨毓康
（中国人民大学国际关系学院博士研究生）

阶级分析作为马克思主义的核心议题之一，根本影响着近现代中国的政治进程。中国是否为阶级社会，又关切毛泽东、孙中山、梁漱溟对中国社会的认识分歧。三人的讨论涵盖了自秦汉以来古代中国与近代中国两个时间段，这也是近代中国转型的时代印迹。其中，毛泽东的观点截然区别后两者，与孙中山的差别体现在对于近代中国阶级性的判断，与梁漱溟则是在古代中国以至近代中国阶级性的问题上针锋相对，但是三人谈事论理往往随境而就、点到为止。那么，我们应该如何理解三人的逻辑思路及意义建构？本文回到对中国社会认识的这三个样本，探讨关于中国政治社会思考需要面对的问题。

一、阶级的概念与划分标准

恰如孙中山与梁漱溟谈及阶级问题时总是比照西方"社会变化及发达的程序"，阶级作为一种社会现象深受重视并最终发展成为一种相对成熟的分析工具，的确是源于西方社会。尤其是在"资产阶级在它不到一百年的阶级统治中所创造的生产力，比过去一切世代创造的全部生产力还要多，还要大"①的背景下，产业革命创造了一个工业资本家阶级和人数远超之的工业无产阶级，阶级分化与对立下的贫富差距以至社会问题前所未有地加剧，社会主义思潮以至马克思主义就是孕育于此。② 但是，"阶级"这一概念早于马克思之前就被提出和运用，只是马克思将之推广到经济社会和整个人类历史，用以讨论生产方式、社会性质、历史阶段、社会现象、政治立场、具体斗争等。③

---

① 《马克思恩格斯选集》第1卷，人民出版社2012年版，第405页。

② 参见蒲国良：《社会主义思想：从乌托邦到科学的飞跃（1516～1848）》，北京师范大学出版社2018年版，第1～5、531～542页。

③ 参见王青：《马克思阶级范畴再阐释》，载《青海社会科学》2019年第5期。

事实上，马克思从未给出“阶级”这一重大概念的定义[①]，传统上总将生产资料占有与剥削归入马克思主义阶级划分标准，但这实际上是其后马克思主义者的——尤其是经典的列宁定义，将这一标准展开为“生产体系中的地位—生产资料占有关系—劳动组织中的作用—取得社会财富方式与多寡”的逻辑链。[②]

毛泽东贯彻列宁的“阶级”概念主张是最为彻底的，梁漱溟与之有共通之处。较之1924年1月国民党一大宣言(鲍罗廷起草)中提及近代中国社会存在七种阶级[③]，毛泽东在1925年关于中国社会的阶级划分更为深入，具体分析的是“各阶级的经济地位及其对革命的态度”，区分出“地主阶级和买办阶级”“中产阶级”“小资产阶级”“半无产阶级”“无产阶级”“游民无产者”等。[④] 而1933年《怎样分析农村阶级》又更进了一步，毛泽东根据土地、工具占有情况及剥削程度划分出农村地主、富农、中农、贫农、工人(雇农在内)等[⑤]，较为明确具体地展现了其“人与人之间由于在生产资料的占有及其收入来源方面所形成的经济和政治地位上的差异”的阶级定义。[⑥] 值得一提的是，梁漱溟论断阶级存在的思路也是从生产资料占有角度出发。他先是否认社会地位和贫富分化的阶级标准，提出“俗常说到阶级不过是地位高下、贫富不等之意；那其实不算什么阶级”，继而从生产资料占有的角度提出“在一社会中其生产工具与生产工作有分属两部分人的形势——一部分人据有生产工具，而生产工作乃委于另一部分人任之。此所谓阶级对立的社会”。[⑦]

在国民党一大结束后的三民主义系列演讲中，孙中山则选择否认中国的阶级存在，语境每每是在与西方作对比。[⑧] 孙中山提出，“大概社会变化和资本发达的程序，最初由地主，然后由地主到商人，再由商人到资本家”，“中国顶大的资本家，和外国资本家比较，不过是小贫，其他的穷人都可以说是大贫”，“并没有大富的特殊阶级，只是一般普通的贫”。[⑨]这也就是说，孙中山并没有否认“阶级”概念和阶级存在的可能性，也不否认中国贫富差距存在，当然也从未对“阶级”有过实质定义。但是，对比西方资本发达与阶级对立的情况，孙中山认为中国的贫富差距难以达到阶级分化对立的程度，其阶级划分标准是比照西方发达社会的。

---

① 《资本论》第五十二章以“阶级”为题，提出“什么事情形成阶级”的问题，但手稿到此中断。参见马克思：《资本论》第3卷，人民出版社2004版，第1001页。

② 参见《列宁选集》第4卷，人民出版社2012年版，第11页。

③ 包括近代中国社会的专制阶级、特殊阶级、资产阶级、中等阶级、知识阶级、工人阶级、农民阶级，具体参见《孙中山全集》第9卷，中华书局1986年版，第114～124页。另见张海鹏：《孙中山民生主义理论体系的内在矛盾——兼议孙中山阶级观点问题》，载《历史研究》2018年第1期。

④ 参见《毛泽东选集》第1卷，人民出版社1991年版，第3～11页。

⑤ 参见《毛泽东选集》第1卷，人民出版社1991年版，第127～129页。

⑥ 参见谢立中：《“中国社会”：给定实在，抑或话语建构——以毛泽东和梁漱溟之间的一个分歧为例》，载《江海学刊》2008年第3期。

⑦ 梁漱溟：《乡村建设理论》，上海人民出版社2006年版，第27页。

⑧ 参见《孙中山全集》第9卷，中华书局1986年版，第183～427页。

⑨ 《孙中山全集》第9卷，中华书局1986年版，第381～382页。

梁漱溟与孙中山一样，也是比照西方“社会变化及发达的程序”在讨论中国的阶级问题。不同的是，对比——“如西洋中世纪时，土地都属于贵族领主，至近代工业机器又属于资本家；而任生产工作之劳者，若农奴、若工人，均不得自有其生产工具；遂造成剥削与被剥削的两面”“……中国（此指其语境中的旧时社会）则没有构成这两面”——梁漱溟在事实上否定中国旧时社会存在阶级分化对立是基于生产资料垄断关系的推演；相同的是，梁漱溟在1938年与毛泽东延安对谈时，进一步指出“中国（中古）社会贫富贵贱不鲜明、不强烈、不固定，因此阶级分化和对立也就不鲜明、不强烈、不固定”①，这与孙中山肯定中国社会贫富差距存在而否定形成阶级分化对立的论调是类似的，二人头脑中阶级是否分化对立的参照系都是西方社会，尤其是相比西方社会生产力发达之下收入巨差中的贫富分化。另外，梁漱溟还提出“土地自由买卖人人得而有之”“遗产均分而非长子继承制”“机器未发明，大规模生产与资本垄断未造成”的论点支撑“老中国”社会体制下生产资料的非垄断关系，以宗族社会“经济结构隐然有似一种共产”的论点说明西式贫富阶级分化在以农村为基础和主体的中国旧时社会“不鲜明、不强烈”，并用“士农工商”职业分工的流动来佐证社会阶级分立的“不固定”。②

如前所述，毛泽东、孙中山和梁漱溟对中国社会（无论语境中侧重古代或近代）存在一定贫富差距的事实可以达成共识，在某经济社会形成阶级对立的可能性问题上也不会有争议，但是“阶级”的概念及阶级分化与对立的划分标准不一样。针对三人不同语境下各自“究实理”的标准讨论，我们可以归纳出生产力水平、生产资料垄断（或占有）程度、收入分配以至贫富差别、职业分工流动等四个主要方面，他们的论断往往兼而谈之且各所侧重。

毛泽东的阶级划分标准中暂未发现与生产力原因相关的论述，在中国社会阶级分析中遵循的是列宁强调生产资料占有关系根本作用的这一思路，收入分配中的多种剥削与职业分工中的多种压迫只是这一根本作用的重要表现。

孙中山关于生产力水平的讨论是根本指向收入分配的阶级标准，其“阶级”概念倾向于在收入分配形成贫富巨差之下的社会群体分化对立。具体到近代中国的情况分析，生产资料出现“一般农民九成是没有田”对阶级分化重要性的基本忽略，收入分配出现“农民耕田所得粮食，据我们最近在乡下的调查，十分之六是归地主，农民所得到的不过十分之四，这是很不公平”的限于同情③，而又更主要强调中国只存在“大贫小贫”，这都反映了其以收入分配形成贫富巨差（比照西方）为核心的阶级划分标准。在职业分工方面，孙中山强调社会财富“不专工厂内工人劳动的结果”，强调各有贡献，不

---

① 汪东林：《我对于生活如此认真：梁漱溟问答录》，当代中国出版社2013年版，第55页。

② 参见梁漱溟：《乡村建设理论》，上海人民出版社2006年版，第24～30页。

③ 孙中山关于土地占有和粮产分配的数据说法具体来源不知，但其中的土地占有情况与梁漱溟以山东邹平为例的调查不一致，实际上中国南北土地所有制情况也存在较大差异。学者胡英泽指出，以江浙二省和晋冀鲁三省数据为例，当时的中国南北地区土地分配都呈现集中化特点，但北方少地户所占比例较高，因此土地占有相对分散。具体参见《孙中山全集》第9卷，中华书局1986年版，第399～400页；胡英泽：《近代华北乡村地权分配再研究——基于晋冀鲁三省的分析》，载《历史研究》2013年第4期。

认同阶级分化下的剥削理论，自然也不会赞成以此为标准。[①]

梁漱溟在"阶级"概念上强调生产资料占有关系产生的分化对立，这与毛泽东以至列宁的标准是共通的，但其更强调这一社会分化对立要达至极端(比照西方)。具体到中国(旧时)社会阶级划分上，关于生产力的论述强调中国非机器大规模的小农分散生产，这一论点实质上与生产资料占有、收入分配差距中的诸多讨论也不好完全切割开来，但核心目的是在强调中国阶级分化和对立"不鲜明、不强烈"，关于宗族社会的分析也是指向于此；至于"职业分途"的分工流动，是要说明中国阶级分化和对立"不固定"。

二、阶级意识的自在与自为

阶级作为一个分析工具，除了存在相对客观的划分标准的争议问题，最为复杂的便是相对主观的阶级意识问题。基于生产力与生产关系等经济要素形成的阶级，只是处于阶级的自在状态，有些阶级经历从"自在阶级"到"自为阶级"要有明确的阶级意识。在《哲学的贫困》一文中，马克思指出："经济条件首先把大批的居民变成劳动者。资本的统治为这批人创造了同等的地位和共同的利害关系。所以，这批人对资本说来已经形成一个阶级，但还不是自为的阶级。在斗争(我们仅仅谈到它的某些阶段)中，这批人联合起来，形成一个自为的阶级。他们所维护的利益变成阶级的利益。而阶级同阶级的斗争就是政治斗争。"[②]

毛泽东、孙中山、梁漱溟关于中国是否为阶级社会的结论不同，既根本因为前文中的"阶级"概念及划分标准，也裹挟了复杂的阶级意识问题。就阶级意识而言，这既与争论者本身的阶级立场或所受某种阶级意识的影响有关，也与中国社会阶级意识的自在状态关系密切。在这一点上，毛泽东与孙中山、梁漱溟自然是完全不同的，此处可先按下不表。而孙中山虽自身有超越阶级的政治情怀，但是在上述阶级标准划分中的讨论，尤其是对生产资料垄断状况的或忽略或同情、劳动分配差距大小的看法、职业分工各有贡献的论断，起码展现了非工农阶级的政治倾向以至阶级意识。另一方面，孙中山倒是与梁漱溟在一些观点上有共通之处，比如孙中山关于"今日的社会情形还是和两千多年一样……在这种小地主时代，大多数人还是相安无事，没有人和地主为难"[③]的论断与梁漱溟关于"伦理本位，职业分途"中的部分叙述，而所谓的"没有人和地主为难""伦理本位，职业分途"便涉及本文关注的中国社会的阶级意识问题。在这一问题上，尤其是梁漱溟对于"老中国"的概括，逻辑链延展得较为完整：(1)中国社会在人际关系上"相互以对方为重"，经济上"皆彼此顾恤，相互负责"，政治上"家庭情谊化"，共同体现"伦理本位"的特点。(2)"士农工商"自由流动，尤其是"政权实有开放给众人"，以及前文提及的生产力、生产资料情况，共同组成中国社会"职业分途"的论证。(3)"伦理本位所以大有造职业分立"，因为梁漱溟认为伦理相保下"经济结构隐然有一

① 参见《孙中山全集》第9卷，中华书局1986年版，第370页。

② 《马克思恩格斯选集》第1卷，人民出版社2012年版，第274页。

③ 《孙中山全集》第9卷，中华书局1986年版，第382页。

种共产"使得政权也未被垄断，而政权开放是职业流动性的关键体现；反过来，职业(互通)"又有助于伦理"，"彼此扣合，其理无穷"，因此中国不是阶级社会。[①]

孙中山和梁漱溟提及的情况，实际上指向中国自秦汉以来逐步形成农业分散经营、科举选考制度、宗族社会结构、家国政治秩序等构成的小农国家的超阶级性，也正是这些超阶级性因素导致中国社会阶级长期处于自在状态的可能性，这反过来引发了三人关于中国社会阶级大讨论的分别。在《路易·波拿巴的雾月十八日》中，马克思提出"小农人数众多""每一个农户差不多都是自给自足的""广大群众……好像一袋马铃薯是由袋中的一个个马铃薯所集成的那样"，用以论述农业分散经营下的"他们(小农)就没有形成一个阶级"，这一情况同样发生在古代中国社会，前文中孙中山和梁漱溟的论述都能体现出这一点，也正因此中国广大的小农作为一个经济群体可能长期处于阶级自在状态，甚至也可以说"他们(小农)就没有形成一个阶级"。马克思进一步提出，小农不能以自己的名义来保护自己的阶级利益，"一定要别人来代表他们。他们的代表一定要同时是他们的主宰，是高高站在他们上面的权威，是不受限制的政府权力，这种权力保护他们不受其他阶级侵犯，并从上面赐给他们雨水和阳光。所以，归根到底，小农的政治影响表现为行政权支配社会"[②]，以小农为基础和主体的古代中国也在很大程度上体现出"行政权力支配社会"这一逻辑，刘泽华将这一逻辑的中国化概括为"王权支配社会"。[③] 进一步来说，对基于农业分散经营的小农国家超阶级性的这一认识，对我们理解科举考选制度也是有帮助的。古代政权的基础是广大小农，马克思认为以小农经济为主的国家的官僚系统具有相对的独立性与自主性，古代中国社会更是以"政权实有开放给众人"(梁漱溟语)来表现这一点。当然，诸如钱穆这一派的学者就这一现象会较之于西方，强调中国古代区别"政府和民众，本来是敌体"而表现出"政府和民众是上下一体"的[④]，区别"有阶级无流品"而呈现"有流品而无阶级"[⑤]，梁漱溟"职业分途"以否定阶级分化对立的关键也就体现在科举入仕"禄以代耕"这一点上。

另一方面，深刻影响中国社会贫富权势差距没有演化为阶级意识的自为状态，或者说体现古代政治社会超阶级性的因素，便是宗族社会结构和家国政治秩序，这一点的影响尤为深远。中国最早的政治体虽然也出现了如恩格斯所言西式(希腊诸城邦)的"氏族制度……为阶级炸毁，被国家替代"[⑥]，但是氏族性血缘性的因素内在地包容

---

① 参见梁漱溟：《乡村建设理论》，上海人民出版社2006年版，第24～30页；陈晋：《毛泽东读书笔记解析》，广东人民出版社1996年版，第236～242页。

② 《马克思恩格斯选集》第1卷，人民出版社2012年版，第763页。

③ 刘泽华先生关于行政权力支配社会的传统中国模式与马克思在《路易·波拿巴的雾月十八日》中的分析逻辑不完全相同，他承认中国的小农分散经营现实但否认中国的君主专制国家代表小农的利益，小农分散经营的结果是力量单薄、容易被强制、奴役和压榨，因此传统中国的君主专制集权国家才更容易存在。参见刘泽华：《中国的王权主义》，上海人民出版社2000年版，第1～113页；刘泽华等：《专制权力与中国社会》，天津古籍出版社2005年版，第20～23页。

④ 参见钱穆：《国史新论》，生活·读书·新知三联书店2005年版，第69～104页。

⑤ 参见钱穆：《中国历代政治得失》，生活·读书·新知三联书店2001年版，第123～126页。

⑥ 恩格斯：《家庭、私有制和国家的起源》，人民出版社1972年版，第166～167页。

进了中华文明之中，体现在中国的政治上的氏族酋邦制、宗法分封制甚至郡县官僚制，政治共同体秩序根本上只是整个社会宗族结构公共化、政治化的表现。梁漱溟所谓的“伦理相保”体现为一种双向伦理，即“君敬—臣忠”“父慈—子孝”“夫义—妻顺”“长惠—幼顺”“兄友—弟恭”等，社会中的任何一个个体都处在这一双向伦理链条之中，双向伦理中的每个个体都受到礼法规训与教导，同时每对主体间的双向伦理皆由前者主导，而且主体间关系的双向伦理形成层级、主导权向“君”“父”“夫”“长”“兄”集中，帝制君王更是成为独尊的“最大家长”。如此的政治社会伦理，是相应的宗族社会结构及家国政治秩序的映照，也与之相辅相成，至于梁漱溟所言的人际关系上“相互以对方为重”、经济上“皆彼此顾恤，相互负责”、政治上“家庭情谊化”便是这一文化社会机制的产物，孙中山所说的“今日的社会情形还是和两千多年一样……没有人和地主为难”也在一定程度上受此影响，因为社会贫富权势差距以至阶级分化对立在很大程度上被溶解于温情脉脉的家国政治社会之中。

可是，这并不代表古代中国尤其是秦汉以来的阶级分化以至对立完全不存在，可能正如马克思恩格斯阶级理论所言，古代社会阶级只是长期处于自在状态(或者说阶级意识不明显)。需要强调的是，在孙中山和梁漱溟笔转之下便跨越两千年的中国，实际上很多历史阶段的阶级分化对立都是存在的，并且体现为阶级从自在状态走向自为状态。我们要看到，孙中山和梁漱溟论及的古代中国政权没有形成控制全部生产资料依靠权力支配社会的模式，这只是说明中国自秦汉以来未出现西方社会那般彻底的经济主导阶级支配政权的情况，但是中国社会却长期依靠皇权—官僚体系。国家政权在小农社会可能被当作凌驾于统治阶级和被统治阶级之上的一种力量来使用从而体现超阶级性，但是也非常可能异化为阶级剥削和压迫的工具；尤其在伦理政治品质败坏的时期，皇权—官僚群体以统治阶级的姿态压迫地主—小农的被统治阶级，或是皇权—官僚与地主共同作为统治阶级压迫广大无法代表自己“形成一个阶级”的小农群体。马克思强调，政治斗争是阶级自为性的重要表现，毛泽东总结的自秦末到清末的数百次农民起义及几十次著名大型起义，就是被压迫的广大小农群体作为农民阶级——被统治阶级的阶级意识总爆发的表现。① 另外，近代史学家吕思勉也参与到了中国社会尤其是古代的阶级性的讨论，他在《中国阶级制度小史》一书中分别考察了国野、世官、奴婢、武力、财力、豪族、门阀、异族、宗教(佛寺)、贱民等因素之下的社会群体对立分化，虽然其“阶级”概念笼统概括到剥削压迫的不公平社会现象，但也在很多方面展现整个古代社会的阶级状态。② 所以，相较之下，孙中山的概括就显得相对单薄，梁漱溟“伦理本位，职业分途”的论述在具体历史铺陈中也可能要大打折扣。

三、阶级分析的普遍性与特殊性

我们以此三人为样本，已经涉及“阶级”概念和阶级分化对立标准以及阶级意识的

① 参见《毛泽东选集》第 2 卷，人民出版社 1991 年版，第 586～588 页。
② 参见吕思勉：《中国阶级制度小史》，知识产权出版社 2013 年版。

自在与自为的关系问题，那就不得不进一步讨论阶级分析这一认识工具要处理的普遍性与特殊性的这一关系问题。因为，在毛泽东、孙中山、梁漱溟三人关于“阶级”概念及划分标准与阶级意识两大问题的中国在地分析之中，阶级这一具有认识普遍性的框架就是面临着他们提及的各种特殊性情况。

一方面，我们必须承认，对中国社会阶级分析的讨论，在毛泽东、孙中山、梁漱溟各自的理论体系中的位置及相应意义是完全不同的。(1)毛泽东在1925年针对“中国社会各阶级的地位及其革命态度”，区分出“地主阶级和买办阶级”“中产阶级”“小资产阶级”“半无产阶级”“无产阶级”“游民无产者”等“阶级”，据此又勾画出革命敌友关系①，他所认定的中国社会阶级对立本质和革命斗争策略最为彻底，阶级斗争史观对他的理论与实践的影响是最直接和深远的。孙中山构建三民主义的救亡路线和现代化方案，民族主义关乎中华民族的团结与独立，民权主义强调传统政治的宪制转型，民生主义在关注生产力进步的前提下注重阶级关系的调和而否定中国的阶级对立。② 梁漱溟本质上是为新儒家构建一个文化—历史哲学，强调周孔教化在“道德—伦理—礼俗”三个层次塑造中国，在伦理本位的社会定位中否定中国的阶级对立③，这接续先秦儒家作为政治哲学的传统，既是突破也在伸张宋明儒学以来的心性道德对中国社会的影响。④

另一方面，如果我们将三人同时置入阶级分析这一具有普遍性的理论框架视域中，就会发现三人围绕中国是否为阶级社会这一问题产生的争议本质上就是对中国政治社会特殊性的不同侧重，这是阶级问题的中国在地分析的特殊性表现，涉及中国生产力水平与贫富差距、具体国情下的经济压迫与政治斗争、传统文化伦理与社会机制。毛泽东在学习社会阶级分析方法时强调，“这些书上，并没有中国的湖南、湖北，也没有中国的蒋介石和陈独秀”，“我只取了它四个字：‘阶级斗争’，老老实实地来开始研究实际的阶级斗争”。⑤ 也就是说，毛泽东的中国特殊性分析最是体现马列以来的阶级学理。有趣的是，较之西方的中国生产力水平及贫富差距程度，是孙中山否定中国社会阶级问题严重的前提，却成为毛泽东分析中国阶级问题的基础。基于中国经济发展和剥削压迫的调查研究，他在阶级分析后勾画革命敌友关系，“一切勾结帝国主义的军阀、官僚、买办阶级、大地主阶级以及附属于他们的一部分反动知识界，是我们的敌人。工业无产阶级是我们革命的领导力量。一切半无产阶级、小资产阶级，是我们最接近的朋友。那动摇不定的中产阶级，其右翼可能是我们的敌人，其左翼可能是我们的朋

---

① 参见《毛泽东选集》第1卷，人民出版社1991年版，第9页。

② 参见《孙中山全集》第9卷，中华书局1986年版，第355～427页。

③ 参见程农：《为什么新儒家需要一个文化—历史哲学——以梁漱溟为案例》，载《北京行政学院报》2014年第5期。

④ 参见蒋庆：《公羊学引论(修订本)》，福建教育出版社2014年版，序言部分。

⑤ 参见陈晋：《毛泽东读书笔记解析》，广东人民出版社1996年版，第140～142页。“这些书”指马克思恩格斯的《共产党宣言》、考茨基《阶级斗争》、柯卡普《社会主义史》。

友”[①]，将阶级分析运用于实际的政治斗争。孙中山对比中西，强调中国“患贫，而不是患不均”，“实业尚未发达”，但是为了避免出现“阶级战争”，又要在发展生产的同时注意保护工农大众和节制私人资本[②]，被认为是“最大限度发展资本主义的经济纲领”[③]。但是，他在讨论中国社会阶级问题时最是关注生产力的事实前提，划分标准落在形成西式贫富巨差，强调在非工业社会的落后状态下中国阶级对立分化情况根本不同于西方。梁漱溟指出中国的旧社会“伦理本位，职业分途”，伦理相保和职业流动打破阶级分界[④]，其论断“对老中国文化传统的自信与眷恋，跃然纸上”[⑤]，被新中国成立后金岳霖等批评者认为是“维持垂死的封建主义”[⑥]。但是，抛开这些评论，梁漱溟对中国传统文化社会机制在阶级在地分析中的特殊性归纳是很有建树的，毛泽东也认为其对中国社会历史的分析有独到见解。[⑦]

实际上，三人各自侧重具体情况下的经济压迫与政治斗争、中国生产力水平与贫富差距、传统文化伦理与社会机制，对新形势下的社会阶层分析（以及相应的社会矛盾管控、政治风险管理、经济生产发展、核心价值建设等）依旧有启发，是我们必须回应的理论与实践问题。但是，运用阶级这一普遍性框架分析新的现象，又会面对新的时代特殊性。诸如世界范围内的生产条件远远超越马克思所了解的情况，旧的中间阶层的持续存在与新阶层的出现，关于人类发展持续进步观念的变化，在支配世界的矛盾变化中出现民族分化加重的情况，国家对社会和个人无所不在的控制等等[⑧]，这些时代特殊性反过来对“阶级”“阶层”概念及划分标准以至工人阶级的历史主体地位和阶级自为意识都有深刻影响，对阶级这一分析框架也会极大地进行内容补充。

四、结语

马克思《资本论》中断于“阶级”一章，被视为世界社会主义运动的一大灾难，到底什么是阶级以及如何进行阶级分析最终是争论不绝、歧见迭出。德里达在《马克思的幽灵》一书中作过这样一种呈现：马克思主义已经分裂为无数的碎片，它们分散在各种理论学说中并成为它们的基石，成为诸多理论分支斗争的方法。[⑨] 在某种意义上，我们或许可以将这一观点“预支”到近代中国，因为马克思主义几乎是任何政治思想派别无法回避的，其中很重要的一个议题就是阶级问题。马克思主义尤其是阶级分析学说

---

① 《毛泽东选集》第 1 卷，人民出版社 1991 年版，第 3～11 页。

② 参见《孙中山全集》第 9 卷，中华书局 1986 年版，第 355～427 页。

③ 张磊：《孙中山：愈挫愈奋的伟大先行者》，广东人民出版社 1996 年版，第 173 页。

④ 参见梁漱溟：《乡村建设理论》，上海人民出版社 2006 年版，第 24～30 页。

⑤ 参见陈晋：《毛泽东读书笔记解析》，广东人民出版社 1996 年版，第 236～242 页。

⑥ 金岳霖：《批判梁漱溟的直觉主义》，载《哲学研究》1956 年第 2 期。

⑦ 参见陈晋：《一九三八年毛泽东与梁漱溟的一次争论》，载《中共党史研究》1990 年第 6 期。

⑧ 参见[英]麦克莱伦：《马克思传》，王珍译，中国人民大学出版社 2016 年版，第 462～463 页。

⑨ 参见[法]德里达：《马克思的幽灵——债务国家、哀悼活动和新国际》，何一译，中国人民大学出版社 2016 年版，第 52～77 页。

实际上是碎片化存在于以毛泽东、孙中山、梁漱溟三人为代表的理论学说之中，并对三人的理论以至实践方案具有基石性意义，作为问题也是作为方法成为三人理论分歧的关键，并且在这一具有普遍性的分析框架之下三人以至各种政治思想派别各自形成了相应的论断和道路选择。

对比这三个阶级论断的理论样本，我们可以发现必须前提性地讨论三人关于阶级定义的内涵区别以及相应的外延区分标准；与这一客观标准问题相伴相生的是相对主观的阶级意识问题，选择不同的阶级定义及相应标准就反映出分析主体的阶级意识，而被分析客体的阶级意识又涉及社会的不同群体和历史的不同阶段，这就引出了阶级意识的自在与自为的问题。进而，这两个问题共同指向阶级分析的适用性问题，即这一世界性历史性维度的框架要处理的普遍与特殊的关系问题；反过来说也是更准确地说，正是由于"阶级"概念要面对的普遍性与特殊性这对现实的根本矛盾，才会出现前两个问题，并具体表现在作出阶级判断、进行阶层分析的理论分歧以至实践方案之中。这也提示我们，"阶级"概念及划分标准、阶级意识的自在与自为状态、阶级分析的普遍性与特殊性，可以视作阶级作为认识工具需要注意的三个方面，讨论阶级分析的理论样本很有必要厘清其中的这三个方面，具体使用阶级这一认识工具必然要涉及这三个方面的经验判断或理论建构。

中国共产党文化建设的百年探索

王新颖

（南开大学马克思主义学院博士研究生）

文化建设指的是文化体系的构建，特别是价值观念的调整与塑造，关系到民族的生命力和凝聚力。中国共产党自成立以来，不仅致力于实现国家独立、人民解放，而且对思想文化层面的建设也格外重视。如何开展文化建设以形成有利于全国各族人民奋斗的共同理想，遏制西方腐朽思想的滋生演变，成为中国共产党面临的严峻课题。

一、中国共产党开展文化建设的背景

历史文化是民族发展的血脉，研究中国共产党文化建设思想的发展离不开对近代中国历史的回顾。自1840年开始，近代中国不断遭受列强入侵，半殖民地半封建的社会制度成为当时最基本的国情，中华民族在失去民族独立性的同时，也陷入了重重精神危机之中。先知先觉的仁人志士试图学习西方国家先进的工业文明来挽救民族危机，但由于只停留在器物层面未触动封建制度的根基，均以失败告终。

直到十月革命一声炮响，为世界发展提供了新的选择方向，全世界无产者逐渐觉醒，马克思主义开始传入中国，一场象征着思想解放的五四运动在中国爆发，这是近代以来中西文化思想碰撞融合到新阶段的必然产物，正如杨铨所言："中国之近代社会思想几乎完全为中西文化接触之产物。"[①]因此，任何个人或政党为探求兴国救民的真理，都必须重视对文化问题的思考。自此以后，无产阶级开始登上历史舞台并成为基本动力，新民主主义革命也由此开端，以马克思主义为指导思想的中国共产党成为新文化运动的直接继承者，坚定地将摆脱民族危机、复兴中华文化视为奋斗目标，"我们共产党人多年以来，不但为中国的政治革命和经济革命而奋斗，而且为中国的文化革

① 杨铨：《中国近代三十年之社会改造思想》，载《东方杂志》1924年第9期。

命而奋斗”①。这一论述在中国共产党之后的历史实践中多次得到验证。

文化建设作为执政党建设的重要组成部分，彰显了党的精神面貌和旗帜方向，是保障党思想先进性和纯洁性的内在要求，是执政党可持续发展的必然选择。中国共产党是善于在学习中进步、在发展中创新的无产阶级政党，自其诞生之日起，就主动接受先进文化，积极推进思想文化的进步。马克思曾指出：“理论一经掌握群众，也会变成物质力量。”②马克思和恩格斯的文化观为中国共产党人的文化探索作了很好的理论铺垫，在民族存亡的危急关头，早期共产党人将马克思主义唯物史观视作改造社会的理论工具，寻求中国文化的出路。早期的中国共产党员大多接受过新文化运动的洗礼，他们以马克思主义基本原理为指导，将民主、科学的价值观念融入中国文化的培育中，革新了中华优秀传统文化，催生了红色革命文化和社会主义先进文化。在世界政治多极化、经济全球化的浪潮下，以文化力量为核心的软实力逐渐成为国家之间较量的关键所在，中国共产党与时俱进地构建起中国特色社会主义文化体系，弘扬以爱国主义为核心的民族精神和以改革创新为核心的时代精神，并在此基础上树立起了高度的文化自信。

二、中国共产党文化建设的历史脉络

1.新民主主义革命时期党对文化建设的初步探索(1921～1949年)

中国共产党成立初期的主要精力放在了组织进步的青年积极分子学习科学社会主义和宣传马克思主义思想上，将其与中国的实际问题相结合，并同与马克思主义相对立的思潮开展论战，开启了早期中国共产党人的文化探索之路。1923年，中共中央通过了《教育宣传问题决议案》，旨在阐述对于中国文化问题的唯物主义理解，对其中的文化起源、中西文化比较以及社会主义文明等内容进行说明，反映了中国共产党登上历史舞台之初对文化问题的看法，在中国文化思想史上占据着不可忽视的地位。

党中央在延安时期，进一步明确了文化应当服务于工农大众的方针，毛泽东提出要建立兼具民族性与科学性的新民主主义文化，即“民族的科学的大众的文化，是人民大众反帝反封建的文化”，强调了“革除反动的中华民族旧文化，建立中华民族新文化”的迫切性，并且这种新民主主义文化“应为全民族百分之九十以上的工农劳苦民众服务，并逐渐成为他们的文化”。③ 这一目标的提出，为中华民族先进文化的建设指明了方向，也激发了广大工农群众参与文化建设的热情，为中国共产党的文化建设奠定了坚实的基础。

抗日战争的全面爆发使国内形势发生剧变，迫切要求中国共产党形成全新的文化理论以适应民族需要。“马克思主义的伟大力量，就在于它是和各个国家具体的革命实践相联系的。对于中国共产党来说，就是要学会把马克思主义列宁主义的理论应用

① 《毛泽东选集》第2卷，人民出版社1991年版，第663页。
② 《马克思恩格斯选集》第1卷，人民出版社2012年版，第9页。
③ 《毛泽东选集》第2卷，人民出版社1991年版，第708～709页。

于中国的具体环境。”[①]毛泽东在抗战全面爆发前夕发表的《矛盾论》和《实践论》是马克思主义理论与中国实践相结合的经典篇章，在全国各抗日根据地广泛传播，给人民群众极大鼓舞，1940年1月，毛泽东在《新民主主义论》中第一次明确阐述了马克思主义文化，并将其与中国的文化实际结合起来，提出了新民主主义文化建设的基本纲领和方针政策，标志着新民主主义文化体系的形成。在抗战时期的大后方，以周恩来同志为核心的中共南方局，通过翻译、传阅马列著作，举办抗日讲座等，宣传马克思主义，为抗战时期文化工作的进步作出了巨大贡献。

抗日战争胜利后，解放区的文化建设呈现出蓬勃发展的态势，这一时期的中国共产党对传统文化采取了保护、继承、扬弃的态度，注重总结党在革命实践中形成的优良作风传统，兼顾物质文化与精神文明，并根据史实改编了秧歌剧、音乐、舞蹈等多达几十部，文化社团也在全国遍地开花，不同地域的文艺工作者与知识分子都投入国家的文化建设中。为迎接新中国的诞生，中国共产党继续推进马克思主义中国化的进程和革命文化事业的发展，并将反腐倡廉的思想纳入文化建设中，突出强调了党的执政能力建设和自身文化建设的重要性，以此保障党的纯洁性和战斗力。

2.社会主义革命和建设时期党对文化建设的曲折探索(1949～1978年)

新中国的成立实现了中国共产党阶段性的政治目标，同时意味着中国共产党的文化事业迈上新的台阶，清理旧文化、改造旧思想的工作成为社会主义文化建设的良好开端。党中央坚持用马克思列宁主义、毛泽东思想改造知识分子服务于新中国的文化建设事业，并依照1950年发出的《关于全党全军开展整风运动的指示》整改党内存在的不良思想文化，对残余的资产阶级、小资产阶级和封建阶级思想的批判工作也在同时进行。“随着经济建设的高潮的到来，不可避免地将要出现一个文化建设的高潮。中国人被人认为不文明的时代已经过去了，我们将以一个具有高度文化的民族出现于世界。”[②]

随着社会主义改造的基本完成，社会主义制度在我国落地生根，社会政治和经济环境的变化必然会引起文化领域的连锁反应，但由于受到苏联教条主义的影响，文艺作品和科学实践的革命色彩浓厚，不能充分展示社会主义文化的丰富内容，对此，毛泽东正式提出“艺术问题上百花齐放，学术问题上百家争鸣”[③]，确定为指导我国发展科学文化事业的方针。这一时期文艺工作者的积极性得到充分发挥，创作出了诸多脍炙人口的优秀作品，学术界自由讨论的氛围空前浓厚，文学文化事业呈现出欣欣向荣的局面，人民群众的文化生活得到极大丰富。

传统与外来文化之争是中国文化界长期讨论的重要问题。1964年，毛泽东根据“符合中国当前实际需要，为社会主义新文化所用”的原则，提出了“古为今用，洋为中用”的方针，重点在于“推陈出新”，同时强调要坚守本民族的特色，明确了吸收借鉴古

---

① 《毛泽东选集》第2卷，人民出版社1991年版，第534页。

② 《毛泽东文集》第5卷，人民出版社1996年版，第345页。

③ 《毛泽东文集》第7卷，人民出版社1999年版，第54页。

代和西方文化的目的是创造出属于我们自己的文化，“向古人学习是为了现在的活人，向外国人学习是为了今天的中国人”[①]。这一方针为中国的文化创新指明了方向，取精去糟，博采众长，为民族发展注入新的活力。

“文化大革命”是中国发展史上的一个特殊时期，这场始于文化领域的批判式“革命”作为政治斗争的工具，在全国范围内掀起了一场群众阶级斗争运动，酿成了中国文化史上的灾难。这一时期不仅抵制资本主义文化，连同中国传统文化也遭受了严重摧残，文化专制主义也直接影响到教育和文艺领域，对知识分子进行严重打压、迫害、“再教育”等，多样的文艺创作被八部“革命样板戏”取代，学术研究和科技发展都阻力重重，放缓了中国的发展脚步。邓小平同志说：“过去的成功是我们的财富，过去的错误也是我们的财富。”[②]“文化大革命”为十一届三中全会制定全新的思想路线和方针政策提供了教训，社会主义文化在新的探索中得以重生。

3.改革开放新时期党对文化建设的调整探索（1978～2012年）

1978年十一届三中全会的召开，实现了历史性的伟大转折，确立了“实践是检验真理的唯一标准”的思想路线，重提“双百”方针和“二为”方向，经济、政治、社会建设有了新的起色，社会主义文化发展也随之进入新时期。以邓小平同志为核心的第二代中央领导集体继承了党的正确的文化思想，将马克思主义基本原理同中国国情相结合，系统阐述了现阶段的社会主义文化建设的根本任务、战略地位、指导方针等，并着重强调“尊重知识，尊重人才”[③]、“科学技术是第一生产力”。1986年9月，针对文化事业的发展和提高，党的十二届六中全会通过了《中共中央关于社会主义精神文明建设指导方针的决议》，该决议表明文化建设是从属于社会主义精神文明建设的，并且较为系统地回答了与文化建设相关的一系列基本问题，这也是党第一次就社会主义精神文明建设颁布决议，初步解决了新时期文化思想发展过程中面临的问题，使我国的文化面貌焕然一新。

在庆祝建党70周年大会上，江泽民同志使用了“有中国特色社会主义文化”这一名词，党的十五大再次提高了对文化建设的认识高度，将“建设有中国特色社会主义的文化”作为党在社会主义初级阶段基本纲领的内容之一确定下来。2000年，江泽民同志在广东考察时首次提出“三个代表”重要思想，这其中包含了对中国共产党文化使命的阐释，即“中国共产党要始终代表中国先进文化的前进方向”，实现了党在文化思想发展史上的新飞跃。此外，江泽民还指出：“精神的力量可以转化为物质的力量。”[④]倡导弘扬优秀的民族精神，塑造人民群众的精神品格。同时，党从现代化建设的高度出发，致力于文化创新体系建设，并提出了科教兴国、以德治国等重要方略，实现了中华文化的新发展。

---

① 《毛泽东文集》第7卷，人民出版社1999年版，第82页。

② 《邓小平文选》第3卷，人民出版社1993年版，第272页。

③ 《邓小平文选》第2卷，人民出版社1994年版，第41页。

④ 《江泽民文选》第2卷，人民出版社2006年版，第230～231页。

党的十六大以来，以胡锦涛同志为总书记的党中央对于实现文化大繁荣大发展给予高度重视，进一步深化了中国特色社会主义文化建设问题的认识。十六大报告中首次将文化事业和文化产业加以区分，再次强调了文化建设的重要地位，并要求制定总体方案继续推进文化体制改革。2009年，我国将文化产业提升至战略性产业的高度，并出台了第一部文化产业专项规划，全力贯彻十七大报告中提出的“大力发展文化产业”的精神，不断提高文化产业的民族竞争力。党的十六届六中全会通过的《中共中央关于构建社会主义和谐社会若干重大问题的决定》中指出：“建设和谐文化，是构建社会主义和谐社会的重要任务。社会主义核心价值体系是建设和谐文化的根本。”[①]在国际竞争日趋激烈的战略机遇期，“和谐文化”概念的提出，彰显了党中央高度的文化自觉与理论创新，体现了对社会主义建设客观实际的把握，再度丰富了党的文化建设思想。

4.中国特色社会主义新时代党对文化建设的升华探索(2012年至今)

中国特色社会主义发展进入新时代，文化建设也踏上新征程。习近平总书记关于中国特色社会主义文化建设的探索之路有以下精辟描述：“坚持和发展中国特色社会主义是一篇大文章，邓小平同志为它确定了基本思路和基本原则，以江泽民同志为核心的党的第三代中央领导集体、以胡锦涛同志为总书记的党中央在这篇大文章上都写下了精彩的篇章”，现在“我们这一代共产党人的任务，就是继续把这篇大文章写下去”。[②] 习近平总书记在多个场合都表示了对中华优秀文化的重视和赞赏，他曾指出，中国优秀传统文化“是我们在世界文化激荡中站稳脚跟的根基，是中华民族的突出优势”[③]，强调了提升文化软实力是增强综合国力的重要部分。

2014年2月，习近平同志在中央政治局第十三次集体学习中明确提出“增强价值观自信和文化自信”，这是继道路自信、理论自信和制度自信之后，首次创造性地提出了“文化自信”这一新概念，作为中华民族独具特色的精神标识，蕴含着中华民族更深层次的精神追求，是更基础、更广泛、更深厚的自信，是推动国家富强、民族振兴、政党永葆活力的更深沉、更基本、更持久的力量。

2016年7月，习近平同志在庆祝中国共产党成立95周年大会上首次将文化自信与道路自信、理论自信、制度自信并列提起，第一次将文化自信列入党的纲领性文献中，将文化自信提升到社会主义建设新高度。随着中国共产党对中国特色社会主义问题认识的不断深化，文化自信思想开始成为治国理政的新理念、新战略，对于中国特色社会主义建设以及实现中华民族伟大复兴，具有深远的指导意义。

2017年10月18日，中国共产党第十九次全国代表大会召开，习近平同志将“坚定文化自信，推动社会主义文化繁荣兴盛”作为新时代中国特色社会主义发展的基本

---

① 《中共中央关于构建社会主义和谐社会若干重大问题的决定》，人民出版社2006年版，第21～22页。

② 《习近平谈治国理政》第1卷，外文出版社2018年版，第23页。

③ 《习近平谈治国理政》第1卷，外文出版社2018年版，第164～165页。

方略之一，“没有高度的文化自信，没有文化的繁荣兴盛，就没有中华民族伟大复兴”[①]，重申了文化自信对于国家和民族的重要性。

2018 年 8 月，习近平在全国宣传思想工作会议上强调指出，新形势下的宣传思想工作，其中一个重要的部分就是要“兴文化”，即必须要坚持中国特色社会主义文化发展道路，建设社会主义文化强国。[②] 同年 12 月 18 日，在庆祝改革开放 40 周年大会上，习近平再次强调了实现中华文化伟大复兴的重要性。

2020 年 9 月，在教育文化卫生体育领域专家代表座谈会上的讲话中，习近平同志重申了坚定文化自信，把文化建设提升到一个新的历史高度的基本方略。

此外，党中央相关部门先后制定了《深化文化体制改革实施方案》和《国家“十三五”时期文化发展改革规划纲要》，并出台《关于推动国有文化企业把社会效益放在首位、实现社会效益和经济效益相统一的指导意见》，为文化事业和文化产业的和谐发展提供了指导性意见，大大提升了文化产业的增速。同时，在广大农村地区大力推广文化惠民工程，精准扶贫既缓解了农村的经济压力，又切实丰富了农民的文化生活。

自十八大以来，党在文化发展方面的理论深度和实践广度方面都取得了长足进步，文艺创作欣欣向荣，文化事业和产业蓬勃发展，许多具有代表性的中国文化品牌逐渐走向世界，中华民族的文化自信得以彰显。面对复杂多变的局势，中国共产党将继续带领全国各族人民坚定文化自信，建设文化强国，实现中华民族伟大复兴的历史任务。

三、中国共产党百年文化探索实践的基本经验

1.代表人民利益是文化建设的基本立场

马克思主义认为，人民群众是社会财富的创造者，是社会变革的决定性力量，代表先进阶级的正确思想一旦被群众掌握，就会变成改造社会、改造世界的强大的物质力量。中国共产党自成立之日起，就坚定地以马克思主义为指导思想，始终遵循以人民为中心的价值理念，秉持全心全意为人民服务的根本宗旨，赢得了人民的拥护。

早在新民主主义革命时期，毛泽东就曾提出“文艺为工农兵服务”，1949 年通过的《共同纲领》第 45 条也明确规定“提倡文学艺术为人民服务”。改革开放之后，文艺创作进入了新的历史时期，邓小平强调“人民需要艺术，艺术更需要人民”[③]，明确了人民群众与艺术之间相互补充的关系。以江泽民为核心的中国共产党人强调：“我们的文化必须充分体现人民的利益和愿望，将人的全面发展作为社会主义文化建设的任务和

---

① 习近平：《决胜全面建成小康社会 夺取新时代中国特色社会主义伟大胜利——在中国共产党第十九次全国代表大会上的报告》，人民出版社 2017 年版，第 27～28 页。

② 参见习近平：《举旗帜聚民心育新人兴文化展形象 更好完成新形势下宣传思想工作使命任务》，载《人民日报》2018 年 8 月 23 日。

③ 《邓小平文选》第 2 卷，人民出版社 1994 年版，第 212 页。

目标。”①以胡锦涛为总书记的党中央进一步明确进行社会主义文化建设需要“坚持为人民服务，为社会主义服务”，“坚持以人为本”，强调文化发展成果由人民共享。党的十八大以来，习近平总书记进一步丰富了文艺为人民服务的思想，在2014年的文艺工作座谈会上他进一步明确了“坚持以人民为中心的创作导向”，在纪念马克思诞辰200周年大会上他指出：“我们要始终把人民立场作为根本立场，把为人民谋幸福作为根本使命，坚持全心全意为人民服务的根本宗旨。”②

中国共产党不仅在理论层面始终强调代表人民立场的重要性，并且更加注重在推进国家公共文化服务体系实践中满足人民群众的需求。数据显示：“2016年，全国公共图书馆总藏量9亿册、新增藏量6725万册、总流通人次6.6亿次，较2011年分别增长40.8%、57.4%和73%。全国文化事业费也较2011年增长了96%，达到了770.69亿元。”③全国范围内文化惠民工程的实施，保证了人民群众的基本文化权益，增强了人民群众的文化获得感。新时代中国特色社会主义的任务，不仅要实现国富民强，为人民创造美好的文化生活同样重要，随着物质生活条件的改善，解决了“从无到有”的难题，“从有到优”的追求还未完全实现，人民群众对文化产品的品质、创意等方面的要求不断提高，因此，“必须抓好文化建设，增加社会的精神文化财富”④。

2.善于创新是文化发展的根本动力

纵观历史，我们不难发现，人类的进步、民族的发展、国家的昌盛都离不开创新，文化的兴衰同样取决于其自身的创新能力。建党百年来，为适应经济变革，文化形态作出过多次调整，也包含着多方面的创新。

第一，理论指导的创新。五四运动之后，马克思主义开始传入中国，当时的中国共产党人就已经开始思考如何运用这一新的社会思潮来解决中国面临的现实问题，李大钊、陈独秀等人积极翻译马克思主义著作，进行理论宣讲，促进了新思潮的萌芽兴起和马克思主义的传播，使得越来越多的知识分子和工人阶级加入信仰马克思主义的行列中。鉴于前期共产国际代表误判国情而给出了错误的教条式指导，毛泽东创造性地提出了“马克思主义中国化”的鲜明观点，为马克思主义在中国的发展铺平了道路。历经社会主义革命、建设和改革之后，党中央领导集体确立了毛泽东思想、邓小平理论、“三个代表”重要思想、科学发展观以及习近平新时代中国特色社会主义思想为指导思想并写入党章，适时而变的创新理念，对于今后的社会实践具有重大的现实意义。

第二，科学技术创新。中国共产党历来非常重视科学技术在民族发展中的重要作用，并提出了“科学技术是第一生产力，创新是引领发展第一动力”的基本论断，“坚持创新，勇于创新，增强自主创新能力，建设创新型国家”是事关社会主义现代化建设全

① 《江泽民文选》第1卷，人民出版社2006年版，第159页。
② 习近平：《在纪念马克思诞辰200周年大会上的讲话》，人民出版社2018年版，第17页。
③ 李静：《党的十八大以来现代公共文化服务体系加快建立》，载《中国文化报》2017年10月1日。
④ 《习近平谈治国理政》第2卷，外文出版社2017年版，第315页。

局的重大战略决策[①]，科学技术的进步极大地提高了生产效率，促进了经济、文化、社会等多方面的发展，使我国的整体面貌得到快速改善。我国社会主义发展进入新时代，无论是现实中的文化交流还是网络空间上的文化传播，科学技术都起着重要的媒介作用，迅速成长的新媒体网络文化迫切需要先进的科学技术作支撑。科技强则文化强，文化强则国家强，创新是引领社会发展的重要源泉，是文化大繁荣大发展的根本推动力量，更是化解人民日益增长的美好生活需要和不平衡不充分的发展之间矛盾的关键所在。

第三，文化体制改革创新。文化体制是文化管理制度层面的内容，事关文化的长远发展，自十一届三中全会开始，党中央对经济体制进行整顿，并制定了文化市场管理法规，文化体制改革随之拉开序幕，并逐步上升到国家战略层面，市场对文化建设的积极作用得以发挥。文化体制的创新性改革，实现了文化自觉到文化自信的转变，多年来的文化实践形成了文化体制中的新格局，是前所未有的新时代文化成就。在巩固已有文化成果的基础上，以习近平同志为核心的党中央坚持文化产业做优做强，提升文化服务水平，创新文化发展模式，倡导全民参与共享，加快中华文化走出去的步伐，不断将我国的文化建设推向新的发展阶段。

3.坚定党的文化领导力是根本保障

中国特色社会主义文化之所以能不断繁荣进步，究其根本离不开党中央的文化领导力。具有无产阶级意识的先进知识分子，在救亡图存的道路上选择了马克思主义，使最有能力的中国共产党成为新文化运动的直接继承者，坚定地将摆脱民族危机、复兴中华文化视为奋斗目标，“我们共产党人多年以来，不但为中国的政治革命和经济革命而奋斗，而且为中国的文化革命而奋斗”[②]。这一论述在中国共产党之后的历史实践中得到验证。

中国共产党自成立以来，就注重以先进的思想武装头脑，在科学理论的指导下，团结带领全国各族人民开展文化实践探索，使中国革命的面貌焕然一新。经历过社会主义建设的挫折之后，中国共产党及时确立了“解放思想，实事求是”的思想路线，继续发挥强大的文化领导力，整改党内的不良思想，纠正社会上残余的错误思想观念，促进社会主义精神文明健康发展，不断创造出新文化、新精神，新时代的文化成果推动了中国特色社会主义各项事业向前发展，进一步加强了中国共产党的领导力，再一次证明了中国共产党有能力、有信心实现中华文化的大繁荣大发展。

中国共产党领导是中国特色社会主义最本质的特征，是中国最大的国情。以习近平同志为核心的党中央将新时代中国特色社会主义文化建设提升到新的高度，正如习近平总书记在2014年文艺工作座谈会上指出的那样：“党的领导是社会主义文艺发展的根本保证。”[③]面对国外敌对势力和各种非马克思主义思潮，坚定党的文化领导力最

---

① 参见《胡锦涛文选》第2卷，人民出版社2016年版，第402页。

② 《毛泽东选集》第2卷，人民出版社1991年版，第663页。

③ 中共中央文献研究室编：《十八大以来重要文献选编》(中)，中央文献出版社2014年版，第13页。

重要的是保证中国共产党对意识形态的领导权，把握住社会主义意识形态的主阵地。与经济建设一样，意识形态建设同样占据重要的战略地位，全党须以清醒的头脑增强“四种意识”，应对“四大考验”，化解“四大危险”，确保意识形态工作责任制的执行力度和严肃性，完善相关法律法规，建立健全信息反应机制，引导正确的舆情方向，肃清不良的社会影响，在纷繁复杂的意识形态斗争中赢得优势与主动。此外，互联网愈益成为意识形态斗争的前沿阵地，网络安全建设刻不容缓，因此，提高网络技术防范，形成党管媒体，个人、社会多主体共同参与的治理格局，对可能危及我国意识形态安全的行为进行有效预防是非常必要的。

百年来，中国共产党的文化建设既取得了伟大的历史性成就，也经历过低谷挫折，留下了不同时代的印记。当前中国正处于最好的发展时期，面对事关国运的文化激荡，我们应继承和发扬党在前期文化建设中积累的宝贵经验，继续坚定党的文化领导力，实现中华优秀传统文化的新生，推动社会主义先进文化的进步，为中华民族伟大复兴提供思想保证。

中国共产党巡视制度的近百年历程及变迁逻辑
——基于历史制度主义视角

田启战
（山东大学当代社会主义研究所博士研究生）

巡视制度是中国共产党适应不同发展阶段、追求自身可持续发展的一项制度安排。它既是革命斗争时期发展组织力量、强化集中统一领导的有效载体，也是和平建设时期加强政治监督、提升管党与治国能力的关键举措。进入新时代，党和国家纪检监察体制改革问题日益凸显，为了把权力关进制度牢笼，构建统一领导、全面覆盖、权威高效的监督体系，党中央对巡视制度进行了革命性改造，掀起了一股股“巡视风暴”。与之相随，巡视制度日益成为社会关注的焦点并进入学术视野。当前学界对中国共产党巡视制度的研究大体分为三种进路：一是从历史维度考察民主革命时期巡视制度的实践形态，总结经验得失；二是从实务层面描述巡视工作的运作逻辑，呈现基本面貌；三是从实证角度检视巡视制度的运行成效，探讨优化路径。这些研究虽然关照了巡视制度的历史与现实，但研究范式比较单调，很少有学者对中国共产党建党百年巡视制度的整体性变迁进行纵贯的历史研究，更乏见从学理层面对巡视制度变迁逻辑进行系统性论证。基于此，本文运用历史制度主义的分析视角，从近百年巡视制度的结构变迁与宏观环境相呼应、与行为主体相关联的内在逻辑出发，在历史性变迁中透析中国共产党巡视制度的演变逻辑，以期为推动中国共产党巡视制度发展提供一个新的研究进路。

一、历史制度主义及其分析框架

作为当代西方政治科学的一个重要研究范式，历史制度主义缘起于对集团理论和结构功能主义的批判与反思。它既继承了旧制度主义重视正式制度的传统，又汲取了结构功能主义的结构观，以及历史社会学的相关理论资源。[①] 自产生以来，历史制度主义被广泛应用于经验研究，成为阐释制度变迁现象最有力的理论工具，它将制度置

① 参见何俊志：《结构、历史与行为——历史制度主义的分析范式》，载《国外社会科学》2002年第5期。

于理论架构的中轴，以历史为基础，形成了独特的分析范式。

历史制度主义的结构分析范式主要体现在：(1)重视宏观制度背景的作用，认为具体制度和政策安排深受国家正式制度的结构性影响。(2)强调各种政治变量(如社会经济发展程度、意识形态、利益关系等)之间的排列方式对公共政策或政治后果的影响，“尤其倾向于将制度与其他因素一起定位于因果链之中”[①]。(3)受集团理论的影响，主张从微观视角分析行动者在制度场域内的权力博弈，关键行动者对制度的生成与变迁有着直接推动作用。

就历史分析范式而言，历史制度主义者认为，制度与历史存在相当强的因果关系，应“以历史为手段，从历史发展中去探寻制度变迁的不同过程”[②]，以此回答“制度为什么在一定时期内保持相对均衡？制度创新何时才能实现？制度变革受哪些因素制约？”的问题。这就分别对应了历史制度主义中的路径依赖、关键节点和历史否决点理论。具体来讲，历史制度主义者认为，初始制度选择在变迁过程中会产生正反馈机制，使其沿着既定方向发展并不断自我强化，由此形成路径依赖；制度变迁往往由关键历史时期的战争、社会经济危机等重大事件引发，打破“锁定”状态、造成制度“断裂”，体现了历史进程的无规则性；制度创新之所以难以发生的主要缘由在于“历史否决点”的牵制，“在这一否决点上，反对力量可以干扰政策的变革”[③]。

综上可见，对于制度生成、维系与演化的变迁进程，能从历史制度主义的结构观和历史观中得到检视。中国共产党巡视制度作为一种介于宏观制度与微观规则之间的中观制度，对其变迁的研究，就是探寻巡视制度在生成发展过程中与宏观制度环境的关系，以及关键行动者在制度产生与变迁中的作用，而这些正是历史制度主义的理论关怀所在。另外，历史制度主义十分强调对制度发展历史的研究，而本文所探寻的是中国共产党建党以来巡视制度形成与发展的动态演变过程，考察影响巡视制度变迁的内在规律与基本逻辑等。因此，用历史制度主义分析中国共产党巡视制度具有一定的适用性。

二、中国共产党巡视制度的历史沿革

历史制度主义认为，制度的生成、维系与变迁是一个渐进累积的演化过程。以历史分期的形式探寻制度变迁进程中的“量变”与“质变”，可以探究制度发展的时代特征。[④] 根据巡视制度变迁的关键性节点，可以将其发展脉络划分为四个阶段。

1.民主革命时期巡视制度的初创与推行

党的创建和大革命时期，中国共产党以苏俄模式为范本，建立了特派员制度，用于

---

① [美]彼得·豪尔、罗斯玛丽·泰勒：《政治科学与三个新制度主义》，何俊志译，载《经济社会体制比较》2003年第5期。

② 赵晖、祝灵君：《从新制度主义看历史制度主义及其基本特点》，载《社会科学研究》2003年第4期。

③ 何俊志：《结构、历史与行为——历史制度主义的分析范式》，载《国外社会科学》2002年第5期。

④ 参见潘懋元、朱乐平：《高等职业教育政策变迁逻辑：历史制度主义视角》，载《教育研究》2019年第3期。

宣传、教育和动员群众，指导各地的工农运动。1925 年 1 月，中共四大通过的《职工运动决议案》规定向各工业区特派巡行指导员，了解全国职工运动的实际情形；《农民运动决议案》要求向农村地区派出特派员，启发农民的阶级觉悟。国共合作失败后，全国笼罩在国民党的白色恐怖统治之中，许多党组织被打散，不少党员脱党和失联，全党陷入思想混乱和组织涣散的状态。此时，巡视制度对于秘密状态下党的组织力量发展的重要意义更加凸显，中国共产党把巡视制度作为"密切各级党部关系、加强政治指导的主要路线"①。1927 年 11 月，《最近组织问题的重要任务议决案》要求"建立各级党部的巡视指导制度"。1928 年 10 月 8 日，中共中央颁布首部规范巡视工作的《巡视条例》，标志着巡视制度正式确立。党的六届四中全会后，党中央更加重视巡视工作，并将之作为加强党"活的领导"的重要方式，督促改变以往那种一纸空文了事的通告文件式的"领导"，有效强化了上级对下级的工作指导和保证了党的政令畅通。全民族抗战爆发后，基于军事斗争的需要和时代任务的转换，巡视制度的功能定位、运行范围、工作形式和权力结构得到了适应性调整。此时的巡视制度作为党的重要工作方式，以"专项巡视"的姿态"散见"于延安整风、土改与整党等运动，以及东北局巡视团的经济调查。

2.社会主义革命和建设时期巡视制度的传承与发展

新中国成立后，对于全国范围内执政的中国共产党来说，如何有效约束管制各级领导机关和党员干部，始终"不忘初心"、坚持"两个务必"，是需要认真研究解决的新问题。缘此，党中央设想"建立和加强中央对全国各地和上级对下级的巡视检查制度……以保证任何党员都在党的监督下面做工作"②，把巡视制度固定为一项党内监督制度。但此时新生的人民政权既面临着国民党残余势力的破坏、国际帝国主义的敌视，又面临着处于崩溃边缘的国民经济。在此背景下，巡视制度继续作为党的领导的重要补充手段，应用于镇压反革命、审查干部、整党整风以及社会主义教育等各类政治运动中，有力保证了党的政治目标的达成。与此同时，这一时期的巡视制度也在党的纪检、组织等领域得到一定程度的发展。1955 年 10 月批准的《中组部给中央的工作报告》、1956 年 7 月发布的《关于党委工业工作部的组织和工作问题的意见》、1957 年 2 月通过的《中组部关于县、区、乡的组织形式和领导方法的若干问题的报告》都明确要求设置一定数量、素质较强的巡视员，以检查工作和监督干部。从 1957 年"反右"运动到"文化大革命"结束前，党的指导思想上的"左倾"错误愈发严重，党和国家民主政治生活不断遭到破坏，巡视制度也随之处于弱化发展的状态。③

---

① 中央档案馆编：《中共中央文件选集》第 5 册，中共中央党校出版社 1989 年版，第 231 页。

② 中共中央组织部、中共中央党史研究室、中央档案馆编：《中国共产党组织史资料》第 9 卷，中共党史出版社 2000 年版，第 4、331 页。

③ 据学者胡云生的考证，自 1966 年后，虽然巡视工作有所弱化，但个别地方党委还在采用巡视方式。如湖北省郧县县委在 1971～1976 年每年都会派出巡视员。参见胡云生：《1949～2019：中国共产党巡视制度述略》，载《中州学刊》2019 年第 7 期。

3.改革开放以来巡视制度的恢复与探索

党的十一届三中全会以来，经历"间断"后的组织体系和监督机制在拨乱反正中逐渐恢复并步入正轨，巡视工作亦在1983年整党运动中再次回到党中央视野。随着市场经济的快速发展和社会结构的深刻转型，一些党员干部利用职权追求自身利益的权力寻租现象愈发严重，且腐败形式呈现出多样化。为了遏制日益滋长的腐败现象，1990年党的十一届六中全会提出"中央和省级党委可根据需要向各地、各部门派出'对有关问题进行监督检查'的巡视工作小组"①。这是改革开放新时期首次在中央全会上对巡视工作作出安排。但由于国内外政治形势的影响，巡视工作并未付诸实践。"陈希同、王宝森案件"发生后，党中央逐渐认识到"对中高级干部的监督，是党内监督的薄弱环节，需要完善已有制度，逐步建立新的制度"②。为此，十四届中央纪委六次全会通过了《关于重申和建立巡视制度的决定》，"派出省部级干部巡视地方和部门"。随后中纪委启动巡视制度，于1996年4月开展第一次巡视，巡视工作步入了试行探索阶段。

党的十六大以来，党中央在"改革和完善党内纪律检查体制"的进程中，作出了"建立和完善巡视制度"③的重大战略决策。这一时期，巡视制度变化主要体现在机构完善和制度建设方面。2003年8月，中纪委、中组部组建了巡视组和巡视办公室；2009年12月，中央巡视工作领导小组正式成立，并实现了巡视组的更名升级；2003～2004年，地方和新疆建设兵团也相继组建了121个巡视组和32个巡视办。在成立专门的巡视机构的基础上，出台了"三项规定"，明确各个巡视组织的职责权限。此外，颁布和完善了系列规章制度。如2003年12月，《党内监督条例》确立了党内监督的功能定位，2007年10月得到十七大党章的根本确认，正式纳入党的组织制度范畴；2009年7月，颁布新时期首部系统规范巡视工作的基本法规《巡视工作条例(试行)》。

4.党的十八大以来巡视制度的创新与完善

进入新时代，反腐败斗争形势依然严峻复杂，区域性腐败和领域性腐败交织，用人腐败和用权腐败交织，政治问题与经济问题交织。"如果任凭腐败问题愈演愈烈，最终必然亡党亡国。"④党的十八大以来，以习近平同志为核心的党中央以"不负十三亿"的政治担当、"重典治乱"的政治决心、"刮骨疗毒"的政治勇气，坚持"老虎苍蝇一起打"，着力解决管党治党"宽松软"的问题。巡视制度也由此迎来了一个新的发展阶段，体现出鲜明的时代特征。

经过几十年的实践探索，巡视制度的总体框架已基本形成。新时代巡视制度建设主要是深化改革和系统强化，理顺巡视机构的领导体制和管理机制，改进巡视巡察制度的布局，强化制度执行力和成果转化率，进而推动巡视巡察工作高质量发展。其主

① 中共中央文献研究室编：《十三大以来重要文献选编》(中)，中央文献出版社2011年版，第936页。
② 中共中央文献研究室编：《十四大以来重要文献选编》(中)，中央文献出版社2011年版，第653页。
③ 中共中央文献研究室编：《十六大以来重要文献选编》(上)，中央文献出版社2011年版，第28页。
④ 《习近平关于党风廉政建设和反腐败斗争论述摘编》，中央文献出版社、中国方正出版社2015年版，第5页。

要改革举措有：2013 年 4 月 25 日，习近平在中央政治局常委会审议《关于中央巡视工作领导小组第一次会议研究部署巡视工作情况的报告》时指出，巡视工作要围绕“党风廉政建设和反腐败斗争”这个中心进行，着力发现腐败、作风、纪律、选人用人方面的问题；探索完善回避制度，建立巡视组组长库，实行“一次一授权”和“三不固定”。同年 11 月 12 日，党的十八届三中全会明确要求“改进中央和省区市巡视制度，做到对地方、部门、企事业单位的全覆盖”①。2014 年 1 月 23 日，习近平在中央政治局常委会听取 2013 年下半年中央巡视组巡视情况汇报时强调：要创新组织制度，开展专项巡视；改进组织领导，强化中央对省级巡视工作的领导。2016 年 10 月 27 日，修订的《党内监督条例》明确规定：“市县党委建立巡察制度，设立巡察机构，对所管理的党组织进行巡察监督。”②2017 年 10 月，党的十九大提出了“建立巡视巡察上下联动的监督网”③的新要求，并把巡察制度写入新通过的党章。之后，党中央对深化政治巡视、完善巡视巡察战略格局作出了一系列安排部署，不断推进政治监督的具体化、常态化，以及巡视巡察与其他各类监督的贯通融合。

三、中国共产党巡视制度变迁的结构逻辑

一般而言，结构是相关要素在互动过程中所构成的一种稳定的关系样态。任何制度都同与其相关的诸要素处于结构性关系之中，受到相关因素的影响而发生结构性变迁。④ 与党内巡视制度构成结构性关系的变量涉及宏观制度环境、微观行动主体，它们与巡视制度紧密互动，推动巡视制度的结构性变迁。

1.制度与环境：宏观制度环境变化促进巡视制度变迁

历史制度主义认为，制度的生成、维系和变迁是在与制度环境的相互作用中产生的，制度如果脱离所处的政治、经济、社会的宏观环境，就会失去应有的解释力。⑤

与内生型政党的生长环境不同，作为外生型政党的中国共产党无法“在现行体制之下通过选举取得相应的政权”，唯有“采取革命方法，以求得革命目的，实现其主张”⑥。这就需要中国共产党巩固、扩大自身的组织力量，“从中央机关至小团体的基本组织要有严密系统和集权精神，才免得乌合的状态”⑦。为此，党的二大之后，中央开始向地方党部派遣特派员、派驻委员、特派巡行指导员，来实际指导地方党部工作和领导工农群众运动。大革命失败后，党组织全部转入地下，党员数量也从近六万人锐减到一万多人。⑧ 在分散游击斗争、交通通信困难的环境下，巡视制度成为重要的领

---

① 中共中央文献研究室编：《十八大以来重要文献选编》(上)，中央文献出版社 2013 年版，第 532 页。

② 中共中央党史和文献研究院编：《十八大以来重要文献选编》(下)，中央文献出版社 2018 年版，第 771 页。

③ 中共中央党史和文献研究院编：《十九大以来重要文献选编》(上)，中央文献出版社 2019 年版，第 47 页。

④ 参见郭哲：《中国征地制度的结构性和历史性变迁——基于历史制度主义的分析》，载《求索》2020 年第 2 期。

⑤ 参见[韩]河连燮：《制度分析：理论与争议》，李秀峰、柴宝勇译，中国人民大学出版社 2014 年版，第 28 页。

⑥ 杨幼炯：《中国政党史》，上海书店 1984 年版，第 6 页。

⑦ 中共中央文献研究室、中央档案馆编：《建党以来重要文献选编》第 1 册，中央文献出版社 2011 年版，第 162 页。

⑧ 参见胡绳主编：《中国共产党的七十年》，中共党史出版社 1991 年版，第 77 页。

导方式和组织方法，在促进党内信息沟通、保障上级决策科学、整顿改造党团组织、化解各种矛盾纠纷、发现培养领导干部等方面发挥了不可磨灭的作用。

1937年全民族抗战的爆发，使巡视制度在经历较长时期的稳定后突然出现制度功能的“断裂”。这是因为，国民党迫于全民族抗战的需要，不得不承认中国共产党的合法地位。“在制度自身并没有发生变迁的情况下，制度所置身其中的政治形势的变化也可能导致制度功能的变化。”①巡视制度在中国共产党可以公开合法活动的政治环境下，逐渐丧失原先的功能性需求，转变为党的领导的一种辅助方式，在解放战争中不断自我强化。社会主义革命和建设时期，我国选择了相对封闭的发展环境和高度集中的政治经济体制。在这种封闭的环境下，巡视制度继续作为一种工作方法，监督检查各地贯彻落实党中央关于某项具体工作的政策指示情况。1966年“文化大革命”的爆发，致使党和国家各项制度陷入中断状态。受这一最大的外源性变量的影响，巡视工作日渐弱化乃至发生“停顿”，仅零星地存在于个别市县的巡查调研之中。

1978年改革开放以来，我国经济社会结构发生空前变化，计划经济体制逐渐被市场经济体制所取代，总体性社会结构日益分化为多样性社会结构。为了适应市场经济条件下治理腐败的新要求，新时期利用巡视制度来服务于新的政治目标，并不断优化巡视监督功能。无论是党的十三届六中全会提出派遣巡视小组、党的十六大确定建立和完善巡视制度，还是进入新世纪新阶段新时代，在中国特色社会主义事业发展的每个关键性节点，中国共产党都能够根据反腐败形势及时调整巡视工作，增强巡视反腐的成效，更好地满足惩治和预防腐败需求。

2.制度与行动者：政治领导人主导着巡视制度变迁

历史制度主义者一方面认为，制度相关人在制度设计、运行与变迁过程中具有主观能动性，“他们是策略行动者，有能力按转变的背景条件所提供的机会采取行动，以维护或提高自己的地位”②；另一方面又认为，各个行动者之间的权力具有非对称性，居于强势地位的行动者往往主导着制度变迁的方向和路径。

1938年中共六届六中全会通过的《关于各级党部的工作规则与纪律的决定》，明确规定巡视员为上级党委的“传声筒”和“信息员”，既源于集中力量进行抗日的需要，也源于毛泽东对早期巡视工作中“钦差大臣满天飞”的不满。改革开放以来，巡视制度的运行方式、主要内容及实践特征与党中央的施政理念密切相关。党的十一届三中全会以后，党和国家着手恢复腐败治理体制，强调发挥纪检、监察等职能部门的作用，巡视制度虽然重新回到中央视野，但仅以“检查指导”的形式出现在1983年整党运动中。随着市场经济的发展，面对迅速增多的腐败现象，党中央在对纪检监察体制进行“合署办公”改革的同时，开始将巡视制度作为党内监督的一种方式加以试行，力图能够加强

① Sven Steinmo, Kathleen Thelen and Frank Longstreth, *Structuring Politics: Historical Institutionalism in Comparative Analysis*, Cambridge University Press, 1992, p.16.

② Sven Steinmo, Kathleen Thelen and Frank Longstreth, *Structuring Politics: Historical Institutionalism in Comparative Analysis*, Cambridge University Press, 1992, p.17.

和改进对领导干部尤其是中高级干部的监督。党的十六大以来，巡视工作走向了规范化、常态化的发展轨道，其组织结构和职责权限日渐清晰，工作流程和体制机制不断完善。党的十八大以来，习近平总书记高度重视巡视工作，将其提升到党内监督战略性制度安排的高度，不仅发表了一系列重要论述为巡视工作指明了方向，同时不断加强顶层设计，推动巡视内容、方式方法、体制机制等方面的创新发展，充分释放"党之利器""国之利器"的制度威力。

四、中国共产党巡视制度变迁的历史逻辑

在历史制度主义看来，历史是克服人类理性局限的一个主要途径[①]，应将制度置于广阔的历史长河之中加以考察。总体上，制度在变迁过程中可以分为制度存续的"正常时期"(Normal Periods)和制度断裂的"关键节点"(Critical Junctures Periods)。正常时期的制度变迁遵循着路径依赖，在一定时期内维系均衡状态；制度断裂则使制度变迁成为可能，各类政治力量在这一"关键节点"的冲突，一旦打破原有的均衡状态，制度就会发生变革，之后会再次进入新的平衡状态。

1.制度继承与自我强化：巡视制度变迁中的路径依赖

历史制度主义的路径依赖观主要体现在两个方面：第一，"关键节点"后的新制度仍带有旧制度的某些特征，即前一阶段制度安排影响着后一阶段制度选择；第二，某种制度模式一经固定下来，便经由自我强化进入一种"锁定状态"，学习效应、协同效应、适应性预期和退出成本增大将使制度的改变变得愈加困难。[②]

中国共产党巡视制度是借鉴传统政治文化中的监督方式探索建立起来的，是对我国传统巡视制度的继承与弘扬。[③] 其路径依赖主要体现在以下几个方面：

纵向层面的路径依赖可从四个角度来观察。从运行向度来看，都是代表一定范围内的最高权力主体进行一种自上而下的监督。古代巡视代表君主监督百官、省察治状；党内巡视代表党中央或省级党委进行委托监督，监督检查下级党组织领导班子及其成员履职尽责、勤政廉洁等情况。从巡视主体来看，都强调贤能的选拔标准，注重巡视官员的道德品质、才干学识等。另外，古代巡视官员和中国共产党巡视干部都实行回避和定期轮换，以防止利益冲突。从制度布局来看，都有完整的巡视体系。古代构建了一套从中央到地方的巡察系统，而中国共产党也筑造了中央和省级巡视、市县巡察四级上下联动格局。从制度建设来看，都注重巡视工作的规范化。古代颁布了一系列规章制度，如《刺史六条问事》《巡察六条》等；中国共产党更加重视巡视的制度化和法治化，目前已基本形成了实体性和程序性相结合的巡视法规制度体系。

横向层面的路径依赖主要是指巡视制度在结构、功能等方面的惯性。一是注重建立专职化的巡视机构。自秦汉以来至明清，历代统治者都建立了专职化的巡视巡察机

---

① 参见朱德米：《新制度主义政治学的兴起》，载《复旦学报(社会科学版)》2001年第3期。

② 参见何俊志：《结构、历史与行为——历史制度主义的分析范式》，载《国外社会科学》2002年第5期。

③ 参见王岐山：《发挥巡视监督作用 助力全面从严治党》，载《人民日报》2015年8月21日。

构，如御史台、都察院等。新时期中国共产党设置了结构相对合理、功能相对健全、运行相对有效的巡视机构(即领导小组、巡视办和巡视组)。二是强调巡视权的相对独立性。古代巡视官员虽秩卑、职小却命尊、权重，直接对皇帝负责，不受地方任何部门和其他官员牵制。中国共产党巡视机构的权力控制和资源供给均由派出党组织负责，加上实行"三不固定"和"一次一授权"，这就有效割断了巡视组与巡视对象的利益往来和情感纠葛，确保巡视工作客观公正地进行。三是"纠察荐"并重的功能惯性。在封建时期，"纠"意指纠察地方官员的失范行为，对那些德行不彰、贪赃枉法者，给予弹劾、查办；"察"即考察地方官员的施政情况，代表朝廷褒奖勤政爱民的官员；"荐"就是通过考察官吏的治绩，向上举荐优秀治国人才。对中国共产党巡视而言，巡视机构具有充分的调查权和建议权，通过开展监督检查，全面了解党员干部在勤政廉政、生活作风等方面的情况，进而向纪检机关移交问题干部线索，向组织部门推荐德才兼备的优秀干部。

虽然新时期巡视制度的功能定位、组织体系、方式方法、内容形式、运作环境等方面与革命时期巡视制度有着很大的不同，但为人民服务的制度理念、监督检查的核心功能、加强党的领导和建设的制度目标，在复杂的变迁过程中得以保留并不断强化。其路径依赖性主要体现在如下方面：其一，高昂的构建成本。中国共产党成立后选择了巡视制度这种形式，在此后近百年的时间里，投入了相当多的人力、物力和财力，出台了一系列规章制度对其进行巩固，同时也逐步积累了相应的规模效应。其二，学习效应。巡视工作涉及的相关主体，特别是派出党组织、巡视机构及其人员等，在学习古代巡视制度、联共(布)和共产国际特派员制度、西方议会监察专员制度的同时，结合自身实践的新鲜经验不断加强和改进该制度，使其渐趋完善。此外，市县党委、部分中央和国家机关党组、军事机关等也在学习中央巡视制度的过程中逐步建立巡视巡察制度。其三，适应性预期。行动者对制度适应性的增加会导致其习惯于从既有的制度要素中寻求指导。新时期巡视制度的重新探索有治理腐败的政治考量，其创新发展也有党内规章制度作为支撑，体现了党中央的政治权威和强制性力量，党员干部对该制度的信任度较高。与此同时，制度也会由行动者基于相同认知而采取的趋同行为被进一步强化。在运行过程中，巡视制度为提升政党治理和国家治理现代化发挥了重要作用，增强了大众对该制度的认同，也诱致人们对该制度产生出永久性的预期。

2.制度断裂与关键节点：巡视制度变迁中的重大事件

关键节点是指历史发展中的转折点，制度设计和重要决策的特殊时刻，或是冲突爆发点、结构分歧点、能动选择点，直接决定着下一阶段制度的发展方向和轨迹。[①] 反观中国共产党巡视制度嬗变历程，主要存在四个重大的"关键节点"：(1)1921年中国共产党的成立，是中国历史上开天辟地的大事件，也是巡视制度形成的逻辑起点。无产阶级政党的建立打破了传统巡视制度的根本属性，客观上要求构建既不同于君主专制社会又不同于党在取得全国政权的革命时期的巡视制度。1922年党的二大之后，

---

① 参见段宇波、赵怡：《制度变迁中的关键节点研究》，载《国外理论动态》2016年第7期。

中国共产党开始部署推进以指导群众运动、密切党内关系为主要内容的巡视制度建设。(2)1937年全民族抗战的爆发，是巡视制度变迁过程中的重要节点。“七七事变”拉开了全民族抗战的序幕，与此同时，中国共产党的政治环境也得到了极大改善，转变为合法性政党，加之空间形态的相对集中，开辟了晋察冀等抗日根据地，这就使巡视制度的运作环境有了很大改变。从1938年党的六届六中全会到改革开放前，巡视制度作为党的领导的辅助方式，用于推动中央决策指示的有效落实，以此实现党的政治意图。(3)1978年党的十一届三中全会的召开，是当代中国社会经济的重要分水岭，也是腐败治理模式重新探索的重要时期。以经济建设为中心和改革开放战略决策的确立，需要变革计划经济时代的纪检监察模式以适应市场经济的发展。为了遏制日趋严重的腐败形势，1990年党的十三届六中全会明确将巡视制度提上议事日程，并结合新的形势发展和实践要求加以深化。(4)以2012年党的十八大为标志，中国特色社会主义进入新时代。推进“四个全面”战略布局、实现中华民族伟大复兴，客观上要求增强党的领导水平和治国理政能力。巡视制度作为嵌入政党治理体系的重要组成部分，围绕党的领导和建设开展政治巡视，有效提升了党的科学执政、民主执政水平。

3.历史否决点与制度创新：巡视制度变迁中的自我优化

历史否决点是指一套制度之中的脆弱之处，是由制度本身的薄弱环节生成的，可从制度的历史发展中找到，破除历史否决点对推动制度创新具有重要意义。[①] 在巡视制度渐进性的变迁过程中，仍存在着诸多制约现行制度创新的否决点：(1)信息效率低下问题。巡视制度的运行过程是信息输入、转换和输出的过程。在巡视组、巡视对象和人民群众三类行为主体中，巡视组是信息资源的劣势方，主要依赖传统渠道收集信息，易出现信息不对称、信息失真等信息低效问题。(2)委托代理问题。巡视是中国共产党上位组织通过派出机构对下位组织进行的一种“下移式”和“现场化”监督，两者属于委托代理关系。但两者的行为动机和目标函数未必完全一致，加之个人理性和政治目标的冲突以及信息不对称和自由裁量空间的存在，有可能出现代理人的“败德现象”。(3)制度效能递减问题。巡视制度效能的发挥在很大程度上取决于各级党委及其领导者的政治决心。但这种政治态度在科层化的官僚体系中易产生层级递减的问题。与此同时，随着时间的推移，巡视制度的震慑、警示等作用也存在边际效应递减的可能性。(4)制度信用问题。巡视制度的生命力在于成果运用。巡视组是否认真查找问题、巡视对象是否认真落实整改，都在一定程度上损害巡视制度的权威性。随着全面从严治党向纵深推进，这些历史否决点终将被破除。可以从以下几个方面进行制度优化：一是借助现代信息技术手段，构建“大数据＋巡视”的工作模式，大力发展网上举报平台，注重建立巡视巡察数据库和开发相关软件，形成拓宽信息获取渠道、提升信息研判效率、推动巡视巡察信息共享的良好局面。二是建立完善日常管理制度和绩效考核机制，将巡视工作成果与个人绩效、职位晋升、评优评先等方面有机衔接起来，促进

① 参见何俊志:《结构、历史与行为——历史制度主义的分析范式》,载《国外社会科学》2002年第5期。

巡视目标与巡视人员行为的激励相容。另外，可根据巡视人员发现问题线索的数量和质量，给予限定数额的奖金发放或荣誉称号授予，增强巡视人员的职业荣誉感。三是积极构建巡视制度发展的长效机制，包括建立紧密的协调协作机制、严肃的成果运用机制、系统性的巡视巡察联动机制、完善的信息公开机制以及有效的"第三方"参与机制等，从而不断提升制度的科学化。四是加大巡视整改督查督办力度，继续深化责任体系、信息公开与成果共享机制，推动多元化监督，进而提高巡视成果的运用转化率。

五、结语

巡视制度是党的一项重要组织制度和监督制度，也是一项维系党治国理政的制度支柱。民主革命时期，基于恶劣的生存环境，巡视工作重在加强党的集中统一领导，以推动革命运动、强健组织力量。在全民族抗战的背景下，巡视工作成为党的领导的一种辅助方式，在传达中央决策指示方面发挥了更加重要的作用。新中国成立后，相对封闭的经济政治社会环境，使巡视制度继续作为党的领导的重要补充手段，主要贯彻落实党中央的方针政策。改革开放后，伴随着市场经济的发展，西方权力监督制约观念的传入，巡视制度功能变迁的引力逐渐增强。中国共产党治理腐败策略和执政理念的调整，直接推动了巡视制度变迁，巡视制度开始成为党内监督的重要方式。古代巡视制度的历史惯性、革命时期巡视制度的"正反馈"、西方议会监察专员制度的"示范效应"等因素，又形成了巡视制度变迁中的路径依赖，使巡视制度并未在改革开放的市场化大潮中退出历史舞台，而是通过适应性变革融入其间，构建了具有中国特色的政治监督体系。就此而言，中国共产党巡视制度的变迁，为我们提供了一个革命战争条件下的制度遗产如何在和平建设时期得以延续和获得新生的生动案例。

中国共产党力戒形式主义的百年实践：轨迹、成就与经验

栗智宽
（南京师范大学公共管理学院博士研究生）

力戒形式主义是中国共产党百年党建工作的重要议题，是中国共产党为确保其作为马克思主义"行动党，不是口号党"①的政治原旨持续在场，而围绕预防、矫治、革除党员干部"重形不尚行"的异化思维方法、工作作风和行为方式展开的关键性整党治党活动。建党百年来，中国共产党人深刻认识到形式主义"同我们党的性质宗旨和优良作风格格不入，是我们党的大敌、人民的大敌"，"会使党的路线方针政策难以贯彻，使群众的热切期待落空，使党的政治基础受到侵蚀"②，进而紧紧聚焦党的建设目标、紧紧围绕党的中心工作、紧紧关照党的社会根基，以高度的使命自觉、强烈的责任担当、科学的方法举措、坚强的政治定力持续推进形式主义的防治工作，使党同形式主义的斗争在百年理论求索与实践探索中始终不忘初心、砥砺前行。立足中国共产党成立100周年的关键历史节点，全面回溯建党百年来党力戒形式主义的历史轨迹，深刻阐释建党百年来党力戒形式主义的主要成就，系统总结建党百年来党力戒形式主义的核心经验，对在新时代进一步提高管党治党能力、推动全面从严治党向纵深发展具有重要意义。

一、建党百年来中国共产党力戒形式主义的历史轨迹

依据党所处的不同时代背景、担负的不同历史使命以及力戒形式主义的不同实践情态，我们基于"纵向视域"将建党百年来中国共产党力戒形式主义的历史轨迹划分为以下四个阶段。这四个阶段既因"历史转进性"而独为一隅展现出党力戒形式主义的不同内容与特征，又因"历史沿承性"而内在关联呈现出党力戒形式主义的整体进路与图景，在"理论—实践"的互动演进中，党同形式主义斗争的百年逻辑脉络得以生动

① 《习近平关于力戒形式主义官僚主义重要论述选编》，中央文献出版社2020年版，第54页。
② 《习近平关于力戒形式主义官僚主义重要论述选编》，中央文献出版社2020年版，第28、33页。

映现。

1.开创中奠基(1921～1949年)：在新民主主义革命时期认识与反对形式主义

1921年中共一大宣告了中国共产党的正式成立，昭示着中华民族救亡图存的使命承担自此有了兼具先进性、纯洁性、革命性的可靠领导与组织实体，意味着中国革命进程进入了全新的发展阶段，同时也标志着中国共产党力戒形式主义百年实践的历史开端。党的一大通过的《中国共产党第一个纲领》提出党“要把工人、农民和士兵组织起来，并以社会革命为自己政策的主要目的”①，即已在宣告党的历史使命时为党的工作作风注入了求实奋进、担当作为的精神基因。中共二大通过的《中国共产党第二次全国大会决议案》不仅明确提出了中国共产党不是“知识者所组织的马克思学会”“少数共产主义者离开群众之空想的革命团体”，还鲜明强调了党在具体工作中的群众性、组织性和实践性原则。这表明，中国共产党人在建党初期虽未具体提出“形式主义”的概念，但他们已明确意识到密切联系群众、理论联系实际、积极投身运动的重要性，并已将其作为一项规范性要求以党章的形式固定下来，意图以此为党员干部的工作开展锚定“实干”的正确政治方向与思想导向。

土地革命时期，以毛泽东同志为代表的中国共产党人在党的历史上首次提出了“形式主义”命题，并在革命实践中深刻感受到了其所带来的严重危害性，进而在对形式主义问题的理论思索与实践探索上作出了开创性贡献。1928年10月，毛泽东基于对“杜修经事件”②的经验省思，在为中共湘赣边界第二次代表大会撰写决议时首次在负面政治意义上运用了“形式”的概念，并为其注入了主观主义、教条主义的理论内涵，为全党理解领会何为形式主义、为何要坚决反对形式主义奠定了思想基础。1930年5月，毛泽东在所撰《反对本本主义》中完整阐述了当时党内形式主义的现实样态、具体危害和意识根源，既实现了对党内形式主义问题与党的路线方针落实问题的贯通性考察，也完成了从政治心理角度对党内形式主义者行为动因的刻画剖析：“不根据实际情况进行讨论和审察，一味盲目执行，这种单纯建立在‘上级’观念上的形式主义的态度是很不对的。为什么党的策略路线总是不能深入群众，就是这种形式主义在那里作怪。盲目地表面上完全无异议地执行上级的指示，这不是真正在执行上级的指示，这是反对上级指示或者对上级指示怠工的最妙方法。”③基于上述认识，中国共产党在这一时期开始提出要坚决反对形式主义，并在党内采取强化思想政治教育、倡导调查研究之风、倡扬批评与自我批评、倡守组织生活规范等措施来切实规避、纠治以“生搬硬套”“冒险盲动”为主要表现的形式主义，进而在反对形式主义等“非无产阶级思想与作风”的过程中突出强调了思想建党、政治建军的基础性、前提性作用，为党的思想建设

① 中国革命博物馆编：《中国共产党党章汇编》，人民出版社1979年版，第2页。

② 1928年6月，湖南省委代表杜修经同志不察当时环境，不顾特委、军委及永新县委联席会议的决议，只知形式地执行湖南省委的命令，附和红四军第29团逃避斗争欲回家乡的意见，因而招致湘赣边界和湘南两方面的战役失败。

③ 《毛泽东选集》第1卷，人民出版社1991年版，第111页。

和政治建设奠定了历史基础。

全民族抗战爆发后，毛泽东一方面从党员组织构成角度进一步考察了形式主义问题产生的主体根源，指出了党内小资产阶级革命分子先天具有的狂热性、片面性是促发形式主义的重要因素；另一方面聚焦形式主义在党的宣传思想工作中表现出的“主观主义、宗派主义、党八股”等新面相，提出了形式主义向“左”与向右发展的重要议题，强调必须“学会应用马克思主义的方法去观察问题、提出问题、分析问题和解决问题”，才能克服“幼稚的、低级的、庸俗的、不用脑筋的形式主义”。① 延安整风期间，我们党对同形式主义斗争的基本经验进行了深刻梳析，在明确提出“党的作风”概念的同时，正式把反对形式主义作为加强党的作风建设的一个重要方面，明确要求全党践行“三大优良作风”，自觉接受群众监督，落实实事求是的根本工作路线，坚持“惩前毖后，治病救人”的原则，以同形式主义等不良风气、倾向作斗争。1947 年 9 月到 1948 年 7 月，中共中央在推进土地改革工作的过程中结合进行了“三查三整”运动，通过“开门整党”的群众性、民主性活动着重纠治了当时部分党员干部党性蜕化、作风异化等现实症候，通过破除党群关系桎梏，以察实情、出实招、办实事、求实效的作风特质为解放战争的胜利赢得了群众基础。新中国成立前夕召开的党的七届二中全会，向全党敲响了防范思想污染、精神懈怠、意志衰退、作风不良的警钟，具体发布了“不做寿、不送礼、少敬酒、少拍掌、不以人名作地名、不把中国同志同马恩列斯并列”等六条规定②，在一定程度上映射出党的第一代领导集体于“赴京赶考”前已形成反对形式主义的思想与行动自觉。

2.曲折中探索（1949～1978 年）：在社会主义过渡、建设时期克服形式主义

新中国成立后，中国共产党依据历史和人民的选择而转型成为执掌全国政权、担负国家经济社会发展任务的执政党。党所处的政治地位、角色定位、历史方位的新变化，对党的自身建设提出了新的要求。据此，基于新的时空坐标与历史境遇，党力戒形式主义的实践拉开了新的历史帷幕。1949 年 11 月 9 日，党中央为确保党员干部切实执行党的政治路线和具体政策以有效恢复国民经济、稳定社会秩序、巩固新生政权，成立了中央及各级党的纪律监察委员会，从刚性约束的层面为防范党员干部形式主义问题的发生提供了纪律保障，彰显出我们党以纪律保作风、促作风的坚强决心。面对执政以来党内存在的老爷式作风、官僚主义作风、命令主义作风、形式主义作风等问题，党中央分别于 1950 年 5 月、1951 年 2 月开展了整风、整党运动。这两次运动既清除了寄生在党内的“政治微生物”，又提高了党员干部的思想觉悟，对于激发党员干部真抓实干的主体意识、强化党员干部奋发有为的政治担当起到了关键作用。1952 年末，党中央又针对基层工作普遍存在的下派任务多、干部职衔多、公文报表多、活动会议多、机构配置多等“五多”问题，进行了一次形式主义的专项整治，通过破除诱发“五多”

---

① 《毛泽东选集》第 3 卷，人民出版社 1991 年版，第 839 页。

② 参见“本书编写组”：《保持反腐败高压态势不放松——十八届中央纪委五次全会精神学习辅导读本》，人民出版社 2015 年版，第 20 页。

问题的制度安排、建立“有领导的统一的和适合情况的制度和办法”[①]切实为基层党员干部减负、增效，从体制机制维度为消解基层存在的形式主义探索出了宝贵经验，有力推动了地方社会主义改造事业的向前发展。1956年9月，邓小平在党的八大上就党章修改议题发言时，既鲜明提出了反对错误作风的经常性问题，也从加强党内教育、改善工作方法、健全民主生活、加强检查监管等五个方面阐述了克服这一时期以事务主义、文牍主义为突出表现的形式主义的具体路径，还明确指出了加强党的作风建设是彰显党的执政品格、提升党的执政绩效、厚植党的执政资源的充要条件，体现出我们党对形式主义问题的重视程度和克服思路上升至新的高度。

然而，历史的演进总是伴随阶段性的波折，党力戒形式主义的实践史亦是如此。社会主义改造完成后不久，党的方针政策逐渐受到“左”倾思想的错误影响而偏离正轨，在“大跃进”的口号指引下我国社会主义建设事业日渐激进、失衡。实事求是的思想路线很难在党内得到贯彻执行，不敢讲真话、说实话，以“假、大、虚、空”等为特征的形式主义现象十分普遍。[②] 在“文化大革命”中，党的建设工作更是遭受严重破坏，极左思潮导致“本本主义”变异重现，“本本主义”的变异重现又致使党员干部思想僵化，实干精神丧失。这一时期，党内“歪风压正风”“劣币驱良币”的负面情态不仅反映出不正之风蔓延滋长难以遏制，亦映射出党的实际运转已陷入紊乱，党对形式主义的防治工作在此期间已趋于停滞。

3.调适中优化(1978～2012年)：在改革开放新时期直面与整顿形式主义

以党的十一届三中全会胜利召开为标志，伴随党在思想领域率先实现“拨乱反正”，党的政治、组织、作风建设逐渐具备了系统调适和整体优化的现实条件。聚焦改革开放事业发展和社会主义现代化建设的主题工作，我们党开启了力戒形式主义的新征程。1978年3月，邓小平阐明了新时期党内形式主义的具体特征，即“追求表面文章，不讲实际效果、实际效率、实际速度、实际质量、实际成本”[③]，深化了党对形式主义演进形态的认识。在明确新时期形式主义新内涵的基础上，邓小平进一步向全党发出了力戒形式主义、重塑优良作风的号召。他说：“路线是非基本澄清了，规划制订了，措施提出来了，群众已经发动起来了。现在，摆在我们各级党组织面前的事情，就是要鼓实劲，要切实解决问题，要踏踏实实地工作。”[④]在邓小平看来，党是领导、推动改革开放和社会主义现代化事业发展的核心力量，只有确保党的优良作风和政治传统持续在场，才能为党在新时期的功能发挥提供坚强组织保障。以这一思想为指引，党的十二大明确发出了要“有计划有步骤地进行整党，使党风根本好转”的政治宣言。党的十二届二中全会审议发布的《中共中央关于整党的决定》既阐明了整顿党风的价值意义、理念思路、方式策略，又要求在其中通过党员领导干部率先垂范、党的组织上下监督、党

---

① 中共中央文献研究室编：《建国以来重要文献选编》第4册，中央文献出版社1993年版，第106页。

② 参见蒋来用：《中国共产党反对形式主义的历史性考察与分析》，载《河南社会科学》2019年第12期。

③ 《邓小平文选》第2卷，人民出版社1994年版，第100页。

④ 《邓小平文选》第2卷，人民出版社1994年版，第99页。

员及群众参与验收等途径防范整党活动本身开展的“走过场”现象，从而为纠治党员干部的形式主义问题提供了源自组织层面的强大合力，通过复归党的优良作风助推了这一时期党内政治生态的淳化与净化。

20 世纪 90 年代起，基于对东欧社会主义国家共产党、工人党先后失政的经验审思，我们党在推进党的建设的过程中着重强调“把提高党的执政能力同党的作风建设结合起来”[①]，使党对反形式主义等作风问题的理性认知和实践探索日趋深入化、中心化、科学化。1992 年，邓小平在南方谈话中鲜明提出“形式主义也是官僚主义”“实事求是是马克思主义的精髓”等重要论断[②]，强调推进改革开放、开展社会主义现代化建设、提高党的执政能力必须坚持正确政治方向与思想路线，必须“多办实事，多做少说”[③]，必须警惕和防范错误的政治倾向、思想倾向和作风倾向。1994 年 9 月，党的十四届四中全会胜利召开，昭示着党对加强作风建设重要性与现实性的认识提升至更高阶段。在这次全会上，江泽民首次将反形式主义与反官僚主义结合起来，将党风建设、廉政建设、反腐败斗争统合起来，共同置于事关党执政的发展前途、形象声誉、现实能力、群众基础的高度来阐释，并具体提出了整顿作风所应遵循的“七项基本原则”，为新形势下党的作风建设提供了科学而正确的行动纲领。1996～1999 年，全国县级以上党政领导干部依据党的十四届六中全会决定要求，结合党的教育培训工作常态性地进行了以“讲学习、讲政治、讲正气”为主题的党性党风淬炼活动。这一活动从思想建设、政治建设、作风建设相统一的角度为增强党员领导干部思想修养、政治涵养、作风素养探索出了一条新路，取得了党员领导干部“思想上有明显提高，政治上有明显进步，作风上有明显转变，纪律上有明显增强”[④]的实际效果。党的十六大后，胡锦涛同志将形式主义作为危及党领导与执政的安全隐患来认识，他在不同场合多次强调：“面对新形势新任务，进一步在全党大力弘扬求真务实精神、大兴求真务实之风，十分重要和紧迫”[⑤]，“如果搞形式主义、做表面文章，则必将错失机遇，影响事业发展”[⑥]。就此，他提出了标本兼治、综合治理、惩防并举、注重预防的整治思路，将形式主义整治作为“提高党的建设科学化水平”的内在要求加以考量与推进，为新世纪党内形式主义纠治工作贡献了思想智慧与实践经验。

4.创新中发展（2012 年至今）：在中国特色社会主义新时代治理形式主义

党的十八大以来，以习近平同志为核心的党中央结合新时代党内外环境情势、依循新时代党的使命要求，将形式主义治理作为全面从严治党的核心议题加以考量，并通过明确作出全面性、常态性、协同性的治理部署，细化提出耦合性、针对性、适配性的

① 中共中央文献研究室编：《十六大以来重要文献选编》（上），中央文献出版社 2005 年版，第 610 页。
② 参见《邓小平文选》第 3 卷，人民出版社 1993 年版，第 381、382 页。
③ 《邓小平文选》第 3 卷，人民出版社 1993 年版，第 382 页。
④ 江泽民：《在纪念中国共产党成立七十八周年座谈会上的讲话》，人民出版社 1999 年版，第 18 页。
⑤ 《胡锦涛文选》第 2 卷，人民出版社 2016 年版，第 152 页。
⑥ 《胡锦涛文选》第 2 卷，人民出版社 2016 年版，第 553 页。

务实举措，科学、系统地推进了形式主义治理工作的创新发展，使全党的精神面貌焕然一新、政治生态风清气正，取得了形式主义治理工作的新成效。

党的十八大闭幕伊始，习近平即在同国内外记者的首场见面会上将形式主义同贪污腐败、脱离群众、官僚主义共同作为亟待解决的党内突出问题予以强调，并明确要求“切实改进工作作风，密切联系群众，使我们党始终成为中国特色社会主义事业的坚强领导核心”[①]，释放出新一届党中央致力狠刹不正之风、强化正风肃纪的强烈信号。2012年12月4日，中共中央审议通过的《关于改进工作作风密切联系群众的八项规定》，将“切忌走过场、搞形式主义”作为规定的第一条加以阐述，从立“明规矩”的角度为全党力戒形式主义开出了第一剂“药方”，标志着新时代党内形式主义治理工作的正式开展。此后，在理论创新方面，习近平结合管党治党新实践、新进展和新经验，更为全面、细化地阐释了新时代党内形式主义治理工作的价值意义、理念思路、策略步骤、方法举措等多重内容，具体作出了新时代党内形式主义的面相是“知行不一、不求实效、文山会海、花拳绣腿、贪慕虚名、弄虚作假”，“实质是主观主义与功利主义，根源是政绩观错位、责任心缺失”，治理要求是“从讲政治的高度来审视，从思想和利益根源上来破解”，“从理想信念、工作程序、体制机制等方面下功夫”等重要论述[②]，探索形成了富有时代新意、实践深意的新时代党内形式主义治理理论体系，为新时代的党内形式主义治理贡献了新的思想启鉴与推进方略。在实践发展方面，党中央于2013年5月启动的党的群众路线教育、2015年4月开展的“三严三实”专题教育、2016年2月推进的“两学一做”学习教育、2019年5月铺开的“不忘初心、牢记使命”主题教育均将反对形式主义的教育内容常态化、长效化地嵌入其中，通过柔性的思想引领手段矫正、革新了部分党员干部异化、蜕化的思想观念，并培育了其反对形式主义的主体意识。党中央自2012年12月起先后印发的有关整治解决形式主义的通知、意见、规定、办法等党内法规政策文件，从刚性约束的层面标定了警示党员干部远离形式主义的政治红线、筑起了隔离形式主义的外在防护屏障，对使党员干部知敬畏、守规矩发挥了重要作用。[③] 2017年10月，党的十九大为新时代管党治党工作作出了“思想建党和制度治党同向、同时发力”的顶层设计，标志着我们党“德法兼济”政党治理理念的正式形成，为党内形式主义治理实现“主体调适治理”与“外力介入治理”的优势集成奠定了方法基础。2019年3月，党中央聚焦基层形式主义久医不治的顽瘴痼疾，建立了专项治理工作机制，明确将当年作为“基层减负年”，并围绕“四个着力”针对性地作出了“五点要求”，为基层形式主义问题的消解、为广大基层党员干部的干事创业提供了有效进路。2020年1月，党的十九届中央纪委四次全会明确要求将“整治形式主义、官僚主义纳

---

① 《习近平关于全面从严治党重要论述摘编》，中央文献出版社2016年版，第147页。

② 《习近平关于力戒形式主义官僚主义重要论述选编》，中央文献出版社2020年版，第20、45、45、35页。

③ 参见栗智宽、俞良早：《新时代中国共产党治理形式主义的举措创新与实践特质》，载《中州学刊》2020年第5期。

入巡视巡察、监督检查、审查调查工作重点”[1]，进一步对形式主义等作风问题的监督安排作出全面部署，从监管制约的角度为新时代党内形式主义治理工作提供了祛邪扶正的有力武器。2020 年 4 月，中共中央进一步发文，从思想政治根基的夯实筑牢、党中央决策部署的切实贯彻、文山会海的整肃防范、督查检查考核方式方法的优化调整等八个方面，为在统筹推进新冠肺炎疫情防控和经济社会发展背景下加强基层形式主义治理明确了行动纲领与根本遵循，有效保障了基层形式主义治理工作的持续、深入开展。新时代以来党内形式主义治理取得的现实成果，彰显出以习近平同志为核心的党中央对形式主义治理规律的清醒认识和深刻把握，反映出党力戒形式主义理论形态与实践样态的双重跃升，体现出党力戒形式主义的工作向着体系化、规范化、程序化不断迈进。

二、建党百年来中国共产党力戒形式主义的主要成就

建党百年来，党力戒形式主义的工作贯穿党领导并推动革命、建设和改革全过程，始终聚焦党的建设目标、围绕党的中心工作、关照党的群众基础而具体展开，在时序推进中探索形成了一系列创造性的理论与实践成果，取得了重要的历史性成就，对党的建设、国家的发展、社会的进步发挥了积极推动作用。

1.聚焦党的建设目标：在力戒形式主义的过程中党的建设质量得到具体提高

“求形”而不“尚行”是形式主义的通约性表现，其反映在党的建设内容上和过程中即是党员干部机械化、显象化、官僚化地推进党建工作，而不注重党的建设质量与效果，进而使党中央作出的党建总体部署与具体要求双双陷入践履不能的实践困境，最终会导致党的建设工作愈渐失位与缺位。在此意义上，力戒形式主义、塑造优良党风的具体进程，不仅是优化政党形象、增强政党认同的历史过程，更是在激活党员干部党建意识、增强党员干部党建本领的基础上促使党的建设质量不断提高、效能不断提升的实践历程。建党百年来，中国共产党一是明确提出了形式主义的理论命题，在实践发展中不断赋予并更新其时代内涵，不断深化其对党建工作的危害性认识，进而基于政治与思想上的清醒自觉，积极、主动地同党建工作中的形式主义问题作斗争，致力扎实推进党的建设各项工作，从而确保了党的建设沿着正确轨道持续深入开展。二是逐步明确了形式主义防治在党的建设伟大工程中的关键地位与功能意义，不仅在理论上以实际、实干、实效的思维理念对党的建设伟大工程进行规划设计，更是在实践中将力戒形式主义的工作贯穿党的建设伟大工程具体环节过程，体现在党的建设结构要素的质料完善、形态优化和功能跃升等各个方面，致力使全党为党的建设伟大工程所作的努力更加务实、更加具体、更加适配，真正实现了党的建设的有力、有效、有果，切实指向了党的建设高质量目标和高效益要求。三是探索并积累了力戒形式主义的宝贵经

---

① 赵乐际：《坚持和完善党和国家监督体系 为全面建成小康社会提供坚强保障——在中国共产党第十九届中央纪律检查委员会第四次全体会议上的工作报告》，载《中国纪检监察报》2020 年 2 月 25 日。

验和有效方法，能够依据形式主义在不同历史条件下的生成机理和具体样态，依托党的建设总体布局、运用党的建设多重要件，靶向地采用政治、思想、组织、作风、制度、纪律等方面的纠治手段予以整治，坚持通过党的建设方法来解决党建工作中的“空对空”“两张皮”问题，通过自我革命的方式维护了党的肌体健康和运转顺畅。百年党建实践表明，扎实到位的形式主义防治工作，是党的建设伟大工程得以顺利深入推进的充分条件，是党的建设整体规划与系统部署得以落到实处的必要前提，唯有坚定不移地推进形式主义的防治工作，才能切实规避管党治党工作中的软弱涣散、执行不力等问题，才能从根本上为党的建设伟大工程的建设成效和实际质量提供现实保障。

2.围绕党的中心工作：在力戒形式主义的过程中党的事业发展得到有效保障

对于中国共产党这一马克思主义的使命型政党而言，党的自身建设历来服务于党的事业发展大局、以党的使命达成为中心而具体展开，既不存在无事业发展诉求的党建要求，也不存在无政治目标指向的党建追求。建党百年来，中国共产党人深刻认识到力戒形式主义作为党的建设一项重要内容，不仅是作风塑党、兴党、强党的内在要求和关键途径，更是实现特定时期党的历史使命、工作目标的根本前提和现实保障。国内革命时期，向“左”与向右发展的形式主义给党的革命事业发展带来严重阻遏，使毛泽东深刻认识到反对形式主义同科学设定、践行党的政治路线和革命方针之间的高度关联性，进而促使他在多篇光辉著作中反复强调，只有从中国革命的现实场域着眼、鲜活实践出发来明确党的政治任务并将其具体做实，才能使党争得并保有革命领导权、团结带领人民群众实现国家独立和人民解放的革命目标。新中国成立后，聚焦党的执政使命实现和建设目标达成，党又把力戒形式主义贯穿巩固人民民主政权、建立社会主义制度、推进社会主义改造等工作始终，准确认识到了党的执政效益同形式主义间不可共存的“强排斥力”，进而赋予了形式主义整治以执政要求为内核的重要价值导向。改革开放后，中国共产党紧紧围绕社会主义初级阶段基本路线的贯彻要求来加强形式主义整治工作，一是更加注重在执政实践中发现、分析、解决形式主义问题，以增强同形式主义斗争的针对性、科学性和有效性；二是更加强调形式主义整治成效向党的执政效果集中和转化，以巩固党的执政地位、彰显党的执政优势，为深入推进改革开放和社会主义现代化建设提供切实保证。新时代以来，以习近平同志为核心的党中央在明确党和国家现代化建设发展新目标、筹谋民族伟大复兴新战略、擘画新时代中国特色社会主义新图景的同时，着重强调“形式主义、官僚主义是阻碍党的路线方针政策和党中央重大决策部署贯彻落实的大敌”，“如果做无用功，说空话，做表面文章，空耗精力，增大成本，消耗资源，就会给我们党的事业带来极大的伤害”。[①] 这就更为明确地揭示了加强党内形式主义整治同推进新时代中国特色社会主义事业发展间的内在联系性和逻辑贯通性。基于此，新时代以来，党中央通过坚持“聚焦主题、紧扣主线”的形式主义整治原则，将新时代力戒形式主义的工作深度融入党和国家决策部署的谋

① 《习近平关于全面从严治党重要论述摘编》，中央文献出版社2016年版，第44、70页。

划、制定、落实各环节，自觉衔接至新时代中国特色社会主义事业发展全过程，实现了党内形式主义整治同党的治国理政工作的紧密结合、贯通共进，从而更为有力地推动了党内形式主义整治与党的治国理政工作双双迈入新境界。

历史证明，从中国共产党“建党的开天辟地，到新中国成立的改天换地，到改革开放的翻天覆地，再到党的十八大以来党和国家事业取得历史性成就、发生历史性变革”①，党力戒形式主义的百年实践始终伴随社会主要矛盾的转变、围绕党在不同时期的历史使命偕时共进，始终围绕党在特定历史时期的特定关键性问题具体展开，始终坚持其与伟大斗争、伟大事业、伟大梦想紧密相连、有机统合、联通互动，切实为达成党的政治初心和历史使命提供了有力支撑和坚强保障。

3.关照党的群众基础：在力戒形式主义的过程中党同群众关系得到切实巩固

强烈的为民情怀是中国共产党之为马克思主义政党的根本特质和独特标志，始终扎根人民、依靠人民、服务人民是我们党矢志不渝的政治宗旨。回顾党的百年历史，党因葆有同人民群众的血肉联系而发展成熟，失去了同人民群众的血肉联系，党就失去了资源和力量，失去了根基和灵魂。形式主义的主要表现和严重危害都是通过败坏党风而疏离群众，进而使党的工作无法获得群众的积极认可、党的政策无法获取群众的信任支持、党的主张无法得到群众的体认响应。正因如此，党的历届领导人均将力戒形式主义的党建问题同密切联系群众的路线问题结合起来进行考量，致力通过把反对形式主义的工作不断推向前进，来承续党的优良作风、维护党的良好形象、确保党的人民性持续在场。毛泽东早在新民主主义革命时期就已明确意识到“粗枝大叶、不求甚解、自以为是、主观主义、形式主义的作风”②会引起群众的不满，会对党的政治领导力与组织号召力产生负面影响，从而明确要求全党认真践行党的群众路线，通过踏踏实实地工作使群众体认到党“为人民谋福祉”的本质属性和价值追求。改革开放后，邓小平鲜明提出“群众对干部总是要听其言，观其行的”③，“领导者必须多干实事。那种只靠发指示、说空话过日子的坏作风，一定要转变过来”④。由此，他要求党员干部必须葆有并彰显党的优良作风，自觉践履全心全意为人民服务的根本宗旨，坚持把人民群众的认可度、信任度作为检验一切工作的根本标准，从而在改革开放新时期于人民群众心中重塑了党的政治威信，开创了党的牢固凝聚、国家健康发展、人民利益达成三者间融会贯通、良性互动的新局面。新世纪初，江泽民鲜明指出形式主义是同人民利益相违背的不良风气，是群众反映最大的问题之一，明确要求各级党员领导干部要依时依势深查、把握形式主义的形态演进和机理根源，以力戒形式主义的实效取信于民。胡锦涛亦清醒意识到反对形式主义、加强党的作风建设对于画就党群干群关系同心圆

---

① 《中共中央政治局召开民主生活会强调：加强政治建设提高政治能力坚守人民情怀 不断提高政治判断力政治领悟力政治执行力》，载《人民日报》2020 年 12 月 26 日。

② 《毛泽东文集》第 2 卷，人民出版社 1993 年版，第 360 页。

③ 《邓小平文选》第 2 卷，人民出版社 1994 年版，第 124 页。

④ 《邓小平文选》第 3 卷，人民出版社 1993 年版，第 121 页。

的重要意义，主张通过强化党员干部的政治锤炼、党性锻炼、实践历练来促升其宗旨意识、公仆意识和为民情怀，以优良党风凝聚党心民心、彰显党的人民底色。新时代以来，以习近平同志为核心的党中央坚持从党性与人民性相统一的高度推进形式主义治理，通过在实践中凸显形式主义治理工作的人民旨归、发挥人民群众在形式主义治理工作中的主体力量，使人民群众对党的满意度和信任度不断升高、党心与民心的内聚力不断增强，从而巩固和维护了新时代党执政的社会根基，进一步彰显出加强形式主义纠治工作对于规避党的政治风险、巩固党的政治优势的重要意义。

三、建党百年来中国共产党力戒形式主义的经验启示

建党百年来，形式主义的防治工作恰如一条红线，始终贯穿党的建设伟大工程全领域、党的事业发展各环节。在一代又一代中国共产党人的接续奋斗和探索下，党在形式主义防治的思维理念、纠治对象、方法举措、策略取向上积累了宝贵经验。当前，形式主义在党员干部身上并未绝迹，并极易演化变异、回弹返潮，因而必须及时总结历史经验，以不断提高新时代全党力戒形式主义的思想、方法和行动自觉。

1.在思维理念上：必须从“讲政治”的高度予以审视

思维理念和认知方式的科学正确是行动举措恰切有力的重要基础。在此意义上，从何种层面、以何种态度看待、洞察形式主义，直接影响着力戒形式主义工作的深度与效度。中国共产党力戒形式主义的百年实践启示我们：形式主义是在党的政治实践活动中产生和演进的负面政治现象，在本质上是对党的政治属性的遮蔽、对党的政治力量的弱化、对党的政治功能的消解，往往是党员干部政治站位不高、政治觉悟不强、政治信仰不坚、政治本领不硬等政治问题的作用后果，天然地具有政治基因、政治属性和政治危害。因此，在党的建设实践中，不能将力戒形式主义的工作简单视作党的作风建设的题中之义，必须从“旗帜鲜明讲政治”的高度予以审视，必须突出政治导向和政治要求，将其作为一项政治任务才能得以有效推进。第一，必须深刻认识到力戒形式主义是确保党的正确政治方向得以坚持的前提条件。正确政治方向是党和人民根本利益和共同意志的集中体现和集成表达，只有通过凝神聚力、真抓实干、艰苦奋斗才能坚定不移地矢志趋赴。毛泽东强调：“没有艰苦奋斗的工作作风，也就不能执行坚定正确的政治方向。”[①]这就是说，为了坚持正确政治方向，全党必须在力戒形式主义上想办法、出举措，必须坚持贯彻实事求是的根本工作路线，在政治上同党中央看齐一致，把党中央的决策部署、人民的期盼向往落到实处。第二，必须深刻认识到力戒形式主义是确保党的根本政治立场得以坚守的内在要求。我们党历来强调党的根本政治立场是人民立场，“民心是最大的政治”。力戒形式主义的鲜明旨归就在于通过革除人民群众反映强烈、深恶痛绝的“四风”之首，消除党群干群关系桎梏、密切党同人民群众的血肉联系，借由真抓实干的政党形象不断赢得人民群众的衷心拥护和坚定支持，凭靠

① 《毛泽东著作专题摘录》，人民出版社1964年版，第1103页。

求真务实的工作情态切实为民解忧、为民造福。第三，必须深刻认识到力戒形式主义是净化党内政治生态的内在要义。党内政治生态是党内政治情势状态的有机呈现和系统映现，形式主义是致使党内政治生态恶化失衡的主要致因之一。习近平总书记指出："改进工作作风，就是要净化政治生态，营造廉洁从政的良好环境。"[①]据此，要营造健康洁净、风清气正的党内政治生态，就必须清醒认识到形式主义等负面工作作风对党内政治生态的严重危害性，进而以自我革命精神坚持抵制和祛除形式主义的思维方法、工作作风和行为方式，为党内政治生态的向上向好注入不竭动力。

2.在纠治对象上：必须坚持抓"关键少数"与管"绝大多数"相结合

中国共产党力戒形式主义的百年实践启示我们，力戒形式主义必须关注党的主体能动系统的构成单元，关切党的组织网络的作用节点，通过由上而下、自下而上相统合的全员覆盖，既彰显全面性，对广大党员干部提出普遍性要求；亦凸显重点性，对"关键少数"特别是高级干部提出更高更严的标准，在纠治层级上实现高层与基层相互关照。一方面，"风成于上，俗化于下"。紧抓党员领导干部特别是高级党员领导干部这一"关键少数"以形显"头雁效应"，能够为构建党内力戒形式主义的政治氛围发挥举纲张目的引领功能。党员领导干部身处关键之位、行使关键之权、担负关键之责，其在工作中表现出的工作作风、思维方法和行为方式对其他党员干部具有重要的示范导向作用。党员领导干部知责于心、担责于身、履责于行就能够引领和带动身边同志修身律己、忠诚履职、担当作为，从而引领党风政风不断健康发展。反之，党员领导干部沉浸于形式主义之中而不自拔，则亦有条件凭借其强大的交互能力成为形式主义的"超级传播者"，造成一个地区、一个单位、一个领域的形式主义"塌方"现象，从而对党的主体能动系统造成结构性破坏，严重影响党的组织运转能力。[②] 因而，从毛泽东提出"整风，主要是整高级干部（犯思想病最顽固的也是这些干部中的人），将他们的思想打通……再次才是下级干部"[③]到邓小平强调"搞好党风，特别是要求党的各级领导同志以身作则"[④]，从江泽民指出"廉洁奉公、勤政为民，要从各级领导机关和领导干部做起"[⑤]到胡锦涛指出"要求一般干部做到的，领导干部必须首先做到"[⑥]，再到习近平强调"反对形式主义、官僚主义，各级领导干部要身体力行，以上率下，形成'头雁效应'"[⑦]，在内涵实质上都是在强调力戒形式主义必须紧抓"关键少数"、注重率先垂范的基本规律和深刻道理。另一方面，管住广大党员干部这一"绝大多数"，能够使其真抓实干、务实有为，切实在具体工作中发挥"规模效应"和"一线作用"，为全党力戒形式主义注入蓬勃

---

① 《习近平关于全面从严治党重要论述摘编》，中央文献出版社 2016 年版，第 148 页。

② 参见栗智宽、俞良早：《新时代中国共产党治理形式主义的举措创新与实践特质》，载《中州学刊》2020 年第 5 期。

③ 《毛泽东文集》第 3 卷，人民出版社 1996 年版，第 2 页。

④ 《邓小平文选》第 2 卷，人民出版社 1994 年版，第 177 页。

⑤ 《江泽民文选》第 1 卷，人民出版社 2006 年版，第 249 页。

⑥ 《胡锦涛文选》第 3 卷，人民出版社 2016 年版，第 307 页。

⑦ 《习近平关于力戒形式主义官僚主义重要论述选编》，中央文献出版社 2020 年版，第 28 页。

生机与活力。实践表明,广大党员干部人数众多且往往身处"一线",既是贯彻落实党中央决策部署的基础力量,亦是群众观察党性党风的直接窗口。据此,广大党员干部的所作所为不仅事关党的路线方针政策的最终落实,亦身系和谐党群关系的具体构建。因而必须紧盯在他们身上易发的"口号式"应对党中央决策部署、以"痕迹"应付考评考核、以会议文件应对会议文件等在实践中不见诸行动的形式主义问题,通过科学管用的务实举措不断增强其政治判断力、政治领悟力和政治执行力,在具体工作中彰显出信念、政治、思想、作风、能力均过硬的政治本色。质言之,只有坚持抓重点与管全面的辩证统一,在形式主义纠治主体上体现出整体性、系统性要求,才能使全党力戒形式主义的工作真正实现全覆盖、无禁区、零容忍,才能为新时代党的建设新的伟大工程向前推进、党和国家事业向前发展贡献强大主体力量。

3.在举措方法上:必须采用"主体形塑"与"环境培育"的双重途径

中国共产党力戒形式主义的百年实践启示我们,形式主义是党员干部主体基因与党内外环境诱因交互作用所形成的负面政治产物,力戒形式主义必须针对性地通过"主体形塑"与"环境培育"的双重途径加以实现。一方面,作为一种异化工作作风、思维方法和行为方式的形式主义,归根结底是基于对党员干部的侵蚀、俘获而对象化为客观政治存在,从而对党的政治活动和功能产生消极影响的。在此意义上,培育党员干部对形式主义的"免疫抗体",避免其沦为形式主义的"衍生宿主"和"外化载体",势必成为力戒形式主义的重要举措。另一方面,形式主义的衍生与党员干部置身的党内外环境高度相关,与这一环境所储蕴的价值理念、纪律作风、政治传统、组织氛围相互联系、彼此作用。在此意义上,深入政党环境的内外圈层结构判辨、革除形式主义产生的环境诱因,通过整肃外部环境为力戒形式主义创造有利氛围条件和客观空间亦十分关键。具体而言:在主体形塑方面,一是要坚持通过唤醒、疏导、灌输等思想引领手段,将力戒形式主义的内容贯穿党员干部教育工作始终,致力在党内教育实践活动中破解党员干部理想信念、价值观念、思维理念的"内卷"问题,培育、激发其远离形式主义的思想与行动自觉,进而使对党员干部求真务实、真抓实干的政治诉吁从外部要求转化为其内在主动;二是要坚持通过建立健全党内法规制度体系,将力戒形式主义的历史宝贵经验和新鲜实践成果固化并上升为党员干部的相关行为准则和执行规范,把力戒形式主义的工作纳入制度化和法制化轨道,使党员干部在知敬畏、明底线、守规矩中紧绷"不敢、不能、不想"形式主义的政治神经。在环境培育方面,一是在文化环境维度,要把肃清"特权意识""官僚习气""好人主义""厚黑心理"等诱发形式主义的封建残余政治文化与倡扬积极健康的党内政治文化结合起来。既通过"革弊"的办法使形式主义无法得到庸俗腐朽政治文化的涵育,亦通过"鼎新"的方式更好地使忠诚履职、实事求是、锐意进取、担当作为等实干精神在全党蔚然成风,让党员干部在积极健康党内政治文化的熏染中坚守共产党人的先进政治理念和优秀政治素养,保持为民务实清廉的政治本色。二是在组织环境维度要着重强调严肃党内政治生活,增强党内政治生活的政治性、原则性、时代性、战斗性,积极发挥其对引导、形塑党员干部思维方法、工作作风、行为方式的重要作用，通过营造良好组织环境辐射、带动力戒形式主义氛围的持续向好。三是在体制机制环境维度，要建立健全力戒形式主义的组织领导机制、严格制定防范形式主义问题产生的党员干部选拔任用机制、针对性创设为基层减负的专项工作机制、改革完善诱发形式主义问题的督查检查考核机制，通过破立结合的方式，从体制机制层面既为“倒逼”出的形式主义清除潜在客观诱因，亦在推进体制机制改革完善的过程中为“不想”形式主义的主观自觉保驾护航。

4.在策略取向上：必须保持“坚强决心”达成“常态协同”的整体态势

中国共产党力戒形式主义的百年实践表明，形式主义在百年党建的实践场域中生成和演进，基于不同时空坐标和历史境遇而具有不同面相和异样致因。因此，力戒形式主义是一项常谈常新、常抓常新的现实课题，处在动态、开放的实践进程中，既是一项攻坚战，也是一项持久战，必须“抓常、抓细、抓长，持续努力、久久为功”[①]。回溯百年党史，我们党对形式主义演进态势和纠治规律的认识正是在时序推进中因坚持问题导向而得以丰富和深化，对其纠治工作也正是因结合特定历史背景、聚焦特定现实面相才得以针对性地科学展开。因此，在新时代进一步推进形式主义的纠治工作，必须吸纳并借鉴建党百年来党内形式主义治理取得显著成效的两大核心经验：一方面，要保持常抓不懈的战略定力、善作善成的坚强决心实现常态化治理，坚持把自律举措与他律手段相统合、相关联，把建章立制与破痼除弊相契合、相对应，把集中性教育与经常性监管相结合、相促进，把激浊扬清与防微杜渐相统一、相对接，从而积极推动形式主义治理工作出真招、显实效、见长效。另一方面，要强化治理思路、治理举措、治理方法的协同联动，在有效汇集治理合力的基础上取得形式主义治理工作的整体效果和强大效能，要坚持“狠抓、严管”与“教育、预防”相协同的治理原则、组织管理与群众监督相协同的治理主体、高级党员领导干部与基层党员干部相协同的治理对象、党员干部主体形塑与党内外环境培育相协同的治理方法，进而摆脱对其统筹规划不全、举措协同不够、环节衔接不畅、效能转化不足等治理困境，以治理程式的协同性、系统性、常态性保证治理工作的科学性、有效性、持续性，直至夺取同形式主义斗争的最终胜利。

---

① 《习近平关于力戒形式主义官僚主义重要论述选编》，中央文献出版社 2020 年版，第 27 页。

“党领导一切”的百年进程与基本经验

王　前

（中国人民大学马克思主义学院博士研究生）

一部百年党史，可以视为“党领导一切”的演进史。“党领导一切”既是一种理论，也是一种实践，贯穿了中国共产党的百年征程。作为党的重要原则与优良传统，“党领导一切”在一百年来积累了丰富的经验。梳理“党领导一切”的百年历程，总结“党领导一切”的百年经验，有利于在理论上进一步深入研究“党领导一切”，有利于在实践上进一步强化党对一切工作的领导。

一、“党领导一切”的内涵

“党领导一切”是具有鲜明中国特色的话语表达和政治实践，但国内外对“党领导一切”的认识和理解仍然存在一些误区。正确理解“党领导一切”的内涵，有利于客观审视“党领导一切”的百年进程，科学归纳“党领导一切”的基本经验。

“党领导一切”是马克思主义政党的重要原则，是近代以来中国政党政治发展的必然结果，是实现中华民族伟大复兴的客观需要。科学理解“党领导一切”的内涵，需要从多方面把握。一是“党领导一切”的主体。“党领导一切”的主体自然是中国共产党，但是，这里的“中国共产党”指的是整个中国共产党、整个党组织，而不是中国共产党中的某个人。二是“党领导一切”的范围。“党领导一切”在范围上要做到全覆盖、无死角，纵向到底、横向到边。具体而言，从领域上讲，“党领导一切”涉及“党政军民学”；从地域上讲，“党领导一切”包括“东西南北中”；从时间上讲，“党领导一切”涉及过去、现在、未来。换言之，“党领导一切”意味着党的领导要落实到治国理政的各领域、各方面、各环节、全过程。三是“党领导一切”的方式。“党领导一切”的方式即统揽全局、协调各方。统揽全局即中国共产党站在国家治理全局的高度，扮演举旗定向、谋篇布局的角色；协调各方即中国共产党正确处理党内外各种关系，凝聚各方共识，保证国家稳定、社会和谐。

此外，需要澄清三大错误认识。一是“党领导一切”并不等同于“以党代政”。无论是民主革命时期中国共产党的局部执政，还是新中国成立后中国共产党的全国执政，都面临着正确处理党政关系的问题。“以党代政”不利于政府有效开展工作，容易引发政治制度的僵化；而片面强调“党政分开”，容易弱化中国共产党对一切工作的领导。因此，“党领导一切”无疑意味着中国共产党对政府系统的领导，但这并不意味着“以党代政”。科学处理党政关系，要在坚持并强化中国共产党的领导的前提下，做到“党政分工”。二是“党领导一切”并不等同于“党包办一切”“党管理一切”。“党包办一切”“党管理一切”具有严重的弊端。“党包办一切”和“党管理一切”容易导致执政党成为各种矛盾的焦点，损害执政党的权威，不利于增强社会活力，导致政治制度的僵化。所以，“党领导一切”要求中国共产党统揽全局、协调各方，增强党的政治领导力、思想引领力、群众组织力、社会号召力，保证国家机关、企事业单位、各人民团体在党的领导下有效发挥作用，要坚决避免中国共产党事无巨细地大包大揽、直接管理。三是“党领导一切”并不等同于极“左”的领导方式。极“左”的领导方式意味着权力过度集中、党的活动超出党内法规和国家法律的范围，而“党领导一切”要避免权力过度集中，要使党的领导在党内法规和国家法律的范围内运行。

二、百年来“党领导一切”的历史进程

一百年来，中国共产党一以贯之地坚持“党领导一切”。自中国共产党诞生以来，“党领导一切”共经历了初步探索、曲折发展、规范改革、充分强化四大阶段。

1.初步探索阶段(1921～1949 年)

虽然中国共产党在建党初期没有明确提出“党领导一切”，但中国共产党仍然专门论述了无产阶级革命领导权问题，这具有一定的“党领导一切”的意蕴。在 1923 年党的三大上，李大钊曾指出：“过去和将来国民运动的领导因素都是无产阶级，而不是其他阶级。”[①]

大革命时期，如何在国共合作中坚持党对革命的领导权成为中国共产党面临的重要问题。在 1925 年党的四大上，中国共产党提出“最革命的无产阶级站在领导地位”[②]的重要论断。为处理与国民党的关系，维护自身对革命的领导权，党的四大决定在国民党中设立党团，提出“吾党在国民党及其他有政治性质的重要团体中，应组织党团，从中支配该党和该团体的活动”[③]。但是，由于中国共产党对革命领导权的认识不充分，没有彻底坚持自身对革命的领导权，导致大革命失败。

土地革命时期，中国共产党探索了自身对一切工作的领导。1929 年，针对红四军存在的单纯军事观点，红四军召开了古田会议，提出“一切工作，在党的讨论和决议之

---

① 《李大钊文集》第 4 卷，人民出版社 1999 年版，第 313 页。

② 中共中央文献研究室、中央档案馆编：《建党以来重要文献选编(1921～1949)》第 2 册，中央文献出版社 2011 年版，第 222 页。

③ 中共中央文献研究室、中央档案馆编：《建党以来重要文献选编(1921～1949)》第 2 册，中央文献出版社 2011 年版，第 260 页。

后，再经过群众去执行”①。1935年，遵义会议确立了毛泽东的领导核心地位，有利于维护党内团结，进而巩固党的领导。同年12月，瓦窑堡会议召开，提出中国共产党必须掌握革命领导权。

抗日战争时期，中国共产党在团结国内一切力量共同抗日的背景下探索“党领导一切”。中国共产党坚持不放弃革命领导权这一底线，在1940年提出“三三制”，共产党员、非党左派进步分子、中间分子各占抗日民主政权人数的三分之一，既坚持了党的领导，又团结了各种抗日力量。面对敌后抗日根据地各自为政、日寇对敌后抗日根据地疯狂进攻等问题，1942年9月，中国共产党通过了《中共中央关于统一抗日根据地党的领导及调整各组织间关系的决定》，其中指出：“党是无产阶级的先锋队和无产阶级组织的最高形式，他应该领导一切其他组织。”②

解放战争时期，中国共产党继续探索“党领导一切”的有关问题。1948年，中共中央为集中力量开展全国范围的解放战争，发布多个关于请示报告制度的文件。这有利于保障党对一切工作的领导。1949年3月，党中央通过了《党委会工作方法》，将党委领导工作的方法更加具体化。这为“党领导一切”的初步探索提供了正确方法。

需要注意的是，虽然早在民主革命时期中国共产党就强调坚持革命领导权，初步提出了“党领导一切”的论断，并展开了相应的实践探索，但是，由于党在民主革命时期并未确立全国范围内的领导地位和执政地位，这一时期的“党领导一切”与新中国成立后的“党领导一切”显然不能相提并论。民主革命时期可以视为“党领导一切”的初步探索阶段。

2.曲折发展阶段(1949～1978年)

1949年新中国成立后，中国共产党赢得了全国范围内的领导地位与执政地位，如何在全国范围内坚持和巩固“党领导一切”成为中国共产党面临的新课题。在1949～1978年期间，“党领导一切”无疑取得了重大发展，但也出现了一定的曲折。

针对新中国成立之初中央和地方的分散主义倾向，1953年3月，中共中央提出《关于加强中央人民政府系统各部门向中央请示报告制度及加强中央对于政府工作领导的决定(草案)》，加强了党对政府系统的集中统一领导；地方党组织也出台了相关制度。同年，为了加强党对财经工作的领导，党中央对中央政府所属的各财政经济部门的领导隶属关系作出了调整。面对高岗、饶漱石集团分裂党的活动，1954年，党的七届四中全会召开，大会严厉批判了高岗、饶漱石，通过了《关于增强党的团结的决议》，有力地维护了党的团结统一，保证了党对一切工作的领导。在全面建设社会主义时期，中国共产党继续坚持并巩固“党领导一切”。1956年，党的八大提出贯彻民主集中制和集体领导原则。1957年，社会上出现了反对党的领导的错误观点，如“政治设计院论”和“党天下论”等，中国共产党坚持自身领导不动摇，对各种错误观点严厉驳斥。

---

① 《毛泽东文集》第1卷，人民出版社1993年版，第80页。

② 中共中央文献研究室、中央档案馆编：《建党以来重要文献选编(1921～1949)》第19册，中央文献出版社2011年版，第423页。

针对党内的分散主义倾向，1958年6月，中共中央发布《关于成立财经、政法、外事、科学、文教小组的通知》，以领导小组强化党对一切工作的领导。1962年，根据中国国内的社会主义建设需要和复杂严峻的国际形势，毛泽东指出："工、农、商、学、兵、政、党这七个方面，党是领导一切的。"[①]

然而，这一时期"党领导一切"的正常发展并没有得到持续。由于党对共产党执政规律、社会主义建设规律、人类社会发展规律的认识不足，党对"党领导一切"的认识逐渐出现偏差，关于"党领导一切"的实践也出现曲折。"党领导一切"逐渐演变为"党包办一切"。1966年，"文化大革命"爆发，"踢开党委闹革命"使"党领导一切"严重偏离正轨。

3.规范改革阶段（1978～2012年）

1978年，党的十一届三中全会召开，"党领导一切"逐渐得到了拨乱反正。在这一阶段，中国共产党人反思之前的教训，对"党领导一切"进行规范、改革。

以邓小平为主要代表的中国共产党人致力于坚持、规范、改革"党领导一切"。1978年，党的十一届三中全会提出健全民主集中制，强调各级党组织要坚持集体领导，确立了邓小平的领导核心地位。"党领导一切"从此逐渐得到规范与改革。1979年，针对社会上出现的否定中国共产党的领导的错误言论，中国共产党以强大的政治定力捍卫自身的领导，旗帜鲜明地提出了包括"坚持中国共产党的领导"在内的"四项基本原则"，为"党领导一切"的规范与改革提供了保证。鉴于制度建设不足严重不利于"党领导一切"的健康发展，20世纪80年代初，中国共产党通过了《关于党内政治生活若干准则》《党和国家领导制度改革》等文件，强调建立集体领导与个人分工相结合的制度，反对权力过分集中。党的十二大、十三大对"党领导一切"进行了重大改革。党的十二大明确提出党的领导主要是政治、思想和组织领导，禁止任何形式个人崇拜，把党建设成领导社会主义现代化事业的坚强核心等内容。1987年，十三大明确指出党的领导是政治领导，明确提出"党政分开"。需要注意的是，十三大提出的"党政分开"并不是削弱、否定"党领导一切"，而是旨在改善、巩固"党领导一切"。但是，十三大后，"党政分开"在实践中不讲前提，"党领导一切"被削弱，此外，由于党的思想领导、组织领导被忽视，党的政治领导也无法落实，20世纪80年代末资产阶级自由化思潮的泛滥与上述问题密切相关，"党领导一切"也一度面临严峻考验。

以江泽民为主要代表的中国共产党人采取了一系列举措继续规范、改革"党领导一切"。在江泽民看来，党的政治领导、思想领导、组织领导之间的关系要科学处理。1989年12月，江泽民指出："思想领导是政治领导、组织领导的重要前提和基础，组织领导是政治领导、思想领导的重要保证。"[②]为防止片面、错误地理解"党政分开"，20世纪90年代以来的党的文献不再提"党政分开"。中国共产党日益认识到依法治国对于

---

① 《毛泽东文集》第8卷，人民出版社1999年版，第305页。

② 中共中央文献研究室编：《十三大以来重要文献选编》(中)，人民出版社1991年版，第808页。

“党领导一切”的重大意义，1997年党的十五大提出依法治国是党领导人民治理国家的基本方略。世纪之交，根据执政环境和国内外形势，江泽民在2000年再次重申：“工农兵学商，党是领导一切的。”①

以胡锦涛为主要代表的中国共产党人在21世纪初致力于坚持并改善“党领导一切”。在社会主义市场经济条件下，中国共产党意识到“党领导一切”也要进行相应的改革。2002年，党的十六大报告提出要根据中国社会发展实际改革和完善党的领导方式和执政方式、领导体制和工作制度。此外，中国共产党注重以提升执政能力和改革“党领导一切”相结合。2004年，党的十六届四中全会提出加强党的执政能力建设要以完善党的领导体制与工作机制为重点。

4.充分强化阶段(2012年至今)

虽然坚持“党领导一切”是中国共产党的一贯传统，但是，一个时期以来确实出现了忽视、淡化、削弱党的领导的问题。这样看来，坚持并充分强化“党领导一切”成为党的迫切需要。党的十八大以来，以习近平同志为核心的党中央坚守“捍卫党的领导地位不动摇”这一底线，在理论上、实践上采取一系列措施，大大强化了“党领导一切”。

一是成立领导小组和委员会。党的十八大以来，为统筹各方，强化“党领导一切”，中国共产党成立了很多新的领导小组、委员会，这些小组、委员会多由习近平担任组长、主任。二是要求全党树立“四个意识”，做到“两个维护”。针对一个时期以来党中央权威遭到损害、“党领导一切”急需强化的问题，以习近平同志为核心的党中央多次强调维护党中央权威和集中统一领导，而维护党中央权威是具体的，是与维护习近平总书记的核心地位相一致的。2016年1月，中国共产党提出“四个意识”，同年召开的十八届六中全会充分明确了习近平总书记的领导核心地位，此后，“四个意识”“两个维护”在全党多次强调，有效强化了党中央权威，保证了“党领导一切”的实践成效。三是不断完善请示报告制度。请示报告制度是中国共产党的一大重要制度。党的十八大以来，为了维护党中央权威和集中统一领导，强化“党领导一切”，中国共产党不断完善请示报告制度。2016年，十八届六中全会对报告制度作出更加严格的规定。2019年2月，中国共产党发布《中国共产党重大事项请示报告条例》，进一步完善了请示报告制度。四是强调党的领导地位并继续重申“党领导一切”。面对国内外歪曲、否定甚至恶意攻击“党领导一切”的错误观点，党的十九大报告中明确指出：“明确中国特色社会主义最本质的特征是中国共产党领导，中国特色社会主义制度的最大优势是中国共产党领导，党是最高政治领导力量。”“党政军民学，东西南北中，党是领导一切的。”②同时，十九大报告把“坚持党对一切工作的领导”作为新时代坚持并发展中国特色社会主义的基本方略的首要内容。五是深化党和国家机构改革。为了在国家治理的全局上坚持并加强“党领导一切”，中国共产党推进党和国家机构改革，2018年，党的十九届

① 《江泽民文选》第2卷，人民出版社2006年版，第496页。

② 习近平：《决胜全面建成小康社会　夺取新时代中国特色社会主义伟大胜利——在中国共产党第十九次全国代表大会上的报告》，人民出版社2017年版，第20页。

三中全会明确指出深化党和国家机构改革必须以完善党的全面领导制度作为首要任务。六是构建并完善党的领导制度体系。为了在根本上强化“党领导一切”，推进国家治理体系与治理能力现代化，2019年10月，党的十九届四中全会提出构建并完善党的领导制度体系，需要注意的是，这一制度体系在中国特色社会主义制度体系中居于统摄性地位，能够在制度上充分保障“党领导一切”。

三、百年来“党领导一切”的基本经验

在百年征程中，中国共产党积累了丰富的关于“党领导一切”的经验，这些经验是中国共产党历史上的宝贵财富，涉及科学理解内在意蕴、恪守重要底线、坚持问题导向、坚持“两个维护”、强化制度建设等方面，对新时代坚持和加强“党领导一切”具有重要意义。

1.必须科学理解“党领导一切”的内在意蕴，提供“党领导一切”的重要基础

科学理解“党领导一切”的内在意蕴是坚持并强化“党领导一切”的重要基础。“党领导一切”要在理论上得到充分发展、在实践上得到真正强化，离不开全党对“党领导一切”的内在意蕴的科学认识。中国共产党的历史充分说明，正确认识“党领导一切”的内在意蕴，对于“党领导一切”的坚持和强化至关重要。民主革命时期，中国共产党积极对“党领导一切”展开初步探索。新中国成立后，中国共产党采取多方面措施巩固自身的领导地位，在20世纪60年代初明确提出了“党领导一切”的重要论断。但是，后来中国共产党对“党领导一切”的内在意蕴的理解日益出现偏差，“党领导一切”逐渐演变为“以党代政”“党包办一切”“党管理一切”，在“文化大革命”时期甚至陷入“踢开党委闹革命”的混乱局面。改革开放后，中国共产党逐渐树立了关于“党领导一切”的科学认识，“党领导一切”得到了一定的规范和发展。党的十八大以来，中国共产党从“党领导一切”的主体、范围、方式等多方面入手对“党领导一切”的内在意蕴作出科学把握，在理论上有力发展了“党领导一切”，在实践上有效强化了“党领导一切”。纵观党的历史可以发现，“党领导一切”的坚持、改革和强化，无不建立在中国共产党对“党领导一切”的内在意蕴的科学认识的基础之上。科学理解“党领导一切”的内在意蕴是“党领导一切”百年演进的重要经验，对于新时代中国共产党人具有重大启示。在新时代，中国共产党人要以辩证思维审视“党领导一切”这一问题，理性认识“党领导一切”的内在意蕴，不断在理论上对“党领导一切”进行创新。

2.必须恪守“坚持党的领导不动摇”这一底线，筑牢“党领导一切”的定力支撑

“党领导一切”要得到不断强化，必须恪守一定的底线。只有恪守底线，才能使中国共产党在各种诱惑和挑战面前不偏离正确方向、不动摇政治立场，为“党领导一切”的持续强化筑牢坚强的定力支撑。没有强大的定力支撑，“党领导一切”不仅会无从下手，甚至会犯颠覆性错误。这意味着中国共产党必须在党的领导这一问题上保持清醒，坚守立场，坚持正确的政治方向。纵观百年党史，正是党恪守了“坚持党的领导不动摇”的底线，在党的领导这一根本问题上保持着强烈的政治定力，“党领导一切”才能

得到坚持和发展。早在民主革命时期，中国共产党就反复告诫全党要坚持自身对革命的领导权，在这一问题上不能有丝毫的妥协，这为“党领导一切”的初步提出和初步探索奠定基础。在新中国成立后，社会上出现了反对党的领导的错误观点，如“党天下”“政治设计院”等，中国共产党坚守维护自身领导的底线，对此予以驳斥，并在20世纪60年代强调“党是领导一切的”。在20世纪80年代末90年代初，面对苏东剧变及国内政治风波，中国共产党坚守维护自身领导地位的政治定力，顶住了各方的压力，坚持自身领导地位毫不动摇，保证了“党领导一切”的调整和改革。在世纪之交，正是捍卫了党的领导，正是中国共产党重申“党是领导一切的”，“党领导一切”才能得到改革和调适。在21世纪初，中国共产党强调自身领导地位，进一步推进“党领导一切”的调适和改革。党的十八大后，中国共产党着眼于自身的初心和“强起来”的伟大使命，以强烈的政治定力理直气壮地坚持党的领导，将“党领导一切”载入党章，有利于“党领导一切”的切实强化。恪守底线，提供定力支撑这一经验对新时代中国共产党人坚持并强化“党领导一切”具有重大意义。在新时代，中国共产党人在大是大非问题上丝毫不能动摇，要增强政治判断力、政治领悟力和政治执行力，恪守“坚持党的领导不动摇”这一底线，冷静判断形势，理性审视问题，不为任何风险所惧，不为任何诱惑所扰，致力于更加充分地坚持、强化党对一切工作的领导。

3.必须坚持问题导向，激发“党领导一切”的发展动力

在中国共产党的百年征程中，坚持问题导向是中国共产党的优良传统。问题是“党领导一切”发展的强大动力。只有时刻坚持以问题为导向，才能充分激发“党领导一切”的发展动力，才能以问题带动“党领导一切”的发展。在某种意义上讲，“党领导一切”的演进过程，就是各种问题推动着“党领导一切”的坚持和强化的过程。在民主革命时期，敌后抗日根据地的力量分散不利于抗击日本侵略者，推动着中国共产党在1942年提出党“应该领导一切其他组织”，建立党的一元化领导。在新中国成立初期，中国共产党自身存在的分散主义问题推动着中国共产党展开领导机构改革和领导制度改革，以确保自身对一切工作的领导能够得到充分坚持。在20世纪60年代初，面对国内社会主义建设的需要和世界形势的紧张，中国共产党明确提出了“党领导一切”的论断。在改革开放之初，党政企不分、以党代政、权力过分集中等问题推动着中国共产党规范和改革“党领导一切”。20世纪80年代末90年代初，针对没有前提地搞“党政分开”、党的领导弱化等问题，中国共产党坚决捍卫自身领导地位，形成了强有力的领导核心，强调党的思想领导、政治领导、组织领导共同发挥作用，不再提“党政分开”，确保了中国共产党在“苏东剧变”之时能够顶住压力、稳住阵脚，确保了“党领导一切”能够进一步进行调整和改革。党的十八大以来，针对一个时期以来忽视、削弱、淡化党的领导的问题，中国共产党采取一系列措施强化“党领导一切”。注重问题导向是“党领导一切”百年发展的一大重要经验，这对新时代中国共产党人具有重大启示。新时代中国共产党人要根据时代的发展和世界局势的变化，继续坚持问题导向，理性审视并有效补齐“党领导一切”所存在的短板。此外，新时代中国共产党人要结合“党领导

一切”所面临的新问题，进一步完善“党领导一切”的理论，进一步开展“党领导一切”的实践。

4.必须遵循“两个维护”的原则，确保“党领导一切”的实践成效

“两个维护”指的是维护党中央权威和集中统一领导，维护党的领袖的核心地位。这一原则主要针对的是实践层面，与“党领导一切”密切相关。“党领导一切”不仅是一种理论，更是一种实践，需要充分落实。落实“党领导一切”离不开强大的党中央权威。其原因在于，从中国共产党自身的角度看，作为世界上最大的马克思主义执政党，中国共产党拥有非常严密的组织体系和超级庞大的党员数量，没有一个具有强大权威的党中央显然是难以想象的。只有党中央拥有强有力的权威，党的各级组织和全体党员才能各司其职、服从指挥、令行禁止，形成强大的党内凝聚力，进而成为坚强的领导力量。从国家的角度看，党中央是国家治理的中枢，只有党中央拥有强大的权威，党的集中统一领导能够实现，党对一切工作的领导才能获得充分保证，党和国家的各项工作才能得到统筹协调、稳步推进、最终落实。需要指出的是，维护党中央权威、集中统一领导与维护习近平总书记的党中央核心、全党核心地位又是相一致的。对党中央权威的维护，不是抽象的，而是非常具体的。在根本上讲，捍卫习近平总书记的核心地位旨在维护党中央权威和集中统一领导；维护党中央权威和集中统一领导，首先就是维护习近平总书记的核心地位。因此，维护党中央权威和党的领袖的核心地位，能够集中体现、贯彻“党领导一切”，能够有效落实“党领导一切”，为“党领导一切”发挥实践成效提供可靠的保证。中国共产党的百年历史充分表明，落实“党领导一切”必须坚决维护党中央权威和党的领袖的核心地位。在遵义会议后，中国共产党逐渐形成一个坚强的领导核心，党中央权威逐渐得到全党的维护，确保了“党领导一切”在民主革命时期初步探索的成效。在新中国成立之初，中国共产党取得全国范围内的领导地位和执政地位，在全国范围内落实“党领导一切”成为中国共产党的重要课题，中国共产党采取多项措施维护党中央权威，捍卫毛泽东的领导核心地位，“党领导一切”在新中国成立之初得到了坚持和巩固。党的十八大以来，针对党的领导存在的种种问题，坚持和强化“党领导一切”成为中国共产党的重要课题。中国共产党采取一系列举措维护党中央权威，维护习近平总书记的核心地位，确保了“党领导一切”的有效强化。因此，坚持“两个维护”是“党领导一切”演进的一大重要经验，为新时代中国共产党人提供重要启发。在新时代，中国共产党要在内心深处牢固树立“四个意识”，在行动上真正做到“两个维护”，将“党领导一切”落实到位，确保“党领导一切”在实践中不走样、不变形。

5.必须加强制度建设，夯实“党领导一切”的制度保障

“党领导一切”要得到充分坚持和真正强化，离不开制度的作用。邓小平曾经深刻指出：“制度问题更带有根本性、全局性、稳定性和长期性。”[①]制度能够将“党领导一切”成熟定型；制度能够有效协调党与政府、市场、第三部门、人民群众之间的关系，促

---

① 《邓小平文选》第2卷，人民出版社1994年版，第333页。

进“党领导一切”科学化、民主化;制度能够在社会上形成一种认同并拥护“党领导一切”的氛围,使人民群众世世代代认同并拥护“党领导一切”。中国共产党的百年历史也充分表明,制度能够在根本上保障“党领导一切”持续坚持、不断强化、落地生根。民主革命时期,中国共产党发布请示报告制度的相关文件,保障了“党领导一切”的初步探索。新中国成立后,中国共产党出台了《关于成立财经、政法、外事、科学、文教小组的通知》文件,建立了领导小组制度,为“党领导一切”的巩固提供了保障。进入改革开放和社会主义现代化建设新时期,中国共产党积极推进相关制度建设,注重依法治国,保障了“党领导一切”的规范和改革。党的十八大以来,《中共中央关于深化党和国家机构改革的决定》《中国共产党重大事项请示报告条例》等党内法规文件的出台,党的领导制度体系的明确提出和构建,在制度上保障着“党领导一切”的强化和创新;与此同时,中国共产党还致力于国家治理体系现代化的推进和实现,力求科学处理党的领导制度体系与中国特色社会主义制度之间的关系,在治国理政的大局上全面、彻底地保障党对一切工作的领导。强化制度建设这一经验启示着新时代中国共产党人要积极推进制度建设,努力发挥制度对“党领导一切”的根本性保障作用。一方面,中国共产党要坚持并完善党的领导制度体系。党的十九届四中全会提出党的领导制度体系,将“党领导一切”充分制度化。中国共产党今后要坚持并不断优化这一制度体系。具体而言,党的领导制度体系中可以进一步划分为六个制度,即不忘初心、牢记使命制度,维护党中央权威和集中统一领导的各项制度,提升党的执政能力和领导水平制度,党的全面领导制度,为人民执政、靠人民执政制度,全面从严治党制度。那么,这六个更加具体的制度之间的关系是什么,六个更加具体的制度如何进行进一步划分以完全落实“党领导一切”,都是需要进一步思考的问题。另一方面,中国共产党需要继续统筹党的领导制度体系与中国特色社会主义制度之间的发展。“党领导一切”自然涉及国家治理的方方面面,而中国特色社会主义制度体系就是涉及国家治理方方面面的一整套制度体系,从这一意义上看,要在整体上发挥制度对“党领导一切”的保障作用,需要科学处理党的领导制度体系与中国特色社会主义制度体系之间的关系。党的领导制度体系在中国特色社会主义制度中居于统领性地位,可以视为中国特色社会主义制度的中轴,中国共产党不仅要充分发挥党的领导制度体系的中轴作用,还要将党的领导制度体系与中国特色社会主义制度充分衔接,使二者相辅相成、相互促进,在根本上保障“党领导一切”的坚持和强化。

总之,“党领导一切”贯穿于中国共产党的百年征程之中,经历了独特的发展阶段。“党领导一切”的百年演进是中国共产党的一笔宝贵财富。在新时代,中国共产党要在科学总结“党领导一切”的百年演进经验的基础上,毫不动摇地继续坚持、强化“党领导一切”,寻求在理论上、实践上对“党领导一切”进行更加系统、深入的创新,为“强起来”的伟大使命的完成提供坚强保证。

新时代意识形态制度建设的逻辑探析：理论、历史与现实

李　钰

（北京大学马克思主义学院博士研究生）

十九届四中全会围绕“坚持和完善中国特色社会主义制度、推进国家治理体系和治理能力现代化”对社会各领域的制度建设进行了谋篇布局。全会通过的《中共中央关于坚持和完善中国特色社会主义制度、推进国家治理体系和治理能力现代化若干重大问题的决定》（以下简称《决定》）首次提出了“坚持马克思主义在意识形态领域指导地位的根本制度”①重大命题，开启了新时代意识形态制度建设的新篇章。新时代意识形态制度建设的着力点主要有三个方面：一是强化坚持党的领导、各级党委承担主体管理责任的意识形态工作责任制；二是强化用党的创新理论武装全党、教育人民的党内各层级学习制度和全民学习体系；三是强化发挥理论工作者思想政治教育作用的育人体制机制。基于此，本文拟从理论、历史与现实的维度来解读新时代意识形态制度建设三大着力点的理论渊源、历史积淀与现实依据。

一、理论逻辑：马克思主义理论家的意识形态思想

经典马克思主义理论家都非常重视意识形态问题。马克思、恩格斯主张用科学理论教育和引导无产阶级，列宁突出强调了无产阶级政党对意识形态工作的领导，葛兰西重点阐述了先进知识分子的思想政治教育作用。马克思主义理论家的意识形态思想解决了用什么样的思想理论来领导意识形态工作、谁来领导、通过怎样的中间环节来领导的问题，奠定了新时代意识形态制度建设的理论基础。

1.马克思、恩格斯极为重视用科学社会主义理论教育和引导无产阶级

批判唯心主义哲学、揭露资产阶级意识形态的虚假性，树立并捍卫无产阶级意识形态是马克思、恩格斯意识形态思想的主要内容。用科学社会主义理论教育和引导无产阶级是马克思、恩格斯批判资产阶级意识形态、建构社会主义意识形态的重要手段。

① 《中国共产党第十九届中央委员会第四次全体会议文件汇编》，人民出版社2019年版，第43页。

首先，马克思、恩格斯肯定了科学社会主义理论的价值归宿就在于指导工人运动。马克思在《〈黑格尔法哲学批判〉导言》中谈到，革命的理论需要同革命的实践相结合："哲学把无产阶级当做自己的物质武器，同样，无产阶级也把哲学当做自己的精神武器；思想的闪电一旦彻底击中这块素朴的人民园地，德国人就会解放成为人。""哲学不消灭无产阶级，就不能成为现实；无产阶级不把哲学变成现实，就不可能消灭自身。"[①]在这里，马克思旗帜鲜明地表达了科学社会主义理论的阶级立场和实践品格，即科学社会主义理论是一门关于无产阶级解放的学问，它只有融入并指导无产阶级的革命斗争才能真正实现自己的价值。

其次，马克思、恩格斯用科学社会主义理论揭示了资产阶级意识形态的虚假性。资产阶级用"自由""民主""平等"等高度抽象的词汇"赋予自己的思想以普遍性的形式，把它们描绘成唯一合乎理性的、有普遍意义的思想"[②]，用以欺骗无产阶级，缓和社会矛盾，消解无产阶级的斗争意志。但是，唯物史观证明了阶级性是意识形态的内在属性，"占统治地位的思想不过是占统治地位的物质关系在观念上的表现，不过是以思想的形式表现出来的占统治地位的物质关系"[③]。资本主义社会中资产阶级与无产阶级的利益是根本对立的，资本不剥削劳动就无法产生和扩张，资产阶级意识形态无法代表无产阶级的利益。

最后，马克思、恩格斯还指出，科学社会主义理论在塑造无产阶级的阶级意识、推动无产阶级解放过程中具有重要作用。无产阶级是伴随资本主义的发展而成长壮大的新生阶级，这一历史条件决定了年轻的无产阶级起初还不能明确表达自己的阶级利益，进行独立的政治斗争，甚至"不得不充当资产阶级先进的极左翼的角色"[④]。因此，为了推动无产阶级革命运动的进程，工人头脑中的革命是极重要的。科学社会主义理论是"对现代社会中普遍存在的有财产者和无财产者之间、资本家和雇佣工人之间的阶级对立以及生产中普遍存在的无政府状态这两个方面进行考察的结果"[⑤]，它指明了无产阶级肩负着解放自己以及解放全社会的历史使命、无产阶级行动的性质和条件，是指引无产阶级革命运动的精神武器。

2.列宁确立了无产阶级政党对意识形态工作的领导核心地位

马克思、恩格斯逝世后，国际共产主义运动中出现了庸俗化马克思主义、用康德主义重构马克思主义、复归唯心主义等不良发展趋向，对俄国革命产生了干扰。列宁在同唯心史观、经济主义、修正主义等错误思潮争夺意识形态领导权的过程中，强调要坚持无产阶级政党对意识形态工作的领导。列宁主要从无产阶级政党掌握意识形态领导权的可能性、必要性和重要意义等三方面进行了阐述。

---

① 《马克思恩格斯选集》第1卷，人民出版社2012年版，第16页。
② 《马克思恩格斯选集》第1卷，人民出版社2012年版，第180页。
③ 《马克思恩格斯选集》第1卷，人民出版社2012年版，第178页。
④ 《马克思恩格斯全集》第28卷，人民出版社2018年版，第20页。
⑤ 《马克思恩格斯选集》第3卷，人民出版社2012年版，第775页。

列宁关于党和阶级关系的思想是无产阶级政党掌握意识形态领导权之可能性的思想基础。列宁指出，“人们的觉悟程度和积极程度有差别”①，所以无产阶级政党来源于无产阶级，但又不同于无产阶级的普通群众。无产阶级政党是无产阶级的先进部队，它的觉悟程度和积极程度代表着无产阶级革命运动的最高水平，能够最快了解和掌握先进理论。也正是如此，无产阶级政党肩负着“把愈益广大的阶层提高到这个先进的水平”②的光荣使命。

无产阶级政党掌握意识形态领导权的必要性有三。其一，相较于已经成熟定型的资产阶级政党，无产阶级政党还处于成长时期，“同革命思想中有使运动离开正确道路危险的其他派别进行的清算还远没有结束”③。如果无产阶级政党放弃意识形态领导权，让其他非科学的理论误导了社会主义运动，就会葬送无产阶级政党的政治前途。其二，社会主义运动是国际性的运动，也是在广泛吸收他国无产阶级斗争经验基础上的革命实践，“但是，要运用别国的经验，简单了解这种经验或简单抄袭别国最近的决议是不够的”④。无产阶级政党必须掌握意识形态领导权以独立、审慎、批判的态度评价和吸收他国经验，为我所用。其三，只有掌握意识形态领导权，无产阶级政党“才能实现先进战士的作用”⑤。

无产阶级政党掌握意识形态领导权的重要意义在于唤醒无产阶级的阶级意识以推动无产阶级革命进程，以及培育社会主义新人来提升无产阶级政权建设水平。唤醒无产阶级的阶级意识是开展无产阶级革命的前提。资产阶级意识形态恰恰是资产阶级用来驯服无产阶级、瓦解无产阶级斗争意志的思想工具，“资产阶级思想体系的渊源比社会主义思想体系久远得多，它经过了更加全面的加工，它拥有的传播工具也多得不能相比”⑥。因此，无产阶级政党的首要任务就是对工人进行科学社会主义理论的教育，提高他们的阶级自觉，使他们不仅认识到“工人阶级的特殊利益，而且学习认识工人阶级在国家中所处的特殊地位”⑦，帮助工人把仇视资本家的朴素情感转变为无产阶级反对资产阶级统治的实际行动。列宁还提出了无产阶级专政时期无产阶级政党继续新的伟大斗争的命题，这就是无产阶级政党要牢牢掌握意识形态领导权，对社会的思想意识进行彻底改造，培育社会主义新人。“无产阶级斗争的任务，并没有因为推翻了沙皇、赶走了地主和资本家而宣告结束……阶级斗争还在继续，只是改变了形式。”⑧斗争形式已经从以政治冲突为主转变为对意识形态领导权的争夺，无产阶级政党肩负着用社会主义新道德取代封建主义、资本主义旧道德的历史使命。在社会主义

---

① 《列宁选集》第1卷，人民出版社2012年版，第473页。
② 《列宁选集》第1卷，人民出版社2012年版，第474页。
③ 《列宁专题文集：论无产阶级政党》，人民出版社2009年版，第70页。
④ 《列宁专题文集：论无产阶级政党》，人民出版社2009年版，第71页。
⑤ 《列宁专题文集：论无产阶级政党》，人民出版社2009年版，第71页。
⑥ 《列宁专题文集：论无产阶级政党》，人民出版社2009年版，第87页。
⑦ 《列宁专题文集：论无产阶级政党》，人民出版社2009年版，第20页。
⑧ 《列宁选集》第4卷，人民出版社2012年版，第290页。

文化环境中成长起来的新一代具备了较高的文化素质和共产主义觉悟，他们所投身的社会主义现代化建设才能日益趋近共产主义的目标。

3.葛兰西提出“有机知识分子”理论，凸显了无产阶级政党掌握意识形态领导权的中间环节

列宁十分重视知识分子的理论创造，他指出社会主义学说“是从有产阶级的有教养的人即知识分子创造的哲学理论、历史理论和经济理论中发展起来的”[①]。但是对于无产阶级政党、知识分子、劳动群众三者之间的关系，以及知识分子在其中发挥着怎样的作用，列宁并没有深入阐发，是葛兰西在这个方面作出了独特的理论贡献。

葛兰西意识形态理论中的“有机知识分子”是致力于创造新世界观、改造人民群众旧思想的人，他们联结着无产阶级政党与广大无产阶级群众。一方面，“有机知识分子”成长于工业劳动的实践中，与无产阶级有着天然的紧密联系；另一方面，“有机知识分子”是由无产阶级政党培育、转化而来的，是传播党的意志的重要载体。葛兰西的“有机知识分子”理论主要阐明了两种功能(有机知识分子在社会革命时期能够帮助无产阶级政党与资产阶级争夺意识形态领导权，在社会主义建设时期能够创造新文化使其融入群众的日常生活)和两组关系(有机知识分子与无产阶级政党、有机知识分子与人民群众的相互依存关系)。

葛兰西意识形态理论的核心观点是，西欧国家的意识形态霸权发挥着比政治国家的暴力强制更为重要的作用。如果西欧的无产阶级运动机械搬用俄国革命式的运动战，“看上去一定能够消灭敌人全部防御配系的猛烈的炮击事实上只能破坏它的外部掩蔽工事，因而在冲击和进攻的时候，进攻者所面临的是依然具有威力的防线”[②]。只有与资产阶级争夺意识形态领导权，揭穿资本主义文化对无产阶级的蒙蔽，才能顺利推进政治革命。那么，无产阶级政党应当怎样做才能在意识形态领导权的争夺战中获胜呢？葛兰西强调，无产阶级政党“形成自己有机的知识界越有力，则同化与战胜的完成更加迅速，也更加有效”[③]。这就是“有机知识分子”的第一种功能，即帮助无产阶级政党夺取意识形态领导权。此外，“有机知识分子”在社会主义国家建立后还要继续进行文化战斗，发挥另一种功能——“确定和组织道德和精神生活的改革，在言语中使文化适应于实践领域”[④]，也就是用社会主义新文化代替落后的旧文化，以适应和推动政治、经济、社会领域的变革。“有机知识分子”改造文化环境的过程，也是将科学理论与民众生活相结合的过程，把专业、系统的意识形态转化为人民群众易于接受、简单且深刻之常识的过程。

“有机知识分子”与人民是不可分割的。“有机知识分子”只有将自身的理性认知与人民从生产实践中收获的感性体验相结合，才能实现自我价值；而人民只有接受“有

---

① 《列宁选集》第1卷，人民出版社2012年版，第317～318页。

② [意]葛兰西：《狱中札记》，葆煦译，人民出版社1983年版，第178页。

③ [意]葛兰西：《狱中札记》，葆煦译，人民出版社1983年版，第423页。

④ [意]葛兰西：《实践哲学》，徐崇温译，重庆出版社1990年版，第148页。

机知识分子"的教育才能自觉地创造历史,否则就会局限于眼前利益而放弃改造现实世界的长远目标。此外,"有机知识分子"与无产阶级政党也是彼此交融的。"有机知识分子"是无产阶级政党培育的,或是传统知识分子经过改造后的新形态。"有机知识分子"只有成为无产阶级政党的一部分,才能有效地参与政治生活;无产阶级政党的政治领导和组织能力均源于"教育的、精神力量的作用"①,只有依靠先进知识分子的理论宣讲,才能更广范围地吸收革命力量、增强号召力。

二、历史逻辑:新民主主义革命和社会主义建设时期党领导意识形态工作的经验分析

新民主主义革命和社会主义建设时期,党领导意识形态工作的经验主要有三点:第一,牢牢掌握意识形态工作的领导权,把意识形态工作作为党的一项极端重要工作来抓;第二,号召全党深入学习马克思主义中国化的最新理论成果,坚持用党内学习带动全民学习;第三,培育新型的知识分子,使之服务于新民主主义革命和社会主义现代化建设。以上三方面的历史实践,是新时代意识形态制度建设的直接经验来源。

1.党把意识形态工作当作一项极端重要的工作来对待

中国共产党始终把意识形态工作放在突出的重要位置,将其视为完成党的中心任务的重要保障。在革命战争年代,"掌握思想教育,是团结全党进行伟大政治斗争的中心环节。如果这个任务不解决,党的一切政治任务是不能完成的"②。在社会主义建设时期,"政治工作是一切经济工作的生命线"③。

在早期党的组织中,宣传工作就备受重视,各地党小组通过创办报刊、刊登国际工人运动消息、撰写评论文章等方式传播马克思主义。中共一大设立中央工作部,重点领导党的宣传和组织工作,李达任宣传主任。④ 1924 年 5 月,中国共产党三届三次执委扩大会议强调,为适应革命形势的发展,需要完善党内组织部门,"中央及区亦应分设宣传、组织、工农等部,分担责任"⑤,罗章龙成为首任中央宣传部部长。至此,宣传部作为党内常设机构肩负起了党管意识形态的责任。革命时期,毛泽东极为重视纠正党内的各种非无产阶级思想,用笔杆子开辟了军事斗争之外的意识形态战场。不仅如此,毛泽东还提出了"掌握思想领导是掌握一切领导的第一位"⑥这个重要论断,要求党的各级领导同志把意识形态的宣传阵地掌握在自己手里。把意识形态工作"作为组织一切工作的一个武器,反映政治、军事、经济并且又指导政治、军事、经济的一个武

---

① [意]葛兰西:《狱中札记》,葆煦译,人民出版社 1983 年版,第 429 页。

② 《毛泽东选集》第 3 卷,人民出版社 1991 年版,第 1094 页。

③ 《毛泽东文集》第 6 卷,人民出版社 1999 年版,第 449 页。

④ 参见西安师专马列主义教研室党史组、西北大学政治理论系党史研究室编:《中共"一大"资料汇编》,西北大学出版社 1979 年版,第 42 页。

⑤ 中共中央文献研究室编:《建党以来重要文献选编(1921～1949)》第 2 册,中央文献出版社 2011 年版,第 74 页。

⑥ 《毛泽东文集》第 2 卷,人民出版社 1993 年版,第 435 页。

器，组织群众和教育群众的一个武器。要以很大的精力来注意这个工作，使它一年比一年进步”①。

1956年，毛泽东结合波匈事件和国内少数人闹事的情况作出判断：“革命时期的大规模的急风暴雨式的群众阶级斗争基本结束”②，国家政治生活的主题是用说服教育的方式正确处理人民内部矛盾。但同时，意识形态领域的阶级斗争远未结束，因为人们世界观的转变是根本转变，必须经历较长时间的思想斗争才能完成。党不能放松对意识形态的领导权，不能低估意识形态工作的重要性，“资产阶级和从旧社会来的知识分子的影响还要在我国长期存在，作为阶级的意识形态，还要在我国长期存在。如果对于这种形势认识不足，或者根本不认识，那就要犯绝大的错误，就会忽视必要的思想斗争”③。毛泽东指出，不仅党委要管意识形态工作，党内其他部门和全社会都要参与进来。“思想政治工作，各个部门都要负责任。共产党应该管，青年团应该管，政府主管部门应该管，学校的校长教师更应该管。”④

改革开放初期，针对思想战线出现的资产阶级自由化倾向，邓小平强调不能低估思想战线混乱对社会发展的破坏性影响，必须加强党对思想战线的领导，“从中央到地方，各级党委的主要负责人一定要重视理论界文艺界以及整个思想战线的情况、问题和工作”⑤。在2000年6月召开的中央思想政治工作会议上，江泽民肯定了党委各级主要领导主抓意识形态工作的优良传统，将是否会做思想政治工作列为评价干部是否成熟的标准。会议指出：“要建立党委统一领导，党政各部门和工会、共青团、妇联等人民团体齐抓共管、各负其责的思想政治工作体制，建立健全思想政治工作责任制。”⑥这标志着初步建立起了主体明确、权责明晰的意识形态管理责任制。

2.号召全党、全民深入学习马克思主义中国化的最新理论成果

人民是历史的创造者，只有广大党员和人民群众能够自觉地运用马克思主义的立场、观点、方法来分析和解决问题，才能推动中国革命和社会主义现代化建设的发展。在学习内容上，除了要原原本本学习马克思主义经典作家的著作，还要学习马克思主义中国化的最新理论成果。马克思主义中国化的最新理论成果不仅包含了马克思主义的立场、观点、方法，还是基于鲜活的实践经验对原有理论的创新发展，能够更好地指导人们解决时代问题。在学习体系上，党内学习是抓手，全民学习是根本目的，要以党内学习的示范效应带动全民学习。

早在延安时期，毛泽东就提出加强对党员干部的马列主义教育，不仅要学习马列主义经典作家得出的一般规律，更应当学习他们观察和解决问题的方法。“如果我们

---

① 《毛泽东文集》第3卷，人民出版社1996年版，第111页。
② 《毛泽东文集》第7卷，人民出版社1999年版，第216页。
③ 《毛泽东文集》第7卷，人民出版社1999年版，第231页。
④ 《毛泽东文集》第7卷，人民出版社1999年版，第226页。
⑤ 《邓小平文选》第3卷，人民出版社1993年版，第45页。
⑥ 《江泽民文选》第3卷，人民出版社2006年版，第97页。

党有一百个至二百个系统地而不是零碎地、实际地而不是空洞地学会了马克思列宁主义的同志，就会大大地提高我们党的战斗力量，并加速我们战胜日本帝国主义的工作。”[①]为了适应革命形势的需要，帮助党员干部提升理论修养，中国共产党组建延安马列学院(后改组为延安马列研究院)举办干部培训班，教授马列主义经典著作，并重点组织了对毛泽东著作的研读和讨论。[②] 与此同时，1941 年 5 月至 1945 年 4 月党内开展了轰轰烈烈的整风运动，主要任务是“反对主观主义以整顿学风，反对宗派主义以整顿党风，反对党八股以整顿文风”[③]。毛泽东指出整风运动虽然主要在党内开展，但影响范围是全民族的，要用党内学习带动全民学习，达到战胜一切困难与挑战的目的。“学风和文风也都是党的作风，都是党风。只要我们党的作风完全正派了，全国人民就会跟我们学。党外有这种不良风气的人，只要他们是善良的，就会跟我们学，改正他们的错误，这样就会影响全民族。”[④]

新中国成立后，尤其是改革开放的新时期，以党内学习带动全民学习的方法得到了延续。1998 年《中共中央关于在全党深入学习邓小平理论的通知》指出，深入学习邓小平理论是为了坚持中国特色社会主义经济、政治、文化政策，更好地提高党员干部解决实际问题的能力，实现跨世纪的宏伟目标。《通知》还明确了要构建以县级以上领导干部为重点带动全党学习的体制机制，如完善领导干部脱产进修制度、健全党委(党组)中心组理论学习制度、坚持领导干部在职自学制度、建立领导干部理论学习考核制度等。[⑤]

中共十六大提出要在全党兴起学习贯彻“三个代表”重要思想新高潮，把“三个代表”重要思想作为统领全局、贯穿各项工作的根本指针，着力解决人民群众生产生活中的困难问题。随后，中共中央下发相关学习通知时进一步明确，要在各级党委统一领导下，重点抓好基层党员干部的学习贯彻，并着力将“三个代表”重要思想融入群众生活。[⑥]

根据中共十七大的部署，自 2008 年 9 月始，全党分批开展“深入学习实践科学发展观活动”，以县级以上领导班子和党员干部为重点，全体党员参加。“学习实践活动”要求切实贯彻群众路线，吸收群众全程参与学习实践活动，接受群众监督，将群众满意度作为评价活动成效的参考依据。[⑦]

3.使知识分子革命化，服务于新民主主义革命和社会主义现代化建设

知识分子具有较高的文化素养，是帮助工农兵干部提升文化水平的教育群体。但大部分知识分子平时与工农阶级接触不多，对中国社会现实情况把握不深，因此也有

---

① 《毛泽东选集》第 2 卷，人民出版社 1991 年版，第 533 页。

② 参见许启贤主编:《中国共产党思想政治教育史》(第 2 版)，中国人民大学出版社 2004 年版，第 136～137 页。

③ 《毛泽东选集》第 3 卷，人民出版社 1991 年版，第 812 页。

④ 《毛泽东选集》第 3 卷，人民出版社 1991 年版，第 812 页。

⑤ 参见李德芳等主编:《中国共产党思想政治教育史料选辑》下册，武汉大学出版社 2019 年版，第 344 页。

⑥ 参见李德芳等主编:《中国共产党思想政治教育史料选辑》下册，武汉大学出版社 2019 年版，第 401 页。

⑦ 参见李德芳等主编:《中国共产党思想政治教育史料选辑》下册，武汉大学出版社 2019 年版，第 435～436 页。

受教育、接受思想改造的一面。在新民主主义革命时期和社会主义现代化建设时期，中国共产党牢牢把握住了知识分子群体的二重性，充分吸收知识分子进入革命队伍和党的组织，发挥他们教书育人的作用，同时注重对知识分子进行思想政治教育，帮助知识分子克服缺点、纠正思想作风问题，使其真正服务于新民主主义革命和社会主义现代化建设的需要。

新民主主义革命不仅要建立一个经济上繁荣富强、政治上自由民主的新中国，“而且要把一个被旧文化统治因而愚昧落后的中国，变为一个被新文化统治因而文明先进的中国”①，这就提出了争取知识分子参加革命统一战线的任务。民主革命时期，毛泽东称知识分子为“首先觉悟的成分”②，并作专题文章《大量吸收知识分子》以阐明正确对待知识分子的政策。针对现实中文艺工作与根据地建设脱节的问题，也为了使知识分子能够更好地协助革命工作，担当文化军队的历史重任，毛泽东率先提出文艺工作的立场问题，即文艺创作要站在党性立场和人民立场。转换阶级立场，一方面要求知识分子深入工农群众的生活，熟悉他们的语言和习惯，否则“革命的文化人而不接近民众，就是‘无兵司令’，他的火力就打不倒敌人”③。另一方面要求知识分子学习马列主义并用马克思主义的方法观察社会，自觉清除资产阶级意识形态的影响。

新中国成立后，党和政府一面加紧对旧社会知识分子的改造工作，一面注意利用新知识分子加强高校的思想政治工作。1951 年 11 月 30 日，中共中央下发了《关于在学校中进行思想改造和组织清理工作的指示》，要求对大、中、小学所有教职工和高中以上的学生开展思想改造工作，加强理论学习，采取批评与自我批评的方式，交代历史问题，检举反革命分子。④ 与知识分子思想改造工作同时展开的还有加强高校思想政治教育。1949 年 10 月，华北高等教育委员会公布《各大学专科学校文法学院各系课程暂行规定》，明确将辩证唯物论与历史唯物论、新民主主义论、政治经济学设立为各大学文法学院公共必修课程，开启了大学开设政治理论课的新篇章。《人民日报》1949 年 10 月 14 日的社论对此评价说：“这是改革大学课程一个重要的开端”，使青年适合于新社会发展需要的关键举措。⑤

毛泽东在《关于正确处理人民内部矛盾的问题》中格外关注青年学生的思想状况。毛泽东分析了少数学生罢课的情况，认为首先要纠正并克服领导上的官僚主义，同时要加强对青年学生的思想政治教育。学生“除了学习专业之外，在思想上要有所进步，政治上也要有所进步，这就需要学习马克思主义，学习时事政治。没有正确的政治观点，就等于没有灵魂”⑥。理论工作者尤其是学校教师要发挥教书育人的功能，使青年

---

① 《毛泽东选集》第 2 卷，人民出版社 1991 年版，第 663 页。

② 《毛泽东选集》第 2 卷，人民出版社 1991 年版，第 559 页。

③ 《毛泽东选集》第 2 卷，人民出版社 1991 年版，第 708 页。

④ 参见中央档案馆、中共中央文献研究室编：《中共中央文件选集》第 7 册，人民出版社 2013 年版，第 284～290 页。

⑤ 参见《认真实施文法学院的新课程》，载《人民日报》1949 年 10 月 14 日。

⑥ 《毛泽东文集》第 7 卷，人民出版社 1999 年版，第 226 页。

懂得社会主义社会来之不易，总体上我们国家还比较贫穷，仍然面临着诸多问题和挑战，要靠全国人民的共同奋斗创造一个繁荣富强的社会主义国家。思想政治工作就是要引导青年人将自我价值的实现与社会发展和国家前途结合起来。

进入改革开放新时期，党愈加重视理论工作者的思想政治教育作用。1990 年 5 月 3 日，江泽民在首都青年纪念“五四”报告会上发表讲话，强调广大知识分子是社会主义精神文明建设的主力军，肩负着“提高全民族的思想道德素质和科学文化素质，培育一代又一代有理想、有道德、有文化、有纪律的社会主义新人”[①]之历史重任。2004 年《中共中央、国务院关于进一步加强和改进大学生思想政治教育的意见》强调，大学生是极宝贵的人才资源，是中国特色社会主义事业的接班人和建设者，加强大学生的思想政治教育具有重大战略意义。“高等学校思想政治理论课是大学生思想政治教育的主渠道。思想政治理论课是大学生的必修课，是帮助大学生树立正确世界观、人生观、价值观的重要途径，体现了社会主义大学的本质要求。”[②]必须充分发挥高校教师的主力军作用，把思想政治教育融入大学生的每个培养环节。2005 年《中共中央宣传部、教育部关于进一步加强和改进高等学校思想政治理论课的意见》，鼓励“采取脱产进修、攻读学位、名师指导、社会考察、国内外学术交流等措施，力争在 5 年内培训数百名学术带头人和数千名骨干教师”，提出了打造高素质思想政治理论课教师队伍的时代任务。[③]

三、现实逻辑：维护国家安全的内在需要

2014 年 4 月 15 日，习近平总书记在中央国家安全委员会第一次会议上提出“总体国家安全观”，并对其内涵进行了阐发。总体国家安全观要“以人民安全为宗旨，以政治安全为根本，以经济安全为基础，以军事、文化、社会安全为保障，以促进国际安全为依托”[④]，这就是我国要坚持走的中国特色国家安全道路。总体国家安全观的根本特性就是总体性，各领域安全相互呼应、互为映衬，任何一个环节出现问题都会影响其他领域，从而动摇整个国家安全体系。

维护我国的政治安全，核心是维护党的领导地位，这就要求确保党始终掌握意识形态工作的领导权；维护我国的文化安全，本质上就是维护意识形态安全，这就要求深入推进用党的创新理论武装全党、教育人民的学习制度和相关体制机制；维护我国的社会安全，需要发挥理论工作者的思想政治教育作用，久久为功。因此，新时代意识形态制度建设的三大着力点契合了维护我国政治安全、文化安全、社会安全的现实需要，贯穿于维护总体国家安全的全过程。

---

① 《江泽民文选》第 1 卷，人民出版社 2006 年版，第 125 页。

② 参见李德芳等主编：《中国共产党思想政治教育史料选辑》下册，武汉大学出版社 2019 年版，第 415 页。

③ 参见李德芳等主编：《中国共产党思想政治教育史料选辑》下册，武汉大学出版社 2019 年版，第 427～428 页。

④ 《习近平关于总体国家安全观论述摘编》，中央文献出版社 2018 年版，第 4 页。

1.坚持党对意识形态工作的领导权维护着政治安全的核心诉求

在我们国家，政治安全的核心是维护政权安全和制度安全，关键就在于坚持和巩固党的领导核心地位。唯此，才能确保社会主义制度属性永不变色，坚持和发展中国特色社会主义。坚持党对意识形态工作的领导与巩固党的领导核心地位具有密切联系。

掌握意识形态领导权是党的执政能力建设的重要组成部分，捍卫着党在精神领域的执政基础。“党的群众基础和执政基础包括物质和精神两方面。精神上丧失群众基础，最后也要出问题。”①世界社会主义运动史也多次证明了，无产阶级政党放弃意识形态领导权便意味着放弃阶级立场，就会失去广大无产阶级和劳动群众的信任和支持，最终丧失执政权。20世纪90年代，英国工党为了争取中间选民的选票以赢得执政地位，删去了党章第四条中关于消灭私有制的论述，公开放弃了对马克思主义的信仰，成为眼界狭隘的资产阶级政党——“一种非驴非马的传奇动物，一种缺乏意志或特殊目标的历史怪物，它关心的只是自己对国家的占有，它就像铁锈一样粘在国家上面。”②放弃无产阶级意识形态领导权使工党在短期内获得了温和的中间选民的支持，得以在1997～2010年上台执政，但英国工人阶级对工党的政治认同度降低，工人阶级选票大量流失成为2010年工党下台的重要原因。而苏联解体则是无产阶级政党放弃意识形态领导权的另一惨痛教训。苏联共产党在20世纪80年代后期的改革中主动放弃了意识形态领导权，造成了思想理论界的混乱：哲学领域人道主义泛滥，历史研究领域虚无主义盛行，文艺创作的资产阶级自由化倾向愈演愈烈，政治领域对苏共执政地位的攻讦声不绝于耳。苏联解体过程中，意识形态的演变是先导，党和政权的变质是关键，经济基础的变化是必然结果。③

站在“两个一百年”历史交汇点和全面建设社会主义现代化国家的新起点上，只有坚持党的领导才能凝心聚力、破浪前行。“党管宣传、党管意识形态、党管媒体是坚持党的领导的重要方面。”④因此，坚持党对意识形态工作的领导是避免犯颠覆性错误、维护我国政治安全的关键保障。

2.用党的创新理论武装全党、教育人民契合文化安全的本质要求

文化安全的本质要求是文化核心要素要具有强大竞争力、避免外来文化的侵蚀，同时文化核心要素能够成为国内各民族团结奋斗的思想基础，聚合民族凝聚力。那么，什么是文化的核心要素？一般而言，“文化”是相对于“经济”“政治”而言的社会领域，特指社会中的精神财富。文化具有三个层次：表层文化也称为“物质文化”，中层文化是制度文化，深层文化主要从一个国家、民族的意识形态和哲学层面体现出来。三个层次的文化交织融合。文化具有丰富的维度，意识形态是其中的组成部分；但意识

---

① 《习近平关于总体国家安全观论述摘编》，中央文献出版社2018年版，第99页。

② 《葛兰西文选》，人民出版社1992年版，第22页。

③ 参见曹长盛等主编：《苏联演变进程中的意识形态研究》，人民出版社2004年版，第496页。

④ 《习近平关于总体国家安全观论述摘编》，中央文献出版社2018年版，第119页。

形态决定文化前进方向和发展道路，是文化的核心要素。因为文艺创作和文化产品生产首先要思考“为什么人的问题”，“为什么人的问题，是一个根本的问题，原则的问题”[①]。这个问题规定了文化创作的服务对象和创作宗旨，表现出创作者的价值观立场，是文化建设的灵魂。“为什么人的问题”就是意识形态问题。从而，文化安全要求保障文化核心要素的安全，本质上就是维护意识形态安全。

以互联网为基础的全媒体时代加速了信息传播速度、拓宽了信息普及范围、打破了时空隔阂，但信息爆炸性增长也在一定程度上消解着主流意识形态的权威性，威胁着意识形态安全。2021 年 2 月中国互联网络信息中心(CNNIC)发布的第 47 次《中国互联网络发展状况统计报告》指出，2020 年初席卷全球的新冠疫情加速推动了从个体、企业到政府全方位的社会数字化转型浪潮。在数字化浪潮的席卷下，令人眼花缭乱的社会思潮也通过网络信息平台涌入人们的日常生活，民粹主义、消费主义、泛娱乐主义、历史虚无主义、社会民主主义、新自由主义、文化保守主义等成为近十年来国内最活跃的社会思潮。[②] 多样化社会思潮的涌现既反映着不同的利益诉求，也折射出当代社会正确价值观的错位与缺失。“人心是最大的政治，共识是奋进的动力”[③]，用党的创新理论武装全党、教育人民，是加强对社会的思想政治引领、强化共识凝聚人心、维护我国意识形态安全的根本举措。

3.理论工作者的思想政治教育工作间接影响着社会安全

社会矛盾产生的根源在于利益的多元化，但矛盾是否以剧烈对抗的形式表现出来还取决于具体的历史条件，尤其是人对历史条件的把握和运用。“对抗是矛盾斗争的一种形式，而不是矛盾斗争的一切形式。”[④]如果善于因势利导，便有可能将对抗性矛盾转化为非对抗性矛盾，这就要求发挥思想政治教育工作的道德教化、政治教育和理论疏解作用。

互联网的普及重塑了社会冲突的主要表现形式，使其从线下的群体性事件逐渐演变为借助网络迅速扩散的网络舆情事件。网络舆情主要指使用网络者或俗称“网民”的社会政治态度，具有热点泛化、跨地域性、情绪化的特点，甚至会出现虚假报道和西方意识形态侵入并操控舆情的情况。[⑤] 理论工作者的思想政治教育工作，能够教授人们认识世界和分析、处理问题的科学方法来约束人们的盲从心理和非理性情绪，弘扬马克思主义和社会主义核心价值观来引导和规范人们的政治立场，还能够通过正面的理论交锋化解人们对政府权威的信任危机，在一定程度上纠正网络舆情的不良发展趋势，维护社会安全。

---

① 《毛泽东选集》第 3 卷，人民出版社 1991 年版，第 857 页。

② 参见人民论坛“特别策划”组：《2020 国内社会思潮》，载《人民论坛》2021 年第 3 期。

③ 《习近平谈治国理政》第 3 卷，外文出版社 2020 年版，第 326 页。

④ 《毛泽东选集》第 1 卷，人民出版社 1991 年版，第 334 页。

⑤ 参见王来华：《论网络舆情与舆论的转换及其影响》，载《天津社会科学》2008 年第 4 期。

中国共产党领导制度与现代化进程中的国家建设

周龙辉

（北京大学哲学系博士研究生）

2020 年 7 月 16 日，《求是》杂志刊发了习近平总书记 2013 年 12 月至 2019 年 10 月期间讲话中有关中国共产党领导是中国特色社会主义最本质特征内容的文章，文章指出："办好中国的事情，关键在党。中国特色社会主义最本质的特征是中国共产党领导，中国特色社会主义制度的最大优势是中国共产党领导。坚持和完善党的领导，是党和国家的根本所在、命脉所在，是全国各族人民的利益所在、幸福所在。"[①]事实上，自从党的十八大以来，"中国共产党领导是中国特色社会主义最本质的特征，中国特色社会主义制度的最大优势是中国共产党领导"这一说法便经常被提及。2017 年 10 月，在党的十九大上将其写入党章，标志着以习近平同志为核心的党中央对中国共产党领导制度的认识达到了自觉的地步。自此，中国共产党的领导与中国特色社会主义之间本质的关联性便建立起来了，这也意味着理解中国特色社会主义道路的关键在于理解中国共产党领导制度。

一、中国共产党领导制度与国家能力

狭义的"制度"指的是一种来源于宪法并且地位低于宪法的行政体制，从这个意义上来说，中国共产党的领导成为一项制度是从将它写入成文宪法之中开始的；广义的"制度"是高于成文宪法的历史理性和政治权威，本文所说的"制度"指的是这种广义上的制度。在写入成文宪法之前，中国共产党的领导已经成为一种历史事实。中国共产党领导制度并非主观理性的产物，不是某一级政府或者代表的决议的结果，而是历史理性的产物，它是在中国革命、建设和改革的历史中建立起来的，其合法性来源于中国社会和政治的历史理性。正因为此，中国共产党领导制度已经在历史进程中渗透到中

① 习近平：《中国共产党领导是中国特色社会主义最本质的特征》，载《求是》2020 年第 14 期。

国现代政治的方方面面，以至于不能从现代中国复杂的政治体系中单独拎出中国共产党领导制度。“中国共产党是中国特色社会主义事业的领导核心，处在总揽全局、协调各方的地位。在当今中国，没有大于中国共产党的政治力量或其他什么力量。党政军民学，东西南北中，党是领导一切的，是最高的政治领导力量。”①本文所说的中国共产党领导制度并不是与人民代表大会制度、民族区域自治制度等并列的政治制度，由于坚持中国共产党的领导作为一项制度写入了宪法，所以它也可以是一种制度，是更根本的制度。

中国共产党领导制度，一般来说，其优势可归结为“集中力量办大事”“总揽全局，协调各方”，防止出现全国各自为政、一盘散沙局面等能力，其指向的是国家的能力，而不是政党本身的能力。因此，问题的关键与其说是政党制度，不如说是国家能力。林尚立认为，虽然不完全是现代政党导致现代国家在中国的诞生，现代国家诞生后所孕育出来的政党却是中国现代国家建设的决定力量。换句话说，中国迈入现代国家建设的时代不是政党直接推动的结果，中国现代国家的建设和成长却完全依赖于政党的领导和支撑作用。② 在当代中国，坚持中国共产党领导制度等于加强国家能力、塑造和维持一个强国家。中国共产党领导制度是现代中国国家建设的核心，是维持国家能力的制度安排，因为政党在现代社会是连接社会与国家的桥梁，发挥着对社会不同群体进行利益聚合与利益表达的功能，不同的政党制度决定着国家在社会中的影响力的大小。

那么究竟什么是强国家、国家建设或者说国家能力呢？在不同的政治话语中有不同的解释。在历史社会学的脉络中，“强国家”发轫于20世纪60年代亨廷顿对第三世界国家“政治差距”的解读时所运用的“有效能的国家”“政治发展”“政治制度化”等范畴，亨廷顿认为政治现代化不仅是政治参与的扩大，还是政治秩序的建立，中央政府有能力保持政治稳定、创制代表社会各个群体的有效的政治制度。自20世纪80年代以来，历史社会学在“社会—国家”“社会—政党—国家”等架构中重新定位国家，主张发挥国家在社会变迁中的作用，“回到国家”成为响亮一时的口号。近年来，福山在《政治秩序的起源》一书中提出以强国家、法治和责任政府为标准来衡量一国的政治发展。③从中国特色社会主义政治话语来讲，国家建设是中国共产党自革命以来的政治追求（推翻“三座大山”），在革命过程中建设现代国家。高度的国家能力是中国无产阶级革命的政治遗产，中国共产党领导制度视为国家治理体系的关键。由于不同政治话语具有不同的概念形式，同一对象在不同的话语体系里表达不同，在中国特色社会主义政治话语中，强国家即是坚持中国共产党的领导，福山所表达的“强国家、法治和责任政府”组合与“党的领导、依法治国和人民当家作主”实际表达的是同一对象。坚持中国

① 习近平：《中国共产党领导是中国特色社会主义最本质的特征》，载《求是》2020年第14期。

② 参见林尚立：《中国共产党与国家建设》，天津人民出版社2007年版，第3页。

③ 参见[美]福山：《政治秩序的起源：从前人类时代到法国大革命》，毛俊杰译，广西师范大学出版社2012年版，第16页。

共产党的领导在中国特色社会主义政治话语中，其指向的从来不仅仅是党本身，更多的是国家能力，是社会稳定、各民族团结、政令统一、国家统一，其内涵与福山所说的“强国家”并无二致。换言之，共产党领导制度与强国家在某种意义上是同一对象，指向的都是有效的政府或强大的国家能力。

二、现代化进程中的国家能力

国家能力相关的研究主要是由历史社会学派提出和发展起来的。现代化范式是历史社会学分析国家能力的经典范式，主要突破过去的经济决定论和市民社会决定论的线性思维，强调在“社会与国家”的二元结构中承认国家的相对独立性，不再将现代化等同于资本化。资本不能单独完成现代转型的使命，现代转型还依赖于国家，现代世界体系的形成史既是资本主义在全球扩张的历史，也是民族国家形成的历史。

强国家是现代化成功的必备因素，在资本主义形成过程中发挥着不可或缺的作用。

在资本市场方面，扶持国内市场的形成、支持资本的全球扩张都少不了强国家，对国家能力提出极高的要求。在制度主义经济学家看来，产权制度是现代市场经济成长发展的重要原因。市场需要足够多的规范性基础才能运转自如，如果不能让这些规范性基础得到制度化的有效保证，“交易成本”就会高到足以使市场根本无法有效地配置资源。[①] 在一个有效的政府缺失的情况下，国家没有能力制定一套有效的产权制度，这将威胁资本主义的发展。历史研究表明，早期的自由市场的成长中也离不开强国家的扶持。“如果让事物自然发展，绝不会产生自由市场。当时主要的自由贸易工业，即纺织业，即是由保护性的关税、外销补贴，以及间接资补助等扶助手段创造出来的。”[②]

欧洲早期资本主义国家的兴起时期，同时也是君主权力上升的时期，专制王朝恰恰是在资本主义初步阶段形成的，专制君主是资本主义的全球扩张的最大支持者(如哥伦布受西班牙国王资助)。葡萄牙、英国、法国等国家在现代化初期大多奉行重商主义政策，国家与资本步履一致，资本市场中的剩余价值相当大的部分来自海外掠夺，这种全球性的掠夺如果没有一个强大的国家作为后盾是不可能实现的。倘若没有国家的军事力量作为支撑，不仅会在争夺殖民地市场的斗争中失败，而且根本无法通过暴力将高度自给自足的东方国家纳入市场机制之中。

古典自由主义将国家视为无足轻重的存在，甚至将国家从资本市场中排除出去，进而让市场“看不见的手”自行调节，对国家能力的要求仅停留在“守夜人”的角色。在卡尔·波兰尼看来，古典自由主义从未成为资本主义发展的现实的意识形态。现代社会的运行并非完全按照资本市场的逻辑，现代社会完全按照资本逻辑运行将导致人类的大灾难，“倘若允许市场机制成为人类之命运、自然环境甚至购买力大小之唯一主导

① 参见[美]彼得·埃文斯等:《找回国家》，方力维等译，生活·读书·新知三联书店2009年版，第60页。

② [英]卡尔·波兰尼:《巨变:当代政治与经济的起源》，黄树民译，社会科学文献出版社2013年版，第250页。

者，它就会摧毁这个社会。所谓‘劳动力’这种商品，并不能任意加以堆积，或无限制使用，或甚至不加使用……自然被还原到其基本要素，街坊及风景被污损，河川被污染……最后，只受到市场调节的购买力也会周期性地消灭一些企业”①。事实上，资本主义之所以没有走向迅速消亡，其中一个原因是国家一直在为资本市场提供超出“守夜人”职能的支持。马克思批判19世纪的国家是管理资产阶级共同事务的委员会，从侧面反映了国家在资本市场推行自身逻辑过程中的不可替代的作用。

在维护社会稳定方面，现代化的发展对国家能力提出了更高的要求。现代化打碎了传统的村社、部落共同体，产生了原子式的个人，并将其投入到仅仅受资本逻辑支配的汪洋大海之中。“人”已不再是传统上有尊严、有道德、有归属的人，而只是一个劳动力而已，在市场之中四处流转出卖自己以获得生存，像普通的商品一样，受市场规则所左右。而此时新的社会秩序并没有建立起来，倘若市场发生波动，这些靠工资度日的工人随时面临沦为乞丐、流浪汉的危险，而流民是威胁资本主义的政治力量。从这个角度看，一直以来被当作严重阻碍市场发展的《斯皮纳姆兰法案》《工匠法》《济贫法》等措施实际上发挥着保护在社会急剧变迁中而流离失所的人们的作用。与此同时，现代化又导致了新的利益群体的产生，社会中不同团体如雨后春笋般涌现，他们都是重要的政治参与者，如何吸收、消化和整合新兴的利益群体是维持社会稳定的重要方面，而这又对国家能力提出更高的要求。

第二次世界大战后，一大批新独立的民族国家开始了现代化转型的探索，美国在“帮助”亚洲、非洲、拉丁美洲一些国家进行现代化转型时，致力于缩小这些国家与发达国家之间的经济差距，但是对于政治差距却熟视无睹，随着亚非拉诸国家接连的种族冲突、街头骚乱、暴力事件以及军事政变等的发生而结束。人们逐渐认识到，后发国家与发达国家的差距不仅在经济上，而且还在政治上。亨廷顿说：“在整个亚洲、非洲和拉丁美洲，到处可以看到政治秩序在下降，政府的权威性、有效性和合法性在遭到破坏。这些地区缺乏国民士气和公共精神以及能够体现和指导公共利益的政治机构。笼罩在这里的景象，不是政治的发展，而是它的衰朽。”②现代化转型对国家能力提出了更高的要求，如何构建一个有效的政府是任何一个国家在现代化转型时期必须面对的政治议题，这一点已几乎成为自亨廷顿以来的历史社会学的共识，国家建设摆到后发展中国家的议程之中。

三、中国改革开放的现代化压力

中国的现代化进程从1840年鸦片战争之后便开始了，但是直到改革开放，中国的现代化转型才第一次真正走向成功。中国现代化的历史并非波平浪静，而是一路荆棘，甚至是血与火相交织，许多现代化方案相继难产，经过百余年的探索才在改革开放

① [英]卡尔·波兰尼：《巨变：当代政治与经济的起源》，黄树民译，社会科学文献出版社2013年版，第153页。

② [美]塞缪尔·亨廷顿：《变化社会中的政治秩序》，王冠华等译，上海世纪出版集团2008年版，第3页。

的过程中走出一条适合自己国情的现代化道路。由于现代化的普遍挑战以及中国自身的自然、文化和历史包袱，中国的现代化承受着巨大的压力。

中国改革开放所开启的中国特色社会主义现代化道路包含着两个转型，即从传统社会向现代社会转型以及从苏联模式的社会主义现代化道路向中国特色社会主义现代化道路的转型，两个转型的同时进行给中国的改革开放带来思想混乱的压力。从传统社会向现代社会的转型从1840年鸦片战争开始，与大多数后发国家一样，自给自足的中国传统社会被英、法等资本强国强行地纳入世界市场体系。由于早期现代化国家的示范效应和资本主义生产方式对传统家庭、宗族和王权政治的冲击，旧的国家机器虽然被打碎了，但新的国家机器始终无法有效运转，当时的国家状态是“一片散沙”。在清王朝覆灭之后，国家的政治整合一次次难产，这使得中国的现代化之路举步维艰，有效政府始终没有建立起来。1949年新中国成立，中国开始走上一条苏联模式的社会主义现代化之路。这条道路发挥了强国家的作用，国家能力得到了提高。但是在20世纪70年代末，这一道路难以为继，于是开始了从苏联社会主义现代化道路向中国特色社会主义现代化道路的转型。改革开放继承了中国自清末以来从一个传统社会向现代社会转型的历史愿景，但是改革开放也是社会主义自身的变局，即社会主义国家探索现代化之路。中国的改革开放迈向的不仅是现代化，而且是社会主义现代化。改革开放包含着现代化的大转型以及社会主义现代化的小转型。由于强国家是苏联式社会主义的显著特性之一，强国家常常在改革开放的名义下被一些人视为应该丢掉的包袱或改革的对象，其原因在于没有理解中国的现代化也是社会主义的现代化，从根本上否认了中国无产阶级革命所获得的政治遗产——强国家，这种历史虚无主义的政治思潮与中国的改革开放一直形影相随。放弃强国家，即是放弃中国无产阶级革命的政治遗产，甚至可能将中华民族带回到近代中国现代化转型的恶性循环之中。

后发国家的现代化转型是高速的，它们必须在短时间建立早发国家在漫长历史中形成的政治与社会秩序，中国的改革开放也不例外。20世纪50年代，随着一大批亚非拉国家脱离殖民统治并取得了主权独立，后发国家的现代转型成为热潮，可是到了60年代末，这些新兴独立的国家却面临政权相继垮台的境地，社会动荡、军人干政以致现代化的中断。后发国家之所以面临这种困境，主要在于后发国家现代转型的高速度。欧美国家经过数百年的发展才拥有了现代化的基本制度，但是后发国家都存在短时间推行欧美国家文明标准的压力，转型的高速度是后发国家必须直面的难题。现代化转型的高速度不可避免地带来社会的急剧动荡，亨廷顿认为：“社会的动员和政治参与的扩大日新月异，而政治上的组织化和制度化却步履蹒跚。结果，必然发生政治动荡和骚乱。”①罗兹曼等人在分析中国的现代化历史时提出：“在现代化社会当中最明显的差别，存在于我们称之为先行者的早期现代化国家(主要是英国、法国和美国)和

① [美]塞缪尔·亨廷顿：《变化社会中的政治秩序》，王冠华等译，上海世纪出版集团2008年版，第32页。

成功的后来者(如日本和俄国)之间,前者花了很长的时间逐步改造其原有的因素,而后者着重依靠借鉴国外模式并迅速改变或取代了原有的结构。由于中国也是一个后来者,我们比较注意后者所遵循的道路。”①中国作为一个后发国家同样面临着这种高速度转型的挑战。在中国现代化转型的历史上普遍存在着对于现代化的极度乐观态度,以为照抄欧美国家一纸宪法现代化便大告成功。无论是民国时期还是改革开放初期,“全盘西化论”一直在国内有相当市场,一些人将“全盘西化”视为实现国家富强的灵丹妙药。由于欧美国家的示范效应,在中国的现代化转型历史中政治激进主义一直形影相随。现代化的民主制度是自近代以来中国人追求的目标,但是民主制度并不是通过一纸宪法就可以得到的,也不是一场政治上的民主变革就可以取得的,中国这一百多年反反复复的政治震荡所产生的悲剧至少证明了这一点。

中国的现代化转型在不平等的世界体系中开始,面临着全球化所带来的压力。后发国家的现代化转型过程同时也是其融入全球化的过程,现代化与全球化同时并举增加了后发国家现代转型的困难,使一个国家的发展问题不得不从整个世界体系之中来考察,“过去那种地方的和民族的自给自足和闭关自守状态,被各民族的各方面的互相往来和各方面的互相依赖所代替了”②。后发国家的现代化转型并非仅仅培育现代性,其还必须在一个更大的世界体系中作为一部分而存在,这极大地增加了后发国家现代化转型的不确定性。从这个意义上来说,后发国家的现代化转型就是融入先发国家制定的世界体系之中,可是这个世界体系却是不平等的,后发国家的现代化转型不得不从依附地位开始。萨米尔·阿明认为:第三世界中业已出现的情况,既不是发展,也不是现代化,而只不过是文明与文明之间一种戏剧性的撞击,而这种撞击,处于弱势的文明历来都是付出了十分沉重的代价。③ 另外,这还意味着,后发国家的每一个现代化事件的发生都不能简单理解为一国事件,而是整个世界体系的事件。俄国十月革命后,诸多东欧以及亚洲国家开始走向社会主义的现代化道路,改变了一部分国家的现代化道路的选择。十月革命对这些后发国家的影响既是地缘政治的影响,更是现代世界体系的一部分(十月革命的产生源于现代世界体系本身的危机,是对现代世界体系的一种修正尝试)。现代化与全球化并举,中国的现代化转型往往遭遇不可控的外部势力的影响,全球性的政治经济形势成为所有国家的地缘政治因素,单独考察某一国家的现代转型变得愈发不可能。1978 年以来中国的改革开放,既是一场“改革”,也是一次“开放”,中国的现代化转型过程,同时也是一次融入全球化的过程。但是,由于资本主义世界的不平衡性,中国融入全球化的初期实际上处于依附地位之中,主要依靠劳动力与资源的比较优势发展经济。如果没有一个强国家的存在,这种依附地位只会按照资本市场的逻辑加强而不是削弱。

---

① [美]吉尔伯特·罗兹曼主编:《中国的现代化》,国家社会科学基金“比较现代化”课题组译,上海人民出版社 1989 年版,第 5 页。

② 《马克思恩格斯选集》第 1 卷,人民出版社 2012 年版,第 404 页。

③ 参见罗荣渠:《现代化:理论与历史经验的再探讨》,上海译文出版社 1993 年版,第 101 页。

四、中国共产党领导制度是人民自觉行使主权的政治安排

中国在近代之初，由于图强求富的强烈变革期待以及空前激烈的民族矛盾，清朝被推翻之后，有效的政府在内外交困中难以建立，国家能力的羸弱为西方发达国家对中国的侵略提供了便利。中国的现代化肇始于西方国家的殖民侵略，但是加入资本主义世界经济体系并不等于现代化，反而是中国为西方发达国家提供原材料和倾销市场。近代中国被西方发达国家强行拉入资本现代化的轨道，但是并没有走向良性的现代化，而是走向了恶性的现代化，成为其他国家现代化的牺牲品。任何一个社会的转型都少不了人民的意志，而对于后发国家来说，那就更是如此，更需要一个代表人民主权的强国家，对内进行社会整合，对外抵抗其他国家对本国社会转型的干扰以及最大化地规避不平等的资本主义世界秩序所带来的危害。然而，鸦片战争以来，散落的民众始终没有组织起来成为自觉的人民，人民无法掌握国家主权，由此带来了政治衰败，国家建设举步维艰。罗兹曼等人在《中国的现代化》一书中提出，晚清现代化试验的失败，最重要的原因是在革新期间的政治混乱。在能够调动资源和协调地方活动的集权化政体建设上，当时的中国落后于日俄40年以上。[①] 现代化不仅是经济建设，还是国家建设，国家权力的涣散和军阀割据的政治状态导致了晚清政府的现代化试验走向失败。孙中山在革命建国的过程中也逐渐认识到国家羸弱的问题，“满人的国家很弱，不能自立，总是受外国的压制，被英国、法国、美国、日本和世界上许多国家侵略，失去了疆土、抛弃了主权”[②]。因此，孙中山提出的三民主义中的“民族主义”内涵，也经历了早期的“反满”到后面“与外国平等”的转变。在中国共产党的领导下，新中国建立起来了。中华大地自近代以来遭受百年战火的蹂躏历史宣告结束。20世纪中叶以来，中国人民选择中国共产党领导中国现代化的事业，原因当然是多样的，但是其中必不可忽视的是，中国共产党在当时能够最大限度整合四分五裂的中国社会，把中国从被列强欺压和剥削的深渊中救出来，并且使中国在当时的国际社会中发挥独立自主的作用，提振中国的国家能力，完成了国家建设的历史任务。

“国家必有政党，一切政治始能发达”[③]，通过政党凝聚四万万中国人是中国近代史发展的必然，孙中山已经认识到这一点，并且自觉地将政党与国家建设有机结合起来，但并没有完成这一目标，只有中国共产党才完成了这项事业。“十月革命一声炮响，给我们送来了马克思列宁主义”，早期共产党人如毛泽东深感于中国早期的现代化致使整个中国成为“一盘散沙”，人民无法团结起来抵御外侮，在革命与建设时期，通过自下而上的群众运动、土地改革、组织建设实现了中国各个地区、各个阶层、各个民族的政治整合，为现代国家建设奠定了政治基础和组织基础，可以说，这是毛泽东所领导

---

① 参见[美]吉尔伯特·罗兹曼主编：《中国的现代化》，国家社会科学基金“比较现代化”课题组译，上海人民出版社1989年版，第645页。

② 孙中山：《孙中山全集》第10卷，中华书局，1986年，第19页。

③ 孙中山：《孙中山全集》第3卷，中华书局，1984年，第43页。

的无产阶级革命与社会主义建设留给改革开放的政治遗产。坚持中国共产党的领导，我们才能继承这份在中国近现代历史上形成的政治遗产。

革命的目的和历史使命，使得中国共产党在本质上不同于中国国民党。中国共产党是作为中国工人阶级的先锋队而出现的，是代表劳动大众利益的政党。中国共产党所凝聚的是劳动大众的力量，并且在组织上扎根于劳动大众和基层社会之中。同时，中国共产党在其建立后不久，就开始建设现代军队，不仅确立了党领导军队的根本原则，而且将党的组织直接植入军队组织之中，把支部建在连上，组织化的军队和革命化的劳动大众，是中国共产党取得新民主主义胜利的根本保证。[①] 中国共产党领导制度具有自身独特的性质，至少包含主权民主化、民众组织化、军队政治化等三个方面。汪仕凯将中国共产党领导制度的内涵界定为：党是中国最高政治领导力量、最高政治权威。他提出中国共产党领导制度的两个显著特点：第一，最高政治权威建立在人民主权基础上。第二，最高政治权威是高度组织化的，将中国广大民众凝聚成作为整体政治力量的人民。[②] 中国共产党的领导，就其根本而言，乃是人民主权，人民是东西南北中、党政军民学的最高权威，但是散乱的民众并不能主动掌握最高政治权威，必须通过组织才能使自在的民众成为自觉的人民，必须通过组织和军队才能使人民行使主权。从这个意义上来说，中国共产党领导制度是中国人民自觉行使主权的政治安排。

习近平总书记的《中国共产党领导是中国特色社会主义最本质的特征》一文中有这么一段："中国有了中国共产党执政，是中国、中国人民、中华民族的一大幸事。只要我们深入了解中国近代史、中国现代史、中国革命史，就不难发现，如果没有中国共产党领导，我们的国家、我们的民族不可能取得今天这样的成就，也不可能具有今天这样的国际地位。在坚持党的领导这个重大原则问题上，我们脑子要特别清醒、眼睛要特别明亮、立场要特别坚定，绝不能有任何含糊和动摇。"[③]中国共产党的领导是中国特色社会主义最本质的特征，只要在坚持党的领导这个问题上把握清楚，中国政治改革的方向就不会有大问题，中国人民实行国家最高主权的地位就不会被动摇，否则可能在"自由"的幌子下被资本家、帝国主义者悄悄地窃取最高权力。中国共产党的领导制度并非为了一党之私，而是关乎最广大的中国人民能否自由自觉地行使自己的权力，关乎中国的改革之路能否最大程度减少混乱、不公以及来自各种利益团体的阻力。

中国共产党的领导之所以是中国特色社会主义最大的政治优势，从历史社会学的视角出发，其原因在于中国共产党领导制度为应对现代化压力所要求的国家能力提供了制度保障，完成了中国近代社会所提出的国家建设的历史任务，最大程度上减少了中国在融入不平等的世界体系中所受到的冲击，化解因社会的结构性转型而带来的社会动荡，为中国这 40 多年的现代化转型有序进行提供了稳定的社会环境。中国共产党领导制度是中国改革开放成功的经验之一。在改革开放 40 多年的进程中，经济领

① 参见林尚立：《中国共产党与国家建设》，天津人民出版社 2007 年版，第 26 页。

② 参见汪仕凯：《中国共产党领导制度的历史政治学分析》，载《中国人民大学学报》2020 年第 1 期。

③ 习近平：《中国共产党领导是中国特色社会主义最本质的特征》，载《求是》2020 年第 14 期。

域的改革逐渐形成共识，市场经济已经开始在资源配置中发挥决定性的作用，但是政治改革的方向却处在分歧之中。围绕着中国政治改革的争论，各种说法此起彼伏，新自由主义、民族主义、新儒家以及"老左派"等思潮都曾经粉墨登场，尤其是"全盘西化论"一度占据朝野舆论的主流，政治改革在一些人的心中变成了照搬英美政治模式。回顾中国改革开放40多年的历程，现实的中国实际上走的是一条具有中国特色的适合中国国情的道路，而坚持中国共产党的领导就是中国政治的最大特色。邓小平提出的"四项基本原则"，其中一条就是坚持中国共产党的领导，如今习近平总书记提出"中国共产党领导是中国特色社会主义最本质的特征"，这是对中国现实的认识不断深入的结果，也是对中国特色社会主义理论的自觉。

中国新型政党制度的政治创造、制度优势和机制创新

康　乐

（山东大学政治学与公共管理学院博士研究生）

习近平总书记在看望参加全国政协十三届一次会议的民盟、致公党、无党派人士、侨联界委员并参加联组会时明确指出："中国共产党领导的多党合作和政治协商制度是我国一项基本政治制度，是中国共产党、中国人民和各民主党派无党派人士的伟大政治创造，是从中国土壤中生长出来的新型政党制度。"①这一论述深刻阐明了我国新型政党制度扎根中国历史和土壤，在中国共产党的百年奋斗进程中历经风雨，逐步成熟完善，是中国共产党与各民主党派和无党派人士在根本利益一致性、奋斗目标同向性基础上的伟大政治创造，向世界展示了"中国之治"的制度密码和制度优势，具有科学的内涵和丰富的价值意蕴。

一、中国新型政党制度构建了世界政党制度新模式

中国新型政党制度作为我国一项基本政治制度深嵌于中国特色社会主义制度体系当中，汲取世界政党政治的精髓，深受中华优秀传统文明因子的滋养，创造性地构建了一种全新的政党制度模式，在政党与政权关系、政党与社会关系、政党间关系三个方面呈现出鲜明的中国特色。

1.新方式——一党执政、多党参政的执政方式

政党的性质和功能为政党寻求政治权力、影响政府决策等政治行为的存在正当性作出了肯定回答。从政党与政权的关系视角来看，中国共产党居于国家政权结构的一元核心地位，既是领导党也是执政党，掌握整体执政权，肩负国家和民族发展的重任。各民主党派作为参政党，通过一系列的制度性安排，被中国共产党吸纳进国家政治生活当中，其参政权得到了宪法、政协章程、中国共产党党内法规和相关条例等法律条文

① 《习近平在看望参加政协会议的民盟致公党无党派人士侨联界委员时强调：坚持多党合作发展社会主义民主政治 为决胜全面建成小康社会而团结奋斗》，载《人民日报》2018 年 3 月 5 日。

的根本保障。一体多元的制度结构设计使民主党派有权参加国家政权，但不谋求执政权和领导权，具有法理上的正当性、程序上的正义性，显示出旺盛的生命力。这与只有获得议会多数席位或者赢得总统大选才能执掌国家政权的西方政党制度形成了鲜明对比，是我国新型政党制度的创造性价值之一。

在中国共产党的领导下，各民主党派作为参政党，依法参加国家政权，参与国家大政方针和国家领导人选的协商，参与国家方针政策、法律法规的制定和执行，发挥着日益不可替代的重要作用。各民主党派既不是西方轮流执政模式下所谓的“在野党”，也不是反对党，而是同中国共产党通力合作的中国特色社会主义参政党，是切实履行参政议政、民主监督、政治协商职能，支持和辅助中国共产党改进执政方式，避免或减少决策失误、实现治国理政目标的中国共产党的好参谋、好助手、好同事。新型政党制度一党执政、多党参政的权力运作方式，使中国共产党的先进性与民主党派的进步性有机融合，能够同时发挥好中国共产党作为执政党和民主党派作为参政党两个方面的积极性。一方面，共产党必须在宪法和法律允许的范围内执掌国家政权，其政策和主张必须经过法定程序才能上升为国家和人民的意志，同时接受各民主党派、无党派人士和社会各界别、各群体的民主监督，提升执政水平和领导能力；另一方面，作为参政党的各民主党派在国家政权建设中发挥辅助和亲密友党的作用，发扬民主党派的广泛代表性和进步性，执政党和参政党通过明确的职能定位，相互配合，确保新型政党制度的有效运行。中国共产党的领导成为国家发展支柱、国家强大精神支柱的共同价值取向。① 各民主党派根据自身的特色和优势，围绕国家发展的中心任务参政议政，积极建言献策，与执政党携手共进，打造多元共治的治理新格局。

2.新形式——充分协商、广泛参与的民主形式

政党作为联系国家和社会的纽带，向上对接国家权力，向下联结社会力量。从政党与社会的关系视角看，我国新型政党制度与西方制政党制度的显著区别就在于中国特色社会主义协商民主的伟大创举。西方政党制度通常以投票选举的民主形式来实现执政施策，然而选举民主背后的“金钱政治”“精英政治”早已偏离民主的真谛，选民无法通过选票表达真实意愿、维护切身权益，民主选举早已扭曲成为富人和利益集团操纵政治的工具。权力的制衡和监督理念在政党制度的长期演化中被异化和滥用，往往导致党派之间为了执行本阶级的意志而相互斗争和倾轧，这种“否决政治”近年来引发日益严重的政府关门危机和宪政危机，阻碍有效治理。

新型政党制度是对社会主义协商民主的生动诠释，是对中国特色社会主义民主的重大理论创新、实践创新和制度创新。中国共产党领导的多党合作和政治协商制度坚持以参与、合作、协商为基本精神，创新了社会主义民主的实现形式，切实增强了新型政党制度的广泛性和真实性，既不是西方政党零和博弈、恶性竞争的资本工具，也不是上台执政的资产阶级政党为安抚选民而开出的“口头支票”。我国是人民民主专政的

① 参见周淑真：《政党和政党制度比较研究》，人民出版社2001年版，第342页。

社会主义国家，人民民主是社会主义的生命，人民当家作主是社会主义的本质要求，我国新型政党制度以社会多元主体的“在场”和社会多元利益的调节有效回应了政治现代化过程中的民主诉求。一方面，共产党代表中国人民的根本利益和和整体利益，各民主党派代表各自所代表和联系的各个阶层的具体利益和各界别的局部利益，满足最广大人民当家作主的现实需要，既能尊重多数人的意愿，又充分听取少数人的合理要求，在坚持“少数服从多数”的民主集中制原则基础上又有效维护了少数人的正当合法权益，彰显了我国新型政党制度的人民性、包容性、适应性特征，是真民主的典范。另一方面，人民通过投票选举行使个人民主权利和人民内部各方面在作出重大决策之前进行充分协商尽可能取得一致意见，是社会主义民主的两种重要形式，我国共产党领导的多党合作和政治协商制度与人民代表大会制度“珠联璧合”，实现了选举民主和协商民主的有机统一，在中国人民政治协商会议这一非国家权力机构中不断拓展我国民主政治的广度和深度。

3.新关系——通力合作、互相监督的党际关系

从政党与政党之间的关系视角出发审视我国党际关系，可以发现，我国新型政党制度的原创性价值还体现在打破了西方两党制或多党制的竞争性思维定式。无论西方国家的两党制还是多党制，其政党制度本质上都是为了适应西方资本主义生产方式的发展和资本主义利益关系的调整而逐步演化的。一方面，资产阶级与工人阶级的阶级矛盾依然存在；另一方面，资产阶级内部，不同阶层和利益群体之间存在着难以调和的矛盾和冲突。因此，其政党制度设计通过操纵选票来决定某个政党执掌权力、巩固政权或是你下我上、轮掌政权来维护本阶层、本利益集团的权益以及资本主义的整体利益，这是西方政党制度的重要内容，同时也成为西方政党政治的一个突出特征，即执政党与在野党或反对党在投票竞选机制设置下轮流执政，利益对立、权力竞争的政党轮替制度呈现出高度的不稳定性和潜在的社会分化风险。

与此形成对比，合作是新型政党制度的主要内涵。首先，各民主党派是自觉接受共产党领导、与共产党通力合作又互相监督的亲密友党。在中国共产党的百年伟大征程中，各民主党派顺应历史发展的趋势，自觉自愿接受中国共产党的领导，以中国共产党为坚强领导核心，以参政党身份，发挥挚友和诤友的功能，始终坚持“长期共存、互相监督，肝胆相照、荣辱与共”的基本方针，不断完善合作和谐的政党关系。其次，各民主党派与中国共产党拥有共识性的奋斗目标。新型政党制度契合中国历史发展的进步潮流，把各个民主党派和无党派人士紧密团结在共产党周围，组成最广泛的爱国统一战线，为中华民族的振兴和腾飞贡献智慧和力量。各民主党派和无党派人士在中国共产党这个总舵手的带领下奋力划桨，以强大合力推进中国社会主义现代化建设事业的永续发展，为实现中华民族的伟大复兴而奋勇拼搏。最后，各民主党派和中国共产党拥有一致性的根本利益，中国共产党作为纯洁的无产阶级政党，始终代表着最广泛的人民群众的根本利益，各民主党派和无党派人士分别代表着社会不同界别、阶层和群体人士的具体利益，彼此之间不存在根本的利益冲突，这为新型政党制度长期团结合

作的党际关系奠定了坚实基础。

二、中国新型政党制度展现出强大的制度优势

经过70余年的丰富和完善，中国新型政党制度在利益表达与社会整合、培育民主和优化治理、增进团结与维护稳定三个维度展现出明显区别于西方政党政治的强大制度优势。历史和实践证明，这是符合中国国情、党情，从容应对百年未有之大变局下的风险、挑战，体现出巨大优越性的中国特色社会主义政党制度。

1.利益表达与社会整合的制度优势

政党产生于近现代西方资产阶级国家阶级斗争的需要，本质上代表社会特定阶级、阶层或集团的根本利益和意志，为了实现本阶级的利益、维护本阶级的统治进而寻求权力是政党的天然属性。从政党起源看，在西方资本主义国家，政党的存在和发展一定程度上使阶级斗争的棱角有所钝化，但在长期演化过程中，西方政党制度明显沦为各党派之间恶意竞争、互相攻讦的武器，逐步将阶级冲突制度化了。当前西方政党的利益代表功能大大减弱，社会阶层分化、政治碎片化现象日益严重，“精英政治”导致政治系统的人才吸纳渠道与公民普遍高涨的政治参与意识尖锐对立，加剧了社会利益摩擦，西方政党制度整体呈现出一种退行性异化的趋势。与西方工具型政党制度呈现出根本差异的我国新型政党制度作为一种使命型政党制度，有效克服了西方政党制度的政治分肥、政党分赃等体制性缺陷，在利益表达与社会整合方面独具制度优势。

我国新型政党制度以领导与合作、执政与参政为基本特征，坚持以人民利益为基本价值取向，执政党和参政党并不存在零和博弈的紧张对抗关系。在一致性根本利益的基点上，中国共产党始终践行“两个先锋队”性质，坚定以人民为中心的无产阶级政党立场，代表中国最广大人民群众的根本利益，是中华民族整体利益的唯一代言人、忠实捍卫者。各民主党派从成立之初就具有各自鲜明的特色和优势，在保持自身党派色彩的基础上经过历史演变和力量消长，最终成长为拥有广泛社会联系、汇聚多方人才的中国特色社会主义参政党，其成员来源的广泛性、结构层次的多样性使得八个民主党派在联系、沟通和团结不同界别、不同阶层的群众方面具有天然优势，因而具有深厚的社会基础，便于调节各种社会利益关系，有效化解多元利益冲突。在民主政治实践中，新型政党制度能够有效增强政治认同，使各界别、各阶层、各群体人士广泛支持、自觉拥护中国共产党的政策主张、方针路线，为巩固中国共产党执政的合法性提供制度保障。这一制度安排具有强大的社会整合功能，通过整合各种社会资源，平衡各种政治力量，构建大联合、大团结的政治格局，最大程度动员和集合各方面积极因素为实现经济繁荣、政治进步、文化发展、生态文明服务，发挥中国特色社会主义制度集中力量办大事的优越性。

2.培育民主和优化治理的制度优势

政党是现代民主政治发展的产物，在政党控制国家权力的社会里，政党既是社会力量自觉参与国家政治生活的内在要求，也是政治系统以民主的方式实现国家公共权

力运作的应有之义。政党必须合法地、有技巧地通过展示政治符号、传递政治信息、灌输政治信仰等社会化途径"造就"人民，获得社会的一致性政治认同，论证其执政和领导的合理性，提高其民主化程度。社会需要将异质性控制在合理边界内，使政治体系中的每个人都有权利、有能力在制度化渠道内分享政治资源和社会发展成果，使共同体既能保持高度的机体活力又不致趋于社会分裂，提高其组织化水平。通过政党的社会化和社会的组织化这两条相互耦合的互动路径，我国新型政党制度作为各民主党派和无党派人士进行政治参与、开展政党合作、完善政党协商的制度化平台，是联结国家和社会的中介桥梁，具有培育民主和优化治理的显著制度优势。

首先，我国新型政党制度扩大了民主参与范围。制度化的政治参与渠道把各种社会力量纳入政治体系，不仅进行了有效的政治吸纳，而且实现了最广泛的政治参与，充分发扬社会各阶层民主，切实保障人民民主，是中国共产党和各民主党派密切联系人民群众的政治体现，中国特色社会主义民主政治已经具备有效联结社会民众与国家政权的制度表达。其次，新型政党制度构建了有效共识机制。社会主义协商民主是我国独创的民主实现形式，在新型政党制度的框架下，通过中国人民政治协商会议这一非权力机构，我国的多党合作能够最大限度地吸纳并包容来自各方面的利益诉求，以协商讨论的基本方式，将各种意见和分歧限制在可控范围内，统筹全国各族各界的具体利益，形成社会最大公约数，达成政治共识。最后，新型政党制度助力国家治理的优化。在新型政党制度框架内，我国多党合作克服了西方政党相互倾轧和政治内耗等弊端，与西方国家近年来的民主危机、政治分裂所呈现的治理僵局相比，我国各政党集中精力就有关国计民生的重大议题广泛汇集民意、集中民智，发挥参政党的作用辅助共产党廉洁高效地执政。民主协商与科学决策相互促进，既实现了"最大同心圆"的目的，也显著提高了政治决策的效率与质量，构建起"民意输入"和"政策输出"的良性互动。[①] 我国新型政党制度在塑造高效、务实的"中国之治"基础上，有力推进国家治理现代化进程，同时又以国家治理的效能发挥，反哺新型政党制度自身的成熟与定型。

3.增进团结与维护稳定的制度优势

安定团结的局面是社会发展的首要条件，没有稳定的社会环境，国家的大政方针、战略政策不仅无法长期贯彻实施，更难以收到预期效果。因此，稳定是大前提。西方竞争性政党制度已经表明，在资本逐利的本性驱使下，党派竞争、轮流执政造成的政权频繁更迭、资源严重浪费、社会矛盾激化等问题往往会加速政局动荡甚至是社会崩溃。我国新型政党制度因合作共赢的和谐政党关系、制度化的政治参与渠道而展示出增进团结与维护稳定的鲜明制度优势。

中国新型政党制度作为土生土长的中国特色政党制度，承袭"天下为公"的传统政治理想，吸收中华民族"和而不同，兼收并蓄"的文化内核，在马克思列宁主义多党合作

① 参见臧秀玲、康乐：《充分发挥新型政党制度优势 提高国家治理能力》，载《山东省社会主义学院学报》2020年第5期。

思想的基础上，实现重大理论突破和创新，在坚持共产党一元执政的前提下，赋予民主党派参与国家政治生活的合法权利，为多党合作提供法治化、规范化的制度空间，为政治系统的运转提供内生动力，保持政治发展的活力。中国共产党将各民主党派作为联系各界别、各阶层人士的纽带，双方通过合作共事、参政议政、政治协商、民主监督的机制凝聚起为国家发展、民族复兴携手前行的共同奋斗目标，在彼此信任、亲密团结的基础上有效规避政治风险，降低社会成本，最大限度地避免了国家资源浪费、社会权力分化对国家政局造成的冲击，成为我国政治格局保持稳定的重要制度保证。美国政治学家亨廷顿指出："现代性孕育着稳定，而现代化过程却滋生着动乱。"①一个强有力的政党对于志在实现高水平政治制度化的发展中国家来说极为重要。我国新型政党制度既满足了转型过程中对集中统一的政治权威的迫切需要，避免恶性竞争和资源损耗，又培育了发扬社会主义民主的训练场，尊重差异、科学决策，确保政治系统执政施策的连续性、稳定性，为保障社会安定团结和政局稳定提供了制度基石。

三、中国新型政党制度的机制创新

我国新型政党制度坚持与时俱进的优秀品格，以领导机制为核心，着力在政党协商机制、民主监督机制方面不断开拓创新，探索出日臻完善的政党制度运行机制，在治国理政的实践领域开辟出新的制度空间。

1.中国新型政党制度的核心领导机制

坚持中国共产党的领导是新型政党制度有效运行的政治保障。中国共产党的领导和执政地位是历史和人民的自觉选择，中国近代以来的历史发展和政治进步表明，具有先进性和纯洁性的中国共产党是领导中国人民和中华民族奋勇前进的唯一正确力量。早在革命时期，在夹缝中求生存的各民主党派就自觉自愿与中国共产党组成牢固的革命统一战线，为新民主主义革命的最终胜利作出了不可磨灭的历史贡献。新中国成立后，八个民主党派紧密围绕在中国共产党的政治领导下弘扬民族精神和创新精神，发挥各界别的专业和优势，在国家政治生活和经济建设中始终与共产党同频共振、同向同行，做好社会主义的拥护者、服务者。同时，中国共产党在各个时期秉持"和合"的思想理念，以开明的政治态度和博大的政治胸襟吸纳民主党派进入我国的政治系统，明确民主党派的性质、地位和职能，支持并协助民主党派进行组织整顿，吸纳成员、壮大力量，更通过一系列法律规定为民主党派参与国家事务的管理、切实履行职责提供了制度渠道和物质保障，在政治和社会领域中不断推进政党合作。

进入新时代，中国共产党以强烈的责任感和崇高的使命感作出"中国共产党的领导是中国特色社会主义最本质的特征"这一重大科学论断，表明党的领导是充分发挥中国特色社会主义制度优势的根本保障，而新型政党制度作为我国制度体系中必不可少的一项基本政治制度，必定要在其具体运行过程中稳步提升中国共产党的制度领导

① [美]塞缪尔·亨廷顿:《变化社会中的政治秩序》,王冠华等译,上海人民出版社2008年版,第31页。

力。坚持中国共产党的领导是维持制度运转、发挥制度效能的先决条件,中国共产党对新型政党制度的领导是政治原则、政治方向和重大方针政策的领导。各民主党派在强化"四个自信"、坚定"四个意识"的政治原则基础上,加强政治建设,与中国共产党保持高度一致,高举中国特色社会主义的伟大旗帜,坚定不移地走中国特色社会主义的道路,不忘初心使命,保持头脑清醒,增强政治定力,根据自身的定位和优势,按照我国"十四五"规划的宏伟蓝图,积极履行参政党的职责,就关系国计民生的热点问题积极建言献策、提出议案,就涉及公民利益的重大决策科学论证、协商共治,把中国特色社会主义参政党的建设能力提高到一个新的水平。对于新型政党制度下经过多方协商讨论制定的各项方针政策,各民主党派自觉提高制度的执行力,切实监督方针政策的落实,通过沟通、联系和反馈机制,使重大方针政策的制定、执行更加有效有力。

2.中国新型政党制度的政党协商机制

政党协商已确定为我国多党合作的一项常态化制度安排。"政党协商"概念的提出始于中共十八大,但政党协商的实践形态和运行机制是我国多党合作制度历史经验发展的产物,国家治理现代化的现实诉求为多元主体的协同共治指明了前进方向,协商民主在我国的适应性发展更是为政党协商的成熟完善提供了大有作为的实践舞台。中共十八大以来,党中央通过《关于加强社会主义协商民主建设的意见》《关于加强政党协商的实施意见》《中国共产党统一战线工作条例》等一系列文件对加强社会主义协商民主建设、提高民主党派履行职责的能力及开展政党协商的程序化机制等作出了系统化、规范化规定。

协商民主是多元政治主体通过协商讨论的方式决定公共事务治理之道的一种民主形态,在这种民主形态之下的政党协商是我国多党合作的重要内容,也是彰显新型政党制度效能的重要形式。所谓"政党协商",就是中国共产党同各民主党派在共同政治目标的基础上,就党和国家重大方针政策和重要事务,在决策之前和决策实施之中,直接进行政治协商的一种民主形式,已成为当前在中国共产党的领导下开展多党合作和政治协商事业的一种主要形式,是各民主党派和无党派人士在新型政党制度框架下履行参政议政、民主监督等职能的一项常态化机制。习近平总书记多次强调:"开展政党协商,需要中国共产党和各民主党派共同努力"[①],"要用好政党协商这个民主形式和制度渠道,有事多商量、有事好商量、有事会商量,通过协商凝聚共识、凝聚智慧、凝聚力量"[②]。我国新型政党制度在长期的政党协商实践过程中积累了丰富灵活的经验,其建设过程经历了不定期、不固定模式到逐步定期、固定模式的重大实质性进展,系统性、程序性不断增强。特别是十八大以来,中国共产党将历史上政党协商的实践经验进行系统总结并上升为具有法律效力的文件内容,确定了会议协商、约谈协商、书面协商等三种常态化的协商机制,从实际操作层面对每一种协商形式的内容、频次、召

① 《中共中央召开党外人士座谈会》,载《人民日报》2015年12月15日。

② 《习近平同党外人士共迎新春》,载《人民日报》2016年1月31日。

集和主持等细节进行了具体详尽的规定，标志着我国在探索更加成熟完善的新型政党制度的政党协商机制方面向前迈进了一大步，为各民主党派和无党派人士更好地履行职能、发挥界别优势创造了条件，具有重要的理论和实践意义。

3.中国新型政党制度的民主监督机制

多党合作视域下的中国共产党与各民主党派的民主监督是一种双向互动，目的是实现执政党建设和参政党建设同呼吸、共进退，这种建设性监督可以协助中国共产党更好地执掌政权、改进工作。进入新时代，中共中央和各民主党派着力推动民主监督工作取得新进展，开展脱贫攻坚民主监督的政治任务，开辟了民主监督的新领域。动员和号召民主党派助力脱贫攻坚民主监督工作，是中国共产党领导的我国新型政党制度在民主监督机制方面开创的新思路，是协力赢得脱贫攻坚战伟大胜利的重要举措。

2016年6月，受中共中央委托，各民主党派中央对口8个脱贫攻坚任务重的中西部省区，开展脱贫攻坚民主监督工作，重点就精准识别贫困人口、建档立卡、第一书记下乡驻村帮扶、产业脱贫等重大政策措施执行情况及项目资金使用情况等开展民主监督。各民主党派成立“专项民主监督”调查小组，在实地走访调查的基础上，坚持问题导向，撰写脱贫攻坚民主监督的调研报告、梳理脱贫攻坚民主监督的工作进展、总结脱贫攻坚民主监督的实践经验，在探索完善的专项监督工作制度方面攻坚克难，力求推动民主监督工作创新发展。据统计，5年来，各民主党派中央共组织调研590余次，其中领导班子成员带队调研180余次；向对口省区各级中共党委、政府提出意见建议2400余条，向中共中央、国务院报送监督报告40份，“直通车”意见建议47份，有效助力中共各级党委、政府科学决策、精准施策，为打赢脱贫攻坚战提供了巨大支持。[①] 脱贫攻坚民主监督工作是以习近平同志为核心的党中央赋予民主党派的一项全新政治使命，是各民主党派参与国家政治生活的一条新途径，是完善中国特色社会主义参政党民主监督职能的一项新探索。这一机制充分发挥了各民主党派对加强执政党建设的正向促进作用，切实增强了新时代人民群众的生活幸福感和满意度，在口惠实至的政策执行和成果共享中广泛凝聚民心、强化认同，巩固了中国共产党执政的合法性来源，也为新时代中国特色社会主义参政党强化自身建设、提升履职尽责能力、团结服务全国各族人民积累了丰富经验，向世界展示了中国新型政党制度凝聚共识谋大事、集中力量办大事的优势，为其他发展中国家减少贫困人口、促进经济发展提供了有益启示。

四、结语

中国新型政党制度的兴衰发展史与中国共产党的百年奋斗史相互交织，历经风雨，成就斐然。在中国共产党的正确领导下，中国共产党和各民主党派、无党派人士创造性地探索出一条既不同于西方竞争性政党制度也显著区别于传统一党制的符合中

---

① 参见本报评论员：《发挥民主监督作用 助推高质量发展》，载《团结报》2021年3月25日。

国国情、富有中国特色的新型政党制度之路，逐步走向成熟定型，其进步性、民主性、内聚性在多党合作和政治协商的伟大事业中日益凸显。站在新时代的历史方位，中国新型政党制度以突出的价值功能和创新性发展的运行机制内嵌于国家治理架构之中，为国家治理实践提供内生性动力，更好地促进制度优势转化为国家治理效能。与西方发达国家深陷民主迷思、传统红利日益衰退的政党制度相比，中国新型政党制度是以人民根本利益为价值归宿的使命型政党制度，是具有旺盛生命力的包容性政党制度，是具有世界意义的朝气蓬勃的政党制度，为世界其他国家和地区提供了可资借鉴的既富有活力又行之有效的政党制度新模式，为世界政党政治文明的发展进步贡献了中国智慧和中国方案。

新型政党制度的发展进程及历史经验

石晓宇

(山东大学政治学与公共管理学院博士研究生)

新型政党制度是将马克思主义政党理论同中国具体国情和传统文化相结合的制度产物，它伴随着新中国的成立而正式确立，发展至今已经历了七十余年。追溯历史，新型政党制度在新中国发展的不同历史阶段经历了不同程度的发展变化。总的来说，新型政党制度是从中国土壤中生长出来的制度，是中国历史发展的必然选择，不断朝着制度化、程序化、规范化的方向发展。

一、制度提出与确立

1905年中国同盟会的成立揭开了中国政党政治的序幕。辛亥革命后，民主共和的新纪元开启，仁人志士希望通过移植西方国家的议会政治和多党制发展中国的民主政治，但是理想的政党政治框架与中国当时的政治现实存在巨大的鸿沟，议会政治与多党制在中国"水土不服"。1921年，中国共产党成立，年轻的中国共产党深受马克思列宁主义的影响，在历史发展过程中逐渐成为政党政治舞台上的主角。中国共产党实行民主集中制，不局限于一党私利，而是以维护国家利益为目标，与国民党真诚合作，团结各民主党派，逐步探索出适合中国国情的政党政治发展道路。

(一)"五一口号"的提出与响应

抗日战争全面爆发后，国民党政府迫于各方压力，表面上允许共产党和其他党派合法存在，但是实际上仍执着于一党专政、排除异己，采取"溶共、限共、防共、反共"的措施掀起反共高潮，残害民主人士，暴露了独裁本质，使各民主党派与共产党的关系趋于紧密。中国共产党争取和团结中间势力，与各民主党派和无党派人士开展了积极有效的合作，尤其是"三三制"政权的试验推动了各民主党派与中国共产党在道义上和政治上均达成共识。抗日战争结束后不久，国民党发动全面内战，并残酷迫害民主党派，逼迫民盟解散。中国共产党研判最新形势变化，认为民主党派是中国共产党争取的革命同盟军。1948年4月30日，中共中央书记处讨论通过了毛泽东修改后的《中共中央纪念"五一"劳动节口号》(即"五一口号")，提出中国共产党与各民主党派、无党派民主人士和社会各界人士团结合作、协商建国的愿望和主张，并得到了各党派和各界人士的积极拥护和响应。“五一口号”蕴含了爱国、团结、民主、协商的精神，描画了新中国政党格局的雏形，是新型政党制度的肇始，是协商建国的起点，具有重要的里程碑意义。它不仅确立了中国共产党的领导地位，还有效感召了各民主党派和无党派人士，奠定了良好的合作基础。①

(二)新政协的召开与新型政党制度的确立

渡江战役使国民党“划江而治”的企图成为泡影，国民党政府发动内战三年以来，穷兵黩武，国统区经济处于崩溃的边缘，国民党政府失去了人民的拥护和信任。中国共产党与各民主党派、无党派民主人士共同筹备召开新政治协商会议。新政协的筹备工作充分发扬民主，充分发挥了中国共产党领导的多党合作协商的作用。在筹备工作中，中国共产党广泛听取各民主党派和无党派民主人士的意见，最终确定的新政协参会名单也具有极强的广泛性，参会人员包括各民主党派、人民团体、各地区、解放军以及少数民族、国外华侨和宗教界等方面的代表，充分反映了我国新民主主义革命各民族、各阶级和一切爱国民主力量的大团结，包含了近百年来我国民族民主革命各个时期为人民事业作出贡献的知名人物，对尚未解放的地区，新政协专门为其预留了十分之一的代表名额。在政协与会人员名单中，中国共产党员占44%，各民主党派成员占30%，工农和各界无党派代表占26%，这种代表组成，既保证了中国共产党的领导地位，又体现了中国共产党同各民主党派和各界人士的团结合作，巩固和扩大了人民民主统一战线。② 1949年9月21日，中国人民政治协商会议第一届全体会议开幕，《共同纲领》以法律的形式确定了中共及各民主党派参加国家政权以及共产党在国家政权中的领导地位。各民主党派和无党派民主人士在中央人民政府和地方人民政府被委以要职。中国人民政治协商会议的召开，标志着中国共产党领导的多党合作和政治协商制度正式确立。次日，周恩来在会上代表新政协筹委会作了题为“关于《中国人民政治协商会议共同纲领》草案的起草经过和特点”的报告，着重明确了人民政协和民主党派将长期存在，提出在普选的全国人民代表大会召开以后，政协会议还将对中央政府的工作起协商、参谋和推动作用。

(三)新型政党格局的形成

新中国成立至中共八大召开前，中共与民主党派的政治协商采取了最高国务会议、双周座谈会、协商座谈会等形式，坚持和巩固了刚刚确立的中国共产党领导的多党合作和政治协商制度。新中国的成立、第一届全国人民代表大会的召开、社会主义改造的基本完成等一系列成就都使有些人认为各民主党派已完成历史任务到了寿终正寝之时。为回应议论、消除疑虑，中国共产党进一步规范了民主党派与共产党的关系准则。中共中央统战部先后召开了七次统战工作会，就统一战线的重要理论和实践问

---

① 参见王小鸿：《“五一”口号开创新型政党制度的光明前景》，载《山东省社会主义学院学报》2018年第3期。

② 参见江苏省社会主义学院编著：《中国新型政党制度通识》，河海大学出版社2019年版，第26页。

题，以会议文件的形式进行了全面系统的阐述，根据毛泽东、周恩来等党和国家领导人有关支持和发展民主党派的重要指示和谈话精神，制定了相应的政策举措，帮助和支持民主党派发展党员、完善组织、发挥作用。[①] 1956年，毛泽东在中共中央政治局扩大会议上的讲话中指出，"究竟是一个党好，还是几个党好？现在看来，恐怕是几个党好，不但过去如此，而且将来也可以如此，就是长期共存、互相监督"，"在这一点上，我们和苏联不同。我们有意识地留下民主党派，让他们有发表意见的机会，对他们采取又团结又斗争的方针。一切善意地向我们提意见的民主人士，我们都要团结……这对党，对人民，对社会主义比较有利"。[②] 中共八大《关于政治报告的决议》将毛泽东提出的"长期共存、互相监督"上升为全党意志，明确指出："必须按照长期共存、互相监督的方针，继续加强同各民主党派和无党派民主人士的合作，并且充分发挥人民政治协商会议和各级协商机构的作用。在一切政府机关、学校、企业和武装部队中，共产党员都必须负责建立起同党外工作人员合作共事的良好关系。"[③]新中国成立后在进行各项制度建构的过程中，中国的政党制度逐步确立，形成了中国共产党领导的多党合作政党格局，新型政党制度长期发展的格局形成。

二、制度修复与制度化发展

在"文化大革命"期间，宪法规定的国家机关停止运行，国家政治制度遭到严重破坏，人民政治协商会议和民主党派机关停止活动，在中国革命和新中国建设中建构起来的中国共产党领导的多党合作和政治协商制度也遭到破坏，停止活动。[④] "文化大革命"结束之后，党和国家认真吸取了法制被践踏的教训，逐步将多党合作事业以法律制度的形式明确下来，多党合作制度逐步恢复并走向正轨。1977年开始，中共中央统战部正式恢复了工作，与此同时，各地统战部门也陆续恢复了工作。此后，各民主党派先后恢复组织活动。中国的多党合作制度逐步得到修复，并在改革开放的时代背景下迈上了制度化、程序化、规范化的发展轨道。

(一)"文化大革命"结束后新型政党制度得到修复

"文化大革命"结束后，随着社会各领域拨乱反正的有序开展，多党合作的方针政策也得到了适当调整。党中央先后批示文件、发表讲话，摆明对统一战线和多党合作的立场和态度，提出中国共产党要与各民主党派建立友好共事的关系，双方应长期共存、互相监督。另外，中国共产党对党外人士要知人善任，在重要部门、关键岗位要杜绝清一色共产党员任职的现象。1981年12月，第十五次全国统战工作会议首次提出了要同党外朋友建立"肝胆相照、荣辱与共"的关系，随后，"长期共存、互相监督，肝胆相照、荣辱与共"成为处理中国共产党与各民主党派关系的新的"十六字方针"，从顶层

---

① 参见张伟军：《中国特色社会主义政党制度的生成逻辑与实践机理研究》，兰州大学博士学位论文，2020年。
② 《毛泽东文集》第7卷，人民出版社1999年版，第34、34～35页。
③ 中共中央文献研究室编：《建国以来重要文献选编》第9册，中央文献出版社1994年版，第350页。
④ 参见张伟军：《中国特色社会主义政党制度的生成逻辑与实践机理研究》，兰州大学博士学位论文，2020年。

设计入手为中国共产党在改革开放的新时期恢复发展与各民主党派的关系奠定了良好的基础。

"文化大革命"结束后,中共中央正式启动多党合作制度的恢复建设工作。1977年3月,中共中央工作会议建议在适当的时候召开五届政协会议并同时召开五届人大,进行政协、人大的换届,使政治生活活跃起来。① 各民主党派中央建立临时领导小组,逐步恢复工作,各民主党派的地方组织和基层组织也陆续进行整顿并恢复了活动。同时,在"文化大革命"中遭受无辜迫害的中共和民主党派的一大批领导干部摘掉了"右派分子"的帽子,名誉得以恢复。以1978年2月全国政协五届一次会议的举行为标志,人民政协的工作也得以正式恢复。

(二)新时期新型政党制度朝制度化方向发展

进入改革开放的新的历史时期,尤其是党的十三大之后,中国新型政党制度逐步走向制度化、规范化的发展轨道。1989年,中共中央统战部代中共中央起草了《中共中央关于坚持和完善中国共产党领导的多党合作和政治协商制度的意见》,以国家大政方针的形式对中国共产党与各民主党派的合作加以规范化和制度化,强调要发挥各民主党派在人大、政协和各国家机关中的作用并不断加强各民主党派的自身建设。该文件的发布标志着中国新型政党制度开启了制度化发展的新阶段。

进入新世纪后,以"构建和谐社会"的价值观为引导,中国共产党更加注重发扬党内民主,同时有意识地针对重要部门的关键职位培养党外干部,不断拓宽各民主党派参政议政、民主监督的渠道,与各民主党派建立了更加和谐、规范的政党关系,为协商民主的发展提供了广阔的平台,人民政协制度日臻完善。与此同时,各民主党派也更加注重自身的组织建设,积极吸纳社会各阶层成员,参政议政的意识进一步提高,民主协商机制逐步走向定期化和制度化。

三、制度自信与制度效能提升

党的十八大以来,中国共产党领导的多党合作和政治协商制度得到了新概括和新发展,作为一种新型政党制度,它根植于我国的历史文化传统,具有独特优势。党的十八大以来,制度建设扎实推进,中国新型政党制度的发展开创了崭新局面,着力于机制创新和话语体系的建构,取得了一系列新成就、新发展,极大增强了我国的制度自信、提升了新型政党制度的效能。

(一)新型政党制度的新概括

2018年3月,习近平看望参加全国政协十三届一次会议的民盟、致公党、无党派人士、侨联界委员并参加联组会,他指出,中国共产党领导的多党合作和政治协商制度作为我国一项基本政治制度,是中国共产党、中国人民和各民主党派、无党派人士的伟大政治创造,是从中国土壤中生长出来的新型政党制度。这是新时代对中国共产党领

① 参见钟德涛:《中国政党制度的产生与演变》,华中师范大学博士学位论文,2007年。

导的多党合作和政治协商制度的新概括。习近平对“新”字作出如下解读:新在它是马克思主义政党理论同中国实际相结合的产物,能够真实、广泛、持久代表和实现最广大人民根本利益、全国各族各界根本利益,有效避免了旧式政党制度代表少数人、少数利益集团的弊端;新在它把各个政党和无党派人士紧密团结起来、为着共同目标而奋斗,有效避免了一党缺乏监督或者多党轮流坐庄、恶性竞争的弊端;新在它通过制度化、程序化、规范化的安排集中各种意见和建议、推动决策科学化和民主化,有效避免了旧式政党制度囿于党派利益、阶级利益、区域和集团利益决策施政导致社会撕裂的弊端。①

(二)新时代中国新型政党制度的创新发展

进一步加强党的全面领导。中国共产党的领导是中国特色社会主义最本质的特征,中国共产党在多党合作中的领导地位,是中国新型政党制度的本质特征,是区别于西方政党制度的显著特征,决定着多党合作的制度效能、发展方向,是多党合作健康发展的根本保障。② 党的十八大以来,中国共产党更加强调巩固党领导一切的核心地位,为多党合作提供了正确的方向指引和价值导向,给新型政党制度的发展提供了基本保障。

创新完善多党合作和政治协商制度机制。中共十八大以来,中央召开多次统一战线工作会议、中央政协工作会议等,对统一战线和人民政协工作的重大问题进行高层部署研究,确定了新时代中国特色政党制度实践创新的基本原则、指导思想、主要措施等,极大地促进了多党合作和政治协商在实践中的落实和创新。先后发布多党合作和政治协商相关的重要文件,并以党内法规的形式,制定了《中国共产党统一战线工作条例(试行)》。在具体实践中,协商民主不断走向“广泛、多层、制度化”,政党协商日趋规范,各民主党派参政议政意识不断强化并着力加强自身建设,民主监督日臻完善,创新运用直通车、专项监督等方式加强各民主党派对中国共产党的监督。

(三)新时代中国新型政党制度话语体系构建

进入新时代,在中国新型政党制度不断规范、完善的基础上,党和国家坚定“四个自信”,着眼于讲好中国故事、传播中国声音,致力于构建中国新型政党制度的话语体系。

构建中国新型政党制度话语体系是坚定我国制度自信的必然要求。新型政党制度根植于中国的历史和文化,是适合中国国情的制度,具有强大的活力和生命力。新型政党制度保障了中国共产党在决策过程中充分吸纳各方意见,最大限度地减少了社会内耗,不仅保障了人民群众享有广泛而真实的民主权利,还有利于社会的和谐稳定和决策的科学民主。面对一些西方国家的质疑和诋毁,党和国家坚定制度自信,准确把握新型政党制度的独特优势,并逐步构建中国新型政党制度话语体系。

---

① 参见《新型政党制度新在哪儿?习近平总书记这么说》,http://m.xinhuanet.com/politics/2018-03/05/c_1122486143.htm。

② 参见朱磊:《八大以来多党合作理论与实践创新研究》,载《上海市社会主义学院学报》2019年第3期。

构建中国新型政党制度话语体系是提升制度效能的关键举措。针对增强新型政党制度话语权的需求，党和国家不断完善新型政党制度理论，同时加强中国共产党和各民主党派的自身建设。在讲好中国故事、传播中国声音的要求下，党和国家针对“说什么”和“怎么说”双向发力，严格把握话语导向、精心设计话语议题，使制度话语在科学准确的同时最大限度地贴近受众对象，并通过改进传播手段、创建话语平台、提升传播能力等方式展现新型政党制度的优势、提升新型政党制度效能，着力构建新型政党制度话语体系。

四、历史经验及结论

新型政党制度是在中国的土壤中产生发展起来的制度，是将马克思主义基本原理与中国具体实际相结合的产物，是具有中国特色的政党制度，也是适合中国国情、党情的政党制度，在构成要素、基本功能、政党的地位作用、党政关系、党派关系等方面都体现了不同于国外政党制度和旧式政党制度的显著特征和独特优势。在新型政党制度百年的发展历程中，党和国家积累了宝贵的历史发展经验，得出了丰富的历史结论。

（一）坚持党的领导和十六字方针是新型政党制度运行的基本原则

党政军民学，东西南北中，党是领导一切的。坚持党的领导是党开展一切工作的前提和先决条件。中国共产党的诞生早于其他民主党派，也早于中国共产党领导的人大、政府、司法机关、军队等国家机构的组成部分。这种历史状况和地位决定了中国共产党的实际地位不可能因为民主党派的发展、国家机构的出现和发挥作用而改变。[①]坚持党的绝对领导是新型政党制度最显著的特征，各民主党派和无党派人士与中国共产党合作协商必须坚持共产党的领导。虽然各党派之间纲领、章程相异，但是各民主党派与中国共产党都以实现中华民族伟大复兴作为共同的目标，在共同愿景的感召下，各民主党派团结于中国共产党的周围，接受中国共产党的领导，同时也保持各自独立，并对中国共产党起到监督作用。共产党对各民主党派的领导要建立在正确领导的基础之上，同时要充分尊重各民主党派的平等独立地位。新时代推进多党合作事业发展，更要坚持中国共产党的正确领导，牢固树立“四个意识”，坚定“四个自信”，确保多党合作事业正确的政治方向。

“长期共存、互相监督，肝胆相照、荣辱与共”的十六字方针是贯彻新型政党制度的原则和指针，是新型政党制度运行的基本原则。中国共产党与各民主党派长期共存是制度运行的前提和基础，保障了各党派之间是平等的友党关系，互相监督是新型政党制度运行的主要方式，各民主党派通过多种渠道和形式参政议政、建言献策，与中国共产党互相监督、互为补充。中国共产党与各民主党派共同为了民族复兴伟业奋斗，不谋求一党私利，一荣俱荣、一损俱损，有共同的价值追求。

---

① 参见郭道久:《中国新型政党制度创造性的理论分析》，载《统一战线学研究》2018 年第 3 期。

(二)推进理论创新和制度完善是新型政党制度发展的前进方向

中国共产党领导的多党合作和政治协商制度确立、发展七十年来，不断与时俱进，适应新的世情、国情、党情调整完善，不断推进理论创新。从处理中国共产党与各民主党派关系的“八字方针”到“十六字方针”，再到新时代新型政党制度的新概括，新型政党制度的理论体系逐渐丰富完善、推向深入，并逐步构建本土化的话语体系。不断推进理论创新能够推动制度发展与时俱进，在政党政治复杂变幻的当今世界，理论创新是制度发展的前进方向。

新型政党制度在不断推进理论创新的同时也大力推动制度完善和实践创新，着力推进制度效能提高与理论创新同步发展。经过七十年的制度建设，我国多党合作已经形成了比较完备的制度体系，制度化、规范化、程序化水平大大提升。进入中国特色社会主义新时代，要不断完善多党合作的制度建设，完善健全制度体系，规范运行机制，推进制度创新，强化制度执行力，将我国政党制度效能的发挥落到实处。①

(三)加强党的自身建设是新型政党制度发展完善的组织保障

打铁还需自身硬，在新型政党制度框架下，执政党和参政党的自身建设始终是制度发展完善的保障。

中国共产党作为执政党要着力加强党的自身建设，牢记初心使命，锤炼党员干部忠诚、干净、担当的政治品格，在国家利益和中华民族伟大复兴的中国梦面前不囿于一己私利和一党私利，自觉接受各民主党派的监督并积极落实整改，不讳疾，不忌医。要充分尊重各参政党的平等友党地位，不搞一言堂，不闭目塞听，而是应该吸纳多方建议推进党的决策更加科学化、民主化。

各民主党派作为参政党要提高履职尽责能力，充分发挥参政议政的作用，对中国共产党的决策部署形成有效监督，避免建言献策避重就轻，防止参政议政流于形式，各民主党派与中国共产党是荣辱与共的命运共同体，参政党加强自身建设、提高民主党派成员参政议政意识、提高履职尽责能力不仅能够推动参政党的思想、组织建设日趋完善，也有助于共产党执政水平的提高和执政能力的进步，为完成各党派民族复兴大业的共同目标积蓄力量。

五、结语

新型政党制度自提出与确立起，经历了初期尝试、曲折发展、制度修复、制度化发展、制度自信与效能提升几个主要阶段，始终秉持民主初心，坚持中国共产党与各民主党派长期共存、互相监督，是适合我国国情的土生土长的政治制度，具有强大的生命力。中国新型政党制度反映了我国由人民当家作主的社会主义民主的本质，具有协商民主、利益整合、党派监督、维护稳定的治理功能，彰显了社会主义民主的广泛性和真

① 参见阚秀玲:《多党合作制度70年的光辉历程和基本经验》,载《黑龙江省社会主义学院学报》2019年第3期。

实性。新型政党制度突破了“西方中心主义”理论范式，为人类政治文明繁荣发展提供了一个全新的“制度方案”，为世界各国提供了认知中国政治发展的窗口和路径，为后发国家政治制度的发展和完善提供了中国启示。新时代进一步坚持和完善新型政党制度要坚持从中国的基本国情出发，总结历史发展经验和教训，科学地认识国情，坚定不移走中国特色社会主义道路，坚持党的绝对领导，以处理党派关系的“十六字方针”为行动指南，不断加强执政党和参政党的自身建设，不断推进理论创新和制度完善。

分众化视角下新时代统战的基本态势及应对

马双军

(山东大学政治学与公共管理学院博士研究生)

所谓“分众化”,简而言之,即根据事物特性,区别对待,分类施策。新时代统一战线,是在实现中华民族伟大复兴的共同目标下,在社会发展不平衡不充分、人民对美好生活需求复杂多样的时代背景下,在共同利益基础上,不同社会力量结成的联盟。基于分众化视角研究新时代统一战线发展趋势,一定程度上源于新时代中国社会主要矛盾的转变。根据党的十九大报告,人民日益增长的美好生活需要和不平衡不充分的发展之间的矛盾已成为我国社会主要矛盾。这一全新矛盾揭示了目前现实经济、社会、文化的多元多样。新时代社会主要矛盾是统一战线内部矛盾的社会根源,贯穿于统一战线的各方面、全过程。基于这一多元多样的现实经济社会基础,统一战线发展趋势的研究视角理应包括分众化。本文基于分众化的视角,探析新时代统一战线的价值意蕴、宏观环境、内在特征、发展趋势及因应之策。

一、新时代统一战线的分众化环境

新时代统一战线的宏观环境主要呈现经济领域区域和产业发展差异化、政治领域政治需求多样化、文化领域价值取向多元化、社会领域利益诉求多层化等特点。

经济维度上,区域和产业发展差异化。区域发展方面,进入21世纪以来,虽然我国连续斥巨资用于区域和城乡发展再平衡、追求贫困人口净减少,然而区域发展不平衡仍是不争的事实。中共十九大报告对西部大开发、振兴东北老工业基地、中部地区崛起、东部地区再优化进行了统筹安排。这意味着,未来沿海、沿江、沿线经济轴带会把我国经济更好地串联起来,但地区经济发展差距逐步缩小还需要很长的过程。产业发展方面,受疫情、中美贸易摩擦等多重因素影响,相对于国企、服务业、内需型企业,民企、制造业、外向型企业的现状更加堪忧。统战对象是生活在区域和产业之中的,区域发展、城乡发展、产业发展、贫富发展不平衡,决定了统战工作针对不同群体的分众化路径。必须区别主要、次要矛盾,区分矛盾的主要、次要方面,分清矛盾的主要方面、次要方面中的重点对象、群体,分门别类进行统战。

政治维度上，政治需求多样化。随着我国社会主义民主政治环境的逐步完善，人们的个性色彩突出、民主观念强化、权利意识提升，精神层面的需求与日俱增。新时代统战对象渴望民主平等，渴望政治话语权，部分统战对象质疑社会问题、政策制度。在网络技术革命的助推下，各种民主观念表达便捷、影响广泛，整个社会政治需求快速多元化发展。然而，由于这些需求不可能全部即时得到满足，反而导致了更加强烈的需求表达。在一味追求民主权利的过程中，部分统战对象往往只看到眼前利益，拘泥于自身视角观察政治现象、政治环境，甚至片面放大政治问题，很难理性辩证地分析当前形势和问题，更不可能历史、长远地看待国家政治发展态势。针对多元化政治需求，如何完善政治参与机制，健全协商民主制度，进一步畅通各阶层利益表达渠道，如何守住圆心、延长半径、画出最大同心圆，成为新时代中国政治建设的重要任务。

文化维度上，价值取向多元化。“人们的观念、观点和概念，一句话，人们的意识，随着人们的生活条件、人们的社会关系、人们的社会存在的改变而改变。”[①]新时代新的政治和文化演进产生于新的经济和社会结构，以及其导致的社会价值观和利益表达多元化。受不同地区政治、经济、文化、社会、生态各方面发展环境影响，受自身学识、职业、经历、价值观、政治面貌等因素影响，统战对象对中华民族、中华文化、中国共产党、中国特色社会主义的认同度参差不齐，对社会热点难点问题的看法参差不齐。新媒体加快和扩大了各种利益表达的传播速度和范围，使多元价值观对政治、经济、文化、社会的反作用力持续加强。在“网络沉默螺旋效应”的推波助澜下，多元价值观一时间相应地成为某一阶层或群体的共鸣。这一表达与其利益联系紧密，功利色彩明显，对统一战线共同思想政治基础形成严峻挑战。

社会维度上，利益诉求多层化。利益是人们政治倾向的原始动机。我国人口超多，社会保障制度相对落后，快速发展中暴露出一系列急需破解的社会问题，各类群体利益诉求多元化、利益冲突显性化。转型国家需要强政府、弱社会，社会组织发育空间受到挤压，民众直面政府，众多利益诉求得不到满意回复。2019 年度中国社会状况综合调查结果显示：看病难、看病贵关注度超过 57%，高居榜首；贫富差距过大、住房价格过高问题关注度均为 28.9%，并列第二；物价上涨问题则为 28.2%，列第三位。从差异维度看，相对于东部沿海、城市、工业，中西部、农村、农业更需要扶持；相对于限制高收入群体过高收入，中等收入群体需要扩大，低收入群体需要提高其收入，城乡、区域、行业和阶层之间利益严重失衡。由于贫富差距拉大，不同阶层关注的问题不同，不同阶层间对经济、社会等政策的共识减少，矛盾逐步尖锐，穷人普遍缺乏获得感，富人不愿牺牲既得利益。整个社会下层感到不公平，上层感到被仇视，中间层因“被中产”而感到受伤。大家对社会现状都存在不满意倾向，新时代统一战线如何有效政治引导成为现实隐忧。

---

① 《马克思恩格斯选集》第 1 卷，人民出版社 2012 年版，第 419～420 页。

二、新时代统一战线的分众化特征

主体要素呈现协作化的大统战格局。统战主体多元化、内部关系协作化，这是新时代统战主体的新特征，是统战客体的多元化、分众化、复杂化的客观要求。各统战主体的分工协作具体表现为：统战部门担负《中国共产党统一战线工作条例》所规定的9项具体职责，在大统战格局中统筹协调，通过资源整合、路径创新，推动统战工作由以往主要依靠公共手段转向公共手段、社会力量并举；各级人民政协结合各地、各阶层实际，细化政治协商、民主监督、参政议政的形式、内容、流程、标准，实现新时代"一号统战平台"高效运行；组织部门在以党建率统战、抓党建促统战的同时，注重持续加大党外人才的培养、选拔、安排力度；宣传部门及各级各类统战新媒体发挥融媒体之长，推动统战宣传网络化、平台化、视频化、个性化；各级党校、行政学院、社会主义学院突出宣传党的新思想、新理论、新政策、新成效，分类施教促进党内外干部群众同心同向同行；各类群团组织、各类协会商会发挥自身特长，构建联谊交友平台，畅通党与社会组织代表人物的交流通道，将其中的精英分子吸收到政治生活中来，在利益关照、寓教于乐中实现统战；各街道、乡镇积极适应社会结构新变化，发挥社区、村居的中间力量作用，在精准反映民意、集中民智、整合民力中团结人心、凝聚力量。

客体要素呈现细分化的人民性特质。社会构成的基本单元是零散的行为主体即个体的人，不同类型的人汇集成不同范围的统战对象，从而形成了统战工作客体的多样性。改革开放后，统战工作的范围和对象由8方面逐步扩大到15方面。在2015年的中央统战工作会议上，新的社会阶层人士又被列入统战范围。2018年新通过的《宪法修正案》将"致力于中华民族伟大复兴的爱国者"列入爱国统一战线范围，"四者联盟"扩展为"五者联盟"为更有力地团结不同群体和阶层共同承担民族复兴大任提供了人力支撑。新时代统一战线的人民性特质不仅体现在"五者联盟"，还体现在统战客体的持续细分化上。以新的社会阶层为例，具体分为民企创业和技术人员、外资企业管理技术人员、私营企业主等6部分。进入新时代，又涌现出社会组织从业者、新媒体从业人员、网络意见人士等自由职业者，其中新媒体从业人员又可细分为"新媒体企业出资人、经营管理人员、采编人员和技术人员"等。非公有制经济人士主要包括个体、私营、外资等经济领域的代表人士，其中外资经济代表人士又包括外商独资、中外合资、中外合作等类企业中的代表人士。在其他统战客体大类，同样可以按一定标准细分为形形色色的小类，统战客体细分化的人民性特质呼唤分众化、协作化的大统战格局。

手段要素呈现分众化的互联网统战。互联网信息时代深刻变化的生产、工作和生活方式深刻影响着各项统战工作。传播速度快、覆盖面广的互联网既是统战工作了解统战对象、获取工作信息、推动团结联合的重要平台，也是西方敌对势力思想文化渗透的重要途径。新时代统战工作打破传统路径依赖，不仅包括线下统战，还包括线上统战。只有认清新媒体时代全民在线、平台众多的全新统战环境，把工作的着力点转移到创新传播平台、丰富传播方式、优化传播内容、提升传播能力上，才能在新时代统战传播的竞争中争得主动权。只有借力各地超融合全媒体平台打通联系、服务统战对象的“最后一公里”，借势抖音、今日头条、腾讯、各行业大咖等民间舆论场，以受众喜闻乐见的形式情节化传播新时代中国特色社会主义思想，借助重点华文传媒新媒体、智库、非政府组织和全球华侨华人年度人物、全球百大最具影响力人物等国际传播载体故事化传播人类命运共同体理念，才能更好地将分布在各网络平台的“小众”团结成为“大众”。只有深入研究探索网络统战新路径，构建分众化网络统战的组织体系、制度体系、工作机制，才能提升新时代统战工作的针对性、有效性，改变“受众在10个平台，引导在1个平台”的被动局面。只有创新融合“各级融媒体中心＋统战‘两微一端’”，打造一个让各方统战对象都乐于参与的新型统战平台，引导大家针对社会热点难点问题表达民意、献计献策，才能有效化解社会重大民生关切。

三、新时代统一战线的分众化向度

统一战线基础向度上，工农联盟向“普通阶层＋中间阶层”构成转变。正是依靠工农联盟这一统一战线的基础，中国共产党团结绝大多数人民群众，中国特色社会主义伟大事业才得以大步向前。新时代，受市场化、城镇化等多重因素影响，工人内部、农民内部持续分化。按其经济地位的不同，分成不同的阶层和群体，集中表现为劳动地位、劳动方式、经济收入、生活习惯等方面的显著差异，存在地域、乡土、产业、民族、宗教等不同特质，内部差别和矛盾日益显性化。既然统一战线的主题是“大团结、大联合”，就不可能不团结从普通阶层中衍生出的数以亿计的中间阶层。无产阶级解放运动中的自身团结统一和同盟军问题仍是新时代统一战线的根本问题，中间阶层成为新的统一战线基础力量。理论上，中间阶层的不断扩大是一个国家稳定的基石，然而这个中间阶层只是一个多样化的社会群体，而并非一个完整的有自觉意义的阶级。对这一新生阶层如何引导，如何逐步消除中间阶层的意识混乱，形成执政党与中间阶层的良性互动，这是一个理论和现实挑战。统一战线必须创新理论和实践，妥善协调工农联盟内部不同阶层、群体间的相互关系，妥善协调普通阶层、中间阶层、精英阶层的相互关系，才能实现全社会在一定基础上的有机联合。

统一战线策略向度上，以物质性利益为主向照顾社会性、精神性利益逐层递进。经过改革开放40多年的努力奋斗，我国社会生产力由弱变强，人民物质生活需求基本得以满足。新时代，人们对“美好生活的需要”不仅包括对物质层面的需要，还包括“教育、卫生、医疗、环境”等社会性需求，以及“民主、法治、公平、正义”等精神性需求。对工人、农民、一般脑力劳动者而言，他们的美好生活是能有佳用、住有良居、病有优医，得到更多实实在在的社会发展福利；对生产要素持有者而言，他们的美好生活是实现经济利益的最大化，与公共资源的支配阶层分享政治权力，其诉求早已超出了物质文化需要的层次。这表明，不同阶层人民对美好生活追求程度有所差别，也反映着我国经济社会发展中的不平衡现象。具体地分析具体的情况，以不同的策略手段团结不同的统战对象，这才是马克思主义的态度。新时代，不同群体的利益需求以及利益本身层次的提高，都会引起社会政治关系相应的变化和发展，从而导致统一战线策略的改变调整。着眼于普遍利益与特定利益的有机统一，由照顾物质性利益为主向照顾社会性、精神性利益逐层递进，成为新时代统一战线发展趋势之一。

统一战线方式向度上，分领域整体性统战向分领域分众化统战转换。传统统战区分党派、民族、宗教、新的社会阶层、港澳台等大类，有针对性分类政治引导，本身就包含分众化的理念。从模式上说，传统的大众统战虽然是分领域的，但每一个领域相对都是一点对多点，更多的具有单向性。分众统战则承认差异、尊重个性，具有更强的双向性，这是统战理论和统战模式的一个进步。统一战线是一致性与多样性有机结合的共同体，其中一致性强调的是政治共识，多样性强调的是尊重差异。守住圆心、包容多样则是习近平提出的“同心圆论”的核心，不同的半径就是不同的策略，包容的半径越长画出的同心圆越大，这恰恰体现了分众化的视角。对于持续增强的统战对象差异性，需要分类采取尊重权益、维护利益和促进转化策略。新时代，传统的分领域整体性统战向分领域分众化统战转换成为必然。以政协界别设置为例，应当适应社会阶层分化的新形势，因时、因地制宜，进一步调整界别设置、委员构成，从而保证各阶层、群体都有自己在政协中的归属和依托。总之，双向性、个性化的分众化视角一旦在新时代统战中发挥作用，必将在统战对象中引起共鸣，形成统战工作的“燎原之势”，也必将为中国梦的实现提供强大的力量保证。

四、新时代统一战线的分众化策略

新时代，经济和社会形势变了，统战策略也要随之变化。必须对不同社会政治力量进行周密研究，根据形势和不同社会政治力量的对比变化，采取不同的政策和策略，创新工作路径、方法手段，突出价值整合、利益整合、力量整合，在社会分化中实现新时代统一战线多元、多向、多层整合效果的提升。

坚持分众求同存异，在价值整合中汇聚力量。正如马克思所说：“随着每一次社会秩序的巨大历史变革，人们的观点和观念也会发生变革。”[①]多样化、差异化的思想观念中必须存在一致性，否则社会就有解体的风险。我们国家从夏朝开始就贯彻“导”的政治思想，这对于古代中国的统一融合起到了关键作用。中国共产党统一战线的核心理念也恰恰体现在价值整合上。所谓统战价值整合，是指统战主体在统战过程中通过教育、引导、互动，不断调适统战对象的价值观念，使之逐步接受并顺从社会主流价值观，进而形成社会价值共同体。作为政治联盟的统一战线视共同思想政治基础为核心和灵魂。统战对象往往是各个行业的代表人士，其思想对所在行业影响较大。他们对国家制度、社会发展、社会问题的认同会不同程度、不同形式地影响到我国主流意识形态。尤其是新媒体时代，多元社会思潮交织，借助开放性、隐匿性的网络平台传播，呈现复杂性、多样性特征。传播主体的非理性、广大受众的盲从性动摇了网民对主流意

① 《马克思恩格斯全集》第10卷，人民出版社1998年版，第253页。

识形态的认同。在价值整合中，要努力做到求同存异、求同尊异、求同化异三方面有机结合，对不同群体采取不同的统战方法，在分众引导中实现大众整合。所谓“求同存异”，就是无关大局的观点可存而不论；所谓“求同尊异”，就是有利事业的观点应积极鼓励；所谓“求同化异”，就是危害整体的观点务必旗帜鲜明地反对。通过“丈量”各阶层统战代表人士对国家意识形态认同的强弱距离，划分重点，分类统战。比如依法处置危害破坏社会稳定和国家安全的反动人士，重点引导时事政治、社会热点类人士，一般性引导教育、医疗等民生领域人士。要重视红色地带“意见领袖”“网络大V”“微博达人”等群体特殊价值的发挥，实施“间接统战”策略，利用其民间中性话语力量，搭建官方和民间舆论场的沟通桥梁，引导其在重大政治事件、突发事件中发出积极正面声音，建立和壮大线上、线下两个统一战线。

坚持分层照顾同盟者利益，在利益整合中凝聚人心。“把人和社会连接起来的唯一纽带是天然必然性，是需要和私人利益。”[①]所谓利益整合即是承认、照顾不同群体的利益并采取多种手段、途径对其加以衔接和组合，扩大利益主体之间的一致性，形成休戚相关的利益共同体。[②] 统一战线中的每一个成员都有着自己的特殊利益，如果不使统一战线成员合理利益与要求得到满足，统一战线就会面临破裂的风险。以人民为中心，照顾到每个阶层、每个群体的特殊利益，消极力量就会变成积极力量。然而，不同党派、民族、宗教、阶层、所有制，如何应对由于行业、职业、所处区域等不同而引发的不同社会群体间的矛盾，成为新时代统一战线需要攻克的重大现实问题。只有贯彻共享发展理念，将照顾同盟者利益的策略上升到共享发展层面，分层面照顾同盟者的物质利益、精神利益，才能更精准地推进社会公平正义。现实层面，要充分吸收社会各阶层代表人士参与政党、人大、政府、政协、人民团体、社会组织等各层面协商，了解清楚他们面临的不同层次的困难和诉求，真正把统一战线建设成社情民意表达的有效平台和组织。虚拟层面，要充分利用大数据平台，对不同群体的发展变化、利益需求和政治诉求等基本情况进行系统调研，分类归纳汇总，为分众扶持提供基本遵循。对表达普遍性利益诉求的统战对象，要根据各地实际，优化住房、教育、医疗、文化等重大民生公共决策，以期取得整体性统战效果。对面临特殊性困难和问题的统战对象，要寓思想引导于联谊交友、帮困解难之中，及时帮助解决不同层次统战对象工作生活中的困难和问题，使他们充分感受到党和政府的温暖，在解决实际问题中实现“间接无意识”式教育引导，进而争取他们现身说教，形成“二次统战效应”。对表露制度性政治诉求的统战对象，要改进协商民主，扩大政治参与，在充分沟通中表达利益、优化分配、凝聚人心。对故意挑弄是非的统战对象，绝不能拿原则当儿戏，为迎合少数人的私利而牺牲大多数人利益。只有分层照顾同盟者利益，才能更好地破解新时代社会主要矛盾，更好地凝聚最广大统战对象人心、汇聚最广大人民群众的力量。

---

① 《马克思恩格斯全集》第1卷，人民出版社1956年版，第439页。

② 参见张立进、王妮妮：《制度文明建设：推进新时代利益事例的根本途径》，载《榆林学院学报》2019年第1期。

坚持分类团结一切可以团结的力量，在力量整合中壮大联盟。人心向背、力量对比是决定党和人民事业成败的关键，是最大的政治。① 大团结、大联合这一统战工作本质要求聚焦的正是人心、力量问题。社会整合是当下中国执政党推进社会治理现代化的重要使命，社会组织、经济组织是转型时期中国社会整合的重要载体，具有塑造社会规范、化解社会矛盾、促进社会再组织化等功能。新时代不平衡不充分的社会矛盾引发社会分化，进而产生了形式各样的社会组织、经济组织，经济、公益、慈善类等鼓励型组织越来越多，宗教、社区类等管控型组织挑战性有所增强，统战工作市场化、社区化、社会化趋势明显。一方面，大量新的社会群体进入到社区、社团、非公企业，作为最大、最有力的整合主体，科层制的统战组织的社会整合能力下降；另一方面，社区、社团、非公企业具有很强的中间性，各类统战对象大多依托社区或社团而存在，新社会群体对其具有强烈的依赖性，从而成为新时代统战工作的重要阵地。如若不通过社区、社团、非公企业等社会组织、经济组织进行力量整合，单靠统战部门的“团结—批评—团结”凝聚人心、汇聚力量，就是新时代的“统战关门主义”。对适合社区统战的对象，要充分利用社区内机关、企事业单位和社会团体的场地、设施、人才等资源，运用结对共建、联手互助等形式，以资源共享提高统战效能。要坚持民主、自治原则，依托社区重构、整合组织网络，实现社区统战网络全覆盖，把各类统战成员组织起来，群策群力办好群众事，结合社区党建、精神文明建设、民主管理监督组织开展特色鲜明的活动，把统战工作渗透到社区工作的方方面面，通过社区化统战团结人心、凝聚力量。要充分利用政务服务窗口、社区服务中心主动为统战成员服务，把统战工作寓于社区服务之中，以真诚服务赢得广大统战成员的尊重、理解和支持。要发挥统战成员的优势和专长，充分调动他们的创造性、积极性，为他们参与社区建设创造条件和舞台，进而形成社区和统战成员“良性互动、相互服务”机制。对适合社团统战的对象，应加强各类社团统战职能建设，进一步发挥工青妇组织、商会协会类联谊组织的作用，将一批凝聚力强、影响力大的社会团体和组织打造成新时代统战工作新平台。借助同领域、同性质类别的新社会组织，与广大统战对象广泛联系、沟通交友，构建分类团结帮助、服务引导渠道，努力形成党、政、群、社团组织联动统战机制，开创新时代统战工作“大团结、大联合”的繁荣局面。

---

① 参见《习近平在中央统战工作会议上强调：巩固发展最广泛的爱国统一战线 为实现中国梦提供广泛力量支持》，载《人民日报》2015年5月21日。

论定向推送在舆论引导中的应用机制与路径选择

韩荣卿

（山东大学当代社会主义研究所博士研究生）

技术革命改变了人们的生产生活方式和交互方式，重塑了人类社会的各个层面。然而，互联网革命首先是一场传媒技术革命，信息传播和获取渠道的变迁也意味着舆论引导工作要紧跟时代发展步伐，满足新时期的宣传需求。习近平总书记在党的新闻舆论工作座谈会上强调了做好党的新闻舆论工作的重要性，提出要坚持正确方向，创新方法手段，切实提高党的新闻舆论传播力、引导力、影响力、公信力。① 当前，新媒体时代的到来以及舆论环境的复杂多元，使舆论引导工作正面临着新的技术条件、传播环境和更高更复杂的工作要求，急需在宣传形式和内容上进行深度调整和创新，不断提高党和国家舆论工作的引领力。

一、新媒体革命对舆论工作的挑战和要求

媒体革命意味着新的传播媒介正迅速接管传统媒介主导的舆论空间，其背后不仅仅是传播技术的变革，更是一场用户习惯重塑、传播内容再造、传播形式更新的传媒产业革命。在这样的背景下，舆论引导工作正面临着紧迫性的挑战，主要表现在以下几个方面：

1.网络普及亟须抢占舆论主阵地

诺依曼"沉默的螺旋"理论认为舆论的形成是大众传播、人际传播和人们对"意见环境"的认知心理三者相互作用的结果，社会生活中占压倒优势的"多数意见"形成了舆论，而公众舆论是个人可以感受到、感知到外部世界的意见气候。② 这一理论揭示了大众舆论引导的关键在于通过营造整体舆论环境氛围，塑造大众政治心理和政治行为。

---

① 参见《习近平：坚持正确方向创新方法手段，提高新闻舆论传播力引导力》，新华网，http://www.xinhuanet.com/politics/2016-02/19/c_1118102868.htm。

② 参见[德]诺尔・诺依曼：《沉默的螺旋：舆论——我们的社会皮肤》，董璐译，北京大学出版社2013年版。

自20世纪90年代中期我国接入互联网以来，经过20多年的发展，网络已经成为人们获取和传递信息的主要渠道，我国的互联网普及度已达到发达国家平均水平。截至2020年12月，我国网民规模达9.89亿，互联网总体普及率达70.4%，我国手机网民规模达9.86亿，网民使用手机上网的比例达99.7%。[①] 尤其是近年来，智能手机的普及和大量新媒体的涌现直接导致了传统媒体的迅速衰落，各互联网平台已成为最主要的舆论空间。

网络普及带来便利的同时，也制造出了更加复杂多元的信息空间，严肃媒体内容引导下的理性思考转而受到网络多元声音裹挟变成了集体无意识。然而多数网民的网络素养和信息鉴别力仍有待提升，尤其处于价值观养成时期的青少年群体身处纷繁复杂的网络环境中更是需要正确核心价值观的引导。互联网的广泛普及意味着过去传统媒体的受众已经完成了向新传播平台的过渡，主流声音不应该缺位而放任舆论空间出现真空地带，这就要求舆论工作必须顺应时代潮流，不局限于传统的传播方式，要在新的媒体平台上抢占舆论引导的主阵地。

2.多元声音亟须提升主流价值的引领力

过去的大众媒体时代，主流价值观在舆论空间中占据着绝对主导的地位。无论是报纸、杂志的纸媒时代，还是广播、电视的电媒时代，绝大多数媒体往往秉持着负责的传播态度，注重新闻质量和真实性，在编审的过程中进行信息筛选，往往会过滤掉那些观点极端、内容小众、质量较差的信息，这也就是库尔特·勒温提出的“守门人理论”。然而今天互联网的出现和发展带来的是“信息爆炸”时代，大量哗众取宠、标新立异和夸张虚假的内容利用人们天然的猎奇心理传播甚广，而严肃、负责且传递主流价值的消息往往因缺乏爆炸性的色彩而被淹没和忽略。

所以，互联网的普及和广泛应用带来了纷繁多元的声音，大众在享受互联网世界中丰富信息资讯的同时，每时每刻都在接受着碎片化、多元化的信息。尤其是在爆发重大事件时，主流声音和事实报道的缺位直接造成了多元网络空间的失控，甚至演变为舆情事件。正如尼葛洛庞帝所说的“在网络上，每个人都可以是一个没有执照的电视台”[②]，互联网时代每个人都有发言权，网民可能会针对新闻时事、娱乐事件以及事件当事人发表自己最直观、不假思索的想法，甚至会在其他网民激烈言论的带动下夸大其词。网民表达情绪看法时往往不需要认真考虑正确性和积极性，也很少会针对所关心的事件揭露事实从而促进问题的解决，更可能是为了在网络世界获得一定的存在感和关注度，通过哗众取宠的方式来慰藉自己在现实生活中遭受的不满。正因如此，多元而混乱的网络环境急需积极向上、具有正面引导作用的主流声音，面对重大舆论事件时，媒体平台能及时、快速、准确地发声和回应。

---

① 参见《第47次中国互联网络发展状况统计报告》，http://www.cac.gov.cn/2021-02/03/c_1613923423079314.htm。

② [美]尼古拉·尼葛洛庞帝：《数字化生存》，胡泳、范海燕译，电子工业出版社2017年版，第171页。

3.媒体革命亟须创新传播新形式

新媒体革命的爆发使传统传播方式都受到了新媒体平台直接的冲击和挑战，相较之下传统传播形式产生的引导宣传效果逐渐下降，大众接收和传播分享信息的方式也不再限于以往报纸、广播、电视等被动的传统渠道。当前网络信息传递的模式是根据用户的主动选择和网络习惯偏好等进行推送的，大众在网上可以主动选择更方便快捷、自己更喜欢的内容，使用的设备也更倾向于移动端智能手机，形式上更偏向通过网络视频、短视频等形式来了解时事，发表自己的想法。截至2020年12月，我国网络新闻用户和手机网络新闻用户规模分别达7.43亿和7.41亿，均占网民整体和手机网民整体的3/4以上。我国网络视频（含短视频）用户规模达9.27亿，占网民整体的93.7%，其中短视频用户规模为8.73亿，占网民整体的88.3%。①

党的十八大以来，党中央高度重视新闻舆论工作并提出了一系列具体的工作要求。党的十九大报告中再次强调要“牢牢掌握意识形态工作领导权……高度重视传播手段建设和创新”②。传统媒体时代已经近乎终结，大众接收和传播信息的方式在新媒体时代已经发生了巨大的转变，以互联网为平台的信息传播成为主流。所以，舆论工作的宣传形式必须紧跟时代发展步伐，转变新思维、培养新人才、应用新技术。

4.群体差异亟须增强宣传内容的针对性

不同社会群体的思想认识、价值观念、心理特征都存在着较大的差别，不同的受众群体日常面临和关切的问题各有不同，面对新闻舆论等事件有不同的思考和想法表达，如果忽略大众群体差异进行舆论引导和宣传，完全采用单一内容和方式进行统一宣传，舆论引导的工作将很难深入人心，这就要求宣传的内容因人而异，选择有针对性、合适的内容形式引导。

舆论引导的对象差异性既表现在年龄、性别、文化程度、所在地区等方面，也包括兴趣喜好和日常的网络行为习惯等。以未成年人群体为例，截至2019年我国未成年网民规模为1.75亿，未成年人的互联网普及率达到93.1%。③ 互联网对未成年人学习和生活的影响在不断增强，已成为他们最重要的学习工具、沟通桥梁和娱乐平台。面对这些正处于自我意识和理性判断提升时期的未成年人，互联网平台应该有针对性地提供形式新颖、对青少年有特定吸引力的新闻内容；教育程度不同、地域不同、城乡差别、家庭环境等因素决定了不同青少年群体在网络上内容需求不同，理解程度和关注的兴趣面也不同。所以，舆论引导工作要因人而异、因地制宜地进行，互联网平台可以在法律制度和道德规范允许的范围内尽可能地分析用户属性和特征，在尊重群体差

① 参见《第47次中国互联网络发展状况统计报告》，http://www.cac.gov.cn/2021-02/03/c_1613923423079314.htm。

② 习近平：《决胜全面建成小康社会　夺取新时代中国特色社会主义伟大胜利——在中国共产党第十九次全国代表大会上的报告》，人民出版社2017年版，第41、42页。

③ 参见共青团中央维护青少年权益部、中国互联网络信息中心：《2019年全国未成年人互联网使用情况研究报告》，http://www.cnnic.net.cn/hlwfzyj/hlwxzbg/qsnbg/202005/P020200513370410784435.pdf。

异的前提和不损害受众正当权益的基础上进行个性化内容推送和价值观的定向引导。

二、定向推送的运作机制及其应用优势

新媒体技术的发展催生了新的舆论宣传工具，不断增强传播的多样性和即时性。新媒体技术的发展一方面使对受众进行细化和精准的定向宣传成为可能，另一方面促使人们更大规模且更积极地参与到媒体活动中，不论是自上而下看媒体提供的内容还是自下而上看受众如何使用媒体，媒体环境都变得更加复杂。① 信息爆炸的时代，智能算法推送系统是解决信息过载问题的有效工具，使信息分发的效率和信息匹配的精准度都有了极大的提高，已成为搅动网络舆论生态变局的重要变量。

(一)定向推送的运作机制

定向推送系统在大数据技术的加持下形成了"输入—分析—输出"的运作链条，算法技术在媒体生产领域中执行的两个主要功能是充当"需求预测器"和"内容创建者"。② 定向推送系统在数据获取和输入的基础上进行提纯和分析，再根据用户所处的不同环境，利用存储在自定义数据库中所有的数据和各种推送方法，创造个性化的推荐内容输出给用户。③

数据的输入过程即收集用户的数据、掌握用户需求的过程。数据已替代石油成为当今世界最宝贵的资源④，当前几乎每个媒体平台软件都掌握着用户海量的个人信息数据，如用户性别、年龄、国籍、语言等人口统计学特征信息，历史浏览记录、兴趣倾向等上网行为信息以及用户社交关系信息等，根据用户网上所有信息和使用习惯分析形成特定用户的"数字画像"。正是通过这样的过程，在长期的用户数据获取和积累过程中，后台系统具备了"比本人更了解自己"的能力。

定向推送技术基于不断挖掘分析预测用户偏好和潜在需求进而决定生产输出的内容，通过不同的推送方法输出内容，完成整个推荐系统的运作。具体推送方法包括：(1)基于内容的推荐，根据用户自身历史行为推荐与其兴趣偏好类似的内容；(2)基于协同过滤的推荐，通过寻找与用户有相同趣味的用户，将相似用户喜欢的内容推荐给用户，用户间的相似偏好是由用户历史评分记录相似度计算得出的，这种方法被认为是最流行和最广泛实现的技术；(3)基于人口统计学的推送，根据用户性别、年龄、语言、国籍等信息进行定制推荐；(4)基于关联用户进行推荐，通过用户好友关系网的偏好进行内容推荐。以上每一种推送都有特定的功能划分，一种推荐方法的优势往往可

---

① Ralph Schroeder, "Towards a Theory of Digital Media," *Information, Communication & Society*, Vol.21, No.3, 2018, pp.323-339.

② Philip M. Napoli, "Automated Media: An Institutional Theory Perspective on Algorithmic Media Production and Consumption," *Communication Theory*, Vol.24, No.3, 2014, pp.340-360.

③ 参见[美]弗朗西斯科·里奇等编：《推荐系统：技术、评估及高效算法》，李艳民等译，机械工业出版社2015年版，第2页。

④ Levent Bozkurt, "The World's Most Valuable Resource," https://www.economist.com/leaders/2017/05/06/the-worlds-most-valuable-resource-is-no-longer-oil-but-data.

以弥补另一种方法的劣势，所以当前的推荐系统实际上是混合多种方法的推荐。[①]

定向推送技术在通过人工智能分析和过滤机制为用户提供专属信息服务的同时，还会实时捕捉平台持续涌入的用户网络行为及反馈等新数据，不断调整推送的内容。

（二）定向推送用于舆论引导的优势

定向推荐系统的运作就是实时收集用户偏好的同时进行个性化信息定制和推送，它是一种隐形的信息过滤机制，是由已经设定好的算法进行主导的高度自动化运作系统。算法是对实际问题所给出求解步骤的描述，是推荐系统的灵魂和个性化、智能化的基础，深刻影响着用户的体验。[②] 不同于搜索技术帮计算机系统被动地应答用户的查询，定向推送几乎不依赖于任何用户设置，整个过程是去中心化的，传统的编辑角色逐渐被算法技术替代，内容创建过程中人为角色正在从直接角色向间接角色迁移。[③] 传统的传播方式如报纸、电视、广播等更多地以人为主导进行决策，无法精准且广泛地基于受众的兴趣偏好和需求进行传播和推送内容。

定向推送技术提供的个性化信息服务具有高度专业化、智能化的技术模式，根据用户需求有目的、按时地将用户感兴趣的信息主动发送给用户。有研究表明，算法模型通过获取用户在社交媒体超过 65 次的点赞信息，就可以预测出用户的肤色、性格和政治倾向等，而获取超过 300 次的点赞信息便可以了解用户的潜意识，做到"比用户自身更了解用户"。这种针对特定用户主动的个性化推荐相较于传统的推送效率和精准度更高，推荐结果也更具多样性和针对性。相应地，算法技术也使网络中海量的数据资源变得更有价值，对网络信息资源进行高度整合分析，提高了原始信息资源的利用率，同时整合不断流入的新数据，自动更新数据库。

算法技术具有根据特定的标准不断进行调整、努力改善其性能的动态性质[④]，不论用户是否接受推荐或提供任何反馈，用户行为都可以存储在推荐数据库中并用于下次和系统相互作用时产生新的推荐，算法推荐系统中储存用户行为和反馈并进行再指导推荐的过程反映了算法技术的复用性，即可被移植和再利用性。[⑤]

三、定向推送技术用于舆论引导的具体案例

定向推送技术用于舆论引导在国内的新闻媒体、社交媒体等平台上有着广泛应用，而在国外的应用突出表现在竞选宣传等选举活动中，该技术的出现深刻改变了新闻传播和政治传播的样态。正如尼尔・波兹曼（Neil Postman）曾指出的："技术变化

---

① R. Burke, " Hybrid Web Recommender Systems," *The Adaptive Web*, Vol.4321, 2007, pp.377-408.https://doi.org/10.1007/978-3-540-72079-9_12.

② 参见詹盈：《算法与数据中台：基于 Google、Facebook 与微博实践》，电子工业出版社 2020 年版，第 245 页。

③ Philip M. Napoli,"Automated Media: An Institutional Theory Perspective on Algorithmic Media Production and Consumption,"*Communication Theory*, Vol.24, No.3, 2014, pp.340-360.

④ Philip M. Napoli,"Automated Media: An Institutional Theory Perspective on Algorithmic Media Production and Consumption,"*Communication Theory*, Vol.24, No.3, 2014, pp.340-360.

⑤ 参见江世宏：《算法与数据结构》，科学出版社 2016 年版，第 46～48 页。

不是附加的；它是生态学的。一种新媒介不是增加了什么，而是改变了一切。”①

1.定向推送在新闻媒体中的应用

定向推送技术目前已经成为新闻网站、新闻客户端的标配，该技术可以应用在新闻信息生成的整个过程中，如采集、生产、分发和反馈等。网络平台上的各种热点搜索、推荐、趋势话题等产品在大数据的客观维度和算法技术支撑下精准、快速地呈现着。我国新闻媒体平台顺应时代发展潮流进行着改革和创新发展，传统媒体传播平台进行了改革发展，如人民日报的短视频客户端“人民日报＋”、新华社的“新华社客户端”平台，以算法技术为支撑的新兴新闻媒体平台、社交平台如“今日头条”、抖音等也发展得非常迅猛。

新华社2014年打造的“新华社客户端”平台是媒体融合成为国家战略后首家上线的主流媒体新闻客户端，全天候第一时间发布权威、原创的新闻资讯，将新闻的权威性和资讯的丰富性进行了有机结合，实现传统媒体平台的战略转型，也推动了传统媒体和新兴媒体融合发展。新华社联合搜狗公司于2008年和2020年相继推出全球首个AI合成主播和全球首个3D版AI合成主播，在算法驱动下基于文本输入即可生成逼真度极高的3D数字人视频内容。

“今日头条”平台作为一个通用信息平台致力于连接人与信息，让优质丰富的信息得到高效精准的分发。该平台拥有推荐引擎、搜索引擎、关注订阅等多种分发方式，囊括图文、视频、直播等丰富的内容体裁，涵盖超过100个内容领域。在利用算法推送技术创造信息价值的同时，还密切关注内容质量，创立了全天候实时的内容审核中心，旨在第一时间遏制和清除不良信息，维护健康网络生态。2018年推出的国内首款反低俗小程序“灵犬”运用人工智能算法技术对低俗内容进行鉴定和审核，能在几秒钟的时间内对信息内容进行提取分析和语义识别，通过算法规则输出对应的分数、评级和结论，目前该程序对低俗内容的识别准确度已提高至82％。

2.定向推送在社交媒体中的应用

微信作为当前人们日常生活必不可少的社交软件，已成为融合通信、社交、资讯、记录表达为一体的综合平台，也使手机移动终端发展为全新的传播介质和社交结点②，其内容分发也在社交分发的基础上引入了算法分发。例如，微信公众号文章展示顺序改变了单纯的时间排序，通过算法技术进行优化排序；公众号信息流也会给用户推荐可能喜欢的公众号和与兴趣主题相关的文章；新推出的视频号版块引入了基于算法计算得出的“热门”标签；“看一看”版块推出了基于算法推荐的“精选”内容等。

“抖音”是“字节跳动”旗下2016年上线的一款创意短视频社交软件，截至2020年1月，日活跃用户超过4亿，日均视频播放量过亿，该平台基于算法推荐技术对视频作品进行个性化推荐，其推荐系统为评估推送内容和用户的匹配度设置了一个用户对内

---

① Neil Postman, “Science and the Story that We Need,” *First Things*, No.69, 1997, p.29.

② 参见陈燕：《重大事件中微信传播的舆论引导》，载《新闻界》2014年第13期。

容满意度的函数，包含用户特征、信息内容、环境特征三个维度的变量。该平台针对未成年人推出了“向日葵计划”，从内容审核、产品、运营等多维度出发保护未成年的权益，同时升级了针对未成年人的内容运营推荐功能，对知识科普、传统文化等方面的内容进行加权推荐。

脸书公司基于算法计算形成的热门话题推送，还为用户提供个性化的信息推送。该平台希望为用户提供更多价值，为广告吸引更多关注力而不断进化其算法技术，其信息流分发的算法技术经历了边际排名算法、机器学习与算法更新、协同过滤机制以及“3F 原则”(Friends and Family First)几个阶段的发展。[①]

3.定向推送在西方选举中的应用

近年来西方的竞选宣传集中体现了算法媒体技术的综合性应用。在英美国家政治选举中，竞选团队通过算法技术搜集用户数据，分析用户性格特征和政治态度，在社交平台针对不同细分人群定向投放政治广告来影响选民政治心理和政治行为，从而干预选举结果。许多竞选者运用算法技术推送利于自己形象的话题以赢取更多政治关注，恶意推送竞争对手的负面消息甚至包括虚假新闻、恶意仇恨言论等来打压竞争对手，塑造有利竞选环境。

2012 年美国大选中，奥巴马的数据分析团队首先全面汇总选民数据形成了新数据整合系统，该系统能有效发现选民，收集选民关注，还能进行模拟实验预测何种选民类型最可能被哪些拉票手段说服。奥巴马团队在整合分析数据过程中发现不同类型的支持者具有不同的特征聚类，利用不同的特征倾向更容易说服选民慷慨赞助竞选活动。投票前夕，奥巴马团队强化区别拉票的理念，认为投票动员的渠道和接触方式不能千篇一律，应该灵活应对不同类型的选民。[②]

2016 年英国脱欧投票中，脱欧派雇请了“剑桥分析”(Cambridge Analytica)和“聚合智囊”(Aggregate IQ)于投票前在英国投放了超过 10 亿次以上的算法定向广告。民众生活中的教育、就业、医疗、动物权利、环境保护等几乎所有方面都被用来同脱欧联系起来，营造类似“欧盟导致英国人失去了对英国的控制”的舆论环境。最终脱欧者以微弱优势胜出，算法推送的政治广告被广泛认为是重大影响因素。

2016 年的美国大选更可以说演变为数据大战，共和党和民主党都雇请了数据分析公司，进行民意调查和定向宣传选举策略等工作，运用算法技术定向干预特定的选民尤其是摇摆州的选民。受雇于特朗普团队的“剑桥分析”数据公司在未经授权的情况下，不受限制地收集了超过 8700 万名脸书用户的个人数据，在此基础上测量用户的性格和心理偏好、挖掘其政治倾向，之后在社交平台上精准对其投放政治广告，这些最终随着脸书公司“数据门”事件被曝光。2020 年美国总统大选中特朗普团队雇请了数据公司“Phunware”，该公司很多高管曾效力“剑桥分析”。该公司进行广告服务时，通

① 参见方师师:《算法机制背后的新闻价值观——围绕“Facebook 偏见门”事件的研究》，载《新闻记者》2016 年第 9 期。

② 参见董青岭:《大数据与机器学习:复杂社会的政治分析》，时事出版社 2018 年版，第 44 页。

过接入不同的网站每月能从10亿台活跃的移动设备中收集到用户的位置数据，这就免去了收集购买数据的过程。公司专门打造了“特朗普2020”程序用于发布特朗普竞选信息并嵌入了位置追踪的功能，用户即便不打开软件也会被获取大量信息。系统会筛选出可能支持拜登的用户，在其打开手机时便从各个平台自动推送关于拜登的负面信息。在信息广告和假新闻的不断轰炸和影响下，用户的政治倾向会潜移默化地发生逆转。

总之，政治宣传领域的数字变革在西方早已开始，伴随着社会生活网络化和数据化的进一步融合，现代政治选举日益演变为一场基于多源数据和复杂算法的新式权力对决。①

四、新媒体时代推进算法技术引导舆论的路径选择

在舆论工作中应用算法推送技术，仍然需要科学合理的路径规划和设计。具体来说，要坚持社会主义核心价值观的引领，探索能够满足不同用户个性化信息需求的形式和内容，同时注重用户信息安全和隐私保护，还要加强算法技术相关法律规范及把关审核制度的建设。

1.增强算法推送技术的价值引领力

算法推送存在的局限性是让受众视野变得更加自我局限，也会让用户对既有观点自我强化，将每个人锁定在自己偏好构成的信息茧房中，而阻碍了社会共识的形成和共同价值的构建。所以，在舆论引导中运用算法技术推送信息时，不能仅由算法自动判断，而是要主动进行价值选择，推送的内容要考虑用户偏好，但不能一味迎合偏好，而是要突出核心价值观的主动引领，要确保引导的政治方向、价值取向和舆论导向，不断加强主流价值在算法推送技术应用中的引领力，完善坚持正确导向的舆论引导工作机制。2016年，习近平总书记在党的新闻舆论工作座谈会上的讲话中明确强调：“牢牢坚持正确舆论导向。……要坚持以正确舆论引导人……讲导向，这是最重要、最根本的导向。”②舆论引导时要坚持正面宣传为主，在先进技术支撑下以内容建设为根本进行创新和管理，构建线上和线下宣传引导联动的主流舆论格局。

算法也是一种价值表达，技术也蕴含着价值属性，依靠算法技术被优先呈现的资讯视频等内容反映用户偏好的同时也反映着媒体平台和工作者的价值选择和利益诉求表达。③ 主流媒体平台要充分发挥好主阵地作用，保持定力，扩大主流价值的影响力和引导力。同时，各平台也需要增强大局意识，不断强化宣传主体责任，尽职尽责为党和人民事业服务，合理、正确地运用好算法技术，为技术力量注入正向的价值关怀。

新媒体平台中算法推送技术在生成、运用和审核等各个阶段都应该体现社会主义核心价值的引领和规范作用，通过正向价值观的引导尽可能地降低或去除算法技术自

---

① 参见董青岭：《大数据与机器学习：复杂社会的政治分析》，时事出版社2018年版，第41页。

② 《习近平关于总体国家安全观论述摘编》，中央文献出版社2018年版，第121页。

③ 参见人民日报评论部：《用主流价值纾解“算法焦虑”》，载《人民日报》2018年6月20日。

身可能带来的负面影响。首先，在算法编制的初期，要加强对技术工作者的价值观培育，在算法编制中增加主流价值观相关信息的呈现权重和顺序的优化。其次，在算法推送过程中包括数据的收集、分析、个性化输出、审核及与用户反馈互动等整个过程中也应体现出客观真实、积极向上的价值取向，设定不同用户群体的使用模式，如儿童或青少年模式、时长限定模式等，最大程度上从多维度保护用户权益。此外，在推送审核过程中要对信息内容进行实时鉴定和审核，尤其针对内容空虚、夸张标题、虚假低俗内容进行屏蔽或淘汰处理，强化健康积极、正向信息的推荐权重。

2.提升定向推送内容的引导效力

舆论宣传和引导工作能否落到实处要看是否迎合内容受众的习惯，是否被绝大部分人接受，只有用户真正愿意浏览和观看的内容才能起到宣传引导的作用。做好新闻宣传工作的根本要求是必须坚持以人为本，增强新闻报道的亲和力、吸引力、感染力。[①] 算法技术应用于舆论引导工作时要注重所推送信息的形式和内容贴近人民群众，从用户的角度出发才能更好地发挥算法技术的价值，不断提升舆论引导的效力。

首先，舆论引导要想做到以理服人，要先拉近距离做到以情动人。算法推送技术的关键优势在于可以分析每个用户的用网习惯和兴趣点，提供贴合个体兴趣习惯的多元形式。随着5G时代的来临，短视频规模将大幅度提升，未来的新闻表达和传播中短视频会成为主要载体。[②] 新媒体平台的短视频、短消息、短播报这种简短有力、高效轻松且可以快速知晓结果的形式更容易吸引用户注意力，也更适合大部分网民的网络行为习惯。近几年抖音短视频的飞速崛起及其国外市场的开拓，就是迎合了用户的习惯，采取简短的视频形式供用户在网络平台上分享自己的生活。

其次，在宣传引导的内容上要提升趣味性，正确运用算法技术分析了解用户的阅读习惯和偏好，增加切合不同用户角度的推送内容，在正确的价值导向上推送用户喜闻乐见的内容。推送时要注重宣传内容的亲和力，提供具有感召力、直观易读、带有知识性的内容，从而提升传播的感召力和引导效果。同时，主流媒体的话语体系要保持更新，保持与人民群众的话语体系和国际话语体系的相对一致性，保证所要宣传引导的话语是人民群众都能听得懂的内容。

最后，各媒体平台要平衡好新闻报道的真实性和时效性，舆论引导的信服力来自其真实度，专业媒体具有公信力的前提就是要呈现事件的真实性和完整性，而深度报道和系列报道是还原真相的重要手段。[③] 深度的系列报道可以最大程度上还原所报道事实的真相，帮助大众了解事实真相，逐步还原事件的本来面貌，同时避免个别报道中因工作人员的主观性或个人偏重的角度以及抢占时效等因素而影响事件的真实性，进而导致大众片面化理解和扭曲传播的现象。各平台不应该为了抢占首发先机、抢时

---

① 参见胡锦涛：《在人民日报社考察工作时的讲话》，载《人民日报》2008年6月21日。

② 参见张超群：《短视频生产进入智能时代！新华社推首个MAGIC短视频智能生产平台》，新华网，http://m.xinhuanet.com/2018-12/27/c_1123915805.htm。

③ 参见李洁：《新媒介环境下的新闻真实与民粹主义》，载《视听》2019年第4期。

效过急地进行片面报道或选择性呈现而忽视事件的真实度和完整度，要由网络和新闻管理部门对发布虚假夸大消息的主体进行追责。各平台进行舆论引导时也要通过对报道的有机运作，确保时效性的同时进行深度挖掘和循环往复报道来确保事件的真实性，以此来保障舆论引导的效力和大众信服力。

3.推进算法技术应用的制度规范

算法本身是没有偏见和主观性的，编写操作算法的主体掌握着算法媒体平台呈现的内容和信息，对算法技术的治理和规范以及算法媒体技术主体的责任意识和职业道德的提升等是算法技术在应用中绝不能忽视的重要问题。

首先，政府主管部门需要顺应时势，面对算法推送技术的广泛应用改进和创新正面宣传，建设完善舆论监督制度，健全重大舆情和突发事件舆论引导机制，落实互联网企业信息管理主体责任，全面提高网络治理能力，建立健全网络综合治理体系。[①] 政府需要尽快完善关于算法推送技术的社会责任和使用边界等相关法规体系和公民隐私保护制度，相关部门积极履行监管责任，对算法技术的应用有提前的预判和及时的处理机制。需要注意的是，政府出台相关的法律制度并不是要限制技术的发展和应用，而是针对掌握和应用技术的人规范其行为，确保算法技术等新技术的发展和运用，政府或相关机构可增加政策或资金技术的支持、鼓励引导或进行商业合作。例如，针对新兴起的网络媒体平台、网络视频平台的首页或广告板块进行政策或资金扶持，规定平台上公益广告、政策宣传等正能量内容推送的权重比，以及与商业广告相比的播放时长比例；通过算法技术分析针对不同平台的用户群体和兴趣习惯推送符合用户兴趣点的正能量广告；播放的内容除一般公益广告外，可结合时事宣传当下出现的正能量人物或事迹，或在我国法定节日、重大纪念日之际普及节日内涵和历史文化知识，弘扬优秀传统文化，用好新技术增强历史和文化自信。

其次，完善媒体把关人制度，在主流媒体和新兴的推送平台层面强化智能算法平台主体的责任，注重信息内容的把关和审核。在应对新媒体时代海量信息数据的搜集需要时，传统媒体的把关模式需要在原有的人工把关模式的基础上进行重构，引进和完善以大数据为支撑的算法把关模式，建立更有效且符合传统媒体自身实际发展的把关机制。负责推送的主体平台和审查者要坚持算法伦理道德，坚守底线，具有运用先进算法技术的相应素质。推送信息时在做到及时、高效宣传回应的同时，能正确、合法地使用算法技术，不进行侵犯接收信息公众利益、权利等的违法违规操作，不过多收集用户的个人信息数据和隐私。

此外，用制度规范强化媒体平台的社会责任意识和担当意识。媒体优势的核心是人才优势，新闻舆论工作者要提高业务能力，要察实情，动真情，推出有思想、有温度、

---

① 参见《中共中央关于坚持和完善中国特色社会主义制度 推进国家治理体系和治理能力现代化若干重大问题的决定》，http://www.gov.cn/zhengce/2019-11/05/content_5449023.htm。

有品质的作品。[①] 各媒体平台和职业新闻人要不断提升自身专业水平，恪守新闻人的信念和职责，在运用算法技术和大数据搜集用户偏好并进行精准推送的同时，不能只顾及商业利益，也要关注用户偏好的倾向和趋势，做有温度的媒体人。遇到个别用户偏好处于偏激或极度压抑等负面情绪状态时，要重点关注分析并推送相关积极内容进行疏导，如果一味地借助技术力量完全迎合用户需求，只根据用户搜索方向和关注度而推送更多相关的资讯，可能会更进一步加剧部分极端用户不同寻常的心理和行为倾向，例如暴力倾向、抑郁自杀等倾向。

综上所述，在信息技术不断发展的新媒体时代，舆论引导工作要在主流价值和正确方向的引领下，在恰当的政策规范和要求下，紧跟技术发展的步伐和时代前进的脉搏，唯有如此，舆论工作才能够不断推陈出新、深入人心。

① 参见《习近平：坚持正确方向创新方法手段　提高新闻舆论传播力引导力》，新华网，http://www.xinhuanet.com/politics/2016-02/19/c_1118102868.htm。

共产党和工人党国际会议的时代意义和挑战

孙子怡

（中国人民大学国际关系学院博士研究生）

一、问题的提出

苏东剧变和冷战的结束推动了新自由主义意识形态在西方资本主义国家的影响，资本主义经济全球化又大规模地发展起来，西方资本主义国家迎来了资本积累和财富增值的有利时机。而在资本主义全球扩张过程中，却引起了两个方面的变化：一是资本主义发生了标志性的结构性变化，即进入国际垄断资本主义的历史阶段；二是西方国家的民众在此过程中付出了代价，不平等现象加剧，反抗活动愈演愈烈。以反对资本主义、构建社会主义为目标的西方国家的共产党和工人党加强了彼此联系和交流，建立的共产党和工人党国际会议（简称“国际会议”）即是回应的例证。

“国际会议”正式成立于1999年，是在希腊共产党的主持和倡议下而召开的大型共产党人集会。自苏联解体以来，该会议已经成为一个年度持续性对话论坛，为世界各共产党工人党进行联系和沟通的客观要求服务。与第一国际、共产国际和欧洲共产党情报局那种以建立集中制的国际组织形式为依托加强国际联合的模式显著不同，这种新型国际联合模式是非正式的、自由松散的会议讨论机制，适应了当前国际政治环境的总体特征。与会政党畅所欲言，集思广益，就共同关注问题形成承诺式的联合，对世界社会主义运动作出了一定贡献，但也存在许多制约性因素。未来，其发展既取决于与会政党究竟能有多大能力实现之前设定的远大目标和具体任务，也取决于“国际会议”是否能够采用新的组织和工作方式，提出恰当的对策方案来应对诸多挑战。①

---

① “21-IMCWP-Contribution-of-Hungarian-WP”, http://www.solidnet.org/article/21-IMCWP-Contribution-of-Hungarian-WP/.

二、共产党和工人党国际会议的时代意义

1.激活了传统社会主义因素

马克思主义设计社会主义取代资本主义的最大意义就在于，在新社会中每个人都应该且能够获得自由全面的发展。“国际会议”的议题设计从客观上确认了传统社会主义的价值目标。与会政党的讨论主题和主要诉求虽不完全相同，但也都强调了一个核心共同点，即权利(个人或国家)，推动人们认真思考如何构建一个能够使人民全方位获得平等发展权利的新社会主义道路。苏联模式的问题在于，它先建立起社会主义制度，却没有先进的生产力与之相匹配，从而导致社会主义公有制属性名不副实。虽然资本主义国家的生产力发展水平较高，但是个人的各项权利也没有得到全面保障。受到侵略的国家反对战争，要求和平；经济不发达的民族国家反对霸权主义，要求平等、自由和民主，维护国家主权完整；工人要求保障就业、工资、社会福利和民主自治的权利；生态保护者要求保护自然生态环境，实现人与自然和谐共处；女权主义者要求消除性别歧视，保障就业平等权；青年要求自由个性的生活方式不受干扰的权利；等等。所有这些权利诉求实际上揭示了西方国家形式上的平等自由权依然没有得到实际保障，而这些权利又需要国家以法律形式给予承认和保障。西方国家出现的民众抗议活动及各种社会运动早已不是传统意义上的阶级运动，不是通过变革资本主义政治秩序实现各项权利，而是抵抗政府在就业、医疗、社会福利、生态和性别平等方面的失败表现，确保各项合法权利得以落实或进而推动生产资料私有制的革新。他们的目标就要争取全面平等的个人权利，吻合了传统社会主义公有制的社会理念。当个人权利诉求覆盖到全社会各领域，就必然要求资本主义私有性作出相应改变。只有当个人各项权利真正实现平等化、公平化，公有制属性才能真正落实到位。事实上，个人各项权利的保障落实最终要依靠资本主义生产方式的变革。“国际会议”的贡献之一就是通过各政党的主要诉求，重新维护和捍卫了马克思主义的社会主义价值理念和目标。以往工人阶级反对资产阶级的运动中，核心主题是所有制。工人阶级和资产阶级之间的矛盾被圈定在所有制范围内，即公有制和私有制。而当公有制以苏联模式实现时，公民作为个体真正参与国家管理的政治、社会权利却被忽视了。当与会政党把各项平等权利提高到人类发展理念的首位时，现存的资本主义生产方式、意识形态及其价值理念就遭到质疑。“国际会议”的核心诉求激活了传统社会主义的价值因素，使个人发展理念与传统社会主义理念发生对接，重新确认了社会主义和共产主义的时代意义，并将其置于人类未来社会发展目标的位置，进而对西方民众内心坚守的原有社会价值理念的排序给予重新洗牌。

2.有利于各党独立自主探索发展道路

各党不同意再重复历史上“一条道路、一种模式、一个中心、一个阶段”[①]的联合模

① 肖枫：《“国际联合”还是“成功实证”？——论世界社会主义运动的前景》，载《当代世界社会主义问题》2013年第3期。

式，希望能够建立一个“旨在交换意见和交流经验的新国际”①。“国际会议”就是新时代各党加强国际联合的一种新形式，符合世界社会主义运动多样化和多元化特征的趋势。与国际共产主义运动史上的第一国际、共产国际和欧洲共产党情报局相比，这种会议联合模式所拥有的比较优势使其获得了各国政党的积极支持与参与，是世界社会主义力量联合的一大进步。第一，各党会晤的形式灵活，实际上类似第二国际，没有常设机构和领导者，只是定期召开会议，聚焦世界社会主义运动中一些重要问题进行自由探讨与交流，就共同关注的问题发表声明、宣言和决议。这些文件对各党没有约束力，各党独立自主决定本党事务，不受会议干扰。大部分政党在会议讨论中通过不断交流，思想视野有所开阔。他们在分析当前资本主义发展形势的基础上更加坚定了社会主义的理想目标，认为苏联模式的失败并不意味着社会主义制度本身的失败，社会主义道路并非只有一种模式，各党需要根据历史进程探索新的道路。与上述组织相比，“国际会议”提供了一个可供发达国家和发展中国家政党平等对话、交流协商的机制平台，它的时代性意义就体现在这一方面。第二，会议寻求组织和情感上的维系，强调加强各党的横向联系与团结。与共产国际那样高度集中的国际组织相比，“国际会议”与会政党不论规模、实力大小，一律在平等自愿的基础上，互相尊重，自由交流，共同协商，必要时协调部分行动。这为各国政党跟踪了解其他政党动态、掌握其政党及其国家发生的情况变化，凝聚共识、积聚力量提供了非常便利的条件。如邓小平同志所说：“任何大党、中党、小党，都要相互尊重对方的选择和经验，对别的党、别的国家的事情不应该随便指手划脚。对执政党是这样，对没有执政的党也应该是这样。……我们反对‘老子党’，这一点我们是反对得对了。我们也不赞成有什么‘中心’。”②第三，会议充分践行了党际之间的民主精神，就共识问题采取力所能及的联合。会议所倡导的畅所欲言、集思广益的民主氛围使各党积极分享自身治党经验与教训，自由发表本党立场与观点，就互相关心的问题展开讨论，就某些问题达成一致共识，必要时采取一些类似节日庆祝等形式的活动。对于会议中出现的不同意见，各党之间也只是讨论、交流和磋商，并没有出现强迫不同意见的政党服从某一有影响力的政党、围而攻之的极端情况。土耳其共产党就认为尽管会议没有约束力，但是也没有必要建立国际共产主义中心，各方互相倾听，按照自己的方式行事，相似立场的政党可以协作甚至做更多的事情，这才是正确的态度。③

3.促进各党成长，扩大生存空间

国际联合的内容决定了国际联合的形式，形式又反过来影响国际联合的内容。这是马克思主义唯物辩证法的一条法则。历史经验证明，社会主义政党的国际联合形式要随着时代条件的发展变化而作出调整，以适应世界社会主义运动的发展。第一国

---

① [南]弗拉基米尔·杰吉耶尔：《铁托传》下册，叶周等译，生活·读书·新知三联书店1977年版，第88页。

② 《邓小平文选》第3卷，人民出版社1993年版，第236、237页。

③ “World communist movement and TKP”，http://news.sol.org.tr/world-communist-movement-and-tkp-175530.

际、第二国际和共产国际、欧洲共产党情报局的存在与发展说明，在当时能够适应时代环境，后来又退出历史舞台也是因为不能适应变化了的世界形势。苏东剧变以来，"国际会议"正发展成为能够占据左翼政治空间的新政治力量，挑战了共产主义作为一种重要政治潮流已经消亡的传统观念，而且表现出相当大的发展弹性。① 第一，它直接增强和巩固了各国共产党之间的联系与沟通，在利益一致的问题上展开活动，协调团结行动。② 特别是经济危机发生后，国际垄断资产阶级为转移危机，变本加厉地在全球范围内对工人以及劳动群众进行剥削和进攻。相对于国际垄断资产阶级的联合进攻而言，西方共产党、工会和工人阶级之间缺乏过去总体上能够相互支持与紧密合作的关系，彼此之间缺乏相应沟通与交往，甚至还存在矛盾。③ 经济危机的发生印证了世界各国经济联系的紧密性以及全球经济一体化的深度发展。在一个日益相互依赖的世界中，强调开展有效的国际联合应对全球化带来的政治、社会和生态方面的诸多挑战也变得很重要。各国政党虽对共产国际这样高度集中的国际组织还心有余悸，但是像"国际会议"这样非结构性论坛形成自由讨论的氛围，尽可能促成合作的方式还是很受各国政党重视。这种合作模式具有稳定性和持续性，拉近了一大批共产主义政党的心理距离，确保了交流经验的空间，使各党团结在一起，有利于推动兄弟般的国际主义合作。④ 西班牙人民共产党非常重视参加这个论坛，认为它给为社会主义事业而战的各党提供了良好平台，帮助各党了解其他兄弟党的政治立场，汲取其他政党的治党经验和教训，而不至于脱离马克思列宁主义原则。⑤ 该党希望建立像葡萄牙共产党或希腊共产党那种富有革命性和斗争性政党的思想转变显然也是受到"国际会议"的影响。⑥ 第二，"国际会议"为一些困境中的共产党拓展了活动空间。绝大多数共产党作为非执政党在本国政治舞台上处于边缘化的地位，难以与执政党相抗衡，其主张和政策很难影响和进入本国政府的决策。新一代年轻人因时代环境和本国政治生态对社会主义信念并不强烈，作为资产阶级喉舌的媒体报道和互联网资讯也本能地倾向主流政治，导致一些社会主义思想进入本国政治生活的途径在很大程度上被拦截，从而处于被边缘化甚至被隐藏、不被提及的状态，这使年轻人难以接收到关于社会主义和共产主义以及左翼政治活动的信息。与会政党通过参加"国际会议"，强化了自身的政治存在，交流了发展出路，在思想辩论中得到了锻炼，从而有利于提高理论水平，改善工

---

① Kate Hudson, *The New European Left: A Socialism for the Twenty-First Century*, London Palgrave Macmillan, 2012, p.29.

② 参见肖枫：《社会主义：转折与创新》，当代世界出版社 2004 年版，第 11 页。

③ 参见姜辉：《21 世纪世界社会主义的新特点》，社会科学文献出版社 2016 年版，第 30 页。

④ "Portuguese Communist Party", http://www.solidnet.org/article/d7708716-e2c9-11e8-a7f8-42723ed76c54/.

⑤ "Contribution from PCPE to the 16th International Meeting of Communist and Workers' Parties", http://international.pcpe.es/index.php/component/k2/item/35-contribution-from-pcpe-to-the-16th-international-meeting-of-communist-and-workers-parties.html.

⑥ 参见于海青：《重新转向列宁主义——西班牙共产党第二十次全国代表大会及其重大变化与影响》，载《世界社会主义研究》2018 年第 4 期。

作方式，更好地指导本党政治活动。第三，定期出版《国际共产主义评论》以及维护团结网的信息更新，可以让更多人关注马克思列宁主义，及时了解各共产党的理论政策、实践活动，为各国政党进一步发展拓宽渠道，为世界左翼力量发展提供机会。一个较为明显的优势是与会政党聚集起来，不断为社会主义发声，在国际上获得了情感、舆论和物质方面的同情、理解和支持，甚至还可以为该党提高国内政治影响力提供支持。

4.正成长为有世界影响力的联合模式

从1998年首次召开雅典会议，到2019年举办伊兹密尔会议，“国际会议”已经成为当今世界参与政党最多、规模最大、辐射范围最广、发展前景较好的国际性会议机制，开辟了共产主义政党国际合作的新空间。从参会政党看，最少时参会政党不到50个，最多时参会政党达到100多个。“国际会议”从最初主要是欧洲政党参加扩张到全球范围，开始有意识地主动加强与其他各大洲、各国政党的联系，致力于发展和团结全球范围内的共产主义政党进入会议中。从第八届“国际会议”开始，会议主办地突破了欧洲的局限，截至2019年，“国际会议”已经在亚洲、美洲顺利召开。从结构上看，除了扩大其参与成员数量和世界影响力以外，“国际会议”在组织上也逐渐完善。2004年，增设类似秘书处的协调机构“工作组”，目的是使会议筹备过程变得更加规范，更好地协调会议召开的前期准备工作，进而提高会议的工作效率。[①] 2009年，正式发行《国际共产主义评论》刊物，目的是尽可能让所有共产党以及对社会主义感兴趣的人士及时了解会议情况、各党理论政策和政治实践。

从历届会议的中心议题看，“国际会议”主要对国际共产主义运动重大问题以及各党普遍关心的问题给予及时关注和讨论，并通过发表有关宣言或声明来表达对其所关注议题的立场和态度。由于参会的绝大多数政党都是资本主义制度框架内的非执政党，所关注的议题从国际形势、资本主义危机、全球化、共产党转型等问题逐渐转向了集中探讨社会主义政策主张等一系列问题。除了讨论核心议题外，会议还将其目光投向国际热点，对全球性重大问题和事件也给予极大关注。例如，战争、气候和能源等问题在历届“国际会议”中都有迹可循。部分政党也会把会议中的理论观点运用到具体的政治实践中，从而更加重视“国际会议”的作用。比如，会议一致坚持反对新帝国主义，谴责资本主义侵略行为，支持各国人民的反压迫斗争，在推动地区和平发展方面起到一定积极作用。

从实际效果来看，“国际会议”是各党相互理解、拓宽理论视野、丰富自我的独特平台。自欧洲共产党情报局解散后，世界共产党一直都没有进行大范围的国际联系，各国共产党为了生存和发展也都在理论和策略上作出了大调整，这使原本渐行渐远的各党在关于社会主义历史和理论问题的信息沟通和思想交流方面存在很多误解、歪曲等问题。这些问题在“国际会议”争议和分歧较大的议题中暴露得非常彻底，比如，如何定义新帝国主义，俄罗斯和中国是新帝国主义力量还是反新帝国主义力量，如何看待

① 参见王喜满等:《共产党和工人党国际会议综述》,载《当代世界社会主义问题》2020年第1期。

中国特色社会主义市场经济，各国共产党是否应该制定统一的斗争策略，等等。总之，它打破了各国共产党之间的孤立状态，恢复了联系，扩大了理论视野，增长了见识，对加强交流和借鉴起了积极作用。各党在这个平台上不仅能听取欧洲地区共产党的意见，还能倾听来自亚洲、非洲和美洲共产党工人党的观点，至少起到了抛砖引玉的作用，并根据自身具体情况有选择地吸收借鉴以运用到国内政治实践中，在实践中检验其有效性，从而在一定程度上避免因思维局限性而导致“一叶障目，不见泰山”的现象。

三、共产党和工人党国际会议面临的挑战

1.会议机制弊端明显

第一，运行机制效率低，凝聚力降低。根据“国际会议”议事规则，只有参会政党对会议议题达成了共同协定，才有可能形成本次会议的宣言、声明或新闻公报。这种会议机制以少数服从多数的方式来决定，只能由赞同某一观点的政党自行组合发表相关文件，制约了“国际会议”的工作效力和认可度。在第十五届“国际会议”的公开分歧中，以希腊共产党为代表的一些政党和以葡萄牙共产党为代表的一些政党在有些问题上难以达成共识，最终导致发布两份《联合公报》。匈牙利工人党对发表两份联合公报表示不满，认为“各党都有自己的文件，只需要给新闻界发表一份公报就够了，也不建议每年都写一份新的宣言或决议”①。“它的未来主要取决于与会各党应对意识形态和政治挑战的能力，以及采用组织工作的新形式和能力。”②此外，会议制度不完善导致会议形式主义严重。有些政党宣读事先准备好的发言稿，没有真正参与到讨论中；有些政党在很大程度上重复发言，根本没有自己的见解；有些政党忽视、偏离议题，只报告本国最近的事态，几乎不把发言同议题联系起来。较为严重的是，交流结果不实际，口号多于行动。巴西共产党指出必须打破会议形式主义，进行必要的政治协调。当然这种协调不是恢复历史上的国际组织，而是根据需求组织世界或区域性团结运动，改进思想辩论的质量，传播关于各国人民斗争的信息。③

第二，议题设置具有局限性。一是议题主导权由一些欧洲政党掌握，其他地区参与度低。“国际会议”是非正式机制，没有常设秘书处，目前采取轮值制度，主办方在议题和议程设置上具有优先权，他们的想法在“国际会议”上容易得到满足。以 2017 年第十七届“国际会议”为例，一共 103 个政党参与了会议，其中来自欧洲的政党就达到了 41 个，占比较大。苏丹共产党不满这一现象，呼吁解决和纠正这种不平衡。“尽管工作组的各成员党都很受尊重，但工作组远远不能成为国际性运动的真正代表。一些国家有两个党参与了工作组，而其他地区的党很少参与工作组。纠正这种失衡具有必

---

① “Contribution of Hungarian WP”, www.solidnet.org/article/ae5920c1-e2d8-11e8-a7f8-42723ed76c54/.

② “21-IMCWP-Contribution-of-Hungarian-WP”, http://www. solidnet. org/article/21-IMCWP-Contribution-of-Hungarian-WP/.

③ “14 IMCWP, Contribution of Brazilian CP”, www. solidnet. org/article/e4bfe834-e2da-11e8-a7f8-42723ed76c54/.

要性，因为非洲和中东地区各党的力量有所增加。”[①]此外，会议主导权由激进政党掌握与参会政党大部分为温和政党的状况不相符。较为激进的政党在“国际会议”上更多关注的是反资本主义、反全球化和工人斗争等议题，较为温和的政党更多关注的是务实的生存问题。这导致会议很大程度上代表了资本主义国家激进政党立场，而温和政党的利益并没有得到充分体现。二是议题设置较为宽泛导致各政党交流讨论不充分。议题内容是关乎“国际会议”可持续发展的重要部分。当前议题内容的重点是资本主义经济危机、社会主义、共产党和工人党联合问题，呈现出空泛化、笼统化趋势，对关系政党生存发展的具体实际问题的关切较少或者讨论不深，在一定程度上降低了各参会政党达成一致共识的效率。对宽泛的一般性话题进行交流讨论，既无助于意见交换，也无助于互学互鉴。在发生资本主义经济危机时，这些议题或许可以在凝聚各党共识、加强团结合作方面起到一定推动作用。当金融危机消退后，“国际会议”若再讨论这些空泛议题作用不大，应该朝着更加具体且有价值的实际问题方向探寻，并对当今世界国际局势发展的新潮流和新趋势有所反应，否则，建立起来的信任度也会下降。

2.会议的实质意义微弱

第一，各党难以形成有效联合。[②] 在具体联合实践中，任何一个政党的政治行为首先都要受到该国国内政治条件的限制，更何况是跨国性的国际联合行动。客观存在的多样性与主观联合意愿不一致的矛盾将对“国际会议”未来发展起着决定性作用。各政党发展历史、现实处境、政治价值观和利益诉求迥异，会议议题又宽泛不聚焦，导致与会政党意见相左的现象频发，难以就某一具体细节问题达成共识，增加协调难度，降低会议执行力。金融危机爆发期间，各国共产党工人党致力于应对危机，寻求发展出路，为工人和普通民众争取权利，达成共识、共同协商的效率就较为显著。随着金融危机的消退，参会政党在其他涉及各党切身利益方面的共同语言有所减少，交流讨论不充分，效果不明显，分歧常有，也未能提出替代资本主义的可行性建议和具体方案。如在第七届“国际会议”中围绕有关伊拉克决议的问题上，令伊朗人民党代表团特别沮丧的是，只有三分之一的代表同意在决议上签字。这一决议，除了要求撤出在伊拉克的全部外国军队以外，还呼吁支持美国共产党所描述的伊拉克共产党在复杂危险的局势中展开英勇斗争。尽管这项决议谴责了恐怖主义，得到了来自叙利亚共产党、约旦共产党、以色列共产党、苏丹共产党、埃及共产党、巴林共产党和塞浦路斯劳动人民进步党的支持，但是许多党拒绝在决议上签字，理由是资产阶级使用的“恐怖主义”提法

---

① “Speech by the Sudanese communist party at the 20th IMCWP, Athens, Greece, November 23-25, 2018”, http://solidnet.org/article/20-IMCWP-Written-Contribution-of-Sudanese-CP/.

② 参见于海青：《西欧共产党的“新国际主义”观及其当代实践困境》，载《科学社会主义》2015年第3期；邹国煜、孙豫宁：《国外社会主义左翼的现状与未来选择》，载《当代世界》2017年第1期；林德山：《理论与实践的断裂：欧洲社会主义运动发展现状思考》，载《当代世界社会主义问题》2019年第2期；聂运麟、余维海：《共产党和工人党国际会议中的分歧与我们的应对》，载《马克思主义研究》2014年第3期。

会包括武装斗争(或者阶级斗争)。[①] 重要的是,除了激进左翼政党之外,大部分政党对上述问题的态度都是动态发展的。如法国共产党逐渐倾向于靠近民主社会主义,希腊共产党和俄罗斯联邦共产党偶尔也会表现出民粹主义立场,等等。从这个角度看,对于大部分政党而言,他们之间意识形态上的微妙变化影响了战略战术上的变化,各党的联合策略总在摇摆,联合难度系数上升。

第二,对非执政党未提供实质性帮助,以助其扭转处于边缘性政治地位的态势。"国际会议"彰显出向经典马克思主义回归的激进左翼特征并不会使资本主义制度伤筋动骨,也不能改善参会政党的政治处境,从而在根本上影响各党本国国内的政治进程。一方面,"国际会议"对金融危机以及资本主义意识形态仅停留在"批判"层面,没有进一步制定和推出具有建设性的方案和措施,也几乎没有什么实质性行动可言。受到金融危机冲击的"国际会议"成员并没有从中得到有效收获。对于其他一些历史和现实问题,会议既没有摆脱教条主义的束缚,也没能提出可行性的替代方案,执行力度弱,实际力量影响十分有限。[②]另一方面,"国际会议"的传统激进特征也不适应各党国内政治发展的现状。即便是能够采取一些可操作的行动,如展开纪念活动,出版报刊和书籍等活动,也并不能根除非执政的共产主义政党所面临的问题,进而改善各党在本国国内政治中的不利处境(除了极个别执政党)。部分政党抱怨会议没有给自身带来较多实际性帮助,打破了原来的美好愿望。塞尔维亚共产党人党对世界共产主义运动和工人运动的情况非常关注,但是团结和合作质量并不高,无产阶级国际主义形式多于实质的状况令该党感到沮丧。[③] 比利时工人党在与其他兄弟政党交往中体会到了归属感,但事实上会议交流也没有给予很多实际性帮助。[④] 自苏联解体以来,只有极少数共产党成为政府的主要合作伙伴,如欧洲的塞浦路斯劳动人民进步党、摩尔多瓦共产党人党、西班牙共产党、捷克和摩拉维亚共产党以及非洲的南非共产党。但是这些国家都是外围国家,很难证明"国际会议"的左翼激进主义政策与各党政治实力强弱之间的明显关系。换言之,参会政党的政治地位提升或衰退与"国际会议"本身没有必然联系。即便是受其影响,也无非是部分政党的政治立场由温和转向激进,或由激进转向温和,意识形态的变化并不能扭转共产主义政党处于边缘性政治地位的态势。这种边缘性压力主要来自现执政党和中左翼政党两方面,前者本就对共产主义政党存

---

① "Communists move towards closer international co-operation", https://www.cpa.org.au/z-archive/g2005/1257athens.html.

② 参见殷叙彝等:《关于大左翼研究的对话》,载《当代世界与社会主义》1997 年第 4 期;韩冰:《1998 年以来各国共产党和工人党九次国际代表会议述评》,载《当代世界社会主义问题》2008 年第 1 期;于海青:《西欧共产党的左翼联合理论与实践述评》,载《广州大学学报(社会科学版)》2010 年第 6 期;姜辉:《21 世纪世界社会主义的新特点》,社会科学文献出版社 2016 年版。

③ "Contribution of the Party of Communists in Serbia", www.solidnet.org/article/d2ce4f2c-e2c9-11e8-a7f8-42723ed76c54/.

④ "15 IMCWP, Contribution of WP of Belgium", www.solidnet.org/article/a6f4bb91-e2d8-11e8-a7f8-42723ed76c54/.

有敌意，后者政治力量较强，执政和参政经验丰富，选民基础较为稳定。这种左右为难的困境导致共产主义政党的发展出路狭窄，发展空间萎缩。今后，无论共产主义政党的政治立场是向左还是向右调整，斗争方式采用议会斗争还是议会外斗争，以其现有社会影响力都难以取代中左翼政党，容易感到无所适从。总体而言，尽管各党参与“国际会议”经验的增加可能会开阔其理论视野，但这种思想进步对各党国内政治进程甚至新自由主义全球化的发展步伐影响微小。

3.各党群众基础薄弱

群众基础是政党赖以生存和发展的重要因素。没有群众基础的政党是不稳定的政党，更无法顺利推行其政治主张和政策，提升政治竞争力。20世纪70年代以来，新科技革命的迅猛发展导致西方国家的经济结构发生了转移，由制造业占主导地位转变为服务业占主导地位。社会经济结构的调整必然带来社会阶级结构的变化，进而对各政党尤其是左翼政党的群众基础造成冲击。过去，传统工人阶级被认为是左翼政党天然的群众基础；如今，随着西方制造业工人的减少，各左翼政党不得不将目光投向新出现的中间阶层，寻找政治支持，扩大阶级基础。中间阶层不同于传统工人阶级，主要由较高文化程度的知识分子和专业技术人员构成。他们并不反对资本主义制度，更关心自己的生活质量，如提高生活品质、改善生态环境、追求自由的生活方式等，而不是传统工人阶级所关心的经济保障和就业问题。虽然中间阶层与传统工人阶级的构成来源和利益诉求不同，但是在欧洲右翼势力崛起的政治环境下，他们都是现存政治制度的直接受害者，从而因某一利益目标的一致性而选择支持左翼政党。左翼政党为了争取选民，赢得议会选举，在政治主张上也倾向于温和化，吸引那些具有某些利益一致的中间阶层。在现实政治活动中，左翼政党往往在选择群众基础的策略上表现出扩大而不是巩固的特点，尽可能最大范围地吸纳有利于自身利益的广大成员。这是目前共产主义政党增强政治信任和政治认同感的途径之一。短期看，这种策略具有一定有效性，助力共产主义政党动员更多民众开展抗议活动，以壮声势。长期看，我们不能乐观看待这种群众基础的现实影响力。西方社会阶层分裂趋势不仅仅体现在各阶层之间，还具化为同一阶层内的具体利益诉求不同。如同一阶层的工人在不同的地区、产业、企业之间以及技术工人与非技术工人之间、男女之间的利益个体化和差异化指征明显，具体利益匹配难度较高。中间阶层尚能被各种抗议运动所吸引，成为共产主义政党潜在的群众基础，并不是由于共产主义政党附带的政治魅力，而是基于利益策略的暂时选择。一旦某种利益一致性出现变化或者消失，那么共产主义政党群众基础的稳定性将面临考验。换言之，群众基础的扩大化不等于群众基础的稳定性，群众基础的稳定性与群众利益的一致性呈正相关关系。越稳定的群众基础，越有利于群众凝聚力的提升。若群众基础出现动荡势必会削弱党内团结，进而牵制反对新自由主义全球化和垄断资本主义的政治动员运动。意大利重建共产党在此方面的经验教训值得深思。意大利重建共产党的政治立场从传统激进主义转向温和的过程中获得了许多持温和立场的选民支持，党员人数大增，组织规模一度扩大。但由于政治身份由传统工人阶级政党转变为群众性政党，指导思想多元化，党内思想混乱，利益多样化，分歧不断，该党出现了退党另立新党的现象，丧失了传统工人阶级选民的支持，政治地位逐渐边缘化，政治影响力衰弱。

4.部分政党表现出了民粹化趋势

从 20 世纪 90 年代初以来，民粹主义[①]已经成为西方国家政治中的一个常规现象。民粹主义是一种独特的意识形态，但它并不具备与社会主义或自由主义“同等水平的理论知识和思想一致性”[②]。社会危机的发生往往是民粹主义滋生的背后推手，这在 2008 年金融危机之后表现较为明显。有学者甚至预测，欧洲的政党政治正走入一个新的周期，以民粹主义政党为代表的极端激进左翼政党的影响力迅速增强。这类政党将在未来显著崛起，甚至取代社会民主党成为左翼阵营中的主要政党，很有可能对欧洲的民主制构成挑战。[③] 暂且不论这种观点是否科学，但的确也说明了民粹主义在西方世界的再次兴起。作为一种狭隘的意识形态，民粹主义可以很容易与其他截然不同的意识形态相结合，其中就包括共产主义或社会主义。2008 年以来的社会经济环境有利于欧洲左翼民粹主义意识的兴起，且在传统左翼政治中很有市场。经济危机使新自由主义受到质疑，右翼势力的崛起挤压了左翼政党的发展空间，而民粹主义却利用经济危机在全球化、欧洲一体化和欧盟问题上渲染普通民众对政府的普遍不满情绪，将“人民”与“精英”对立起来，斥责政治精英没有照顾到民众的利益需求，激化民众的民粹主义情绪，鼓动民众上街游行、示威，煽动群众运动。基于这样的发展背景，一部分左翼政党为了争取选民支持表现出了某种程度上的民粹主义倾向。当他们不再把自己作为无产阶级先锋队代表时，倾向将民主社会主义思想的主张与民粹主义思想结合在一起，倡导改良主义，便会出现左翼民粹主义政党。[④] 左翼民粹主义倾向主要表现为仇视富人和精英、反建制、反私有化、反美、捍卫主权、反对欧盟紧缩政策。在批判资本主义的逻辑上，他们认为精英欺骗了人民，造成了普通民众的不幸，要求以人民的意志即直接民主的方式治理国家，实现社会民众的福利及财富分配的公平；在组织工人斗争的方式上运用最大范围内的政治动员，诉诸民众的直接行动，将所有反对精英和政府的民众都拉入统一的政治运动中，缺乏有组织化的政治手段。后工业社会阶级阶层结构的多元化和议题的碎片化以及现代传媒技术条件下社会动员的去组织化，

① 民粹主义，也称“平民主义”，主张将“精英”与“人民”对立起来，采用直接民主的方式。它既是一种意识形态，也是一种社会运动，还是一种政治工具，超越了左与右，可用来指各种政治团体。对其概念的认识比较模糊，国内外学者没有统一的共识，概因内容丰富多样且复杂，用不同的角度解读就会有不同的认识，很难进行简单界定。参见程春华、张艳娇、王兰兰：《当前西方民粹主义研究述评：概念、类型与特征》，载《国外理论动态》2020 年第 1 期。

② Cas Mudde, "The Populist Zeitgeist," *Government and Opposition*, Vol.39, No.4, 2004, p.542.

③ 参见夏庆宇：《欧洲国家左翼阵营的构成情况及变化趋势》，载《大连海事大学学报(社会科学版)》2019 年第 1 期。

④ Luke March and Cas Mudde, "What's Left of the Radical Left? The European Radical Left After 1989: Decline and Mutation," *Comparative European Politics*, Vol.3, No.1, 2005, p.37.

使各种社会运动来去匆匆，不再像过去那样依赖于政党的组织化动员。[①] 从反建制角度来看，民粹主义政党首先包括各国共产党及一些激进的共产主义政党。由于传统社会主义者所主张的阶级意识和"人民"概念不同于民粹主义者所认同的"人民"意义，所以并不是所有的共产主义政党都是严格意义上的民粹主义者。在"国际会议"中，具有严格意义上的民粹主义倾向的政党虽然具有反精英、反建制的要求，但是已然淡化了阶级意识，立场相对温和与折中，尤其是具有民族主义特征的左翼政党较为典型。如民粹主义在民族主义和反美色彩浓厚的拉丁美洲具有深厚根基，且一直都比较活跃。"国际会议"中多次提到的拉丁美洲和加勒比海人民反对新自由主义和新帝国主义的斗争就是如此。它并不追求政治权力的重构，称不上是"社会革命"，实质上就是民众的反叛运动，也是民粹主义的表现形式之一。欧洲地区的部分共产党也有此倾向，如希腊共产党、葡萄牙共产党、捷克和摩拉维亚共产党、俄罗斯联邦共产党、芬兰共产党、奥地利共产党和乌克兰共产党等。[②] 欧美一些国家发生的社会抗议游行示威运动，如"占领华尔街"运动以及随后在欧洲和拉丁美洲产生的响应活动都是民粹主义在当下的具体表现。当前法国"黄马甲运动"及其蔓延至邻国比利时、荷兰的抗议运动表面上是政府长期忽视普通民众因社会福利减少的诉求而引发的愤怒之举，实际上也是传统政党与民众意志之间的鸿沟不断扩大的结果，更是在互联网优势的加持下自发形成的对抗精英的民粹主义运动。西方社会发生的很多罢工、占领等运动背后有共产党等传统左翼政党的影子，但往往都不是由其直接领导和指挥，更谈不上将这些运动引导到争取社会主义的轨道上来。[③] 拉美的反抗斗争不见得取得多大成功，但有利于为国际联合造势。各党对拉美斗争模式的美化解释并不一定适用于本国或本区域情况，移植这种模式可能在政治上不能起到有利影响，也提供不了普适性价值；相反，要想拥有一席之地，还是要多关注和研究特定环境下的问题和经验。更何况民粹主义的危害性显而易见：它容易危害社会团结，因为民粹主义情绪通常是由社会不平等的原因造成的，而民粹主义又仇视精英，容易吸纳一部分极端分子，反过来又会造成不平等，陷入恶性循环，破坏社会稳定。当然，民粹主义也极容易产生民族主义情绪。当遇到外国势力进入且产生了对人民不利的影响时，就会触碰到民粹主义以人民整体利益为主的基本价值观，对外国势力的批判就容易产生这种情绪。

5.国际主义与爱国主义、民族主义难以得到有效协调

经济全球化发展早已将各国的前途命运同世界紧密联系在一起。各国的发展不仅需要爱国主义，也需要国际主义。而爱国主义又容易与民族主义联系在一起。因为全球化的发展既弱化了爱国主义的认同基础，又凸显了爱国主义的民族意义，使本就复杂的爱国主义和民族主义关系变得更加模糊，难以清晰界定。而"国际会议"的联合

---

① 参见轩传树：《发达国家共产党的活动空间及其局限》，载《当代世界与社会主义》2019年第3期。

② Taras Kuzio, "Populism in Ukraine in a Comparative European Context," *Problems of Post-Communism*, Vol.57, No.6, 2010, p.3.

③ 参见轩传树：《发达国家共产党的活动空间及其局限》，载《当代世界与社会主义》2019年第3期。

模式又是爱国主义和国际主义共存的集合体，所推崇的国际主义精神是跨越国家领域的，爱国主义竭力维护本国人民的民族利益。经济全球化的深度发展导致发展不平衡、贫困、冲突和动荡等问题必然使爱国主义和民族主义成为各民族国家中最不可或缺的社会力量。而与会政党在会议讨论时始终要遇到这种复杂关系，但是在如何处理三者关系时基于各自的意识形态和价值观不同，所侧重的重点也相去甚远，难以得到有效协调。但不管怎样，如何适当处理三者之间的关系仍是"国际会议"需要时刻关注的难题。实际上，对于人民民主专政的社会主义中国而言，三者不存在根本对立。在形式上或者抽象精神上来说，真正的国际主义是以独立民族国家的爱国主义为前提的，它们都是为了共同利益而寻求联合。然而通常来说，国家间的交往总是取决于自利和当前考虑，若爱国主义和民族主义在实践中采取这个标准出现了误差，国际主义也不会健康发展。它们之间的关系是动态发展的，不是静止不变的。这种动态变化不仅仅是各民族国家对爱国主义、民族主义的判定尺度和实践不同，而且国际主义内涵随国际环境的变化而发生变化。随着时代特征切换到和平与发展，人类社会发展的进程也由战争与革命转变到和平与发展的年代，国际主义内涵淡化了意识形态上的政治对抗，强调合作共赢，关照他国发展，协调国家利益。问题的难点就在于，在特定的全球化环境下，资本主义新自由主义遇到的挑战制度性的难题激发了各党传统的无产阶级国际主义精神，这与当前的国际环境相违背。但是它分化了爱国主义和民族主义情感，与民族国家的爱国主义、民族主义交织在一起，使得问题变得更加棘手。

总体而言，"国际会议"对马克思主义的社会主义价值目标的捍卫使其在当前左翼活动中获得了一定程度的发展空间，但是当前要重新建立起一个新的社会主义大联合，任务艰巨，还有很长的路要走。①

① Fabien Escalona and Mathieu Vieira, "The Radical Left in Europe: Thoughts about the Emergence of a Family," *Fondation Jean-Jaurès / Observatoire de la vie politique*, 19 November 2013, p.14.

新世纪越南共产党适应性论析

魏月妍

(清华大学马克思主义学院博士研究生)

越南共产党(Communist Party of Vietnam, CPV)[①]是越南社会主义共和国(Socialist Republic of Vietnam)唯一合法的执政党,1986年越共六大在明确"革新"[②]新路线下首次提出"执政党自我革新"的概念,标志着越南共产党开始重视党的建设对革新事业的推动作用。此后,在越南共产党的历届全国代表大会上,关于"党的建设和整顿"都是大会报告的重要内容,且七大以来的中央全会都针对党的建设问题进行了讨论并颁布了相关决议。[③] 由此可以看出,革新以来,越南共产党自身进行了一系列深刻的反思、调整和改革,深化党的执政能力以完善和加强对革新事业的领导。进入新世纪,尤其是越共十大以来,面对革新事业深入发展与危机并存的挑战,越共在党的建设的内容、方式和侧重上必然有所变化且呈现出新的特性。

本文想要探讨的问题是:新世纪越南共产党是如何通过自身的改革来"适应"国家社会发展对执政能力和党的先进性的更高要求?对这一问题的研究不仅有助于了解越南共产党的改革和发展问题,更有益于借鉴越南共产党在党的建设上的特色经验和实践教训,为中国共产党深化党内改革、加强执政能力建设提供有益参考。

一、"适应性":理解无产阶级政党改革的有益视角

"适应性"(adaptation)最初是一个生物学概念,指生物在动态进化过程中的生存潜力,即在自然选择压力下形成和演化的一种性状和功能性特征。[④] 后来,这一概念

① 1930年2月在香港成立时称"越南共产党",同年10月改名为"印度支那共产党",1951年2月一分为三——越南劳动党、老挝人民党、高棉人民革命党,越南劳动党事实上起领导作用,1976年越南劳动党改回越南共产党的名称。本文统称之为"越南共产党",简称"越共"。

② 也有国内学者称之为"革新开放",关于用词,本文经查阅得出:在越南语中广泛使用的是"đổi mới"一词,翻译为中文是"革新",加之"开放"多指国际关系层面的对外开放和思想文化领域的开放,与本文的研究内容即党的建设关联不大,因此文章中统称之为"革新"。

③ 参见潘金娥:《越南共产党关于党的建设的理论与实践》,载《世界社会主义研究》2017年第8期。

④ Wikipedia ,"Adaptation", https://en.wikipedia.org/wiki/Adaptation.

被用于政治学领域，萨缪尔・亨廷顿(Samuel P. Huntington)在对政治现代化的考察下将其与政党政治相结合，首次明确提出了"政党适应性"(Party Adaptation)问题。在亨廷顿看来，适应性作为政党制度化水平的首要指标，是"后天获得的组织性"，也是政党"适应环境挑战和存活的能力"，随着环境挑战增多和组织存续延长而增强。[①] 与亨廷顿关注政党制度的适应性不同，布鲁斯・迪克森(Bruce J. Dickson)将注意力转移至政党自身的变化，以执政党为分析单位，将适应性理解为执政党根据社会不同领域的需求和利益进行的一种继续生存的改革途径。[②] 彼得・梅尔(Peter Mair)则更进一步，阐释了政党适应性变革的内在机制，将适应性看作是政党"适应"和"控制"的能力：一方面，政党转变自身结构适应外部环境的步伐和程度；另一方面，政党不断提升和增强其潜在控制。[③] 在此基础上，不同变量的动力机制导致了政党适应性变革的路径差异："刺激—回应"模式和"预测—控制"模式。前者指政党被动应对环境变化，后者则强调政党主动塑造政治需求。[④]

在学术界既有研究成果的基础上，本文对"适应性"的理解为：政党/执政党及其体制适应外部环境的程度、能力和行为。具体而言，政党/执政党在经济发展、政治格局、社会结构等发展变化的过程中，为了实现一定的政治目标，通过自身在思想、组织和行为方式等方面的调整和革新提升应变能力，从而对环境变化作出回应。

"适应性"概念虽然起源于对西方政党体制的探讨，但并不是只能用来研究西方政党的"专利"，实际上，不同类型的政党在社会发展的大背景下都面临着"政党如何去适应"这一共同的课题。早在1997年，迪克森就以适应性视角探究了中国共产党和中国国民党的民主转型，从学理意义上开创了无产阶级政党适应性研究的可行性。[⑤] 回归到本文的研究主体——越南共产党，作为越南社会主义国家的执政党，其在积极探索国家革新事业的同时也在致力于自身的革新，来适应国家社会发展对执政能力和党的先进性的需求。越共表现出的自我完善和变革，与适应性理论的内涵相契合。同时，这一视角强调国家发展与执政党自身变革的双向互动关系，有益于把越南共产党自身建设的发展视为一个整体融合进越南国家社会发展的大框架中，从而完整地探究越南共产党的"适应性"问题。

---

① 参见[美]塞缪尔・亨廷顿：《变化社会中的政治秩序》，王冠华、刘为等译，上海人民出版社2008年版，第350～360页。

② Bruce J. Dickson, *Democratization in China and Taiwan: The Adaptability of Leninist Parties*, Oxford: Clarendon Press, 1997, pp.5-7.

③ Peter Mair, *Party System Change: Approach and Interpretations*, Oxford: Clarendon Press, 1997, pp.8-13.

④ 参见 Katrina Burgess and Steven Levitsky, "Explaining Populist Party Adaptation in Latin America: Environmental and Organizational Determinants of Party Change in Argentina, Mexico, Peru and Venezuela," *Comparative Political Studies*, Vol.36, No.8, 2003, pp.881-911；陈炜、周朋飞：《稳定与嬗变：环境变迁下的政党适应性研究》，载《西安建筑科技大学学报(社会科学版)》2017年第6期。

⑤ Bruce J. Dickson, *Democratization in China and Taiwan: The Adaptability of Leninist Parties*, Oxford: Clarendon Press, 1997.

本文由此引入“适应性”概念，把对新世纪越南共产党变革与发展的研究转化为“越南共产党的适应性”研究，集中于越南共产党关于党的建设的理论与实践，这构成了本文的研究对象。

二、新世纪初越南面临更复杂的机遇和挑战

1986 年越共六大启动革新进程不久，以苏东剧变为标志的世界社会主义阵营的解体和国际局势的新变化使还处于初步探索阶段的越南共产党面临着在稳定前提下求发展的双重压力。迈入新世纪，国际局势在总体上趋于稳定，经济全球化和世界多极化的趋势进一步凸显，世界各国都在和平与发展的国际环境下发展本国经济，开展对外合作。越南的革新事业逐步深化，灵活的外交战略与政策推进了越南全面开放的态势，国际地位进一步提高，但同时面临着更加复杂的机遇和挑战。

1.越南开放的外交战略塑造了良好的发展环境

国际金融危机对越南经济的影响和冲击仍在持续，但此时的越南进一步推进开放型外交战略，越共十大提出“越南愿成为世界各国可靠的伙伴和朋友，切实扩大经济交往的广度和深度，在全球、区域和双边经济合作中发挥更大效力，主动融入国际社会，积极维护全球和平发展环境，为革新事业和实现工业化、现代化创造有利的国际环境”的方向。这一时期越共面临着良好的外部环境，具体体现在以下几方面：

一是越南的国际地位和形象有所提升。2006 年，越南成为世界贸易组织(WTO)正式成员；2010 年，越南成为东盟轮值主席国，成功筹备和举办了东盟峰会、东亚峰会、东盟“10＋3”会议、东盟“10＋1”会议等一系列区域组织会议，还主动承担起区域外交协调责任，创造性地组织了东盟防长扩大会议。越南主动承担地区责任的行为得到了国际社会的高度肯定，大大提升了越南的国际地位和国家影响力。[①]

二是外部资源充足。2006 年 12 月，美越联合确定了两国的永久性正常贸易关系，随后双方签订了《双边市场准入协定》《双边贸易与投资框架协议》等文件，提高了越南对美国的出口份额。此外，中国连续多年都是越南的最大贸易伙伴，2010 年两国贸易额超过 250 亿美元；越南还与俄罗斯在矿产、石油和天然气的勘探和开发领域进行合作。

三是区域经济一体化进程加快。区域贸易和投资便利化进一步加强，越南与老挝和柬埔寨等东盟国家的经济往来进一步加深，东盟国家的经济关系不断发展，为越南创造了一个和平稳定的周边环境。2011 年 1 月召开的越共十一大肯定了过去五年越南国际地位和综合实力的提高，更是提出了在巩固传统友好国际关系的同时“积极主动融入国际社会”的外交路线，开展多样化外交，并强调要在国际舞台上发挥积极作用，表明了今后越南更加自信、主动的外交战略将为革新事业发展争取广阔和稳定的

① 参见成汉平：《越南未来五年政治经济发展走向预测——基于对越共“十一大”制订的发展目标之分析》，载《东南亚研究》2011 年第 3 期。

外部环境。

2.宏观经济高度不稳定和意识形态斗争激烈

伴随着越南融入国际经济的步伐加快，外资成为越南主要的资金来源，越南经济越来越受到国际环境的影响，对外贸易依存度超过了150%。2007年，在美元泡沫不断膨胀的影响下，世界市场大宗商品价格飞速上涨，刚刚加入世贸组织的越南由于大量的贸易逆差将通货膨胀输入国内，通胀率达13%。2008年的国际金融危机对依赖外向型经济发展的越南又是一次打击，通胀率攀升至20%的历史新高，越南经济由不稳定转入低迷期。2010年末，国际商品价格再次出现上涨，在美国量化宽松货币政策的影响下，越南的货币贬值压力加大，出现了汇率大幅波动和外资急剧下降的局面，2010年越南通胀率达11.8%，未达到预期8%以内的调控目标。① 持续通胀加大了宏观经济运行风险，国家债务、政府债务和公共债务分别占到GDP总量的42.2%、44.3%和56.6%②，越南随时可能出现国际支付危机。2011年越南经济增速一度跌至5%，宏观经济呈现出高度不稳定性，贸易和预算赤字的风险加大，越共的宏观经济调控能力遭到质疑。

同时，西方敌对势力继续以“民主”和“人权”等为借口进行破坏和暴力煽动，企图颠覆越南的政治制度，“和平演变”压力进一步加大。2013年，在越南国会会议讨论修改宪法时，有国会代表提出越南国名应从“越南社会主义共和国”改为“越南民主共和国”，这种言论明显是要放弃社会主义道路，在党内造成了极其恶劣的影响。③ 同时，越共党内的意识形态斗争也十分激烈，甚至一些早年加入党组织的老党员蜕变为机会主义者，与社会上“民主人士”和海外反动人员一起撰写文章、接受访谈、发表“公开信”“建议书”，以“提建议”为幌子，借助社交网络媒体，频繁发动思想攻势。越共中央政治局委员阮富仲长期任职于越共中央机关刊物《共产主义》杂志社，随后又当选中央理论委员会主席系统负责思想理论工作，他发表专文指出：“目前越南国内思想政治压力十分严峻，敌对势力不放弃改变越南社会主义制度、党的政治路线、国家稳定局势的任何机会。”④在意识形态斗争压力十分严峻的态势下，越共中央高度重视“和平演变”的风险，党中央领导干部多次在党刊、党媒上撰文警告并在重要会议上发表讲话，但理论研究的不足使越共在面临质疑和责难时战斗力和说服力不强，缺乏有力回击。⑤

三、革新深入期越南共产党对党的建设的加速推进

整体来看，越南的革新经济已经进入开始从外部资源获益的深化阶段，尤其是

① 参见刘延棠：《阮富仲：继续引领越南革新开放》，载《瞭望》2011年第4期；李洋：《国际观察：越共“十一大”定调十年战略》，中国新闻网，http://www.chinanews.com/gj/2011/01-12/2783806.shtml。

② 参见中国（海南）改革发展研究院：《越南通胀的趋势与治理》，http://www.cird.org.cn/WeAreCird/Research/Briefing/201106/t20110627_114263.htm。

③ 参见古小松：《从越共十二大看越南的道路与方向》，载《学术前沿》2016年第4期。

④ ［越］阮富仲：《当前形势下的思想斗争》，载（越南）《共产主义》2005年第11期。

⑤ 参见黄骏：《从越共“十一大”看越南今后改革的走向》，载《教学与研究》2011年第8期。

2006年越南成为世界贸易组织成员这一事实,显示出越南革新的阶段性成果已经得到国际社会的一定认可。如何提高执政党宏观经济调控的能力并使发展成果由民众共享,如何强健党的肌体以增强抵御内部演变危机的能力,成为这一时期越南共产党面临的首要问题。

1.修改党章使党的组织成分得到扩大和多元化

随着越南社会主义定向市场经济的推进,越南国内的经济增长呈快速发展势头,其中私营企业和私营经济的发展尤为突出,2006年越南私营经济已占GDP总量的45.6%,创造了全国约50.2%的就业岗位[①],充分体现了私营经济对提高就业率、改善经济结构、改善民众生活的重要贡献。在这一背景下,2006年4月25日,越共十大批准了《补充和修改党章报告》,对党章若干事项进行修改补充。新党章对越南共产党性质的提法从原来的"越南共产党是越南工人阶级的先锋队"修改补充为"两个先锋队",即"党是工人阶级的先锋队,也是劳动人民和越南民族的先锋队,忠实代表工人阶级、劳动人民和国家的利益"[②]。这是越共在理论上的重大修改,表明了越南各阶层人民都有可能成为党员。这一修改牢牢把握了越南社会发展的现实,巩固和扩大了党的阶级基础。

此外,革新开始后,越共对党员的规定依然很严格。从七大开始,党章规定党员不能从事私营经济,在认识上将私营经济与剥削画等号,认为其有违无产阶级政党的本色[③],直到九大第五次中央政治局会议上才第一次对党员从事私营经济的行为作出正面评价。2006年修改后的新党章则完全改变了对私人资本主义的旧有认知,认为"党并不认为私人资本就是资本主义,而是要领导私人资本按照社会主义方向发展"。越共十届三中全会通过的《关于党员从事私人资本主义的规定》提出:"有国有企业工作经历的党员可以在遵守国家法律政策和党章的前提下经营私人经济。"[④]2011年召开的越共十一大又明确提出允许私营企业主加入党组织,这一举措是越南革新20年来理论和实践上的重大突破[⑤],体现了越共在革新深化阶段主动调动一切积极要素、加强党内团结的坚定决心,有益于越共巩固执政地位,进一步扩大党的群众基础,在促进社会稳定发展的前提下提高党的凝聚力和社会影响力。

2.党内选举制度的民主性突破

在2006年召开的越共十大上,首先会议批准了部分党员代表"希望党代会具备总书记和中央检查委员会主席选举权并展开候选人意向调查"的要求,并在会议期间在

---

① 参见赵磊:《越南共产党第十一次全国代表大会开启越南革新开放新时期》,载《东南亚纵横》2011年第2期。

② 《党的第十次全国代表大会》,越南人民报,https://cn.nhandan.com.vn/documentation/histories-pictures/item/7581801。

③ 参见黄振壮:《越共加强党建工作》,载《东南亚纵横》1997年第3期。

④ 参见 Carlyle Thayer,"Vietnam: The Tenth Party Congress and After," *Southeast Asian Affairs*, Vol. 2007, pp.379-397;梁炳猛:《越南共产党十大对党章的修改》,载《当代世界社会主义问题》2006年第3期。

⑤ Vietnam News, "Fighting corruption is vital: Congress Delegates debate good governance and entrepreneurial Party members", http://vietnamnews.vnanet.vnshowarticle.php? num=01POL250406.

参会代表中进行了调查。农德孟在会议闭幕后的记者会上回忆说："大会上1176名代表都拿到了一份列有十届越共中央委员的名单，每位代表需在其中选择一位属意的越共中央总书记人选。"[①]这项调查最终选出的前四名人选为：上届总书记农德孟，上届中央政治局委员阮富仲、阮明哲和国会主席阮文安。在随后召开的越共十届一中全会上，代表们以无记名投票方式选举出160名中央委员（新任中央委员占47.5%），并在其中选举出1名总书记人选，然后将得票最高者提交14名中央政治局成员进行等额投票，最终农德孟连任总书记。这一举措展现了越南党政领导人选拔程序的民主性尝试，中央委员会获得了人事决策权从而加强了其集体领导地位，党内民主制度改革有了较大程度的跃进，降低了出现权威领导人垄断党内决策的风险。

十大以后，党的大会代表开始按照差额方式选举，各级党委委员和党委常委同样是通过差额选举产生的。2011年1月越共十一大上，大会代表从218名被提名者中选举出175名中央委员会正式委员，差额比例为25%；从61名被提名者中选举出25名候补委员，差额达到144%，超出了越共中央政治局第38号决议规定的"中央委员会委员选举差额应达到15%"的要求；在14名政治局委员的选举中，差额也达到70%[②]，表明越共不断完善党的民主选举制度，加强党内民主建设。此外，从2010年4月起，越共全国基层党组织在选举新一届党代表时也达到了15%～20%的差额比例[③]，还尝试了党委书记由党代表直选产生的民主方式，省委书记和所有省级干部的选举也须至少达到10%的差额比例[④]。

3.首次提出党员干部队伍选拔的要求和标准

随着革新经济的高度发展和越南开放程度的扩大，越共面临"和平演变"的压力更加突出，革新深入期对越共的执政水平提出更高要求。在党的内部，一些党员干部在政治思想、道德素养和生活方式上堕落、腐化，特别是在土地管理、国有企业管理和财务管理等领域的贪腐问题十分严重，削弱和损害了民众对党的信心。2006年十届国会会议提到，在风险交织的执政环境下，内在因素即主观方面是决定性的，如果内部（党本身）强大，则外部敌对势力就不会削弱和瓦解党，由敌对势力引起的"和平演变"就不会渗透到党的肌体。越共十大要求"坚决、及时、公开地处理有腐败行为的党员干部，对包庇腐败者、阻碍反腐行动者、利用腐败诉讼破坏党内团结者，要根据党纪国法进行严肃处理"[⑤]。会议期间，身为中央委员的交通运输部部长陶庭平因涉嫌贪污引

---

① Kon, David, "Leadership Changes at the 10th Congress of the Vietnamese Communist Party," *Asian Survey*, Vol.48, No.4, 2008, pp.650-672.

② 参见《越南共产党第十一次代表大会圆满成功》，越南共产党电子报，http://www.dangcongsan.vn/cpv/Modules/News/NewsDetail.aspx? co_id=30106&cn_id=443619。

③ 参见《党十一大人事工作中的"三个新突破"》，越南共产党电子报，https://cn.dangcongsan.vn/news/-56279.html。

④ 参见陈元中：《越共十一大以来加强党内民主建设的新举措》，载《广西民族大学学报（哲学社会科学版）》2013年第2期。

⑤ 《越南共产党第十次全国代表大会文件》，越南共产党电子报，http://dangcongsan.vn/cpv/index.html。

咎辞职[①]，中央委员黄公桓因受贿等违纪行为被撤销谅山省省委书记职务。

在干部队伍组成上，越共十大新当选的181名中央委员会正式委员和21名候补委员中有79名新成员，约占40%。其中，具有大学文化程度的委员多达81%，高于上届的76%。在14名政治局委员中增加了8名新成员，平均年龄为59岁，远远低于上届68岁的平均年龄。[②] 2011年，越共十一大选举出的14名中央政治局委员中有10人具有博士学位，新任总书记阮富仲是著名的马克思主义理论家，曾在苏联社会科学院获得党建专业副博士[③]的学位，在《共产主义》杂志社工作20余年，越共中央领导集体的执政能力不断向更高水平迈进。此外，从十一大开始，越共开展了各级党组织就理想偏离、信念动摇、道德下滑等问题进行严格的自我检视和批评运动，推进党风整顿。[④] 2015年2月，阮富仲总书记在越共中央检查委员会会议上明确指示："在各级党代会尤其是即将到来的党的十二大的人事选拔中，要将政治道德蜕化变质、有贪污腐败恶劣行为，以及存在个人主义、机会主义、官僚主义思想的党员从代表队伍中剔除出去。"[⑤]2015年5月，十一届十一中全会在讨论十二大人事安排方向时，首次从德才兼备的高度明确规定了越共中央高层领导人选的标准，内容包含："具备战略智慧和政治经济领域的知识水平，坚持社会主义、马列主义和胡志明思想，自觉维护党、国家和越南人民的利益，坚决抵制一切破坏党内团结稳定的言论和行为，坚决抵制个人主义、宗派主义、山头主义等不良风气。"[⑥]

四、越共十二大以来越南共产党对党的建设的积极部署

越南革新30年来成果显著，经济社会快速发展，人民生活得到改善，国际地位显著提升。但与此同时，国际竞争加剧，地区紧张局势升温，以美国为首的西方国家继续发动"和平演变"的新一轮攻势，国内多元民主思潮泛滥，越共的意识形态危机尤为突出，严重影响了国内社会稳定。整体来看，越共十二大以来越南面临的整体局势始终处于一个快速变化和不稳定的状态，不论从世界外部环境还是从党内并未消弭的"自我演变"来看，越共面临的执政环境的不确定性正在增加。这一时期越共要解决的首要问题是：在满足国家深入、广泛融入世界和地区的需求下，如何增强执政党抵御内外风险的能力？主动塑造执政环境，以党内民主带动社会主义民主以发挥全体人民的力

---

① 参见《越南交通运输部部长引咎辞职》，中华人民共和国驻胡志明市总领事馆经济商务处，http://hochiminh.mofcom.gov.cn/aarticle/jmxw/200604/20060401834703.html。

② 参见林明华：《越共"十大"的主要成果及面临的重大课题》，载《广东外语外贸大学学报》2006年第4期。

③ 副博士学位是起源于苏联的俄式学制下颁授给研究生的学位，级别高于硕士学位，低于全博士学位，在取得副博士学位后才能继续攻读全博士。

④ 参见《越南共产党是真正廉政且强大的执政党》，越通社，http://cn.vietnam.vn/index.php? option＝com_content&view＝article&id＝1285;2012-08-15。

⑤ 《越南共产党十一届十一中全会隆重开幕》，越南共产党电子报，http://dangcongsan.vn/cpv/Modules/News/NewsDetail.aspx? co_id＝20053&cn_id＝711370。

⑥ 《越南共产党十一届十一中全会公报》，越南人民报，https://cn.nhandan.org.vn/documentation/item/312480。

量成为这一时期越南共产党的选择。

1.将“建设纯洁和坚强的党”的任务放在首位

在复杂的形势下，越共采取了以下措施：

一是十分重视党员干部的思想作风建设，加强党纪的执行力度。2016年1月，越共十二大决议指出：“党的‘四大危机’依然存在，一些干部、党员和国家公职人员在政治高度、思想道德和生活作风上出现变质和蜕化，给党的声望带来负面影响，党的内部弊端如贪污腐败、‘自我演变’、官僚主义等尚未克服和减退，且日益呈现出复杂化状态。”十二大明确提出“建设纯洁、坚强的党”的任务，改变了对党建工作的整体部署。在此指导下，越共反腐中央指导委员会逐渐修改和补充其职能权限和工作制度，尤其是在内部成员构成上，2016年3月越共集中资源以中央书记处书记、中央检查委员会主任陈国旺和中央书记处常务书记丁世兄等高级干部进行配置，显示出其以高规格强力反腐的决心。① 5月，越共中央政治局通过了《学习和践行胡志明思想、道德和作风》的第05-CT/TW号指示；12月，中央委员会又颁布了《防止和消除思想政治、道德和生活作风退化》的第04-NQ/TW号决议，进一步细化了党内政治思想和道德生活退化的具体表现，讨论了党员干部的职业道德准则和示范责任，体现了越共对党员干部的规范和要求更加严格。②

二是警惕党员干部“自我演变”的转化。随着革新进入新阶段，越共同国际、国内反动势力的较量非常激烈，越共中央在加强党的政治、思想和作风建设等方面进一步加强了工作力度。在2017年5月的越共十二届五中全会上，中央政治局委员、胡志明市市委书记丁罗升因卷入重大经济贪腐案件被给予警告处分并撤销职务，后经过立案调查获刑18年③，这是数十年来受到党纪处分级别最高的越共干部。10月召开的十二届六中全会对严重违纪的中央委员阮春英作出纪律处分，罢免其岘港市市委书记、市常务委员会委员和十二届中央委员会委员的职务，同时也给予岘港市市委常委会警告处分。④ 随着越共中央对党的高级干部纪律监察工作的加强，地方也开始加大纪律检查工作的力度，如2017年老街省对105名党员干部作出了纪律处分。⑤

2.强调中央层面人事结构的战略性培养

党的干部工作是越南共产党执政的根本问题之一，党对干部工作和人员管理的统

---

① 参见《关于预防和打击中央指导委员会成员贪污的补充》，越南法律报，http://plo.vn/thoi-su/bo-sung-thanh-vien-ban-chi-dao-trung-uong-ve-phong-chong-tham-nhung-619391.html。

② 参见[越]阮明俊：《回顾越共十二届四中全会决议落实三年情况》，载（越南）《共产主义》2019年10月第927期。

③ 参见《中央对干部的检查及纪律施行》，越南共产党电子报，http://www.dangcongsan.vn/xay-dung-dang/ngay-lam-viec-thu-ba-7-5-trung-uong-xem-xet-va-thi-hanh-ky-luat-can-bo-436912.html；《丁罗升遭起诉并被暂时拘留》，越南人民报，https://cn.nhandan.com.vn/newest/item/5686001。

④ 参见《阮春英岘港市人民议会主席职务正式被罢免》，越通社，https://zh.vietnamplus.vn/73353.vnp。

⑤ 参见《老街省检查委员会决定对105名党员实行纪律检查》，越南共产党电子报，http://www.dangcongsan.vn/xay-dung-chinh-don-dang/tin-tuc/uy-ban-kiem-tra-tinh-uy-lao-cai-quyet-dinh-thi - hanh-ky-luat-105-dang-vien-456880.html。

一领导要以任务要求为基础，确定干部选拔、评价、晋升的规章制度，培养有远见卓识和领导能力的党员干部，尤其要重视中央机关关键人员的管理，重视干部选拔工作，确保中央领导干部的连续性、继承性和发展性。2016年，越共十二大报告在阐述今后各项“核心任务”的内容中指出，要加强党的建设和整顿，集中资源建设具备能力、品质、威信的越共中央领导集体，尤其是要建设一支不辱使命的战略级干部队伍，形成精简高效的干部体系结构①，这种对中央层面人事工作的整体规划在越共党史上尚属首次。十二大选举产生了新一届中央领导集体，其组织构成与往届相比有以下显著特点：一是年轻化特征突出，新老交替比例较大。越共十二届中央委员会中连任104人，新当选96人，新成员占比达48%，将近一半；19名中央政治局委员中连任7人，其余12人为首次进入政治局，占63%。② 180名中央委员会正式委员平均年龄53岁，最低年龄40岁，20名候补委员最低年龄仅38岁，19名中央政治局成员中最低年龄46岁。二是专业化加强，中央领导层成员多数都有经济学、法学的教育背景。总书记阮富仲是政治学博士、教授，曾在苏联社会科学院历史党建专业学习；政治局中有7人拥有博士学位，5人是教授。由此可见，越共十二大中央领导集体的成员结构更加优化，体现出干部革命化、年轻化、专业化的发展趋势，这也是阮富仲强调“战略人才”培养、注重人员梯队建设的结果。③

此外，阮富仲总书记亲自担任越共十三大人事工作小组的组长，明确指出党的干部工作是革新各个阶段的重要环节，是关系越南革新能否取得突破的决定性因素，必须建立以中央委员会为中心的战略精英队伍，重视党和国家领导人的选拔。他同时指出，目前在越共领导层内专门领域的资深专家、学者仍较为缺乏，部分年轻干部能力尚不全面，甚至部分领导干部中存在违反原则、政治思想倒退的现象。关于越共党中央人选的选拔标准，阮富仲指出，革新事业的深入使党面临的任务更加繁重，中央委员会委员必须在政治定力、道德作风、工作责任等各方面能力上真正成为党的模范和精英。在结构安排上，根据年龄、分管工作、性别等要素科学、客观地合理规划人员比例，同时增加革新关键领域的委员人数，从而确保越共中央领导集体的全面性、稳定性和创新性。④ 2021年，越共十三大的人事选举结果也正是体现了上述思路。

3.党内民主制度发展有传承、重过渡

在民主决策层面，越共十二大依然沿袭了自越共九大开创的信息公开制度，在大

---

① 参见《越南共产党第十二次全国代表大会决议》，越南人民报，https://cn.nhandan.com.vn/documentation/item/3833201。

② 参见《第十二届中央执行委员会名单公布》，越南快讯报，http://vnexpress.net/tin-tuc/thoi-su/cong-bo-danh-sach-ban-chap-hanh-trung-uong-khoa-xii-3348433.html；《第十二届中央执行委员会数据》，Zing News，http://news.zing.vn/nhung-con-so-thu-vi-tu-ban-chap-hanh-trung-uong-xii-post622499.html。

③ 参见于向东：《十二大以来越共加强领导地位和党建的战略举措》，载《当代世界与社会主义》2017年第6期。

④ 参见《越共十三大人事准备工作要特别注意的若干问题》，越通社，http://cn.news.chinhphu.vn/Home/98/20204/28840.vg；《越共十三大人事准备工作极为重要的问题》，越南共产党电子报，http://cn.dangcongsan.vn/news/ 551616.html。

会召开前三个月广泛征求民众对越共十二大文件草案的意见，包含越共十一大中央委员会提交给十二大审议的政治报告草案、2011～2015年五年计划执行情况报告草案以及2016～2020年发展方向和目标报告草案等，积极听取越南全社会领导干部、普通党员、各阶层人民和海外侨胞的建言献策，尤其注重行业专家和科研人员的意见，有利于激发全党和全社会民众的责任感，凝聚智慧、达成共识，提高民众参与度以培育民主精神。[①] 2016年7月颁布的《征求民意法》更是以法律形式保障了越南民众在国家重大事务中表达意愿的权利。

在民主选举层面，越共十二大的选举是按照2014年新版《党内选举规则》进行的。新修订的越共选举规则有三大亮点：一是"请辞"程序。新一届政治局委员、书记处书记候选人必须由上一届中央委员会推举，不在候选人名单内却被推举的代表必须提出"请辞"，但大会代表只要超过半数不同意，本人反而获得候选资格，这赋予了与会代表影响党内高层选举结果的实质权力。二是"差额"名额。越共各级党委的选举遵循差额不超过30%的规定，其中党委可在此之外另推举10%～15%，这意味着个人和党代会可以有15%～20%的举荐名额，为人才选拔留有充分空间。三是"特殊情况"。政治局委员、中央委员及候补委员的年龄均有所限制，但允许有"特殊情况"，表明越共对中央高层领导的新老交替仍十分谨慎。[②] 在十二大选举过程中，提名阶段也实行了投票表决，同时针对政府总理阮晋勇的提名启动了"请辞"程序，针对阮富仲72岁的年龄启动了"特殊情况"程序，阮富仲连任越共中央总书记。[③] 这种选举程序使选举结果在选举结束前充满竞争和不确定性，在某种程度上已经具有了竞选的意义，这在越共党内选举的民主性上迈出很大一步。

在民主监督层面，2016年7月越共十二届三中全会对党的检查、监察和纪律处分规则条例进一步细化，具体讨论了越共各级检查委员会的任务和执行，纪律监察的对象、内容和权限，党纪处分的落实和申诉等细则，使党章的原则进一步细化和完善。此外，2017年5月越共中央政治局颁布了《对干部财产申报制度进行检查监督》的第85-QĐ/TW号规定，2019年2月陆续颁布《关于干部工作检查监督制度》的第179-QĐ/TW号规定、《关于党委接访并处理群众反映建议》的第11-QĐ i/TW号规定[④]，党内民主监督制度的不断完善，为越共在新形势下加强党的建设、提升领导能力和战斗力提供了制度保障。

五、新世纪越南共产党的适应性分析

2021年1月25日～2月1日，越南共产党第十三次全国代表大会在河内召开，十

① 参见《广泛征求民众对越共十二大文件草案的意见》，越通社，https://zh.vietnamplus.vn/81/42425.vnp。

② 参见《越共十二大：开启越南式大选先河》，搜狐评论网，http://star.news.sohu.com/s2016/yuegong12da/。

③ 参见《越共十二大换届选举充分发挥民主集中制原则》，越通社，https://zh.vietnamplus.vn/99/46946.vnp。

④ 参见[越]阮明俊：《回顾越共十二届四中全会决议落实三年情况》，载(越南)《共产主义》2019年第10期。

三大的主题为："建设廉洁、强大的党和政治体系；激发国家发展的意志和决心，将民族大团结力量与时代力量相结合；继续全面同步推进革新事业；建设和牢牢保卫祖国，维护和平稳定环境；力争到21世纪中叶将越南建设成为社会主义发达国家。"①可以看出越共将延续对党的执政能力的重视，这不仅体现在党的自身建设上，也贯穿于整个越南国家发展的政治体系中。此外，越共十三大回顾了十二大决议的落实情况，回顾和总结了越南革新35年来的发展战略和经验，提出了下一阶段的任务和方向以及国家发展愿景。大会也选举产生了十三届越共中央领导集体，阮富仲第三次被选举为越共中央总书记。

越南革新35年来，越南共产党在社会主义建设实践中积累了丰富的执政经验，面对革新事业发展的不同阶段，越南共产党的适应性体现为党的建设的实践是否契合了国家不同发展阶段的执政需要。进入新世纪，革新事业快速发展与危机并存的现状对越南共产党的执政能力提出了更高的要求，其适应性体现在以下层面：

1.越南共产党适应性变革的路径

革新深入期，越共的政权合法性基础已经从意识形态和领袖个人魅力转化为经济发展和物质激励，执政党能力建设问题已经"关系到党和人民的革命事业生死存亡"。越南共产党积极改革，以此强化执政党对革新深入期国家社会发展现状的掌控能力。具体体现为：其一，巩固和扩大党的阶级基础和群众基础。经济模式和所有制结构的变化所引发的社会阶级、阶层的变化，将"如何保持党的先进性和代表性"问题提上了日程，越共从变化了的实际出发，将党的性质修改为"两个先锋队"，彰显了越共在利益代表上的包容性，有利于调动一切积极因素，提高党的执政合法性和影响力。其二，人事任免成为整合和稳定党内关系的重要手段。十二大的新老交替幅度是越共历史上最大的一次，党和国家最高领导机构、中央和国家各部委、各省市党政机关，都有大批的新生代领导人输入，越共十三大上阮富仲连任总书记，体现了以越共内部的稳定推进国内局势稳定的策略。其三，以扩大党内民主的方式进行组织结构与功能机制的整合。越南共产党在党规制度、运行机制等方面进行了大胆的改革，从内部磋商走向公开化和制度化，以此提高党执政的竞争性和科学性，强化执政党对革新深入期国家社会发展现状的掌控能力，尤其是抵御外部风险的能力。

2.越南共产党适应性变革的特点

越南革新30多年来，越南共产党在社会主义建设实践中积累了丰富的执政经验，在变化的历史环境下不断推进自身的转型进程，进行了一系列深刻的自我调整以加强对革新事业的领导，新世纪越南共产党的适应性体现为如下特点：第一，从功能性角度来看，在革新进入深化阶段，面对更加复杂的外部压力，越南共产党对把握政治方向、稳定执政地位高度重视，越共在被动适应环境变化的同时尝试主动培育新的政治需求，以扩大民主参与、强化党对意识形态的领导作用等形式重塑适合执政党发展的社

① 《越南共产党第十三次全国代表大会隆重开幕》，越通社，https://daihoidang.vn/。

会环境，越共的主动性逐步增强，对外部环境变化主动进行预防式的监测和反馈，减少甚至消除潜在的消极因素，在稳定前提下求发展。第二，从结构性角度来看，越共深入扩大党内民主，选举程序体现了公开性、制度性和竞争性，用“自我放权”的方式实现权力的“集中”，加强党的绝对领导，同时通过对从中央到基层的人事任免调整来优化政党内部关系结构，不断输送新鲜血液，更新执政理念。

作为越南社会主义共和国唯一合法的执政党，越南共产党是越南革新事业成败的决定性因素，这就是为什么越共除了将经济发展作为中心任务，还强调党的建设是一项关键任务。今后越南共产党要定期、连续地开展党的建设的各项工作，在领导革新的过程中修复和克服党内出现的缺点和漏洞，进一步促进党的革新的理论和实践总结，继续进行组织机构和人事工作的改革，不断扩大党的建设的内涵。正如阮富仲总书记所说：“党的革新将使党越来越成熟和强大，才有能力承担越南革新事业光荣而艰巨的重责，才能完成党的历史使命和政治任务，无愧于越南人民的信任和期待。”①

① 《越南共产党第十三次全国代表大会隆重开幕》，越通社，https://daihoidang.vn/。

老挝人民革命党自我建设的历程、成就和发展趋势

海　贤

（云南大学马克思主义学院博士研究生）

老挝人民革命党（以下简称“老党”）起源于1930年10月成立的印度支那共产党。1955年3月22日，在印度支那共产党的帮助下成立了自己的政党“老挝人民党”。1972年二大改为现名并沿用至今。“老党是以马列主义为思想基础和行动指南的工人阶级政党，党的重大历史任务是创造性地把马列主义基本原理与老挝实际相结合，把民族独立同社会主义相结合，把爱国主义同无产阶级国际主义相结合，不断推进社会主义革新事业，把老挝建设成为和平、独立、民主、统一、繁荣的现代化国家。”①为确保实现这一重大历史任务，老党始终坚持党的自我建设，领导能力和执政水平不断提高。2021年1月13～15日，老党召开第十一次全国代表大会，会议提出：“为了满足新形势下的迫切需要，保证能落实充满挑战和考验的沉重政治任务，领导国家在未来迈上社会主义道路，我们党必须从切实、坚决解决自身的问题和缺陷开始，完善提升薄弱环节，实现积极、健康转变，完善自己，实现党的全面坚强。”②

中国与老挝山水相连，世代比邻而居，两国有着历史悠久的传统友谊，有着新时代铸就的全面战略合作伙伴关系，当前双方在命运共同体建设中合作关系不断迈上新台阶，成为中国同周边国家睦邻友好、全面合作的典范。2021年是中老建交60周年，两国关系进入承前启后的关键阶段，适时研究老党党建理论与实践，并总结其成就与经验，对进一步深入了解老党领导全国各族人民全面开展有原则的革新路线、加强社会主义人民民主制度建设，促进中老两党、两国和两国人民的友好交流与合作，具有特殊的历史意义和时代价值。

---

① ［老］苏帕娃迪·拉坎赛、方文：《老挝人民革命党加强干部队伍建设的理论与实践》，载《党政研究》2021年第1期。

② ［老］本扬·沃拉吉：《在老挝人民革命党第十一次全国代表大会上所作的政治报告》，载（老挝）《人民报》2021年1月14日。

一、老党加强党建的主要历程

“一部国际共产主义运动史，概而言之，实际上就是建党、夺权、建设三部曲。建党，就是建立、建设共产主义政党；夺权，就是共产主义政党取得政权、建设政权；建设，就是开展社会主义建设、进行社会主义改革。”[①]老党演奏的就是老挝版的“建党、夺权、建设三部曲”，其中“建党”是贯穿其建设发展整个曲目的“主旋律”，并有多种“变奏”。民族民主革命时期，老党在进行革命斗争的同时，始终重视党的阶级性和先进性建设，加强党的政治、组织和干部建设。建国后，老党由一个革命政党成长为老挝人民民主共和国的唯一政党和执政党，基于根据地时期的人民民主制度建设经验，开始注重党的执政能力建设，巩固党的执政地位。进入革新开放时期，老党在领导全国各族人民全面开展有原则的革新路线的同时，始终重视党的先进性建设，党的执政能力与领导能力逐步增强。

1.民族民主革命时期的党建实践（1930～1975年）

民族民主革命时期，老党从实际出发，韬光养晦，审时度势，整合民族与时代两股力量，建立最广泛的民族统一战线，灵活采取政治、军事、法律和外交等斗争手段，最终通过“三锤子”战略夺取了全国政权。其间，老党始终围绕革命斗争的中心任务，全面开展党、政、军建设，拓展、巩固革命根据地，发动、领导人民战争与持久战，使老党在革命理论、思想政治、组织干部等方面得到全面加强。

民族民主革命时期，老党的自我建设大体可以分为印度支那共产党时期和建党以后时期。印度支那共产党时期，老挝共产党人主要以组织和干部建设为主，注重开辟根据地和发动群众，加强理论研究、宣传和教育工作。建党后，老党根据斗争形势的变化及时调整党的斗争策略，党的自我建设也不断完善并向前发展。在党的一大、二大期间，老党就明确提出了党建的基本方向：必须以马列主义为指导，服务于各个时期的政治任务并与之紧密联系，必须与群众斗争运动紧密联系，把党建设成政治、思想和组织上稳固坚强的党。1955年3月22日至4月6日，老党召开成立大会，制定了党的章程，选举凯山・丰威汉为总书记，明确了党的性质、宗旨，规定了党的建设原则和目标。1965年，在建党10周年之际，凯山・丰威汉指出党内存在的几个问题：一是党的阶级性和斗争性没能充分体现，包括部分党员干部缺乏理想信念和斗争意志，主动性、群众观和阶级基础上的民族意识还不强，部分党委未能深刻领会党的干部任用、发掘和培训的路线，部分党支部未能发挥基层工作的领导核心作用等。二是部分党员和干部领会和贯彻落实党的政策的能力和知识还有欠缺，如指导落实、检查促进和多方面、多部门协调等还存在不足，总结经验不及时、不深刻等。[②] 基于对这些问题的认识，老党积极加强各级党委和党支部建设，加快培养和发展高素质党员步伐，弘扬党员和干

---

① 林建华：《国际共产主义运动大视野下的巴黎公社革命和巴黎公社》，载《当代世界与社会主义》2021年第2期。

② 参见老党中宣部编：《凯山・丰威汉文选》第1卷，老挝国家出版社1985年版，第66～71页。

部的革命英雄主义精神，党的建设取得可喜成就。此外，基于老挝阶级分化不明显、工人阶级尚不强大的基本判断，老党还制定了“从激发各族人民的斗争精神、爱国主义精神、勇于牺牲精神和革命英雄主义精神入手，逐步引导其向爱党、爱社会主义转变的路线”。1972年，老党二大改称“老挝人民革命党”，确定了党在民族民主革命和向社会主义过渡时期的政治任务、斗争方式，通过了党纲和党章，明确了党的建设原则和方针。

1975年以前，老党一直没有公开活动，而是通过1950年成立的“老挝伊萨拉(自由)阵线”(1956年更名为“老挝爱国阵线”，1979年更名为“老挝建国阵线”)的名义开展革命斗争。为了加强党的领导，老党从组织、宣传、干部、根据地和武装力量等方面进行建设，很多工作在人革党正式成立之前就已经开始。一是加强组织建设。在印度支那共产党时期，老党的组织建设就已经开始。1934年已经建成6个党支部，组建了共青团、工会、反帝国运动组织、妇女协会、青年学生会和运动员协会等。1967年，老党第一次组织工作大会提出要在农村开展“三好四懂”党组织建设。其中“三好”指的是：思想政治工作领导得好，任务的组织落实领导得好，党的建设做得好。“四懂”是1966年3月14日老党中央制定的党建指导方针和实施方案，指的是：懂宣传发动群众，团结巩固政权；懂领导群众对敌作战，牢牢掌握军队和民兵游击队；懂经济增产增效，提高经济生活水平；懂宣传发展党员，开展党内建设工作。到1970年第二次组织工作大会召开时，老党基层党组织数量达到1400个。1971年，老党中央常务委员会颁布了旨在加强解放区建设、加快“四懂”党组织建设的“关于发动群众工作”的第25号命令。1973年第三次组织工作大会提出，要加强党组织和党员干部建设，贯彻“1973～1975年三年组织工作的方针、方法”，不断建设政治坚定、组织坚强和永葆阶级性和斗争性的党。会议还提出要在基层开展“四懂党支部”和“四懂党员”创建活动。二是积极开展宣传工作和发动群众。老挝共产党人制定了“政治引领军事，经济建设为撬杠”的工作原则，以反抗剥削压迫和激发爱国热情为主要手段，深入偏远山区、群众受压迫较重地区和工作人员家乡开展发动群众的思想动员工作，获得了人民群众的广泛支持。同时还积极采取措施，譬如积极争取社会主义国家援助、建设培训学校、开通广播电台等，积极发动全国各族人民群众。三是重视军队和根据地建设。从1949年起，老挝共产党人纷纷在各地建立老挝人的革命武装，开展根据地政权建设，领导人民战争，为老挝革命的胜利提供了物质保障和群众基础。1955年老党成立起，就逐步形成了党、政、军协调发展的模式，选举了中央书记和副书记、中央委员、军委书记、根据地省委书记等，明确了根据地政权建设、军队建设、统一战线、外交和法律斗争等方面的分工，为民族民主革命胜利提供了坚实组织保障。1959年，老挝人民党在老挝内战爆发后召开会议，决定将美帝国主义及及其扶植的反动政府列为斗争对象，斗争方式也由政治斗争转向武装斗争，根据地建设也迅速发展。随着解放区的扩大，同时也为了适应革命形势的变化，在中国和越南等国家的帮助下，老挝根据地建设正式提上日程。1965年5月召开的老挝人革党一届十三中全会明确提出了全面开展根据地政权建设的战略规划。到1975年夺取全国政权之前，老党领导的根据地政权建设取得了巨大成就，在民族民主革命取得最终胜利的伟大事业中发挥了巨大作用。四是注重干部培训和发展党员。老党重视保持党员和干部队伍的纯洁，注重工作人员的道德教育和革命品质培养，开展培训工作，对党员和干部进行挑选和肃清工作。老党正式成立前就一直重视干部工作。1934年，老挝区委就已经有了32名党员，除此之外还有25名共青团员等。到1939年8月，在印度支那共产党中央委员会召开大会的同时，老挝区委召开会议制定了紧急方针，即重视党的建设和发展党员，在群众中建立和发展党的基层组织，为及时把握时机做好充分准备和力量安排。为了贯彻1951年印度支那共产党二大关于各国单独成立自己政党的决定，1954年起，老籍印度支那共产党党员在印度支那共产党的指导下对党组织和党员队伍进行整改和重组，将各党组织的名称统一为"核心组"(亦称"中心组")，对老挝籍印度支那共产党党员进行审查、培训和筛选，不断发展"核心组"成员，为党的首次大会作准备。1954年7月，经过审查，老籍党员人数从600名变为300名。1955年初，通过培训，从300名党员中选出68人，并最终选拔了27名符合条件的党员参加老党第一次大会。通过这些措施，老党确保了党员干部队伍的纯洁性。1955年3月22日，代表全国300多名党员的22名党员参加了老党成立大会。1955年，老党成立后不久召开的一届二次会议就干部管理、干部建设和组织工作进行了明确分工，为老党后来开展党的干部建设工作奠定了坚实基础。

2.建国初期的实践(1975～1986年)

1975年老挝人民民主共和国成立以后，老党逐步发展成为老挝的唯一政党和执政党。建国初期，老党基于根据地政权建设经验，以苏联和越南模式为榜样，全面开展人民民主政权建设，在政治上完善了国家政治体制，经济上建立全民所有制和集体所有制两种形式的社会主义生产关系，确定了"保卫与建设祖国"的两项战略任务，加强全民团结，开展生产关系、科学技术和思想文化革命等"三大革命运动"。老党明确指出，新时期、新角色、新任务，要真正实现从革命党向执政党的转变，就必须进行党的自我建设。

党是革命胜利的决定性因素。在建国初期的十年中，老党一直高度重视党的建设工作，并强调："从革命党转变为执政党，要知道革命任务的内容和目标产生了变化，要转变成一个带领全国各族人民当家作主、进行社会主义建设的执政党，必须高度重视和加强党的建设。"[①]1978年，老党召开第四次全国组织工作大会，会议重申要继续贯彻二大的决议，尤其是二届四中全会的决议。会议强调，要建成政治、思想和组织上坚强的党，强化和发展党的阶级性、先进性和全面领导的能力，将党建设成真正的无产阶级专政制度的领导核心，并具备领导新时期革命的能力。在1979年3月发表的《老挝

---

① [老]凯山·丰威汉:《在老挝人民革命党第四届十次扩大会议上的讲话》，载《老党中央宣传部文献资料》，1991年1月3日。

革命的几条经验及关于新方针的若干问题》中，凯山·丰威汉指出："老党是老挝工人阶级的真正的马列主义政党，是有着严密组织的进步力量，是工人阶级的最高组织形式"，"应始终加强党对各个领域斗争的领导"。[①] 凯山·丰威汉还指出，在无产阶级政党掌握国家政权后，要通过发挥政权在国家治理、经济治理和社会生活各方面治理的作用和权威，以及促进人民当家作主，来体现和加强党的领导。1982年，三大制定了党建"五大指导方针"，即要从政治、思想和组织等三个方面强化党的建设；党建工作要与人民群众在各时期贯彻落实党的政治任务的革命运动紧密结合；党的自我建设和发展要与政府机构、群众组织的改革发展相结合；党的建设和完善要与提高党员和干部素质相结合；将达标的人吸收入党，将不达标的党员清除出党。[②]

建国之初，老挝面临国际国内形势复杂多变、经济基础薄弱、管理体制尚不完善等多重问题。为了实现从革命党向执政党的转变，老党始终坚持马列主义，维护党内团结，构建国家团结统一，积极开展人民民主制度建设实践，建立了社会主义性质的政治经济体制，领导全国人民进行了近十年的社会主义改造和建设探索，积累了诸多经验和教训，为后来的社会主义再认识和全面开展有原则的革新路线奠定了坚实基础。在这个过程当中，党的自我建设具有重要意义。老党在强调执政能力建设、贯彻落实党的政治任务、加强思想政治工作的同时，十分重视党的组织与干部建设。组织建设方面，老党认为，县级党组织既是地方行政管理单位，同时也是负责国防治安与经济、社会和文化的单位。因此，老党注重加强基层党委和党组织的建设，尤其重视县级党组织的建设。除此之外，老党还注意完善党的助手类部门和组织的建设，充分发挥其参谋助手作用。1984年4月25日召开的老挝第六次全国组织大会制定了组织建设工作方针，提出要强化党组织建设，提升党员素质，提高党员发展工作的质量，强调要全面加强基层党组织建设，农村党组织要懂得全面领导等。干部工作方面，各级党委十分重视党员干部的培养。到1985年，老党全国党员达到45000人。在发展党员的同时，老党还注重培养经得起斗争和实际工作考验的干部，发挥工人或农民出身的干部的作用，重视扩大民族、妇女、知识分子及旧社会公务人员的使用。1985年，老党三届九中全会认为，党员的数量和领导能力都得到了巨大提升，县级以上的领导干部由建国前的2000人增加到10000人，中级和高级领导干部增长了5倍。[③]

3.革新开放时期的实践(1986年至今)

20世纪80年代末90年代初，东欧剧变、苏联解体，世界和地区形势急剧变化，社会主义事业遭遇了严重挫折。作为老挝社会主义建设事业的坚强领导力量，老党清醒地认识到，苏东剧变给包括老党在内的各国政党带来了前所未有的冲击，西方敌对势力和各种反动势力势必会继续极力歪曲、污蔑和攻击马列主义和社会主义，因此，必须加强党的自我建设，坚持社会主义方向，进行符合本国国情的社会主义革新。老党强

① 老党中宣部编：《凯山·丰威汉文选》第1卷，老挝国家出版社1985年版，第292、435页。

② 参见老挝凯山博物馆领导委员会：《凯山·丰威汉的革命生涯》，老挝国家出版社2012年版，第315页。

③ 参见老党中组部：《老挝人民革命党组织工作55年》，老挝国家出版社2010年版，第42～183页。

调，必须始终坚持和加强党的全面领导，使老挝全国各族人民紧密团结在党的周围，这是“建设和发展人民民主制度，为逐步迈入社会主义创造基本要素的阶段”的根本保证。

为了全面践行革新开放路线，巩固和加强党的全面领导是老党需要着力解决的一个重大课题，具有根本性、全局性、战略性的重大意义。在酝酿革新开放政策的初期，凯山·丰威汉曾提出，党要重视和加强党的全面领导，坚持进行党的自我建设，保持党的阶级性和先进性，提高党的执政能力，并强调说，巩固和加强党的全面领导，对老党的自我建设提出了新的更高的要求，党的全面领导能否得到贯彻落实，关键看能不能坚持和加强党的自我建设。基于此，凯山·丰威汉认为，进入新时期，一定要坚定不移坚持党的自我建设，不断提高党的执政能力和领导水平，为巩固和加强党的全面领导，全面开展有原则的革新路线提供坚强保障。随着革新开放的不断推进，老党党建得到不断完善。1986 年，老党四大强调要加强党的领导，改善党的组织，强化基层党组织的战斗力，革新干部工作，发挥党员干部的带头示范作用，改变工作方式，坚持组织生活原则，加强思想理论工作。① 1989 年召开的四届八中全会就加强党的思想政治工作进行讨论，并通过了《新形势下的思想政治工作决议》，凯山·丰威汉提出了加强思想政治工作的十条指导意见。1990 年 3 月 22 日，在建党 35 周年庆典上的讲话中，凯山·丰威汉回顾了老党成立数十年来取得的成就，强调要“革新党的作风和领导方式”，加强党的自我建设。凯山·丰威汉指出，为了提高党的执政能力，革新党的领导作风，要时刻牢记党的宗旨，坚持做好六项工作。1991 年召开的老党四届十次扩大会议回顾了老挝人民民主共和国建国 15 年来尤其是 1986 年四大以来党的领导和自身建设取得的成就，基于国内外、党内外形势，凯山·丰威汉从思想政治、组织建设、干部培养、发动群众、纪律检查、工作作风等六个方面对革新开放时期执政党的自我建设作了初步部署和具体规划，明确提出了革新开放新时期执政党建设的重大命题。1991 年，老党五大强调要提高党对社会的责任心。1996 年，六大通过了党的新章程，强调要建设一个政治、思想和组织坚强的党，提高党员素质。2001 年，七大提出要从思想政治、组织建设、领导作风、监察管理、干部队伍建设等方面着手，巩固党的执政地位。2006 年，八大提出把党建设成廉洁、坚强和稳固的执政党。2011 年，九大总结革新开放以来的经验时指出：“要坚持提高党的领导地位和领导能力，指导各级国家机关结合各地的特点和优势，正确、及时制定贯彻落实党的路线方针政策的具体方案和措施，同时注意整合各类经济成分、各族人民的传统、各个社会阶层共同参与执行，这是党的路线取得成就的重要条件。”②会议提出要加强党的思想政治建设、组织建设、领导作风建设、纪检监察建设和党员干部队伍建设等。

进入新时期，老党关于党建的相关思想日趋成熟，相关工作得到有力贯彻与落实。

---

① 参见老挝凯山博物馆领导委员会：《凯山·丰威汉的革命生涯》，老挝国家出版社 2012 年版，第 327 页。

② 新曙光杂志社编：《老党九大报告汇编》，老挝国家出版社 2011 年版，第 23～24 页。

2016年，老党十大强调："要坚持有原则的全面革新路线，运用和发展马列主义和凯山·丰威汉思想，提高各级党委领导贯彻落实党的路线方针政策的能力，同时整合各级政权组织、经济成分、各族群众、各个阶层参与执行。提升党的领导作用和领导能力，发挥党员的战斗先锋和模范带头作用，坚决抵制党政机关和党员干部队伍中出现的消极现象，确保党能够始终廉洁、坚强、稳固。"①老党十大首次将凯山·丰威汉思想写入党章，与马列主义共同列为党的指导思想，老挝马克思主义本土化取得重大突破。老党十大还明确了今后五年党建的七项重点工作。十大以来，老党继续坚持党的自我建设，提高党的执政能力。2018年召开的十届六中、七中全会分别就加强党的建设、加大反腐力度等问题进行讨论，出台了一系列新的制度文件。2019年召开的十届九中全会进一步重申要严格党的执纪问题，强调要进一步加强党的建设，增强团结统一。2020年6月召开的十届十中全会提出，要在对十大以来党章的贯彻落实情况进行评估的基础上对党章进行修改，以解决党内存在的消极问题，提高党的执政能力，建设坚强的党员干部队伍。2020年10月召开的十届十一中全会就党章修改和工作作风问题进一步开展广泛、深入讨论。2021年1月召开的十一大回顾和总结了十大以来的党建工作成就，提出要从思想政治、组织干部、纪检监督、作风建设等方面全面加强党的建设，努力建成纯洁、坚强、稳固的党。

二、老党党建的主要成就

在资本主义不发达、敌强我弱的背景下，老党始终坚持马列主义指导，经受住了民族民主革命的考验，经历了进行社会主义改造的探索实践，开展了有原则的全面革新开放路线，党的建设取得了巨大成就，积累了丰富经验。2021年，老党十一大总结了十大以来党的建设取得的新成就，认为："党建与干部工作取得重大进展，通过严格、深入开展党内政治生活和整风整治，经过对危及新制度和党的领导地位的问题和缺陷进行的广泛、直来直往的研讨，全党在关于党内和全社会内部形势问题上达成了空前一致，在解决和克服党内和社会内部产生的问题上正在逐步实现积极转变，党内民主不断得到发扬，并能够更加广泛和深刻地发动全党的智慧。"②数十年来，老党在思想政治、组织干部、执纪监督和制度建设等方面取得了巨大成就。

1.思想理论建设得到新突破，意识形态工作取得成效

经济建设是老挝革新开放的中心工作，意识形态工作是老党的一项极其重要的工作。1989年，老党在四届八中全会上提出了"六项原则""五个观点"，强调要加强党的思想理论建设，开展党员干部教育培训工作，坚持和运用马列主义基本原理，反对不利于人民民主制度的各种社会思潮。老党六大至九大修改的《党章》均提出：在坚持马列

---

① 新曙光杂志社编：《老党十大资料汇编》，老挝国家出版社2016年版，第30～31页。

② [老]本扬·沃拉吉：《在老挝人民革命党第十一次全国代表大会上所作的政治报告》，载(老挝)《人民报》2021年1月14日。

主义、坚持社会主义理想的基础上，从政治、思想和组织上培育和建设一个坚强的党。[①] 2016 年，十大更是强调："我们党要始终保持工人阶级先锋队的本质，始终是工人阶级最高政治组织，始终是工人阶级、爱国劳动人民和全老挝民族利益的忠实代表，因此，首先我们就要坚持将马列主义、凯山·丰威汉思想作为党的思想理论基础，并结合国情和社情特点，有创造性地加以运用。这是评价党的政治原则、党的领导智慧和能力首要标准。"[②]十大首次将凯山·丰威汉思想与马列主义共同作为党的指导思想。凯山·丰威汉思想作为老党的指导思想地位的正式确定，标志着老挝马克思主义本土化进入新的发展阶段。

为了加强思想政治工作，老党在党政军各种部门都设立了负责思想理论工作的职能部门，除了成立老挝社会科学委员会外，在凯山·丰威汉思想确定为党的基本指导思想后，也组织成立了相应的工作委员会。老党主要从四个方面开展思想政治工作，意识形态工作取得巨大成效。一是狠抓党员干部的思想政治建设，完善政治理论学习体制和机制，加强领导干部思想政治教育工作，利用国内外资源，提高党员尤其是领导干部的思想政治水平。二是注重革命教育基地建设，弘扬爱国主义，加强青少年思想理论教育，筑牢思想理论教育的根基，发展党的后备力量。三是重视学习研究其他社会主义政党的思想理论教育的做法和经验，开展党际理论研讨会，就治国理政、管党治党的做法和经验进行交流。四是开展各种纪念活动，包括凯山·丰威汉、苏发努冯等主要党政领导人的诞辰纪念活动，以及建党、建国、重大历史事件和包括建国阵线在内的重要组织机构的庆祝或纪念活动等。宣传和介绍党和国家的历史，增强民族认同感，提高全体公民的文化水平和思想道德素质，为新时期进一步深化落实有原则的革新路线提供强大的精神动力和思想保证。

2.组织建设取得成效，干部建设日趋加强

凯山·丰威汉曾指出："党的组织工作是党最重要的工作之一"，"正如列宁同志所说，党是阶级中有组织、有觉悟的先锋队。这个先锋队的力量比它的人数大十倍、百倍。"[③]自 1986 年四大以来，老党历次大会都强调组织建设，五大、六大都强调要加强民主集中制原则，发展党内民主。2001 年七大强调，要加强党建和党内团结，严格执行民主集中制，反对个人自由主义、多党制、宗派思想、机会主义、官僚主义和消极现象，注重干部队伍建设。[④] 2006 年八大修改的《党章》规定，老党是按照民主集中制、集体领导、分工负责的原则组织起来的有严格纪律的政党。党的所有领导机关都要按照民主集中制原则开展活动，采取集体领导与个人分工负责制相结合。党的每个决议和每次会议选举必须由多数票通过，表决前党员有充分表达自己意见的权利。党的各项决议应得到严格执行，党员个人服从组织，少数服从多数，下级服从上级，全党服从中

① 参见王家瑞：《当代国外政党概览》，当代世界出版社 2009 年版，第 54 页。

② 新曙光杂志社编：《老党十大资料汇编》，老挝国家出版社 2016 年版，第 59 页。

③ 老党中宣部编：《凯山·丰威汉文选》第 4 卷，老挝国家出版社 2005 年版，第 409 页。

④ 参见张焕：《继往开来 团结奋进——记老党第七次全国代表大会》，载《当代世界》2001 年第 4 期。

央。2011年九大强调,要继续重视马列主义基本原理中关于党和党建的相关原则性问题;坚持民主集中制原则,提高党员队伍的政治责任感;发扬党内民主与加强化的纪律相结合;加强党内在思想和行动上的一致性,是党的各个组织和党员在各方面都廉洁、坚强、稳固。[①] 2016年十大指出,要在正确和严格执行民主集中制原则基础上,确保各级党组织廉洁坚强,要推动各级党在组织生活中的民主,完善基层组织工作,提高党员素质,加强党员管理。[②] 2021年1月召开的十一大在继续强调坚持民主集中制原则的前提下,将党的组织原则的具体内容由原来的7增加到8条。经过不断努力,老党组织建设取得巨大成效,民主集中制原则得到不断巩固,党内民主得到充分发展。

党的干部队伍建设关乎党的事业成败。老党认为,老挝革命、革新事业之所以能够取得成果,在于有一支符合革命和时代需要的干部队伍。凯山·丰威汉曾指出:"回顾党的四大和历次大会的决议可以发现,相关工作的组织落实没能取得相应成果的主要原因在于人,即干部的问题。再正确、再好的决议,如果缺少有知识、有能力的干部来贯彻执行,都只能停留在纸上。"[③]数十年来,在老党的不断努力下,党员数量快速增长,党组织的领导力和先进性不断增强。1955年建党时,老党党员人数仅有约400人,1972年二大约有21000人,1982年三大约有35000人,1986年四大约有45000人,1991年五大约有60000人,1996年六大约有78000人,2001年七大约有100000人,2006年八大有148590人,2011年九大有191780人,2016年十大达到268431人,到2021年1月老党召开第十一次全国代表大会,党员人数达到了348686人。[④] 在党员数量快速增长的同时,老党还非常重视党员干部建设,党员队伍不断壮大,党员素质不断提升。2016年老党十大指出,要想适应党和国家及人民事业发展的需要,就必须建设高素质干部队伍,"从制定干部培养培训计划及分配、调动、管理任用、监督评价和政策待遇方面,革新干部培养工作,推动干部工作法制化、制度化,建立系统、透明的干部工作程序,确保干部数量和质量同步提高"[⑤]。为了确保建成政治素质、革命品质、理论水平、领导能力、生活作风、领导作风、工作作风、创新能力和廉洁纪律等全方面达标的党员干部队伍,建成纯洁、坚强、稳固的政党,增强党的战斗力和领导力,巩固党的执政地位,2016年十大以来,老党先后颁布了一系列旨在加强党员和干部队伍建设的法律法规文件,包括明确干部公务员职务和岗位定级、制定领导干部标准、完善政治理论学习体制与机制及严格党内政治生活等,为新时期干部建设提供了有力制度保障。2021年召开的十一大认为:"党的干部培养、选拔和任命计划按照年轻化要求得到指

① 参见新曙光杂志社编:《老党九大资料汇编》,老挝国家出版社2011年版,第95页。

② 参见新曙光杂志社编:《老党十大资料汇编》,老挝国家出版社2016年版,第65~67页。

③ 老党中宣部编:《凯山·丰威汉文选》第4卷,老挝国家出版社2005年版,第416页。

④ 参见[老]本扬·沃拉吉:《在老挝人民革命党第十一次全国代表大会上所作的政治报告》,载(老挝)《人民报》2021年1月14日。

⑤ 新曙光杂志社编:《老党十大资料汇编》,老挝国家出版社2016年版,第68页。

导和落实，党的干部工作正在发生积极、强健的转变。”[①]大会还提出要加强党的建设工作，实现干部工作的强健、深刻转变。

3.执纪监督不断深化，作风建设取得实效

老党的执纪监督制度产生于1972年2月召开的二大，会上通过的《党章》中明确规定了老党监督委员会的任务。1982年4月召开的三大政治报告中强调：“检查工作是各级党委的一项根本职责。没有检查就意味着没有领导。进行检查是为了增强有效的领导，保证各项决定得以实现，使不足之处得到及时改进。要利用党的各个专业委员会对各部门和有关工作进行监督，同时，也要给各群众团体一定职权，使它们能对党委、政府、干部和党员的各项工作进行明确的监督。”[②]近年来，老党狠抓作风建设，取得了一定成效。尤其是2016年老党十大以来，老挝纪检监察工作成效初显。

老挝党和政府从中央到地方加强行动，采取更多预防措施，加快落实反腐败战略，及时调查遗留案件，提高上访接待和处置效率，坚持预防和打击并重，做到保护、教育与处罚结合，重视加强与友好国家的交流和合作，努力遏制贪腐现象。老挝中纪委副书记、监察署副署长西奈·明拉万曾表示：“老挝党和政府正努力加强纪委监察工作，争取像中国一样敢于打虎、拍蝇、猎狐，使党员干部不敢贪、不能贪、不想贪。”[③]十大以来，老党开始旗帜鲜明地讲政治，继续重视党的政治建设，党内政治生态有所好转，反腐败斗争格局已经初步形成，并巩固发展，老挝党和国家事业取得历史性成就、发生历史性转变。2021年1月28～29日，老挝召开“2020年度及五年(2016～2020年)全国纪检监察工作大会”，会议指出：“五年来受到党纪政纪处分的党组织和个人情况是：6个党组织受到警告处分，3200名党员受到纪律处分，其中警告处分649人，撤销党内职务137人，留党察看632人，开除党籍1791人，行政处分546人，移送司法93人，法院判决64人。”老党全面从严治党成效卓著，改变了以往管党治党“雷声大，雨点小”的状况。

4.完善党内法规体系，制度建设取得重大进展

完善的党内法规体系是建设老挝特色社会主义法制体系的根本保障，只有抓好制度建设才能从根本上实现从严治党。为确保党建工作的落实，确保建成“纯洁、坚强、稳固”的政党，老党先后颁布了许多关于党建的决议、命令、规定和实施意见等，按时间顺序，主要包括：关于建设“四懂”党支部的党中央决议(1966年3月14日)、中央政治局关于各级党委加强完善和建设坚强和懂得全面领导的基层党组织工作的第11号命令(1996年8月17日)、中央组织部关于贯彻落实中央政治局第11号命令的第89号实施意见(1996年9月26日)、中央组织部关于建设坚强和懂得全面领导的党支部方

① [老]本扬·沃拉吉：《在老挝人民革命党第十一次全国代表大会上所作的政治报告》，载(老挝)《人民报》2021年1月14日。

② [老]凯山·丰威汉：《在老挝人民革命党第三次代表大会上的政治报告》，老党中宣部文献资料，1992年4月。

③ [老]西奈·明拉万在老挝百名干部代表团与云南纪委监察部门座谈会上的讲话，2018年10月16日。

法的第65号实施意见（1998年9月7日）、中央组织部第11号规定（1999年3月23日）、中央政治局关于基层党组织与党员质量评估与考核定级制度的第2号规定（2004年4月20日）、中央组织部关于贯彻落实中央政治局第11号规定的第374号实施意见（2004年7月6日）、中央政治局关于建设坚强和懂得全面领导的党支部标准的3号规定（2004年8月13日）。除此之外，老党还制定了战略规划、法律和规章制度，其中战略规主要有《2012～2020年国家反贪污腐败战略（草案）》，法律主要包括《反贪污腐败法》《国家监察法》《国家审计法》《干部公务员法》等，法规与规章制度主要包括《关于批准〈联合国反腐败公约〉的决定》《反贪污腐败条例》《关于党员干部的14条禁令》《关于开展党内政治生活的补充命令》《领导干部责任制度》《政治局关于党员干部禁止事项的规定》《中央委员会和政治局关于新形势下加强纪检监督和党员监督工作的规定》《关于领导干部财产和收入申报的总理令》《关于厉行节约和反对奢侈浪费的总理令》《公务员操守政令》《中央委员会关于克服官僚主义和遏制与反对贪污腐败的决议》等，上述法律法规文件为老党加强管党治党工作提供了法规依据和制度保障。

2016年十大以来，老党围绕“纯洁、坚强、稳固”政党建设，注重党的思想理论建设，加强党的干部建设，完善思想政治工作制度。一是强调建设“纯洁、坚强、稳固”的政党。主要文件有：中央政治局关于加强建设纯洁、坚强、稳固党支部的第1号命令（2018年1月3日），中央组织部关于贯彻落实中央政治局关于加强建设纯洁、坚强、稳固党支部的第1号命令的第291号实施意见（2018年4月26日）。二是加强凯山·丰威汉思想研究，巩固和发展马克思主义老挝本土化理论成果。主要文件有：中央政治局关于开展凯山·丰威汉思想研究的第58号决议（2018年12月13日）、中央政治局关于成立凯山·丰威汉思想研究指导委员会的第63号决议（2019年3月12日）、老挝国家社会科学院凯山·丰威汉思想研究指导委员会关于贯彻落实中央政治局关于凯山·丰威汉思想研究工作的决议的第12号实施意见（2019年5月13日）。三是完善干部工作体制机制。主要文件有：中央政治局关于领导与管理类干部标准的第30号决议（2018年1月3日）、中央政治局关于干部管理工作的第31号决议（2018年1月3日）、中央政治局关于制定领导与管理类干部建设规划的第32号决议（2018年1月3日）。四是完善政治理论学习工作制度。主要文件有：中央政治局关于关于政治理论学习体制的第72号决议（2019年5月14日），中央政治局关于关于制定领导与管理类干部培养规划的第73号决议（2019年5月14日），中央书记处关于政治理论水平认证的第1号规定（2019年5月15日），中央组织部关于落实政治局关于政治学习体制、制定领导与管理干部培养规划及书记处政治理论水平认证规定的第204号实施意见（2019年11月5日）。此外，为提高思想政治工作的质量，老党中央政治局还颁布了关于新时期提高思想政治工作质量的第206号决议（2020年12月7日）。截至目前，老党关于加强党建的制度建设取得了突出成就，为进一步提高党的执政能力，巩固和加强党的执政地位、保持党的先进性提供了坚强的制度保障。

三、老党党建工作的主要经验与发展趋势

(一)老党党建工作的主要经验

老党能够取得革命斗争的胜利并保持长期执政地位，最重要的原因之一就是始终高度重视党的自我建设，善于总结经验教训，坚持走符合本国国情的发展道路。在老党成立65周年的讲话中，老党中央总书记本扬·沃拉吉指出："65年来，我们党在民族解放斗争中发挥了决定性作用，开辟了祖国建设发展的新纪元。我们党能发挥这个历史作用的主要原因是：第一，坚持以民族的解放、独立、自由和人民的平等、自主、福祉为根本，坚持工人阶级的理想与国家发展的路线和目标相统一，始终坚持走社会主义道路，党除了为人民谋福利、为国家谋繁荣之外，再无其他自己的特殊利益。第二，始终坚持马列主义的新型党建各项原则。在党内坚决贯彻落实民主集中制原则，促进批评与自我批评，反对各种形式的个人主义和机会主义，保持党的纯洁、坚强和稳固。第三，党的最高领导机关在包括艰难时期和关键转折时期的各个历史时期，始终保持高度团结，这是我们党有责任保护和继续发扬的最优良的传统。第四，党始终密切联系群众，赤忠为民，坚持走群众路线，以民为本，保持和发扬真正来自人民、依靠人民、为了人民的革命本色和传统。第五，党坚持把真正的爱国主义与纯洁的国际主义紧密结合。"[①]这是对老挝人民革命党建设发展历程和经验最精辟的诠释。

具体而言，老党党建经验主要包括如下几个方面：加强政治建设，引导党员干部自觉抵制各类消极文化和腐朽思想，防范"和平演变"和"自我演变"；加强思想建设，以马列主义与凯山·丰威汉思想为引领，提升党员干部思想道德水平，树立党员干部队伍的良好形象；加强组织与干部建设，坚持民主集中制，发扬党内民主，严格选人用人标准，选拔出一批政治立场坚定、有知识、有能力的领导干部，严肃党内政治生活；加强作风建设，纠正党内存在的不正之风，做到思想作风、工作作风、生活作风同进步，时刻保持密切联系人民群众的良好风尚；加强纪律建设，完善纪律体系，引导全体党员学习、理解、落实和运用党的纪律，强化法治化思维；加强制度建设，重点对当前党内法规存在的不适应、不协调等问题进行修改和废止，构建防腐、反腐、治腐的长效机制；加强党际交往，与重要国家和政党进行治国理政、强党建党经验交流，为进一步加强党的建设创造有利的内外条件。总之，老党将通过系统谋划和统筹推进，确保建成一个能够担当民族发展进步大任、适应时代复杂变化趋势和领导各族人民为迈入社会主义而努力奋斗的执政党。

(二)老党新时期党建工作的发展趋势

自诞生之日起，老党始终以马列主义为指导，坚持党的阶级属性，重视党的建设，并根据具体实际，逐步形成了符合老挝实际的马克思主义政党建设理论和实践模式。经过数十年的建设发展，老党总结认为，一个政党，如果想要在一个贫穷落后且长期受

---

① [老]本扬·沃拉吉：《在庆祝老挝人民革命党成立65周年大会上的讲话》，载(老挝)《人民报》2020年3月23日。

到帝国主义列强殖民压迫的国家完成民族民主革命任务并长期执政，就要始终重视党的自我建设，带领国家向前发展，全力争取全国各族人民的拥护和信任。老党第一代领导人凯山·丰威汉曾指出，老党几十年的革命斗争和领导社会主义建设实践得出的一条重要经验就是，党必须始终加强自身建设，永远保持先进性、纯洁性，不断提高党的领导能力和执政能力，领导老挝人民走社会主义革新道路，积极投身社会主义建设。在马列主义和凯山·丰威汉思想的指引下，老党历任领导人，包括坎岱·西潘敦、朱马里·赛雅颂、本扬·沃拉吉以及新当选为老党总书记的通伦·西苏里等，都始终坚持党的自我建设，将老挝本土化的马克思主义政党建设理论推向新的高度。老党十一大提出了未来党建工作的政策规划：一是要加强党的建设，实现思维革新，提高党的思想政治理论质量，研究、运用和创新马列主义的凯山·丰威汉思想，继续完善各级党委，建设坚强党组织，坚决解决党内遗留问题，建设坚强的党组织，提高党员与干部素质，建设纯洁、坚强、稳固的基层党组织，落实党的基本原则，改善党的工作作风和领导作风，加强党内监督，坚决消除党内消极现象。二是要实现干部工作的强健、深刻转变，系统制定和执行干部规划，完善干部选拔与任用体制，积极合理地完善对干部的政策与福利，严格执行干部管理、监督制度和纪律处分措施。

未来，老党将继续加强党的建设。第一，研究、领会和掌握新时期关于党的自我建设的相关法规文件。第二，强化各级党委对建设纯洁、坚强、稳固的党的责任意识。第三，强化各级党委和所有党员在民主评价中的责任。第四，加强组织建设，提高党员管理工作和开展基层党组织生活的质量。第五，主动抵制和反对党组织内部和党员队伍内部的消极现象。第六，继续发扬党内团结统一传统。第七，重视党建工作的监督检查工作，定期总结党建经验。

四、结语

老党经历了抗法战争、抗美救国战争和解放运动的长期考验，建国后又经历了领导老挝各族人民修复战争创伤、进行社会主义改造尝试和实行革新开放等一系列社会主义革命和建设的实践磨炼，党的领导能力和执政水平不断提高，党员干部队伍的建设取得重大突破，领导社会主义建设的经验日益丰富。老党的党建实践证明，要坚持继承和创新相结合，要科学认识、把握和运用马克思主义党建学说，要根据党所处的历史方位和时代条件的变化，研究新情况、解决新问题、创新新经验，不断提高执政党的建设科学化水平，使党始终保持并焕发出蓬勃生机活力。2021年，老党十一大擘画了执政兴国的新蓝图，老挝人民正步入社会主义工业化和现代化建设新阶段，对新时期老挝党和国家的发展具有重大意义。站在新的历史起点，在马列主义和凯山·丰威汉思想的指引下，老党将继续全面加强党的自我建设，努力建成“纯洁、坚强、稳固”的政党，提高党的领导能力和先进性，巩固党的执政地位。同时，老党将始终坚持社会主义方向，进一步深化落实有原则的全面革新路线，不断探索顺应世情变化、符合自身国情的发展道路，在保卫和建设祖国的伟大事业中取得更加辉煌的成就。

印度共产党(马)对中国特色社会主义的认识与评析

张清政

(中国人民大学国际关系学院博士研究生)

2021年是中国共产党成立100周年,许多国家的共产党对中国共产党给予了高度评价。中国共产党在带领中国人民走向民族独立和社会主义道路之后,又开辟了中国特色社会主义道路。在苏联解体后的世界社会主义运动低潮期,社会主义中国的迅速崛起,使得中国特色社会主义引起了全世界各国人士的极大兴趣。这种兴趣在当今各国共产党中表现更为强烈,但对中国特色社会主义的认识和评价方面莫衷一是,其中印度共产党(马克思主义)的观点具有一定的代表性。印度共产党(马克思主义),简称"印共(马)",研究印共(马)对中国特色社会主义的总体认知有利于我们在一定程度上把握资本主义国家共产党对中国特色社会主义的认识和解读,进一步了解国外共产党对中国的最新解读,为党际交流和对外工作提供一定材料支撑和理论参考。

一、印共(马)对中国特色社会主义的认识

1.中国改革开放前与改革开放后是相辅相成的关系

印共(马)指出,中国是世界上人口最多的国家,建设社会主义现代化经济体系的任务十分艰巨。从中国革命阶段过渡到社会主义现代化阶段的过程至少需要一百年,而这个过程就是"建设中国特色社会主义"的实践过程。中国自1978年改革开放以来,在经济、政治、文化、科学研究和高新技术等领域取得了诸多突破,创造了历史性伟大成就,改变了中国人民的整体面貌,对世界经济增长与发展作出了巨大贡献。但是中国所取得的成就并不是因为中国"摆脱了毛泽东时代",而是因为站在中华人民共和国成立头三十年所奠定的坚实的物质基础上发展起来的。[①]

针对资本主义国家媒体曾一度将中国改革开放前和改革开放后加以对比,试图将

① Sitaram Yechury,"21st Century and Socialist China,"https://www.cpim.org/content/21st-century-and-socialist-china.

改革开放后取得的成就与社会主义相脱钩，宣称“中国应该庆祝……改革，而不是……共产主义(社会主义)”等荒谬言论，印共(马)特别批评指出资本主义国家对中国改革开放后的经济发展解读存在根本性缺陷，任何企图将中国取得的伟大成就同改革开放前的历史相脱离的观点都是完全错误的，也并不符合中国的实际发展状况。① 该党从四个事实出发驳斥了这种无稽之谈并阐明自身观点。第一，中国在启动改革开放政策之前就已经成功实现粮食产量的显著增长并建立了普遍的公共分配制度，为改革开放后的经济发展奠定了必要的制度保障和物质基础。第二，中国取得的伟大成就源于创造性地把改革开放前的“集中化”优点和改革开放后“市场化”优点二者成功地结合在一起。换句话说，中国的优势在于它能够利用改革开放前保留下来的社会主义性质来巧妙补充市场经济中常见的两极分化问题。从这个意义上说，把改革开放前和改革开放后进行历史割裂的做法是完全错误的。第三，伴随中国经济高速发展而引发的社会问题，理论上来说可能会阻碍中国经济健康长远发展。但是，事实上中国却依然能够维持改革开放后经济的稳定增长，这要归结于改革开放前所建立的平等公正的社会主义制度。第四，改革开放初，农业经济的高增长得益于改革开放前集体所有制和灌溉系统管理制度已然取得的成果。印共(马)从上述论点中得出结论：中国在改革开放后取得的显著成就，既是以改革开放前经济发展成果为基础，也是对这一阶段的逻辑延续和创新发展。改革开放后的经济发展成就并不能否定改革开放前，二者之间存在着一种特殊的共生关系，这种共生关系成为中国经济发展的动因之一。②

2.中国特色社会主义继承和发展了马克思恩格斯及后来马克思主义者对社会主义的理论认识

印共(马)指出，中国最主要的问题是把现有社会生产力发展提高到能够支持大规模社会主义建设的水平，即致力于缩小生产力水平和先进的社会主义生产关系之间的差距。社会主义先进的生产关系在生产力水平较低的情况下是不可能持续平衡发展的。印共(马)正是看到中国面临的这一难题，认为中共根据自身实际情况提出社会主义初级阶段的理论构想实际上是“符合马克思恩格斯自己所说的，也符合后来的马克思主义者所认可的论断：社会主义是资本主义和共产主义之间的过渡阶段，是共产主义社会的第一阶段。在这个过渡阶段，生产力水平在不同时期是存在差异的”③。也就是说，社会主义是有阶段性的，归根结底由经济发展水平所决定。因此，社会主义道路是长期性的曲折过程，不可能是“短跑赛”，而是“马拉松式”的长跑，不能搞“大跃进”。中国共产党深刻领悟了这一理论，并进一步创造性地提出了社会主义初级阶段

---

① Prabhat Patnaik,“The Difference between the Chinese and the Indian Situations,”*The Marxist*, Vol.15, No.4,1999(https://www.cpim.org/content/chinese-indian-situations).

② Prabhat Patnaik,“The Difference between the Chinese and the Indian Situations,”*The Marxist*, Vol.15, No.4,1999(https://www.cpim.org/content/chinese-indian-situations).

③ Sitaram Yechury,“Socialism in the Era of Globalisation,”https://www.cpim.org/content/socialism-era-globali.sation-0.

理论,提出了在坚持社会主义性质的原则基础之上实施社会主义市场经济。

印共(马)曾在庆祝中国共产党成立60周年的文章中赞赏了中国特色社会主义事业,认为改革开放后的社会主义中国,在一定程度上是列宁在新经济政策时期采取的国家资本主义理论立场的现实反映。那种认为社会主义制度下市场将不复存在的观点是错误的。只要存在商品,就存在交换和市场。问题的关键不在于计划与市场孰优孰劣,而在于由谁主导。社会主义制度下,市场只是社会公共产品分配的手段和工具,通过将计划和市场优势有机结合起来并加以运用,可以有效地刺激生产力发展,满足人民生活的基本需求。[①] 印共(马)进一步强调,中国所创造的是社会主义国家主导和控制下的商品市场经济,生产资料的公有制仍将是主体。这意味着"公共资本在社会总资本中占支配性地位;其次,国有经济控制国家经济关键命脉,并在国民经济中起主导作用"[②]。中国共产党正是通过采取这些措施,有效防止市场经济造成两极分化和不平等现象,并确保广大劳动人民的共同利益。

3.新时代中国特色社会主义取得伟大成就并对世界产生重大影响

印共(马)在本国政治会议、对外声明以及与中共领导人会晤中多次高度评价中国特色社会主义事业取得的伟大成就,认为这给其他国家探索社会主义道路提供了宝贵借鉴,也为全球性经济发展作出了重大贡献。

其一,中国共产党领导中国人民开辟的中国特色社会主义道路是符合人类历史发展规律的。印共(马)总书记西塔拉姆·亚秋里在接受《人民日报》采访时强调:中国共产党为中国设计的发展路径非常了不起![③] 在参加中国共产党与世界政党高层对话接受专访时,他表示:中国特色社会主义进入新时代是一个激动人心的励志故事,中共十九大不仅为中国的发展指明了方向,也为全人类未来的发展提供了不容忽视的战略方针。[④] 中国共产党第十九次全国代表大会通过的报告开篇指出:"中国共产党人的初心和使命就是为人民谋幸福,为中华民族谋复兴。"[⑤]中国的改革无论处在何种发展阶段,无论经历多少曲折,始终需要为人民谋福利,与共产主义目标相对接。因此,中国特色社会主义道路是历史发展和人民选择的必然结果。

其二,中国特色社会主义取得的伟大成就对各国共产主义政党都具有借鉴意义。印共(马)总书记西塔拉姆·亚秋里曾多次访问中国,见证了中国共产党取得的伟大成就,也一直在分享中国共产党的成功经验。他指出,中国在建设社会主义事业的过程

---

① Sitaram Yechury, "Socialism with Chinese characteristics 60th Anniversary of the Chinese Revolution," https://www.cpa.org.au/guardian/2009/1434/12-socialism-with-chinese-characteristics.html

② Sitaram Yechury, "Socialism In The Era of Globalisation," https://www.cpim.org/content/socialism-era-globalisation-0.

③ 参见苑基荣:《中国共产党带领中国再上新台阶——访印共(马)总书记西塔拉姆·亚秋里》,载《人民日报》2016年7月30日。

④ 参见《印度共产党(马克思主义)总书记:中国特色社会主义进入新时代是一个激动人心的励志故事》,中国共产党新闻网,http://cpc.people.com.cn/n1/2017/1202/c164113-29682060.html。

⑤ "China: Blueprint for a New Era," https://www.cpim.org/content/china-blueprint-new-era.

中，强调必须坚持党的领导，以及在灵活运用马克思主义基本原理、具体问题具体分析、不照搬他国模式、独立自主选择本国发展道路等方面作出了典范，有很多宝贵经验值得学习。[①]

此外，中国日益增长的经济实力正在对国际关系格局产生巨大影响。中国共产党带领中国不仅在短时间内发展成为世界第二大经济体，而且对塑造新的国际关系准则和全球秩序发展产生了巨大影响。[②] 印共(马)指出，中国提出的"一带一路"倡议和亚洲基础设施投资银行促进了世界文明的融合，受到了世界绝大部分国家的关注和欢迎，可能极大扭转世界政治由单极化方向朝着多极化方向发展。印共(马)正是看到中国在国际政治中的影响力日益增强，认为中国共产党有能力推动国际秩序朝着更为公平合理的方向发展。[③]

4.全球新冠疫情下的中国特色社会主义制度优势明显

印共(马)指出，冠状病毒全球大流行，但在发达资本主义国家，死亡人数却往往过高。首先，过度奉行新自由主义政策导致基础公共设施和服务(如公共卫生体系)的大规模私有化。一些资本主义发达国家虽然医疗预算开支较大，但公共医疗体系很大程度上还是由私人保险和大型制药公司来决定。加之国际金融资本的控股，追求利润最大化，使广大普通群众无法获得基本的医疗服务。例如，资本主义私人科技公司虽然开发了新冠疫苗，但是疫苗高昂的价格使它只能优先供给富人。资本主义国家内部和国家之间的这种不平等现象使资本主义世界变得更容易受疫情蔓延的破坏。[④] 其次，虽然病毒没有区分人与人，但新自由主义造成的巨大且又不断扩大的经济不平等却让大部分普通群众处于弱势地位。例如，新冠疫情造成了经济衰退，大量劳动者失业。尽管这是大多数人的困境，但与之形成鲜明对比的是，资本主义世界的超级富豪们的财富增速更快，富裕程度比之前更高了。[⑤] 最后，资本主义国家政党政治惯于操弄政治，将疫情政治化，操弄舆情，没有理性地对待科学建议，也缺乏科学的应对措施，只忙于巩固自身的统治地位，以准备加强在后新冠时代的全球霸权，导致了疫情的进一步大蔓延。例如，美国并没有协助遏制 Covid-19。相反，它主动撤出世界卫生组织及其正在开展的国际抗疫合作，这实际上把世界推向更深的健康和经济危机[⑥]，这体现出

---

① 参见吴强、陈雪莲：《中国的社会主义建设已进入更高层次——访印度共产党(马)中央政治局委员亚秋里》，环球网，https://world.huanqiu.com/article/9CaKrnJxvgL.

② 参见苑基荣：《中国共产党带领中国再上新台阶——访印共(马)总书记西塔拉姆·亚秋里》，载《人民日报》2016年7月30日。

③ Communist Party Of India (Marxist), "Sitaram Yechury on One Belt-One Road," https://www.cpim.org/states/sitaram-yechury-one-belt-one-road.

④ Communist Party Of India (Marxist), "Report Adopted by Polit Bureau," https://www.cpim.org/documents/report-adopted-polit-bureau.

⑤ Communist Party Of India (Marxist), "July 2020 CC Report," https://www.cpim.org/documents/july-2020-cc-report.

⑥ Communist Party Of India (Marxist), "Editorial," *Marxist*, XXXVI, 2, April-June 2020(https://www.cpim.org/content/editorial-april-june-2020-issue).

帝国主义霸权逻辑的反人类特征。[1]

疫情来临后,印度资本主义莫迪政府开出的刺激方案包括未经提炼的新自由主义处方,涉及大规模私有化,而不是国家的干预行动。结果是私有资本严重侵犯劳动者的权益,导致印度物价飞涨,通货膨胀,数亿人失业,从而使一步加剧了人民的经济负担和社会不平等。在对外政策方面,莫迪政府与美国签署了各个领域的协议,特别是在国防领域,进一步巩固了印度从属于美帝国主义的地位。在美国发起的整个反华运动中,印度都处于亲美立场。特别是与邻国中国发生了双方人员都产生伤亡的军事冲突,这一事件严重破坏了边境和平与安宁,造成了与邻国关系的恶化,这是屈从于美帝国主义的行为,不符合印度人民的利益。[2]

具有讽刺意味的是,全球健康安全指数[3]宣布美国是最能抵抗病毒大流行的国家,但结果美国是新冠病毒感染和死亡人数最多的国家。英国和欧盟的安全指数也是最靠前的几位,中国的排名是第 51,远低于美国、英国和欧盟国家的排名。但结果中国作为第一个遭遇新型冠状病毒的国家,却迅速地阻止了疫情的蔓延,向世界展示了如何对抗 Covid-19 流行病。[4] 印共(马)指出,有人试图把最初暴发于武汉的冠状病毒归为一种生物武器,或说它在中国传播了几个月,但被中国人悄悄掩盖了,这些谣言实际上都违背了科学证据。[5] 基因组学研究已经确定,最接近 SARS-CoV-2 的特定蝙蝠病毒可能在 40 年前就已与它分离,它在进入人类之前就通过了一个未知的中间宿主。[6] 起初西方将中国的新冠疫情防控措施称为“非民主”和“专制”的,这种说法在当时受到了许多西方媒体的热烈追捧。然而当他们自身面临疫情来临而变得束手无策时,最终他们中的大多数人都模仿了中国的防疫做法。在伟大的抗疫斗争中,有近 3000 万中国共产党员积极冲锋在抗击疫情的前线,在此过程中有 396 名党员丧生。[7] 如今中国已经遏制住疫情,恢复了正常的经济生产活动和日常生活,并向近 150 个国家和多个国际组织运送了大批医疗援助,出口了数百亿个口罩、数亿套防护设备以及

---

① Communist Party Of India (Marxist),“Report Adopted by Polit Bureau,”https://www.cpim.org/documents/report-adopted-polit-bureau.

② Communist Party Of India (Marxist),“July 2020 CC Report,”https://www.cpim.org/documents/july-2020-cc-report.

③ The Nuclear Threat Initiative (NTI),The Johns Hopkins Center for Health Security ,“Global Health Security Index 2019,”https://www.ghsindex.org/.

④ Prabir Purkayastha,“Covid-19 Pandemic and the Pathologies of Late Capitalism,”*Marxist*, XXXVI, 2, April-June 2020(https://www.cpim.org/content/covid-19-pandemic-and-pathologies-late-capitalism).

⑤ Prabir Purkayastha,“Covid-19 Pandemic and the Pathologies of Late Capitalism,”*Marxist*, XXXVI, 2, April-June 2020(https://www.cpim.org/content/covid-19-pandemic-and-pathologies-late-capitalism).

⑥ Maciej F. Bonil, Philippe Lemey, Xiaowei Jiang, Tommy Tsan-Yuk Lam, Blair Perry, Todd Castoe, Andrew Rambaut and David L. Robertson,“Evolutionary origins of the SARS-CoV-2 sarbecovirus lineage responsible for the COVID-19 pandemic,”https://www.biorxiv.org/content/10.1101/2020.03.30.015008v1.full.pdf.

⑦ Communist Party Of India (Marxist),“Central Committee Report on Current Developments,”https://www.cpim.org/documents/central-committee-report-current-developments.

全球紧缺的数款新冠疫苗。[①] 作为新冠疫情暴发的第一个受害者，社会主义中国能站起来并对这一流行病作出快速有效的反应，为全人类的疫情防控作出了宝贵贡献。[②]

“中国政府在全国人民代表大会上报告称，中国将克服今年GDP下降近4%的问题，并将实现2020年消除贫困和全面建设小康社会的目标。预计将新增城镇就业900万人，为近3亿老年人提供养老保险，保障14亿中国人的温饱，进一步增加人民收入。”[③]如今中国的这些规划目标都实现了，与之形成鲜明对比的是当下资本主义世界持续的种种混乱，全球资本主义陷入系统性危机，这体现了社会主义制度的优越性。[④]

5.中国特色社会主义需要进一步加强改进和完善

党的十九大报告指出，改革开放后中国取得了令人瞩目的成就，但是也面临不少困难和挑战，主要是发展不平衡不充分的问题尚未得到解决。比如，民生工程、城乡和区域发展、生态环境保护和意识形态建设等领域仍然存在较多薄弱环节。印共(马)赞同这一言论，并指出中国经济的高速发展不可避免要付出相应的代价，会出现不平等、失业和腐败问题等新的危险或其他令人不安的倾向和趋势。这种与社会主义格格不入的现象可能会导致不相适应的思想和价值观浮现，企图削弱甚至摧毁社会主义。[⑤]印共(马)认为，帝国主义金融资本在中国的存在，不是为了加强社会主义，而是为了利润并为社会主义制造逆境。帝国主义一定会寻求弱化甚至瓦解中国的社会主义，以赚取更大的利润。在中国存在着帝国主义与社会主义之间的斗争。[⑥]

印共(马)进一步指出，中国共产党目前已经充分认识到这些危险，并有组织、有计划地启动了消除贫困和严惩腐败的措施和方案来解决这些问题。当许多人怀疑中国现在是否正在放弃社会主义而实行资本主义时，该党也同样担忧这些日益增长的威胁是否挑战了中国社会主义市场经济制度中公有制的主导地位，以及是否会形成一个初期的资本主义阶级。虽然中国改革开放在生产力发展和经济增长方面取得了长足进步，但显然也已经引起了生产关系以及社会关系的不利变化。如何成功处理这些矛盾将决定中国未来的发展方向。面对如此艰难的挑战，印共(马)表示，虽然“对外开放存在风险，可能会带来一些资产阶级的腐朽东西。但是中国共产党在建设中国特色社会

---

① Communist Party Of India (Marxist), “July 2020 CC Report,” https://www.cpim.org/documents/july-2020-cc-report.

② Communist Party of Brazil, “PCdoB Central Committee Resolution”, *Marxist*, XXXVI, 2, April-June 2020(https://www.cpim.org/content/pcdob-central-committee-resolution).

③ Communist Party Of India (Marxist), “Report Adopted by Polit Bureau,” https://www.cpim.org/documents/report-adopted-polit-bureau.

④ Communist Party Of India (Marxist), “July 2020 CC Report,” https://www.cpim.org/documents/july-2020-cc-report.

⑤ Communist Party Of India (Marxist), “Resolution on Ideological Issues,” https://www.cpim.org/documents/resolution-ideological-issues.

⑥ Sitaram Yechury, “Road to Socialism in China,” *The Marxist*, Vol.15, No.4, Oct.-Dec. 1999(https://www.cpim.org/content/road-socialism-china).

主义实践中积累了丰富的经验，相信中国共产党有能力、有力量在适当需要的时刻进行干预和纠正偏差，而这根本不是背离真正的马克思主义"[①]。

二、印共(马)理解中国特色社会主义的影响因素

1.对21世纪世界社会主义发展形势的判断

印共(马)指出，当今全球性挑战日益增加，劳资矛盾的日益国际化证明了资本主义制度的自我调节空间和修复能力不断锐减，而社会主义作为代替资本主义的一种新制度，不仅是生产力在国际范围内发展的必然结果，也是保障人类幸福生活的唯一选择，更是对马克思主义基本原理有效性的再次确认。如马克思所说，这种社会主义只是资本主义社会和共产主义社会的过渡时期。过渡时期并没有消除阶级冲突和斗争，反而加剧了世界资本主义试图重新获得其失落领土的斗争。这意味着通往社会主义的道路注定是螺旋上升的曲折过程。世界社会主义力量在这场历史较量中的成败不仅取决于社会主义建设取得的进步，还要取决于正确认识和判断国际资本主义力量和社会主义力量的关系。错误高估社会主义力量和低估资本主义自我调整能力，都不能对当今世界的新局势进行适当评估，自然也会影响社会主义前进的方向。苏共二十大后，苏联领导人对当时国际形势的评估存在歪曲，在一定程度上导致了苏联社会主义建设方向出现偏差。当前，资本主义仍然存在于占世界三分之二领土的发达国家中，这意味着它对世界秩序的控制作用仍然处于支配地位。各国应该吸取苏联教训，不能再犯这种类似错误。同时也要认识到苏联模式不是"万金油"，社会主义道路也不是一成不变的，必须建立在每个国家的特点基础之上，表现出鲜明的民族特色。[②]

此外，新冠疫情下的世界形势十分复杂，整个世界处于大变局中。新殖民主义、新自由主义、宗派民族主义以及带有民粹主义右倾特点的政治领导人，它们在面对Covid-19大流行时都毫无招架之力。面对疫情的挑战，迫切需要的是世界合作以及知识和资源的共享，但资本主义没有答案，这是晚期资本主义的病态。[③] 相反，中国共产党领导的中国特色社会主义在应对新冠疫情大流行中的表现极为亮眼，成绩斐然，体现了社会主义的勃勃生机和制度优势。正是基于对社会主义的如此认识，印共(马)认为中国特色社会主义就是一个有力的证明和典型榜样。它既能保证社会主义方向，又能够及时根据世界政治经济发展的客观形势作出正确选择。中国特色社会主义取得巨大成功无疑是必然的，也理应被其他各国共产党探索社会主义道路时有所借鉴。

2.对苏联解体经验教训的深刻反思

苏联建立了世界上第一个社会主义国家，短时间内成为战后仅次于美国的强国，

---

① Sitaram Yechury,"Socialism in the era of globalization,"https://www.cpim.org/content/socialism-era-globalisation-0.

② Prakash Karat,"Reality of Imperialism and the future of socialism,"https://www.cpim.org/content/reality-imperialism-and-future-socialism-0.

③ Prabir Purkayastha,"Covid-19 Pandemic and the Pathologies of Late Capitalism,"*Marxist*, XXXVI, 2, April-June 2020(https://www.cpim.org/content/covid-19-pandemic-and-pathologies-late-capitalism).

显示出社会主义制度的优越性，给其他国家共产党争取社会主义革命胜利带来了信心。但苏联的解体瞬间打破了世界政治力量的平衡格局，使世界社会主义运动转入低潮。但这既不能否定马克思列宁主义，也不能否定社会主义理想。究其原因在于社会主义是一个漫长的曲折过程。这主要包含两个方面的含义：其一，社会主义具有阶段性，不能忽视实际情况搞冲刺方案；其二，我们应该承认社会主义并非直线式发展，一路顺风顺水。在经济全球化时代，它不仅始终要与旧体制作斗争，还要与新社会制度中出现的与社会主义性质相悖的矛盾和问题作斗争，出现前进或者偶尔倒退实属正常。虽然苏联不复存在，但其经验教训依然是各国共产党探索社会主义道路中绕不开的共同话题。

印共(马)认为，内部因素是导致苏联最终解体的根本原因。第一，苏联没有及时改革经济结构以驾驭新科技革命；第二，苏联经济管理和调节方向出现的失误导致了经济发展停滞不前；第三，苏联社会主义民主建设的缺失导致官僚主义盛行；第四，苏联领导人主动放弃了社会主义方向，直接导致苏联的改革偏离了社会主义轨道。[①] 这表明共产党客观估计和慎重考虑资本主义和社会主义的力量对比、警惕资本主义和帝国主义在各个领域的直接或间接进攻固然重要，但吸取苏联解体的经验教训，格外注重完善社会主义经济建设、民主政治、改革管理和意识形态这四个要害的制度建设也很重要。在与资本主义形态并存，且资本主义生产关系和影响力在国内和国际政治中长期占上风的复杂态势下，建设社会主义道路将任重而道远。印共(马)正是立足于苏联解体对世界社会主义运动冲击的现实基础上，对中国共产党改革开放后存在的一些问题表现出疑虑和担忧。

3.印共(马)探索社会主义道路的理论概括

在经历长期探索社会主义道路的斗争实践后，1964年印共(马)七大初步确立具有印度特色的“人民民主革命”理论，涵盖了对世界形势的判断，对印度国家性质和社会状况的认识，“对人民民主革命”性质、任务、手段及阶级力量的阐述，对未来“人民民主”政府有关政策和纲领的说明，关于建设“群众性的革命党”的主张，对社会主义相关理论问题的阐述等。[②] “人民民主革命”理论是马克思列宁主义基本原理同印度具体实际相结合的产物，也是印共(马)社会主义革命的政治总路线和指导方针。于是，印共(马)坚持以“人民民主革命”理论作为认识和理解其他社会主义国家建设的思想基础，也以此作为衡量和检验其他国家探索和建设社会主义的主要标准之一。换句话说，印共(马)主观上认为“人民民主革命”理论的核心问题对其他国家探索社会主义道路具有很大程度的适用价值。中印两国是当今世界人口最多的发展中国家，印共(马)以该理论的已有认知来理解和分析中国特色社会主义取得成就和未来挑战的做法非常正常。值得一提的是，印共(马)在西孟加拉邦的多年地方执政政策，给当地人民群

① Sitaram Yechury,“October Revolution and Today's World,”*Marxist*, XXXIII, 3, July-September 2017.

② 参见苗光新：《印共(马)“人民民主革命”理论与实践研究》，中国社会科学出版社2010版，第63页。

众带来了很多实惠利益，得到了当地人民的欢迎，也为印共(马)赢得了广泛的群众基础。这是对印共(马)“人民民主革命”理论的实践检验，为该党继续坚持和发展“人民民主革命”理论增添了信心和决心。

4.印共(马)对地方执政经验的总结与思考

自1977年以来，印共(马)在西孟加拉邦、喀拉拉邦和特里普拉邦的长期和多次执政实践都是在印度资本主义生产关系占主导地位的国家框架内开展的。其在西孟加拉邦实行的土地改革政策取得的成果有目共睹，农业生产实现了巨大的增长，在全国处于领先地位，农民的生活水平也稳步提高，这为印共(马)奠定了良好的群众基础。这不仅是印度本国政治的典型特色，在当今世界范围内也是极为罕见的。从理论上讲，虽然印共(马)在上述地方政府的执政经历带有诸多印度民族特点，但是也较为真实地反映了各国政党艰难探索和建设社会主义道路过程中的共同特点。比如党的建设、基层民主、经济管理和意识形态等问题。这些问题对社会主义国家而言是保持其国家性质、防止资本主义入侵的重要组成部分，决不能掉以轻心。因此，印共(马)的地方执政过程在一定程度上既是社会主义国家在当前世界社会主义运动处于总体低潮阶段求生存谋发展的一个现实缩影，也是对当今世界资本主义与社会主义反复较量、共生共存的直观反映。那么，印共(马)对中国特色社会主义的分析与理解除了立足于中国国情特点之外，从上述共性问题出发给予解释也是说得通的。

三、如何评价印共(马)对中国特色社会主义的认知

1.典型的资本主义国家共产党所具有的与资本主义、帝国主义相斗争的意识形态色彩

国际国内环境因素对印共(马)对于中国特色社会主义的看法具有巨大影响。印共(马)诞生于20世纪60年代，正是美苏冷战对峙、国际共产主义运动逐渐走向分裂的时期。美帝国主义势力崛起代替了老牌帝国主义，在全球范围内推行帝国主义政策，打击和镇压进步力量，印共(马)也未能幸免，所遭遇的打击甚重。在国内，印度国大党为了维持其政权，残酷镇压包括印共(马)在内的进步力量。苏东剧变后，世界社会主义运动遭遇了严重挫折，印共(马)力量也遭遇重创。在内外因素交织的严峻环境下，印共(马)为谋求独立生存，在与帝国主义、资本主义和国内教派主义以及世俗主义长期斗争的过程中，不断探索和调整其理论政策和实践策略，摸索出一条适合印度国情的“人民民主革命”道路。这条道路是由工人阶级领导、工农联盟为基础，中产阶级和非垄断资产阶级参加的反封建、反垄断和反帝国主义的新型资产阶级民主革命道路[①]，真实反映了处在资本主义发展前沿地带的资本主义国家共产党在对现代资本主义经济政策、政治发展进行分析总结的基础上探索未来社会主义道路的逻辑思路。资本主义国家共产党从当前资本主义国家生产力、经济基础和上层建筑等现实因素出

① 参见苗光新:《印共(马)“人民民主革命”理论与实践研究》，中国社会科学出版社2010版，第41页。

发，剖析资本主义社会中哪些是威胁社会主义性质的因素，哪些是可以利用发展的因素，并得出如何用社会主义代替资本主义、如何建设社会主义的客观结论。这种分析可以说是比较实际和具体的，对社会主义国家了解资本主义国家发展动态，解决如何建设社会主义、如何处理与资本主义国家关系的时代课题具有十分重要的参考价值。因此，印共(马)对社会主义国家中国的总体认识或多或少会融入该党长期在极端复杂的条件下坚持与资本主义和帝国主义作斗争的强烈的意识形态色彩。

2.印共(马)运用马克思主义分析方法进行独立自主探索社会主义发展思路的延伸思考

中印两国作为亚洲两种根本不同政治制度的发展中国家，其经济结构、发展水平各不相同，社会结构、语言文化和历史背景存在显著差异，两国共产党的话语权和国际影响力大相径庭。这些现实因素决定了两国共产党在探索社会主义道路的过程中面临的挑战和困难迥异，坚持的政治发展理念截然不同，制定的路线、方针和政策也千差万别，集中反映在看待资本主义和社会主义二者关系的认知多样化。应该说，这种多样化并不是两党主观臆造的，而是各党对自身基础条件和国际国内政治环境因素深思熟虑后的结果，是两党探索社会主义道路的马克思主义本土化结果，也符合当今世界社会主义运动发展的总体趋势。毛泽东曾说："马克思、恩格斯、列宁、斯大林教导我们说：应当从客观存在着的实际事物出发，从其中引出规律，作为我们行动的向导。"①在国际共运史上，印共(马)是坚持马克思主义基本原理与本国具体实际相结合的少数资本主义国家共产党之一。印共(马)曾指出：每一个共产党都应该用马克思主义来解决自己的问题，发展它自己的革命运动，而不受中苏分歧的影响。②

如今，中共领导的中国特色社会主义事业取得令人惊叹的成就被世人认为是一个奇迹，得到了世界各国的高度关注和赞赏。印共(马)总书记亚秋里在2018年中国共产党与世界政党高层对话会专题会议中指出：中国取得伟大成就的原因就在于其能够审时度势进行改革开放，创造了社会主义市场经济，开辟了中国特色社会主义道路。在探索如何将理论与实践相结合的道路上，中国既给其他各党树立了良好榜样，也给其他各党探索未来社会主义道路带来新的希望。当然，印共(马)也绝不是一味赞赏，而是坚持问题导向，对中国未来社会主义发展前景作出了基本的必要说明，从而尽可能地全面评价中国特色社会主义。因此，印共(马)对中国特色社会主义的总体评价源于该党在资本主义国家框架内探索社会主义的思路延伸，也源于该党对马克思主义历史唯物主义原理的整体把握。

3.理性和批判性地看印共(马)对中国特色社会主义的总认识

印共(马)对中国特色社会主义的认知是客观深刻的，主要归结于以下三个因素。首先，历史上，中国和印度素来是友好邻邦，拥有悠久的传统友谊，彼此之间的接触和

---

① 《毛泽东选集》第3卷，人民出版社1991年版，第799页。

② 参见[英]迪利普·希罗：《今日印度内幕》，裴匡利、戴可景译，天津人民出版社1980年版，第179～180页。

交往较为频繁，且两国的国情在历史上有一定的共性，这大大增进了印共(马)对中国特色社会主义的认识和理解。其次，印共(马)本身就是学习型的马克思主义政党。它不仅重视马克思列宁主义的经典理论文献，掌握马克思主义立场、观点和方法，还对关注、了解和研究中国共产党发生的最新动态表现出极大兴趣，经常在其官方网站转载中国国家历届领导人和著名专家学者的最新理论成果，并在党报《人民民主》中及时对这些理论成果给予评论和研讨，积极汲取和借鉴中国共产党取得伟大成就的成功经验。最后，1969 年在德里大学附近成立的印度中国研究所是印度一所专门从事中国问题研究的权威学术机构，聚集了一大批印度中国学领域的高级学者及前资深外交官，在研究中国历史及其当代中国社会、政治、经济、外交和文化等领域取得了丰富的学术成果，代表了印度中国学研究的一流水平。这为印共(马)全面了解中国特色社会主义提供了一定的便利条件。

总之，我们正面肯定印共(马)对中国特色社会主义的整体认知，并不意味着其认知不存在缺陷。我们应当批判性地看待这种认识。由于受资本主义世界的负面影响，印共(马)对中国共产党采取的一些政策措施的认知难免存在消极因素。比如，印共(马)担忧随着帝国主义金融资本在中国投资力度加大，中国的社会主义性质可能会发生偏离，主张要时刻警惕和反对资本主义，与资本主义作斗争。对于这些观点我们应该给予足够重视和正视，但无须对此产生过多争论，只须坚持共产党的领导，坚定“四个自信”，奋发有为，锐意进取，把中国特色社会主义道路越走越宽广。[①]

① 参见宋月红:《中国特色社会主义道路越走越宽广》，载《红旗文稿》2020 年第 18 期。

印度左翼民主阵线2021年喀拉拉邦议会选举获胜的原因、影响及其前景

王恩明

(云南大学马克思主义学院博士研究生)

在2021年4月6日单一阶段举行的印度喀拉拉邦第15届议会选举中,印度最大共产党印共(马)[CPI(M)]领导的左翼政党联盟左翼民主阵线(LDF)在全部140席中,以99个席位和45.43%得票率的巨大优势击败传统劲敌国大党(INC)领导的中间派政党联盟联合民主阵线(UDF)和新兴对手印人党(BJP)领导的右翼政党联盟全国民主联盟(NDA),76岁的现任首席部长、印共(马)政治局委员皮纳拉伊·维贾扬成功连任[①],并于5月20日组建新一届联合政府继续主政。左翼民主阵线在喀拉拉邦的压倒性胜利别具历史性意涵。本文将在把握喀拉拉邦2021年议会选举结果和特点的基础上,剖析左翼民主阵线的获胜原因和主要影响,并对其政策走向及未来挑战进行深入探讨。

一、印度喀拉拉邦2021年议会选举的结果和特点

基于政治体系创设运转而言,长期头顶"世界上最大民主国家"光环的南亚大国印度,兼具议会制、多党制、联邦制等多重特色,五年一届的联邦下院人民院选举和地方邦级议会选举成为印度政坛各主要政党及其地方盟友政治生活中的头等大事和关键要务。进入2021年3～4月,印度地方各邦中的西孟加拉邦、阿萨姆邦、泰米尔纳德邦、喀拉拉邦和联邦属地中的本地治里,在新冠肺炎疫情第二波浪潮肆虐南亚大地背景下先后迎来五年一度的邦级议会选举。地处印度次大陆西南一隅、毗邻阿拉伯海且在地理上呈西北东南狭长形走向的喀拉拉邦,3.88万平方公里的邦域范围位居全印第22位而略大于不丹国土疆域,3300余万的人口总量位居全印第13位而与沙特阿拉伯不相上下,2020年度近1400亿美元的GDP总量位居全印第6位而与科威特比

① N. P. Ullekh, "Pinarayi Vijayan: The leader as survivor," https://www.onmanorama.com/news/kerala/2021/05/02/pinarayi-vijayan-profile-kerala-assembly-election-result-ldf-win.html.

肩,0.790 的人类发展指数居全印第 1 位。综上可见,被视为“最不像印度的地方”的喀拉拉邦,在邦域面积、人口总数、经济总量之于全印并不那么突出的情况下却保持较高发展水平,引发外界为之侧目。在政治上,自 1956 年合并成邦、1957 年首届邦议会选举组建首届印共邦政府以来,喀拉拉邦在过去 60 余年中先后举行了 13 届议会选举,产生了多届共产党、国大党和左翼民主阵线、联合民主阵线政府。印度政党政治在 70 年代后逐渐由单一或多个政党对决进入政党联盟斗争阶段。自 1982 年邦议会选举始,构成该邦多维政治结构不可或缺的众多不同政党,在长期竞合中逐渐演变为印共(马)—左翼民主阵线和国大党—联合民主阵线的捉对厮杀[①],并在过去近 40 年中轮流交替执政。印度政局进入莫迪时代后,印人党领导的全国民主联盟也开始涉足喀邦。印度政坛中印人党、国大党和共产党等各大政治势力投射于喀邦地方政坛同台竞技。

就喀拉拉邦而言,该邦在政治体制中设有一院制议会,由 140 名直接选举产生的议员(MLA)以及 1 名由邦长提名的土著居民组成。2016 年 5 月选举产生的第 14 届议会于 2021 年 6 月 1 日完成五年任期。根据相关规定,在印度选举委员会的组织下,喀拉拉邦于 2021 年 4 月 6 日在全邦 14 个县 140 个选区改选全部 140 个席位从而产生第 15 届邦议会。选举结果于 5 月 2 日晚正式全部揭晓,在全部 140 席中,印共(马)—左翼民主阵线以 99 个席位、较上届同比增加 8 个席位的压倒性优势实现历史性连任,获 9438815 总票数和 45.43%得票率;国大党—联合民主阵线赢得其余 41 个席位,比上届减少 6 个席位,获 8196813 总票数和 39.47%得票率;在中央完全执政的印人党—全国民主联盟获 2354468 总票数和 12.36%得票率,未能赢得任何席位,丢掉上届唯一席位。[②] 在过去五年中,喀拉拉邦先后举行 2016 年邦议会选举、2019 年人民院该邦选区选举、2020 年地方自治机构/三级潘查亚特选举和 2021 年邦议会选举。与 2016 年邦议会选举、2019 年人民院该邦选区选举这两场重要选举相比,在红色浪潮中获得连任的左翼民主阵线的得票率明显高于此前,同比分别增长 2.67%、10.73%;联合民主阵线的得票率有所下降,分别是上扬 0.78%和下挫 7.87%;全国民主联盟的得票率则急剧下滑,从 14.94%、15.53%降至 12.47%。

第一,参选候选人和民众投票率再攀历史新高,女性和年轻世代当选议员比例大幅提升。在 2021 年喀拉拉邦议会选举中,共有 2740 万选民、投票率达到 74.57%,共有来自三大政党联盟的 25 个政党和组织以及独立人士的 957 名候选人通过直接选举制争夺全部 140 个席位。因新冠肺炎疫情暴发影响,此次选举的投票率 74.57%低于上届的 77.53%,下降 2.96%。另外,女性和年轻世代在此次议会选举中的表现也较为瞩目。共有 103 名女性候选人参选,但只有 10 名左翼民主阵线候选人和 1 名联合民主阵线候选人共计 11 名女性最终当选,约占议会总席位的 7.8%,虽未打破 1996

① “The importance of IUML,”https://indianexpress.com/article/opinion/columns/indian-union-muslim-league-yogi-rahul-gandhi-wayanad-elections-2019-5669399/.

② “Kerala Result Status,”https://results.eci.gov.in/Result2021/partywiseresult-S11.htm? st=S11.

年9.3%、13席的最高纪录，但也远超上届的5.7%、8席。事实上，在13届60余年议会选举中，女性当选喀拉拉邦议员比例从未超过10%。现任邦政府卫生部部长、印共(马)候选人沙伊尔以6万多张选票的创纪录多数顺利当选，三名上届女性议员成功连任。印人党—全国民主联盟女性候选人最多，达20人，但未有一人成功当选。①

第二，国大党及其联合民主阵线未能强势回归。在2016年举行的上届议会选举中，反对党印共(马)领导的左翼民主阵线凭借91席赢得邦议会总数的近三分之二，而执政党国大党领导的联合民主阵线赢得47个席位，印人党只赢得1个席位。此前，国大党高级领导人拉胡尔·甘地曾在喀拉拉邦广泛竞选，以期在2021年地方选举中赢得至少两个邦——喀拉拉邦和阿萨姆邦。但结果却是，国大党不仅未能在西孟加拉邦赢得一个席位，而且也没有夺回阿萨姆邦、喀拉拉邦的执政权。②

第三，印人党及其全国民主联盟则丢掉上届唯一席位。在上届获唯一席位的尼莫姆选区竞选中，印人党候选人在被印共(马)候选人轻松战胜的同时也被国大党候选人大幅逼近；而在另一印人党最有希望获胜、上届位居第二的卡扎库坦选区竞选中，印共(马)候选人战胜印人党、国大党候选人成功当选；但印人党在查塔努尔等其他五个选区的得票率获得不同程度提升。③

二、左翼民主阵线2021年喀拉拉邦议会选举的获胜原因

国大党—联合民主阵线和印人党—全国民主联盟在2021年喀拉拉邦议会选举中的落败，在很大程度上成就了印共(马)—左翼民主阵线的获胜。但不可否认的是，左翼民主阵线在保住上届91席基础上更进一步夺取8席，也与其近年来的自我变革、执政施政、政策调整和竞选纲领有关。当然，左翼民主阵线之所以获胜，还有国大党和印人党内讧不断策略失当、莫迪印人党中央政府应对新冠肺炎疫情不力引发民意反对浪潮等外在因素。

第一，维贾扬政府第一任期内执政施政有力，获得民众认可，现任左翼民主阵线政府成功地将新冠肺炎死亡率降到最低并减轻受封锁民众的经济困难，是其连任的主要原因。④ 本届左翼民主阵线政府自2016年上台以来，应对2017年11月台风袭击处理不当而遭到批评；应对2018年洪灾得到好评；处理神庙事件，维贾扬政府不顾该邦反对党的大规模抗议，坚持执行最高法院关于解除数百年来禁止月经期妇女进入印度教

---

① "In a first since 2001, Kerala gets 11 women MLAs," https://www.onmanorama.com/news/kerala/2021/05/03/11-women-mla-kerala-assembly.html.

② "Dismal electoral run of Congress continues; party wiped out in West Bengal," https://newsable.asianetnews.com/election/dismal-electoral-run-of-congress-continues-party-almost-wiped-out-in-west-bengal-dnm-qsh0f6.

③ "Kerala Assembly Elections 2021 | Here's how vote share changed for major fronts," https://www.onmanorama.com/news/kerala/2021/05/04/kerala-assembly-election-results-vote-share-bjp.html.

④ "10 factors that helped Pinarayi Vijayan bulldoze opposition," https://www.onmanorama.com/news/kerala/2021/05/03/ten-points-that-helped-pinarayi-vijayan-to-secure-back-to-back-wins.html.

宗教场所的命令；但也因卷入 2020 年 7 月黄金走私案而饱受批评。[①] 值得一提的是，左翼民主阵线在 2020 年 12 月举行的喀邦潘查亚特选举中的胜选也算打前站。[②] 维贾扬政府一直坚持民主的价值观，与社会上日益增长的社群主义倾向斗争，将著名的喀拉拉邦包容性发展模式提升到一个新的水平，并因这些努力赢得了广泛的赞誉。[③]

第二，反对党国大党、印人党内讧不断，策略失当。参与此次喀拉拉邦议会选举的有关各方中，作为中左翼政党联盟且目前执政的左翼民主阵线由印共(马)、印共以及几个较小的政党共计 11 个政党和独立人士组成，最大反对党联合民主阵线则由国大党等 8 个政党和独立人士组成，自 2016 年起在喀拉拉邦成立分支机构并开始参与各级各类选举的印人党与其他各小党共计 6 个政党组成右翼政党联盟——全国民主联盟。[④] 2016 年成立的 JRS 在 2016 年喀拉拉邦议会选举中加入印人党—全国民主联盟，2018 年退出后又于 2021 年再度加入。带有浓厚宗教保守主义色彩的印人党及其全国民主联盟在选举中，共计竞选 139 个席位。印人党主打印度教民族主义牌，在“与莫迪同在的新喀拉拉邦”竞选口号下，承诺当选后即推出反“爱情圣战”法。印人党希望利用萨巴里马拉事件(Sabarimala incident)和维贾扬左翼政府的黄金走私事件提高其选票，但选举结果表明国大党和印人党都没有在喀拉拉邦站稳脚跟。印人党的颗粒无收被认为北印度政治策略在喀拉拉邦行不通。[⑤]

三、左翼民主阵线 2021 年喀拉拉邦议会选举获胜的深远影响

梳理自 1957 年特别是 1977 年解除紧急状态以来全部 13 届议会选举的选情可以发现，喀拉拉作为目前印度地方政坛唯一由印共(马)和国大党轮流执政的邦已经长达 40 余年。左翼民主阵线此次压倒性获胜别具意涵，对在该邦居于支配地位以及作为主要参与者和利益攸关方的印共(马)、国大党和印人党都将有所触及并将产生深远影响。

第一，左翼民主阵线在 2021 年喀拉拉邦议会选举中的压倒性获胜是其进入 21 世纪以来继 2006 年、2016 年后第三度上台执政；而左翼民主阵线在喀拉拉邦的历史性连任终结了该邦 40 余年两大政党联盟难以连任的政治魔咒、“喀拉拉邦政治的铁律”和轮流执政的政治传统，打破了该邦自 1982 年选举以来共产党、国大党两大政党联盟

---

① “Kerala elections: Will Pinarayi Vijayan get a second term?” https://economictimes.indiatimes.com/news/elections/assembly-elections/kerala/kerala-elections-will-pinarayi-vijayan-get-a-second-term/articleshow/81913671.cms.

② “Alappuzha (Kerala) Assembly Election Results 2021 Live: Winner, Runner-up,”https://indianexpress.com/elections/alappuzha-kerala-assembly-election-results-2021-live-winner-runner-up-candidates-7295124/.

③ “Meet Pinarayi Vijayan: The Leader, the Reformer,”https://www.pinarayivijayan.in/.

④ https://www.financialexpress.com/india-news/congress-president-election-2021-congress-working-committee-defers-party-president-election-citing-covid-crisis/2249652/.

⑤ https://keralakaumudi.com/en/news/news.php? id=542449&u=north-indian-political-strategy-wont-work-in-kerala.

交替执政的传统政治惯例。1957年邦议会选举获胜后，当时尚未分裂的印共于1957～1959年组建南布迪里巴德首届政府短暂上台执政，而这也首开非社会主义国家共产党地方选举获胜执政先例，后为国大党中央政府颠覆、进入总统管制时期，直至1967年组建南布迪里巴德第二届政府再度上台执政。60年代中期印共分裂出印共(马)后至70年代前期，该邦三大主要政治势力中，国大党和印共结盟轮流出任首席部长；1977年解除紧急状态后，曾四度出任喀拉拉邦首席部长的国大党领导人坎诺斯·卡鲁纳卡兰在1970～1979年统治该邦的联合阵线基础上创建联合民主阵线，在1982年、1991年和2011年赢得议会选举上台执政①；而喀拉拉邦首任首席部长、后任印共(马)总书记的南布迪里巴德等人也在1967～1969年存续的七党联盟基础上于1979年成立左翼民主阵线，在2006年、2016年和2021年赢得选举上台执政。在此后喀拉拉邦政治图谱和政党格局中，以1977年解除紧急状态后首次邦议会选举为分界线，印共(马)领导的中左翼政党联盟左翼民主阵线和国大党领导的中间派政党联盟联合民主阵线构成该邦两大政治联盟，并轮流上台执政。

第二，同一时期左翼民主阵线在喀邦的压倒性获胜，相较于印共(马)领导的左翼阵线在另一传统堡垒西孟邦所遭遇的斩草除根式的惨败，对印共(马)、印共等体制内共产党和议会共产主义实践以及印度共产主义运动而言更显弥足珍贵。进入21世纪第二个十年，特别是2014年莫迪印人党政府首次上台、2019年成功连任以来，印度共产主义运动中以印共(马)和印共为主要代表的体制内共产党及议会共产主义实践，在包括人民院、邦议会、地方自治机构在内的各级各类选举中接连遭遇历史性挫败。仅在2011年两场邦议会选举中，左翼阵线在西孟邦不敌凭借左翼民粹主义起家的草根国大党，印共(马)在该邦连续34年的执政神话被终结；左翼民主阵线在喀邦则以68比72的微弱劣势被联合民主阵线击败，未能连任。在2014年人民院选举中，作为全印为数不多的全国性政党印共(马)和印共则分别仅获9席和3席。2016年选举喜忧参半，左翼阵线未能夺回西孟邦执政权，而左翼民主阵线则在喀邦上台执政。在2018年特里普拉邦议会选举中，印共(马)领导的左翼阵线被印人党—特里普拉土著人民阵线击败，后者获得59席中的43席，印人党成员出任该邦第10任首席部长；而在此前，印共(马)曾在特邦连续执政五届。从近年来共产党在传统票仓以及之前长期执政的西孟加拉、喀拉拉和特里普拉三邦的选情来看，左翼民主阵线此次喀邦胜选更显弥足珍贵。

第三，国大党和印人党在此轮地方选举的选情表现将会促使最大输家国大党进行

① Patrick Heller, "A virus, social democracy, and dividends for Kerala," https://www.thehindu.com/opinion/lead/a-virus-social-democracy-and-dividends-for-kerala/article31370554.ece.

新一轮深刻变革①，也会对莫迪中央政府产生负面影响。在此轮地方选举中，印人党除在阿萨姆邦继续执政外，在其他邦区的选战均以失败告终。其中，喀拉拉邦颗粒无收，泰米尔纳德邦的盟友全印德拉维达进步联盟（AIDMK）大差距败于德拉维达进步联盟，本地治里则为友党拿下，而在投入海量资源的西孟加拉邦，印人党所获席位远低于预期，草根国大党以绝对优势继续执政。由此，印人党竭尽全力在关键邦西孟加拉邦、喀拉拉邦等地寻求突破但未取得实质进展，且又因选举期间不顾疫情防控举行大规模群众集会引发印度暴发灾难性第二波疫情，不仅对莫迪此前民族英雄的个人形象造成损伤，也使印人党短期内处于不利境地从而壮大反对党力量。②

四、2021年邦议会选举获胜后左翼民主阵线政府执政前景观瞻

与德里邦平民党（AAP）、泰米尔纳德邦德拉维达进步联盟（DMK）、西孟加拉邦草根国大党（TMC）等在印度一邦执政但又不属印人党全国民主联盟（NDA）或国大党联合进步联盟（UPA）阵营的地方性政党境遇相似，尽管印共（马）领导左翼民主阵线在喀拉拉邦议会拥有超七成席位的有利条件，但在应对新冠肺炎第二波疫情、处理央地关系和应对印度教民族主义侵袭及国大党反扑掣肘、执政联盟内阁纠葛等方面，维贾扬政府仍将面临多重挑战。

第一，如何积极应对有效控制日趋恶化的新冠肺炎疫情在喀拉拉邦的蔓延是维贾扬行政团队目前以及连任后面临的首要挑战。在2020年新冠肺炎疫情阻击战中，印度唯一共产党执政的喀拉拉邦，在常态化疫情防控和经济社会发展两方面交出了甚至在国际上享有盛誉的成绩单。但2021年4月以来，由政治选举和宗教活动引发骤然而至的相较于此前更为复杂的新冠肺炎第二波疫情给包括喀拉拉邦在内的全印带来极大灾难性严重后果。为此，喀拉拉邦政府紧急行动起来，从5月8日实行封控以应对新冠肺炎第二波疫情，并在封控期间向该邦的家庭和移民劳工提供免费食品包。③此外，新一届左翼民主阵线政府还面临恢复遭受疫情重创的经济、解决失业问题、振兴传统部门、吸引私人投资、推进基础设施建设、建立知识型经济和建设医疗保健能力等政策目标。

第二，如何重新调整紧张的中央—地方关系，并确保在未来有更多的财政和政治自主权及如何在中央和地方不同层面处理与国大党的关系。就喀拉拉邦而言，自1977年以来两大政治联盟轮流执政的原因在于旗鼓相当的执政联盟与反对党联盟之

---

① "Assembly election 2021 results: TMC retains West Bengal, LDF makes comeback, DMK wins Tamil Nadu, Lotus blooms in Assam and Puducherry," https://zeenews.india.com/india/assembly-election-2021-results-tmc-retains-west-bengal-ldf-makes-comeback-dmk-wins-tamil-nadu-lotus-blooms-in-assam-and-puducherry-2359369.html.

② 参见《成思：浅谈印度2021年地方议会选举及其影响》，https://view.inews.qq.com/k/20210517A0AQUH00?web_channel=wap&openApp=false。

③ "Kerala to provide free food kits to all including migrant workers," https://www.thenewsminute.com/article/kerala-provide-free-food-kits-all-including-migrant-workers-148501.

间的竞合关系。历史上,1959年尼赫鲁国大党中央政府曾解散印共南布迪里巴德政府;1960年第二届喀拉拉议会选举后,国大党与人民社会党组建联合政府在该邦首次上台执政;1964年,印共中分裂出印共(马);在1970年和1977年两次邦议会选举中,印共与国大党合作。在1957年首届喀拉拉邦立法议会选举中,印共以60席对43席战胜国大党执掌政权,时任印共中央政治局委员、后任印共(马)中央总书记的南布迪里巴德出任该邦首任首席部长,由此也在印度政坛开创共产党通过选举在印度地方执政的先例。

第三,如何加强执政联盟左翼民主阵线的稳定性以及协调十党联合政府内的党际合作也是维贾扬第二任期面临的一大挑战。自1956年合并成邦、1957年首届邦议会选举以来,经历了从国大党和共产党两大政党旗鼓相当对决到联合民主阵线和左翼民主阵线两大政治联盟轮流执政,特别是70年代末以来政党联盟、联合政府成为常态。尽管在2021年喀邦议会选举中最终收获99席的左翼民主阵线取得压倒性胜利,但由10个政党和1名独立候选人组成,还包括之前从联合民主阵线中倒戈的两个新政党成员[①],在议席过于分散、议会大党分歧严重,还必须照顾众多小党的情况下,如何协调大党和小党、正式盟友和非正式盟友、新老成员之间的矛盾,给组建新一届内阁带来不小挑战。在包括分量较重的关键职位首席部长以及议长、副议长和首席党鞭在内的21人左翼民主阵线内阁中[②],印共(马)占据包括首席部长、议长在内的12个职位,印共占据包括副议长在内的4个职位,喀拉拉国大党(马派)成员出任首席党鞭,喀拉拉国大党(马派)、人民党(世俗派)和民族主义国大党各获1个职位,剩余2个职位则分别由四党轮流完成两年半任期。[③] 如何在执政联盟内部处理好分歧,进而巩固和协调跨党合作对维贾扬第二任期无疑也是一大挑战。

五、结语

在2021年印度地方选举中左翼民主阵线的胜选以及之后的再度执政打破了喀拉拉邦近40年两大政党联盟轮流执政的政治传统;左翼阵线在西孟加拉邦议会选举中所遭遇的斩草除根式的惨败,对印共(马)、印共等体制内共产党更具特殊意义;而印人党接连遭遇西孟加拉邦、泰米尔纳德邦、喀拉拉邦等败绩,料将对莫迪政府和全印政局产生深远影响。维贾扬左翼民主阵线政府连任后参照竞选宣言对经济社会发展等政策进行了调整,而如何应对新冠肺炎疫情、遏制印度教民族主义社群主义蔓延势头及在中央和地方不同层面处理与国大党的复杂关系等都将决定其未来的历史走向。

---

① “Will Kerala Cabinet formation be a bother for Pinarayi Vijayan?”https://keralakaumudi.com/en/news/news.php? id=545419&u=will-kerala-cabinet-formation-be-a-bother-for-pinarayi-vijayan.

② “CPM drops a bombshell, Health Minister KK Shailaja out of next cabinet,”https://www.onmanorama.com/news/kerala/2021/05/18/second-pinarayi-vijayan-cabinet-freshers-ministers.html.

③ Srishti Goel,“Pinarayi Vijayan's 21-member Kerala Cabinet Swearing-in On May 20; Congress Biggest Loser,” https://www. republicworld. com/india-news/politics/pinarayi-vijayans-21-member-kerala-cabinet-swearing-in-on-may-21-congress-biggest-loser.html.

阿尔都塞对意识形态的批判
——一种马克思主义向度的意识形态论

赵晨希
（北京大学马克思主义学院博士研究生）

对于学界而言，阿尔都塞其人并不陌生，"结构主义""反人道主义"是他的重要标签。近年来，随着阿尔都塞遗著的出版和译介工作的推进，人们开始接触到一个交织在神学、哲学与政治之间，似乎难以完全勾勒出其思想图式的阿尔都塞。他的结构主义语言曾让许多学者以为他是结构主义者，晚年提出的"偶然相遇的唯物主义"又让人误以为他转向了唯心主义、后现代主义。近年来针对"意识形态"这一论题，阿尔都塞与斯宾诺莎在思考路径上的某些相似性又让人误以为他是一个斯宾诺莎主义者，甚至指称他"开启了当代西方激进左翼政治理论的斯宾诺莎复兴思潮"[①]。他的"认识论断裂""科学与意识形态对立""意识形态具有一种物质的存在"等论断曾在学界引起广泛讨论，惹来诸多非议。的确，阿尔都塞的表达时常给人一种"断裂"的感觉，这在他本人看来是很合理的。这既与阿尔都塞复杂的知识背景和突兀的性格有关，更重要的是受到了复杂多变的现实环境和时常转换的现实问题的影响。对于这样一位灵感丰富又活跃于政治实践中的思想家，在研究和评价时难免需要尽可能排除主观偏见，进入思想所处的环境，以便更准确地理解其各个概念、逻辑环节之间的相互关系，把握其内核。

在阿尔都塞的文本中，"意识形态"是使用频率相当高的一个概念。同样，这一论题也成为学界关注的焦点问题之一。近年来，围绕这一论题形成了许多研究成果，也出现了一些具有争议性的问题。比如，以"六八事件"为分水岭，针对"意识形态"这一论题，阿尔都塞是否作出了重大调整，"意识形态"的内涵是否发生了变化。再比如，阿尔都塞的意识形态理论究竟是对马克思主义意识形态理论的继承与发展，还是另起炉灶的结构主义意识形态理论，抑或是斯宾诺莎主义的意识形态理论。针对上述争论焦点，笔者回到阿尔都塞的论著和自传，整合前后期文本，与上述提及的斯宾诺莎、马克

---

① 冯波：《早期阿尔都塞的斯宾诺莎主义——以意识形态批判为中心》，载《哲学研究》2018年第11期。

思主义经典作家等关于“意识形态”这一论题的阐述进行比较分析，得出以下结论：阿尔都塞的意识形态论既非结构主义，更不是斯宾诺莎主义，而是以历史唯物主义为基石，坚持批判取向的马克思主义的意识形态论。

一、阿尔都塞语境中的“意识形态”概念

阿尔都塞探讨“意识形态”这一论题，主要集中在《保卫马克思》《论再生产》这两部著作中。其中最早出版的是《保卫马克思》(由写于1960～1965年的文章汇编而成)一书，该书首次出版于1965年。正如他的学生艾蒂安·巴利巴尔所描述的那样，该书一经发表，无论在共产党和马克思主义圈子内还是在圈子外，无论在法国还是在海外，都引起了轩然大波。① 赞誉与批评接踵而至，阿尔都塞也因此成了著名哲学家。《论再生产》则是阿尔都塞的遗著，标题为“论上层建筑”的完整手稿有两个版本，第一个版本撰写日期为1970年前后，第二个版本未知。②《意识形态和意识形态国家机器》一文(发表于《思想》杂志第151期，1970年6月)的主体部分正是来自这一手稿部分章节的摘要。

许多误读都是由于对不同文本中使用的“意识形态”概念内涵理解不清而产生的。研究阿尔都塞意识形态理论的立足点、逻辑框架，首先需要厘清“意识形态”这一概念的内涵外延。“意识形态”最早出现在德斯蒂·德·特拉西的《意识形态原理》一书中，这一概念的提出深受康德的影响。在《论意识形态》一文中，阿尔都塞把“意识形态”一词追溯到特拉西和卡巴尼斯那里，用来表示“关于各种观念的起源的理论”③，即观念学。这些人后为拿破仑所排斥，被称作“意识形态家”。50年后，马克思再次使用了“意识形态”和“意识形态体系”这两个词，并赋予它们一种完全不同的含义。④

在分析阿尔都塞本人提出的“意识形态”概念内涵之前，笔者首先注意到阿尔都塞对马克思的意识形态观的评析。在阿尔都塞看来，从《莱茵报》时期起，马克思就意识到了意识形态的存在，但直到写作《德意志意识形态》才提出了一种“实证主义—机械论的意识形态”⑤，这还不是马克思主义的意识形态观。《资本论》一书包含了“一种关于各种意识形态(尤其是庸俗经济学家们的意识形态)的理论的要素”⑥，但并没有包含这种理论本身。以阿尔都塞的分析来看，直到马克思去世，都没能形成马克思主义的意识形态论。这种论断对于马克思所宣称的自己不是一个马克思主义者而言，似乎

---

① 参见[法]路易·阿尔都塞：《论再生产》，吴子枫译，西北大学出版社2019年版，第6～7页。

② 参见[法]路易·阿尔都塞：《论再生产》，吴子枫译，西北大学出版社2019年版，第9～10页。

③ [法]路易·阿尔都塞：《论再生产》，吴子枫译，西北大学出版社2019年版，第335页。

④ 这是阿尔都塞对马克思的误读。经笔者考证，在不同的语境下，马克思所使用的“意识形态”概念内涵并不完全一致。在博士论文以及指称论战对象的学说时，马克思沿用了拿破仑对特拉西等人的谬称。在历史唯物主义一般性论述及谈论到国家、宗教、神学等意识形态具体形式时，则采用了一种不同的内涵，这一内涵后来由阿尔都塞发展为“意识形态一般”。

⑤ [法]路易·阿尔都塞：《论再生产》，吴子枫译，西北大学出版社2019年版，第338页。

⑥ [法]路易·阿尔都塞：《论再生产》，吴子枫译，西北大学出版社2019年版，第340页。

才是合理的。

在阿尔都塞看来，马克思之所以没能建立起马克思主义的意识形态理论，是由于他的论述涉及的都是具体的意识形态，如宗教、法、政治、道德等不同领域的意识形态，抑或是无产阶级、小资产阶级、资产阶级等不同阶级的意识形态。他沿用了马克思在《〈政治经济学批判〉序言》里的经典表述，认为关于各种具体的意识形态的理论取决于在一定社会形态中结合起来的生产方式的历史及在社会形态中展开阶级斗争的历史。具体的意识形态理论最终取决于社会形态的历史。提及意识形态时，往往不一定涉及具体的某种意识形态，因此还需要建构"意识形态一般"[①]。可以看出，阿尔都塞提出"意识形态一般"的出发点是建构一个抽象的、总括性的哲学概念，类似于"生产一般"，其建构这一理论的基本立足点是历史唯物主义，更确切地讲，是经济基础与上层建筑之间的辩证统一关系。

在《马克思主义与人道主义》一文第4、5部分，阿尔都塞对意识形态理论进行了集中表述。在该文中，他对"意识形态"的使用并没有那么严谨，很多时候如他后来所反思的那样，还存在着将"谬误"混用为"意识形态"的情况，以致让人产生许多误解。在这篇文章中，阿尔都塞对"意识形态"进行了界定：意识形态是一种混合了真实关系与想象关系的结构性观念体系。[②] 他指出："我们只要粗浅地知道，意识形态是具有独特逻辑和独特结构的表象（形象、神话、观念或概念）体系，它在特定的社会中历史地存在，并作为历史而起作用。"[③]笔者发现，在这一表述中，"意识形态"概念具有三个重要的维度：(1)意识形态是一种区别于本质的表象；(2)意识形态是一种具有独特结构的体系，包括了形象、观念等内容；(3)意识形态在特定社会中发挥着历史性的作用。这与其在后期文本中使用的"意识形态一般"一词的内涵是一致的。在把"人道主义"称作"意识形态"时（尽管阿尔都塞在自我批评中认为将其称作"谬误"可能会更准确），则是指代"主体的唯心主义"和"本质的经验主义"哲学[④]，这实际上沿用的是马克思和恩格斯在论战时通常使用的意识形态概念内涵。在下文中，笔者将对此作出解释。

在《意识形态与意识形态国家机器》一文中，阿尔都塞建构出"意识形态一般"这一哲学概念，用以统摄所有的具体意识形态，却又不能等同于任何一种具体的意识形态。他指出，具体的意识形态取决于特定的社会形态的历史，作为结构存在的意识形态在任何社会中都存在。在该文中，阿尔都塞进一步对意识形态结构作了系统说明。值得注意的是，在这里，他把意识形态看作是"一种想象的拼合物，是纯粹的、空幻而无用的梦想，是由'唯一'完满而实在的现实的'白昼残迹'构成的东西"[⑤]，削弱了意识形态的现实基础，突出了意识形态的虚幻性和软性控制功能，与马克思在论战性文章中指称

① [法]路易·阿尔都塞：《论再生产》，吴子枫译，西北大学出版社2019年版，第340页。
② 参见[英]约翰·B. 汤普森：《意识形态与现代文化》，高铦等译，译林出版社2019年版，第57页。
③ [法]路易·阿尔都塞：《保卫马克思》，顾良译，商务印书馆1984年版，第201页。
④ 参见[法]路易·阿尔都塞：《保卫马克思》，顾良译，商务印书馆1984年版，第198页。
⑤ [法]路易·阿尔都塞：《保卫马克思》，顾良译，商务印书馆1984年版，第208页。

对方学说为“意识形态”时所使用的概念内涵是一致的，即只做词句斗争的“玄想家”[①]、唯心主义者。

将视线转向马克思主义经典作家，尽管他们从来没有对“意识形态”的内涵进行过清晰的界定，但他们数次提及“意识形态”，在许多文本中都把论战对手的学说指称为“意识形态”。与阿尔都塞一样，在不同的语境中，他们所使用的“意识形态”概念的内涵也不尽相同。总的来看，马克思和恩格斯主要是在更一般的意义上使用它，只有在对历史唯物主义作一般性论述时，才使用另一种概念内涵。

早在《博士论文》中，马克思就使用过“意识形态”一词。他指出：“伊壁鸠鲁使直接的意识形态、自为存在成为一种自然的形态。”[②]“生活需要的不是意识形态和空洞的假设”，而是“能够过恬静的生活”。[③] 在《德意志意识形态》中，马克思和恩格斯批评了以费尔巴哈、鲍威尔和施蒂纳为代表的“青年黑格尔派”，并把他们的哲学归为“德意志意识形态”。可以看出，在《博士论文》和《德意志意识形态》批判青年黑格尔派学说的部分中，把“意识形态”理解为一种“想象的主体的想象活动”“意识的空话”[④]，一种抽象而没有现实内容、停留在逻辑论证中的思辨哲学。当涉及占统治地位的思想时，马克思和恩格斯论述道：“统治阶级的思想在每一时代都是占统治地位的思想。这就是说，一个阶级是社会上占统治地位的物质力量，同时也是社会上占统治地位的精神力量。”[⑤]在此，马克思和恩格斯是从更一般性的角度论述意识形态的，即取决于人们的交往方式的结构性存在。在《〈政治经济学批判〉序言》一文中，一般性意识形态的外延表达得更为清晰——“一种是生产的经济条件方面所发生的物质的、可以用自然科学的精确性指明的变革，一种是人们借以意识到这个冲突并力求把它克服的那些法律的、政治的、宗教的、艺术的或哲学的，简言之，意识形态的形式。”[⑥]在这里，马克思明确指出了意识形态的外延。在《费尔巴哈与德国古典哲学的终结》一文中，恩格斯也列举出一些具体的意识形态，如哲学、宗教、法和政治(包括国家)、中世纪神学等。阿尔都塞正是在此基础上明确提出“意识形态一般”，并对法律的、政治的、艺术的、哲学的意识形态机器进行了具体阐述。

通过比较阿尔都塞在《马克思主义与人道主义》和《意识形态与意识形态国家机器》这两个文本中有关“意识形态”概念的论述，不难发现，阿尔都塞在两个文本中都使用了两种意识形态内涵：一种是脱离了实践的幻想、只存在于头脑之中的观念，多数情况下特指唯心主义；另一种是作为结构性体系存在的意识形态一般。相较之下，后期文本更强调意识形态一般。与马克思和恩格斯的相关论述进行对比后，笔者发现，阿

---

① 《马克思恩格斯选集》第1卷，人民出版社2012年版，第141页。

② 《马克思恩格斯全集》第40卷，人民出版社1982年版，第173页。

③ 《马克思恩格斯全集》第40卷，人民出版社1982年版，第236页。

④ 《马克思恩格斯选集》第1卷，人民出版社2012年版，第153页。

⑤ 《马克思恩格斯选集》第1卷，人民出版社2012年版，第178页。

⑥ 《马克思恩格斯选集》第2卷，人民出版社2012年版，第3页。

尔都塞所使用的两种内涵均来自马克思主义经典作家，并且二者的意识形态理论都是批判向度的[①]，旨在揭示出意识形态的虚幻性。

二、意识形态的主客维度：个人唤问、主体互认和结构性困境

正如阿尔都塞在自传中指出的，作为哲学家，他一直是孤独而自感责任重大的，他不是任意地提出观点，而是考虑到他“就整体及其倾向所感知或自以为感知到的东西”，并用自己的论点反对其他论点体系，尽管他总是要预支自己的历史主体性，并感觉在靠近它。他拥有自己的整体，但总是独自一人，尤其是“在人们的一致同意中改变某些东西”。[②] 倘若不了解阿尔都塞的特殊经历及他所处的历史环境，兴许会把他理解为一个“唯心主义者”。阿尔都塞精神分析式的自述带有些命运之无法躲逃的意味，诸如此类的描述还有很多，深受马克思主义影响的他将这种个人无法逃离之要素归结为结构性存在。使用过多的结构主义语言使许多学者将他定性为“结构主义的马克思主义者”。[③] 但事实上，结构主义的命题飘忽不定，涉及范围相异甚大。[④] 例如，索绪尔研究语言学，列维·施特劳斯研究哲学、人类学，拉康研究心理学，他们并不构成一个统一的思想体系，更未在最重要的问题上达成相同观点。使用“结构”的概念并不能被认为是结构主义者。

在论述意识形态的发生机制时，阿尔都塞把结构性存在作为一种文化客体与主体勾连起来，形成一条主客体交互链条。恩格斯曾在给布洛赫的信中写道，“历史过程中的决定性因素归根到底是现实生活的生产和再生产”，“对历史斗争的进程发生影响并且在许多情况下主要是决定着这一斗争的形式的，还有上层建筑的各种因素”。[⑤] 在《马克思主义与人道主义》一文中，阿尔都塞借用恩格斯的观点，把经济、政治和意识形态视为在历史过程中起作用的三个要素，认为意识形态是“一切社会总体的有机组成部分”，是“社会的历史生活的一种基本结构”，只有承认意识形态的存在和必要性，才能对其产生影响，并把它改造成为“用以审慎地影响历史发展的一个工具”。[⑥] 意识形态作为表象体系，“在大多数情况下与‘意识’毫无关系；它们在多数情况下是形象，有时是概念。它们作为结构而强加于大多数人，因而不通过人们的‘意识’。它们作为被感知、被接受和被忍受的文化客体，通过一个为人们所不知道的过程而作用于人”，“人们正是在意识形态的这种无意识中，才能变更他们同世界的‘体验’关系”，这种体验关

① 参见[英]约翰·B.汤普森：《意识形态与现代文化》，高铦等译，译林出版社2019年版，第57页。

② [法]路易·阿尔都塞：《来日方长——阿尔都塞自传》，顾良译，上海人民出版社2013年版，第182页。

③ 参见薛民：《阿尔都塞的反人道主义理论》，载《复旦学报(社会科学版)》1983年第3期；徐俊达：《评阿尔都塞研究马克思主义的结构主义方法》，载《晋阳学刊》1985年第3期；徐崇温：《“西方马克思主义”论丛》，重庆出版社1989年版。

④ 参见[法]路易·阿尔都塞：《保卫马克思》，顾良译，商务印书馆1984年版，第238页。

⑤ 《马克思恩格斯选集》第1卷，人民出版社2012年版，第604页。

⑥ [法]路易·阿尔都塞：《保卫马克思》，顾良译，商务印书馆1984年版，第201～202页。

系是“关系的关系”。[①] 在不长的篇幅中，阿尔都塞已经指出，意识形态是经济基础的表象体系，是一种结构性存在。只要人类社会仍在延续，意识形态就会无意识地存在并发生功能。主体通过感知意识形态这个“文化客体”，与意识形态产生关系，但这种关系是真实关系的对象化，或者称作“异化”对于阶级社会更为合适。

在《论再生产》一书中，阿尔都塞仍然把意识形态视为一种结构性存在，并指出这种结构性存在以一种“物质性”存在形态弥散在人们的生活之中，全方位施加对人的控制，让人无法脱离其掌控，改变自己的生活。以前阿尔都塞曾提到意识形态这一文化客体以人们所不知道的过程作用于人，并未展开论述。在《意识形态与意识形态国家机器》一文中，阿尔都塞借用拉康的镜像结构，从认识论角度揭示出意识形态文化客体与主体发生交互关系的过程。阿尔都塞用“个人唤问”解释了意识形态文化客体作用于主体的机制，借用“镜像结构”解释了这种机制得以不断绵延的原因。在阿尔都塞看来，“主体是构成所有意识形态的基本范畴”，没有不为主体而存在的意识形态，“所有意识形态的功能就在于‘构成’具体的主体”。[②] 在日常生活的实践仪式(如握手、打招呼等)中，通过承认或误认个人，意识形态把“具体的个人”唤问为“具体的主体”。[③] 这种唤问每时每刻都在人们的生活中发生，成为一种既像是发生在意识形态之外又在意识形态之中的无意识，这正是意识形态实践的后果。紧接着，阿尔都塞用宗教意识形态的例子解释了为何意识形态能够牢牢控制人们的意识。他指出，意识形态之所以能够在唤问个人后得到他的回应，是因为在意识形态之外还有另一重主体关系——现实的社会关系。在现实生活中，首先有一个“独一的、中心的、大他者”[④]主体存在，与此同时，被唤问的个人作为小主体存在。现实生活中的“大他者”类似于宗教中的上帝形象，在统治过程中分化为许多小主体，小主体作为大主体的“镜像”，大主体在与小主体的对象性关系中关照自身；同样，小主体也在大主体的“镜像”中关注自身。二者交互作用，建立起稳定的互认机制。

值得注意的是，在论述主客体相互作用过程时，阿尔都塞首先分析的是意识形态文化客体对主体的作用过程，突出了社会结构对人的决定性影响。在《马克思主义与人道主义》一文中，阿尔都塞曾多次提到人们能够采取行为去影响意识形态，但在《意识形态与意识形态国家机器》一文中，他却减弱了对于主体发挥自由意志的信心。究其原因，恐怕与西欧共产党中出现的个人崇拜倾向与“六八事件”中左派暴露出的政治无能有着密切关联。

三、斯宾诺莎灵感与马克思主义的耦合：具有一种物质存在的意识形态

在《论再生产》一文中，阿尔都塞创造性地把上层建筑集中于国家，并把国家机器

---

① [法]路易·阿尔都塞：《保卫马克思》，顾良译，商务印书馆1984年版，第202～203页。
② [法]路易·阿尔都塞：《论再生产》，吴子枫译，西北大学出版社2019年版，第365页。
③ [法]路易·阿尔都塞：《论再生产》，吴子枫译，西北大学出版社2019年版，第368页。
④ [法]路易·阿尔都塞：《论再生产》，吴子枫译，西北大学出版社2019年版，第376页。

区分为两类，一类是镇压性国家机器，另一类是意识形态国家机器，丰富了马克思主义国家理论。在过去的研究中，许多学者都将这一创见与葛兰西对意识形态文化领导权的论述联系在一起，甚至认为阿尔都塞的意识形态国家机器理论与葛兰西的文化领导权理论如出一辙。① 突出葛兰西对于阿尔都塞的影响无可厚非，但用"如出一辙"一词则略显武断了。

在该文中，阿尔都塞系统阐述了意识形态具体发挥功能、推动社会再生产的物质载体。阿尔都塞讨论这一论题的全部出发点在于社会再生产。他认为，人们为了能够存在并进行物质生产，一切社会必须在生产的同时对生产条件进行再生产。生产条件由生产力与生产关系这两个因素构成。生产力一方面包含生产资料，即劳动工具和劳动资料，另一方面包含劳动力。在阿尔都塞看来，为了使劳动力作为劳动力被再生产出来，不仅需要保障再生产的物质条件，还需要通过教育系统及其他机构为劳动者增加劳动知识，培养劳动技能，更重要的是，"再生产出劳动力对既定秩序的各种规范服从，即一方面为工人们再生产出对占统治地位的意识形态的服从，另一方面为从事剥削和镇压的当事人再生产出出色地运用占统治地位的意识形态的能力"②，用马克思和恩格斯的话来讲就是"统治阶级"的"思想家"③，如"职业政治家""公法理论家""私法法学家"④等。

随后，阿尔都塞参考了《〈政治经济学批判〉序言》《法兰西内战》《国家与革命》等著作，对马克思主义经典作家关于经济基础与上层建筑关系的论述和他们的国家学说展开讨论。他认为马克思提出了一个空间隐喻，即一切社会结构都是一座大厦，经济基础作为下层建筑，归根结底起决定性作用；下层建筑之上"竖立着两'层'上层建筑"。这一隐喻的优势在于揭示出"决定作用的问题是首要问题"，又揭示出"基础归根到底决定了整个大厦"，并迫使人们思考上层建筑的相对独立性和对经济基础的反作用问题。⑤ 对于马克思主义的国家理论，他指出，这一理论揭示了国家的本质，即作为镇压反抗的阶级统治工具。不过，不足之处在于笼统地谈论国家，没有把夺取国家政权与国家机器区分开。对于阿尔都塞的这一论断，笔者认为他并没有完全理解马克思的国家概念，马克思语境中的"国家政权"从来不是一个抽象的实体，而是一个具有政治职能(拥有军队、警察等暴力机器)又具有社会管理职能的系统性机器，夺取国家政权就是夺取国家机器，二者并无大的区别。在阿尔都塞看来，正是因为这两个理论都是描述性的理论，还未曾展开，因此需要对作为国家组成部分(亦是上层建筑的组成部分)的意识形态国家机器进行详细阐述。

---

① 参见郁建兴、周俊：《马克思的国家自主性概念及其当代发展》，载《社会科学战线》2002 年第 4 期。

② [法]路易·阿尔都塞：《论再生产》，吴子枫译，西北大学出版社 2019 年版，第 443 页。

③ 《马克思恩格斯选集》第 1 卷，人民出版社 2012 年版，第 179 页。

④ 《马克思恩格斯选集》第 4 卷，人民出版社 2012 年版，第 260 页。

⑤ 参见[法]路易·阿尔都塞：《论再生产》，吴子枫译，西北大学出版社 2019 年版，第 446～447 页。

阿尔都塞提出一个独创性观点——“意识形态具有一种物质的存在”①，并在此基础上提出意识形态国家机器理论。这一观点时常引人关注，也容易被人误读。有学者正是通过这一论断，认为阿尔都塞“把‘意识形态’理论唯物化，使得意识形态独立于社会统一体，成为具有本体论意义的物质存在”②。在笔者看来，由于得到斯宾诺莎的灵感，阿尔都塞才提出这一观点，“具有物质性的存在”不等同于“物质存在”，阿尔都塞从来没有把“意识形态”看作是一种物质存在形式。斯宾诺莎在《伦理学》中把知识分为以下三种：第一种是“意见或想象”，是从感官知觉和观念想象得来的知识，因此是片面的、混乱的；第二种是从对于事物特质具有共同概念和正确观念得来的知识；第三种是理智直观，是“由神的某一属性的形式本质的正确观念出发，进而达到对事物本质的正确认识”的知识。③ 阿尔都塞把意识形态理解为第一种知识，正是来源于感官知觉和观念想象，因此它必然不是完全真实的，带有虚幻性。此外，斯宾诺莎在《神学政治论》中谈到基督教的仪式，如洗礼、圣餐、节期、公众祈祷等，这些仪式是为维系一个社会而制定的。④ 阿尔都塞注意到，犹太民族的宗教意识形态与它的神殿、祭司、祭品、戒律等物质存在之间有着紧密关联。因此，他创造性地提出意识形态国家机器，认为这是一个区别于镇压性国家机器，以意识形态控制为主、以惩罚为辅的系统性机器。意识形态国家机器（AIE）由教育的AIE、家庭的AIE、法律的AIE、政治的AIE、工会的AIE、传播的AIE、文化的AIE等构成，它们共同发挥着生产关系再生产的职能，在不同的社会形态中不同程度地发挥作用。⑤

四、结语

面对20世纪60～70年代欧洲左翼激进运动屡遭挫折的现实状况，阿尔都塞坚持马克思主义的基本立场和基本观点，对意识形态进行了批判性分析。他从斯宾诺莎的知识论和政治哲学中获得有关虚假意识、意识形态物质载体的灵感，并借用“承认”“镜像”“仪式”“空间隐喻”等词对马克思主义的传统术语进行部分代替，以适应新的问题和状况。略显花哨的用语表征了他所处的那个喧嚣而狂躁时代和他所浸蕴的文化传统。正如马克思和恩格斯所指出的，意识形态“没有历史，没有发展，而发展着自己的物质生产和物质交往的人们，在改变自己的这个现实的同时也改变着自己的思维和思维的产物。不是意识决定生活，而是生活决定意识”⑥。阿尔都塞也认为，作为一般性结构存在的意识形态没有历史，它的历史在它之外——具体的社会生活的历史。尽管与前期相比，阿尔都塞在后期对于主体能动性的关注不够，在这一点上有别于马克思

---

① ［法］路易·阿尔都塞：《论再生产》，吴子枫译，西北大学出版社2019年版，第478页。

② 唐瑭：《意识形态的唯物化与意识形态国家机器的实践效应》，载《福建论坛（人文社会科学版）》2014年第3期。

③ 参见［荷］斯宾诺莎：《伦理学》，贺麟译，商务印书馆1997年版，第79～80页。

④ 参见［荷］斯宾诺莎：《斯宾诺莎文集》第3卷，温锡增译，商务印书馆2014年版，第79页。

⑤ 参见［法］路易·阿尔都塞：《论再生产》，吴子枫译，西北大学出版社2019年版，第454页。

⑥ 《马克思恩格斯选集》第1卷，人民出版社2012年版，第152页。

和恩格斯的实践向度。但结合阿尔都塞所处的政治环境，这一善意的“退却”可以被理解。毕竟，无论是在前期还是后期，阿尔都塞都坚持批判向度，把意识形态作为一个结构性存在加以批判。

阿尔都塞沿用了马克思和恩格斯所使用的“意识形态”概念，并把不同主体之间的对象性关系、主体与意识形态文化客体之间的对象性关系生动形象地展现出来，揭示出隐秘的意识形态控制机制。阿尔都塞指出，“人们正是在意识形态的这种无意识中，才能变更他们同世界的‘体验’关系”，这种体验关系是一种“想象的”“体验”的关系，“只是在作为复杂关系的条件下才成为简单关系”。[①] 这一论述也启发了文化批判的语言学、符号学转向和左翼的话语政治转向。

---

① [法]路易·阿尔都塞:《保卫马克思》，顾良译，商务印书馆1984年版，第203页。